COMPUTAÇÃO NA EDUCAÇÃO BÁSICA

C24 Computação na educação básica : fundamentos e experiências / Organizadores, André Raabe, Avelino F. Zorzo, Paulo Blikstein. – Porto Alegre : Penso, 2020.
xx, 316 p. : il. ; 25 cm. (Série Tecnologia e inovação na educação brasileira).

ISBN 978-65-81334-03-1

1. Computação. 2. Educação. I. Raabe, André. II. Zorzo, Avelino F. III. Blikstein, Paulo.

CDU 004:37

Catalogação na publicação: Karin Lorien Menoncin – CRB 10/2147

COMPUTAÇÃO NA EDUCAÇÃO BÁSICA
fundamentos e experiências

André **Raabe**
Avelino F. **Zorzo**
Paulo **Blikstein**
Orgs.

Série Tecnologia e inovação
na educação brasileira

Porto Alegre
2020

© Grupo A Educação S.A., 2020.

Gerente editorial
Letícia Bispo de Lima

Colaboraram nesta edição

Coordenadora editorial
Cláudia Bittencourt

Capa
Paola Manica | Brand&Book

Preparação de originais
Maria Lúcia Badejo

Leitura final
Caroline Castilhos Melo

Editoração
Kaéle Finalizando Ideias

Reservados todos os direitos de publicação ao GRUPO A EDUCAÇÃO S.A.
(Penso é um selo editorial do GRUPO A EDUCAÇÃO S.A.)
Av. Jerônimo de Ornelas, 670 – Santana
90040-340 – Porto Alegre – RS
Fone: (51) 3027-7000 – Fax: (51) 3027-7070

SÃO PAULO
Rua Doutor Cesário Mota Jr., 63 – Vila Buarque
01221-020 – São Paulo – SP
Fone: (11) 3221-9033

SAC 0800 703-3444 – www.grupoa.com.br

É proibida a duplicação ou reprodução deste volume, no todo ou em parte, sob quaisquer formas ou por quaisquer meios (eletrônico, mecânico, gravação, fotocópia, distribuição na Web e outros), sem permissão expressa da Editora.

IMPRESSO NO BRASIL
PRINTED IN BRAZIL

AUTORES

André Raabe (Org.). Professor e pesquisador da Universidade do Vale do Itajaí (Univali), onde coordena o Programa de Pós-graduação em Computação e atua no Mestrado e no Doutorado em Educação. Coordenador do Laboratório de Inovação Tecnológica na Educação (Lite). Mestre em Ciência da Computação pela Pontifícia Universidade Católica do Rio Grande do Sul (PUCRS). Doutor em Informática na Educação pela Universidade Federal do Rio Grande do Sul (UFRGS). Pós-doutorado na Stanford University, Estados Unidos. É bolsista de produtividade em Desenvolvimento Tecnológico e Extensão Inovadora do Conselho Nacional de Desenvolvimento Científico e Tecnológico (CNPq). É membro do Comitê Gestor da Rede de Inovação na Educação Brasileira. Foi membro da Comissão de Educação da Sociedade Brasileira de Computação (SBC, 2017-2019). Coordenou, em 2017, uma comissão para elaboração de proposta da SBC para Computação na Educação Básica. É editor do *Journal on Computational Thinking*.

Avelino F. Zorzo (Org.). Graduado em Ciência da Computação pela UFRGS. Professor titular da Escola Politécnica da PUCRS. Coordenador de Programas Profissionais da área de Computação da Coordenação de Aperfeiçoamento de Pessoal de Nível Superior/Ministério da Educação (Capes/MEC). Avaliador de condições de ensino do Ministério da Educação, consultor *ad hoc* do CNPq, da Capes e da Fundação de Amparo à Pesquisa do Estado do Rio Grande do Sul (Fapergs). Atuou como diretor da Faculdade de Informática da PUCRS (2005-2011), como coordenador adjunto para Programas Profissionais da Capes/MEC (2014-2018), como diretor adjunto de treinamento e ensino da Sucesu-RS (2008-2011). Foi membro da diretoria da Assespro-RS (2008-2011), membro do conselho técnico-consultivo da Softsul, membro do Comitê de Ética em Pesquisa da PUCRS, diretor de Articulação (2013-2015) e diretor de Educação (2015-2017) da SBC. Mestre em Ciência da Computação pela UFRGS. Doutor em Ciência da Computação pela Newcastle University, Inglaterra. Pós-doutorado na área de segurança no Cybercrime and Computer Security Centre da Newcastle University.

Paulo Blikstein (Org.). Professor associado do Departamento de Matemática, Ciência e Tecnologia do Teachers College, Columbia University, Estados Unidos, onde dirige o Transformative Learning Technologies Laboratory. Atuou como professor na Stanford University (2008-2018), onde fundou e dirigiu o Lemann Center for Educational Entrepreneurship and Innovation in Brazil, uma iniciativa dedicada à transformação da educação pública brasileira. Criou e dirige o programa FabLearn, primeira iniciativa acadêmica para levar o movimento *maker* e *fab labs* à educação, presente em mais de 22 países. Engenheiro e Mestre pela Escola Politécnica da Universidade de São Paulo (Poli/USP). Mestre pelo Media Lab do Massachusetts Institute of Technology (MIT). Doutor em Educação pela Northwestern University. Recebeu, em 2011, o Early Career Award da Fundação Nacional de Ciências dos Estados Unidos e, em 2016, o Jan Hawkins Early Career Award da Associação de Pesquisa Educacional Norte-americana.

Autores

Adelmo Antonio da Silva Eloy. Gerente de projetos do Instituto Ayrton Senna.

Adriano Canabarro Teixeira. Professor titular na Universidade de Passo Fundo (UPF). Mestre em Educação pela UPF. Doutor em Informática na Educação pela UFRGS/Roma TRE. Pós-doutorado em Educação na UFRGS.

Amaral M. Oliveira. Engenheiro mecatrônico. Líder de Transformação Digital do Instituto Ayrton Senna.

Amilton Rodrigo de Quadros Martins. Doutor em Educação pela UPF.

Ana Casali. Licenciada em Matemáticas. Professora titular da Universidad Nacional de Rosario. Diretora da Escuela de Ciencias Exactas y Naturales. Pesquisadora do Centro Internacional Franco-argentino de Ciencias de la Información y de Sistemas (Cifasis). Ph.D. em Tecnologias da Informação.

Ana Marilza Pernas. Professora dos cursos de Ciência da Computação e Engenharia de Computação da Universidade Federal de Pelotas (UFPel).

Ana Rita de Assumpção Mazzini. Engenheira agrônoma. Professora adjunta da área de Estatística no Departamento de Matemática e Estatística da UFPel. Mestra em Estatística e Experimentação Agropecuária pela Universidade Federal de Lavras (Ufla). Doutora em Epidemiologia: Métodos Estatísticos em Epidemiologia pela UFRGS.

André Rauber Du Bois. Professor associado da UFPel. Mestre em Ciência da Computação pela UFRGS. Doutor em Ciência da Computação pela Heriot-Watt University.

Andrea Schwertner Charão. Professora universitária na área de Computação. Doutora em Informatique: Systèmes et Communications pelo Institut National Polytechnique de Grenoble, França.

Antoanne Pontes. Programador, professor e pesquisador. Coordenador pedagógico do programa NAVE pela CESAR School. Mestre em Sistemas de Informação pela Universidade Federal do Rio de Janeiro (UFRJ).

Ariane Mileidi Pazinato. Professora de Matemática. Professora da Imed e pesquisadora do InovaEdu. Especialista em Gestão Escolar pela Fundação Universidade Regional de Blumenau. Mestra em Educação pela UPF.

Benhur Stein. Professor de Computação na Universidade Federal de Santa Maria (UFSM). Mestre em Ciência da Computação pela UFRGS. Doutor em Informática pela Universidade Joseph Fourier, França.

Caroline da Silva Furini. Professora de educação infantil. Mestra em Educação pela UPF.

Cassia Fernandez. Física. Pesquisadora do LSI-Tec/Centro Interdisciplinar em Tecnologias Interativas (Citi)-USP. Coordenadora de projeto e consultora científica do programa FabLearn. Mestra em Ciências pela USP.

César Augusto Rangel Bastos. Professor das disciplinas de Física, Tecnologia e Robótica no ensino fundamental e ensino médio da Escola Parque. Mestre em Informática pela UFRJ. Doutorando em Sistemas de Informação na Universidade Federal do Estado do Rio de Janeiro (UniRio).

Christian Puhlmann Brackmann. Professor. Especialista em Educação a Distância pelo Instituto Federal do Paraná (IFPR). Mestre em Ciência da Computação pela Universidade Católica de Pelotas (UCPel). Doutor em Informática na Educação pela UFRGS.

Clause Fátima de Brum Piana. Professora universitária de Estatística. Professora associada do Centro de Desenvolvimento Tecnológico da UFPel. Especialista em Genética pela UPF. Mestra e Doutora em Ciências pela UFPel.

Cristiana M. Assumpção. Professora de Biologia. Especialista em STEAM e Tecnologia Educacional pelo Teachers College, Columbia University of the City of New York, Estados Unidos. Mestra em Computers in Education e Instructional Technology pelo Teachers College, Columbia University. EdD em Instructional Technology and Media pelo Teachers College, Columbia University.

Cristiane Sanches da Silva. Head de Tecnologia Educacional e Inovação da Escola Eleva. MBA em e-Business pela FGV. Pós-graduação em Elaboração, Acompanhamento, Avaliação e Articulação em Projetos Sociais pela UFRJ. Mestra em Informática, Educação e Sociedade pela UFRJ.

Dante Augusto Couto Barone. Cientista da computação. Professor titular da UFRGS. Mestre em Engenharia Elétrica pela UFRGS. Doutor em Ciência da Computação pelo Institut National Polytechnique de Grenoble, França.

Dárlinton Barbosa Feres Carvalho. Bacharel em Ciência da Computação pela Universidade Federal de Ouro Preto. Professor do Departamento de Ciência da Computação da Universidade Federal de São João del-Rei. Mestre em Ciências em Informática pela PUC-Rio. Doutor em Ciências em Informática: Engenharia de Software pela PUC-Rio.

David Gentil de Oliveira. Professor licenciado em Física e Matemática. Especialista em Educação para Relações Étnico-raciais pelo Instituto Federal do Pará. Mestrando do Programa de Pós-graduação em Docência em Educação em Ciências e Matemática da Universidade Federal do Pará (UFPA). Secretário Municipal de Educação de Santo Antônio do Tauá, PA.

Débora Valletta. Bacharel em Ciências da Natureza. Licenciatura plena em Química e Pedagogia. Professora do ensino básico e superior. Coordenadora Tecnopedagógica da Educação Básica no Instituto Presbiteriano Mackenzie. Pesquisadora do Programa de Pós-graduação em Informática na Educação da UFRGS. Especialista em Tecnologia Educacional pela Universidade Presbiteriana Mackenzie e em Design Educacional pela Universidade Federal de Itajubá. Mestra em Educação: Formação, Políticas e Práticas pela PUCRS. Doutoranda em Informática na Educação no Programa de Pós-graduação da UFRGS.

Diana F. Adamatti. Cientista da computação. Professora associada. Mestra em Computação pela UFRGS. Doutora em Engenharia Elétrica pela USP. Pós-doutorado no Consiglio Nazionale delle Ricerche, Itália.

Diorge de Souza Lima. Professor da Universidade do Sul e Sudeste do Pará. Especialista em Sistemas de Energia pela UFPA. Mestre em Engenharia Elétrica: Sistemas de Energia.

Dyego Carlos Sales de Morais. Licenciado em Computação. Pesquisador do Projeto e Grupo de Pesquisa Desenvolvimento Educacional de Multimídias Sustentáveis (Demults) da Universidade Federal Rural de Pernambuco (UFRPE). Mestre em Ciência da Computação pela Universidade Federal de Pernambuco (UFPE).

Fabiana Rodrigues de Oliveira Glizt. Professora. Coordenadora pedagógica na Prefeitura Municipal de Ponta Grossa. Especialista em Gestão Educacional pelo Iessa. Mestra em Ensino de Ciência e Tecnologia pela Universidade Tecnológica Federal do Paraná, *campus* Ponta Grossa.

Fernanda P. Mota. Engenheira de computação. Mestra em Engenharia de Computação pela Furg. Doutora em Educação em Ciências pela Furg.

Flavia Bernardini. Cientista da computação. Professora associada do Instituto de Computação da Universidade Federal Fluminense (UFF). Mestra e Doutora em Ciência da Computação e Matemática da Computação pelo Instituto de Ciências Matemáticas e de Computação (ICMC)/USP.

Flavia Peres. Psicóloga. Professora associada de Psicologia do Departamento de Educação da UFRPE. Mestra e Doutora em Psicologia Cognitiva pela UFPE.

Flavio Rodrigues Campos. Pedagogo. Pesquisador visitante da Escola de Educação da Universidade de Stanford. Consultor pedagógico do Serviço Nacional de Aprendizagem Comercial (Senac)/SP. Mestre em Educação, Arte e História da Cultura pela Universidade Presbiteriana Mackenzie. Doutor em Educação: Currículo pela Pontifícia Universidade Católica de São Paulo (PUC-SP). Doutor em Letras pela Universidade Presbiteriana Mackenzie.

Giocondo Magalhães. Psicólogo clínico e escolar. Coordenador escolar, educador e professor do ensino fundamental 2. Especialista em Psicopedagogia pelo Ceperj.

Glaucileide da Silva Oliveira. Professora. Designer pedagógica na Geekie.

Ismar Frango Silveira. Professor da Universidade Presbiteriana Mackenzie e da Universidade Cruzeiro do Sul. Pesquisador. Mestre em Ciências pelo Instituto Tecnológico de Aeronáutica. Doutor em Engenharia Elétrica pela Poli/USP.

Janaina A. da Silva. Estudante do Curso de Sistemas de Informação da Furg.

Joelene de Oliveira de Lima. Professora de Ciências, Matemática e Tecnologias. Especialista em Informática na Educação e MBA em Tecnologias da Informação e Comunicação. Mestra em Educação em Ciências e Matemática pela PUCRS.

José Vidal. Desenvolvedor de jogos digitais. Consultor de qualificação.

Karina dos Santos Machado. Engenheira da computação. Professora do Centro de Ciências Computacionais da Furg. Mestra e Doutora em Ciência da Computação pela PUCRS.

Katia Maria Santana Souto. Pedagoga. Consultora em tecnologia educacional. Especialista em Mídias na Educação. Mestra em Educação: Formação de Professores pela Universidade Metodista de São Paulo.

Katia Oliveira. Professora de Ciências, Tecnologia e ACT. Especialista em Informática Educativa e Educação a Distância. Trabalha com crianças e adolescentes na Escola Parque. Participou da formação de professores do Cederj e Lante-UFF até 2015.

Laíza Ribeiro Silva. Cientista da computação. Mestranda do Programa de Pós-graduação em Ciências da Computação e Matemática Computacional do ICMC/USP.

Leila Ribeiro. Professora e pesquisadora em Computação. Professora titular na UFRGS. Mestra em Ciência da Computação pela UFRGS. Doutora em Informática pela Universidade Técnica de Berlim, Alemanha.

Leonardo Barichello. Pesquisador. Mestre em Educação Matemática pela Universidade Estadual Paulista Júlio de Mesquita Filho. Doutor em Educação pela University of Nottingham, Inglaterra. Pós-doutorando em Educação na Universidade Estadual de Campinas (Unicamp).

Lina Lopes. Diretora de Processos e Protótipos de Inovação. Mestra em Design e Tecnologia pela Universidade Anhembi Morumbi.

Luci Mara Gotardo. Diretora de escola. Assistente pedagógica da Prefeitura de Itatiba, SP. Especialista em Educação Matemática pela Universidade São Francisco.

Luciana Foss. Professora associada da UFPel. Mestra e Doutora em Ciência da Computação pela UFRGS.

Luemy Avila. Professora de robótica, designer educacional, gestora de programa de inovação pedagógica tecnológica em redes pública de educação e consultora em tecnologia educacional institucional. Especialista em Design Educacional pela Escola Design Thinking – Echos Lab Inovação – EDT.

Luís Aguzzi. Professor de Física. Professor do Estado do Rio Grande do Sul. Tecnólogo em Gestão Ambiental.

Marco Trentin. Professor titular de Ciência da Computação da UPF. Especialista em Teleinformática pela UFRGS. Mestre em Ciência da Computação pela UFRGS. Doutor em Informática na Educação pela UFRGS.

Marcos Román-González. Licenciado em Psicopedagogia pela Universidad Nacional de Educación a Distancia (Uned), Espanha. Professor e pesquisador na Faculdad de Educación da Uned. Mestre em Inovação e Pesquisa em Educação pela Uned. Doutor em Educação pela Uned.

Maria Cristina Pfeiffer Fernandes. Graduada em Sistemas pela PUC-Rio. Professora Doutora aposentada e colaboradora da Fundação Centro de Ciências e Educação Superior a Distância do Rio de Janeiro. Especialista em Atualização Pedagógica pelo Centro de Filosofia e Ciências Humanas da UFRJ. Mestra e Doutora em Ciências pelo Instituto Alberto Luiz Coimbra de Pós-graduação e Pesquisa de Engenharia (Coppe/UFRJ). Estágios pós-doutorais em Tecnologia Educacional na PUC-RJ e na UniRio.

Maria de Fatima S. Polesi Lukjanenko. Professora adjunta do Curso de Pedagogia da Universidade São Francisco. Mestra e Doutora em Educação pela Unicamp.

Marilton Sanchotene de Aguiar. Professor das disciplinas de Algoritmos, Programação e Inteligência Artificial na UFPel. Mestre e Doutor em Computação pela UFRGS.

Marli Fátima Vick Vieira. Professora na área de Letras, Português e Inglês. Professora de Informática na Educação no Instituto Federal Catarinense. Especialista em Interdisciplinaridade na Formação de Professores e especialista em Educação pelo IBPEX/Univille. Mestra em Educação, Mídia e Conhecimento pela Univali. Doutora em Educação, Informática na Educação pela Univali.

Matheus Couto Mendes. Tecnólogo de Sistemas para Internet pela Faculdade Anhanguera de Rio Grande, Faculdade Atlântico Sul.

Mônica Ferreira da Silva. Pesquisadora em fatores humanos e adoção de tecnologia. Professora do corpo permanente do Programa de Pós-graduação em Informática da UFRJ. Coordenadora acadêmica de cursos semipresenciais da UFRJ. Especialista em Gestão de Projetos pelo Instituto Tércio Pacitti de Aplicações e Pesquisas Computacionais da UFRJ. Mestra em Engenharia de Software pelo Coppe/UFRJ. Doutora em Administração pelo Instituto de Pós-graduação e Pesquisa em Administração da UFRJ.

Natália Ellery Ribeiro Couto. Instrutora de Informática. Mestra em Computação Aplicada pela Univali.

Neuza Terezinha Oro. Professora de Matemática. Professora titular III do Instituto de Ciências Exatas e Geociências da UPF. Mestra em Matemática pela Universidade Regional do Noroeste do Estado do Rio Grande do Sul (Unijuí). Doutoranda em Modelagem Matemática pela Unijuí.

Odette Mestrinho Passos. Professora da área de Computação. Professora adjunta do Instituto de Ciências Exatas e Tecnologia da Universidade Federal do Amazonas (Ufam). Mestra em Informática pelo Instituto de Computação da Ufam. Doutora em Informática pela Ufam.

Patricia Azevedo Tedesco. Professora associada da UFPE. Mestra em Ciência da Computação pela UFPE. Ph.D. em Ciências da Computação pela The University of Leeds, Reino Unido.

Patrícia Pitthan Barcelos. Professora associada do Departamento de Linguagens e Sistemas de Computação do Centro de Tecnologia da UFSM. Mestra e Doutora em Ciência da Computação pela UFRGS.

Raimundo da Silva Barreto. Professor associado do Instituto de Computação da Ufam. Mestre em Ciência da Computação pela Universidade Federal de Minas Gerais. Doutor em Ciência da Computação pela UFPE. Pós-doutorado na Universidade de Southampton, Reino Unido.

Renata Hax Sander Reiser. Professora adjunta da UFPel. Mestra e Doutora em Ciência da Computação pela UFRGS.

Roberto Muñoz. Doutor em Engenharia Informática pela Pontifícia Universidade Católica de Valparaíso (PUCV), Chile.

Rodolfo Villarroel. Engenheiro em Informática. Professor adjunto da Escuela de Ingeniería Informática da PUCV. Mestre em Ciências da Engenharia Informática pela Universidad Técnica Federico Santa María, Chile. Doutor em Informática pela Universidad de Castilla-La Mancha, Espanha

Roseli de Deus Lopes. Engenheira eletricista. Professora associada da Poli/USP. Vice-coordenadora do Citi-USP. Coordenadora da Febrace. Especialista em Sistemas Eletrônicos, Interação Humano-computador, Tecnologias na Educação e Educação STEAM. Mestra e Doutora em Engenharia Elétrica pela Poli/USP. Livre-docente em Engenharia Elétrica: Meios Eletrônicos Interativos pela Poli/USP.

Sandro José Rigo. Pesquisador. Professor do Programa de Pós-graduação em Computação Aplicada da Universidade do Vale do Rio dos Sinos. Mestre em Computação Gráfica pela UFRGS. Doutor em Hipermídia Adaptativa pela UFRGS.

Saulo Joel Oliveira Leite. Professor de Robótica em escolas de Belém, PA.

Sean Siqueira. Professor associado da UniRio. Mestre em Informática pela PUC-Rio. Doutor em Ciências: Informática pela PUC-Rio.

Simone André da Costa Cavalheiro. Professora de Teoria da Computação e Sistemas Discretos na UFPel. Doutora em Ciência da Computação pela UFRGS.

Taciana Pontual Falcão. Professora adjunta do Departamento de Computação da UFRPE. Doutora em Interação Humano-computador/Tecnologias Educacionais pela University of London, Inglaterra.

Tancicleide Gomes. Professora pesquisadora na CESAR School. Consultora em Tecnologias Educacionais. Mestra e doutoranda em Ciência da Computação na UFPE.

Tatiane Aparecida Martins do Rosário. Professora. Orientadora. Diretora do Departamento de Ensino Fundamental de Balneário Camboriú, SC. Coordenadora local do Programa de Alfabetização na Idade Certa (PNAIC, 2017/2018). Especialista em Educação Infantil e Ensino Fundamental: Orientação e Supervisão pela Aupex, SC. Mestra em Educação e Tecnologia pela Univali.

Thaísa Leal da Silva. Docente do Programa de Pós-graduação *Stricto Sensu* em Arquitetura e Urbanismo e nos cursos de Graduação em Arquitetura e Urbanismo e Ciência da Computação da Imed. Pesquisadora do Grupo de Pesquisa em Sustentabilidade e Inovação (GPS) da UFRGS e do InovaEdu da Imed. Mestra em Microeletrônica pela UFRGS. Doutora em Engenharia Eletrotécnica e de Computadores pela Universidade de Coimbra, Portugal.

Thiago Schumacher Barcelos. Professor e pesquisador do Laboratório de Computação Aplicada (LABCOM3) do Instituto Federal de Educação, Ciência e Tecnologia de São Paulo. Mestre em Ciência da Computação pelo Instituto de Matemática e Estatística da USP. Doutor em Ensino de Ciências e Matemática pela Universidade Cruzeiro do Sul.

Tiago J. B. Eugênio. Professor STEAM. Mestre em Psicobiologia pela Universidade Federal do Rio Grande do Norte. Designer de aprendizagem da Rhyzos Educação.

Wellington Fonseca. Professor do Instituto de Tecnologia da UFPA. Doutor em Engenharia Elétrica pela UFPA.

Wendell Bento Geraldes. Professor do ensino básico, técnico e tecnológico. Professor de Informática do Instituto Federal de Goiás, *campus* Luziânia. Especialista em Informática na Educação pela Ufla. Mestre em Gestão do Conhecimento e Tecnologia da Informação pela Universidade Católica de Brasília.

A SÉRIE

A **Série Tecnologia e inovação na educação brasileira** foi idealizada por Paulo Blikstein, professor na Columbia University, Estados Unidos, e diretor do Transformative Learning Technologies Lab. A série almeja mapear e divulgar pesquisas, implementações e práticas bem-sucedidas em inovação e tecnologia educacional no Brasil. Os primeiros títulos da série são:

- *Inovações radicais na educação brasileira* (Flavio Rodrigues Campos, coorganizador)
- *Robótica educacional: experiências inovadoras na educação brasileira* (Rodrigo Barbosa e Silva, coorganizador)
- *Ludicidade, jogos digitais e gamificação na aprendizagem* (Luciano Meira, coorganizador)
- *Computação na educação básica: fundamentos e experiências* (André Raabe e Avelino F. Zorzo, coorganizadores)
- *Construção da informática na educação brasileira: caminhos percorridos e perspectivas futuras* (José Armando Valente, coorganizador)

Os livros foram estruturados para trazer também a voz de professores e de alunos, contando com seções e capítulos escritos por educadores e por estudantes. Nesses cinco volumes, a série conta com mais de 120 capítulos e mais de 300 autores de todo o País, constituindo o mais completo retrato da inovação educacional no Brasil.

A série foi apoiada pela Fundação Lemann, que possibilitou que os coorganizadores pudessem ser pesquisadores visitantes no Lemann Center da Stanford University, Estados Unidos, no período de 2015 a 2018, e teve coordenação editorial de Tatiana Hochgreb-Häegele e Livia Macedo.

Série Tecnologia e inovação na educação brasileira

Idealização e direção
Paulo Blikstein
> Professor associado do Departamento de Matemática, Ciência e Tecnologia do Teachers College, Columbia University.

Coordenação editorial
Tatiana Hochgreb-Häegele
> Cientista com Doutorado em Ciências pela Universidade de São Paulo, e Pós-doutorado na University of California, San Francisco (UCSF), e California Institute of Technology (Caltech), Estados Unidos. Pesquisadora, coordenadora de currículo STEM (Science, Technology, Engineering and Math) no Transformative Learning Technology Lab e especialista em Ciências no Lemann Center for Educational Entrepreneurship and Innovation in Brazil, Stanford University.

Livia Macedo
> Mestra em Aprendizagem, *Design* e Tecnologia pela Stanford University. Gerente de projetos de STEM no Transformative Learning Technologies Lab, Teachers College, Columbia University.

PREFÁCIO

A computação deixou de ser um campo de conhecimento restrito aos cientistas e profissionais da área, tornando-se parte do cotidiano de todos nós. Nos últimos dez anos, ela passou a ser utilizada em praticamente todas as demais áreas do conhecimento. As soluções computacionais são aplicadas hoje desde a agricultura e a pecuária até a medicina. No dia a dia, as pessoas empregam essas soluções para transporte, comunicação, acesso a bancos, leitura de jornais, jogos, entre outros. Mesmo em países em desenvolvimento, uma parcela significativa da população tem acesso a dispositivos computacionais e os usa no dia a dia. No entanto, apesar de estarmos expostos a todos esses dispositivos, a maioria desconhece como essas soluções do mundo digital funcionam. Mas, no passado, muitos tópicos em física, matemática ou biologia eram desconhecidos e misteriosos para a sociedade, e seu ensino era impensável na educação básica. Com o tempo, entretanto, esses tópicos passaram a fazer parte do cotidiano e migraram para a escola. A computação está ainda na infância desse processo.

Por muito tempo o uso educacional do computador foi tido como uma possibilidade de melhorar a qualidade da educação, sendo foco de pesquisas que se iniciaram há mais de 40 anos. Assim, iniciativas nesse sentido se difundiram nas áreas de informática na educação, tecnologia educacional, educação em computação, bem como em pedagogias que enfatizavam o uso das tecnologias da informação e comunicação (TICs). Com o amadurecimento das possibilidades da informática e um reposicionamento da computação como área de conhecimento, novos enfoques do ensino de computação surgiram e atualmente coexistem.

Os construcionistas, que seguem os preceitos da obra de Seymour Papert, têm foco na aprendizagem. Veem o computador como ferramenta para explorar o mundo e aprender com ele. Aprender modelando o mundo e concretizando ideias poderosas, ideias que, por meio da linguagem Logo, por exemplo, assumem uma natureza mais matemática, uma vez que envolvem recursão, decomposição, algoritmos, geometria, etc. Muitos dos aspectos apresentados na década de 1970 por Papert foram perdendo força até meados dos anos 2000, mas acabaram sendo retomados a partir do aumento do interesse por trazer conceitos de computação para a formação dos jovens em idade escolar.

Quando Jeannette Wing, em 2006, introduziu o termo pensamento computacional, ela trouxe um novo enfoque – o enfoque dos cientistas da computação. O olhar de quem, com fluência nos métodos formais e teóricos da área, compreende o poder da computação para abordar problemas complexos, responder sobre quais são os problemas solúveis e qual a importância em conhecê-los. Wing, em seu texto, traduziu em grande parte os anseios de muitos cientistas da computação, que já percebiam, pelo ritmo de tecnologização da sociedade, que os jovens, se não fossem preparados para conhecer e saber tirar proveito da computação, teriam sua cidadania ameaçada pela exclusão digital em um futuro não muito distante.

A partir de 2012, quando grandes empresas de tecnologia passaram a engajar-se em impulsionar iniciativas como Code.org e a Hora do Código a fim de promover o ensino de computação nas escolas, surge um elemento catalisador importante: o interesse das empresas em formar engenheiros e programadores para atender a suas crescentes demandas de recursos humanos.

Nesse contexto, a discussão sobre como trazer conceitos de computação para a educação básica tem se expandido em diversos países que tentam definir o que ensinar, em que etapa, como avaliar e como integrar a computação ao currículo escolar. Diversas pesquisas têm mostrado que a maioria da população necessitará no futuro de habilidades relacionadas ao mundo digital. Como resultado, em diversos países, o pensamento computacional tem sido incluído na educação básica já desde os primeiros anos.

Neste livro buscamos subsidiar a discussão acerca das diretrizes para o ensino de computação no Brasil, assim com divulgar e refletir sobre as experiências já realizadas e em andamento. O livro busca auxiliar os gestores educacionais a conhecer melhor o universo do ensino de computação e compreender as nuanças existentes entre as diferentes abordagens de ensino de computação que vêm sendo praticadas no Brasil e no mundo. Procura também auxiliar os professores a conhecer e buscar referências inspiradoras para que possam planejar e realizar atividades envolvendo conceitos e práticas de computação.

O livro está organizado em três partes que permitem ao leitor conhecer fundamentos pertinentes ao ensino de computação no Brasil, pesquisas que são realizadas sobre o tema em universidades, escolas e institutos, bem como relatos que contam as experiências práticas de quem já vem trabalhando com esse tema na educação básica.

Parte I – Fundamentos: Organizada em quatro capítulos, essa parte apresenta alguns conceitos sobre abordagens para o ensino de computação na educação básica. No Capítulo 1 são apresentadas as diferentes abordagens para a computação na educação e como elas se aproximam e diferenciam. O Capítulo 2 traz uma discussão acerca de três pilares fundamentais do pensamento computacional: abstração, automação e análise. O Capítulo 3 mostra uma visão global de como a computação tem sido inserida em currículos de educação básica em diversos países. O Capítulo 4 apresenta um resumo histórico do legado de Papert e dos projetos com a linguagem Logo realizados no Brasil.

Parte II – Pesquisas: Os capítulos dessa parte relatam pesquisas realizadas no Brasil sobre computação na educação básica. Os pesquisadores-autores dos capítulos compartilham informações que vão desde metodologias para o uso de pensamento computacional no ensino fundamental até como o pensamento computacional pode ser empregado para a resolução de problemas, incluindo aspectos relacionados com ensino de programação, uso de jogos digitais, clubes de computação e berçários *hackers*.

Parte III – Relatos de Experiências: Os relatos buscam servir como inspiração para professores e instituições que desejam ensinar computação na educação básica. São descritos em linguagem simples e direta, voltada a professores, e fornecem detalhes que possibilitam que as experiências sejam reproduzidas e readaptadas em diferentes contextos de aplicação. Os relatos estão organizados conforme as etapas da educação básica, compreendendo educação infantil, ensino fundamental e ensino médio. Os capítulos retratam iniciativas realizadas em todas as cinco regiões do País, com autores de dez diferentes Estados e com trabalhos realizados em instituições públicas, comunitárias e privadas.

Assim, o livro aprofunda as diferentes abordagens que impulsionam a adoção da computação como tema ou conteúdo educacional, e possibilita ao leitor compreender de que forma elas se desdobram em projetos educacionais. Representa, também, um retrato abrangente do que vem sendo pesquisado e praticado no ensino de computação na educação básica em nosso país.

O Brasil foi um dos países na vanguarda da adoção do ensino de computação, com pioneiros como Léa Fagundes e José Valente, que, além de trazer as ideias construcionistas de Papert e seus colaboradores, também habilmente as combinaram com o pensamento educacional brasileiro. Essa combinação gerou uma abordagem que se preocupava ao mesmo tempo com as ideias poderosas e com o protagonismo do estudante. Hoje, entretanto, o ensino de computação é muito mais diverso, e sua formulação não vem apenas da universidade. Fundações, organizações sociais e empresas participam dessa formulação e implementação, mas muitas vezes sem o conhecimento da rica história do ensino de programação no Brasil. Este livro é a nossa contribuição para facilitar o acesso a essa história, para que possamos universalizar o ensino de computação no Brasil sem "reinventar a roda". E, também, representa nossa esperança de que possamos fazer isso fiéis aos princípios, ao empoderamento e à emancipação que inspiraram Papert, Freire, Valente, Fagundes, D'Ambrósio, Ackermann e tantos outros que nos lembram que a pergunta mais importante é sempre sobre quem está programando e quem está sendo programado.

André Raabe
Avelino F. Zorzo
Paulo Blikstein
Orgs.

SUMÁRIO

Parte I – FUNDAMENTOS

1. Diferentes abordagens para a computação na educação básica 3
   André Raabe | Natália Ellery Ribeiro Couto | Paulo Blikstein

2. Entendendo o pensamento computacional 16
   Leila Ribeiro | Luciana Foss | Simone André da Costa Cavalheiro

3. Panorama global da adoção do pensamento computacional 31
   Christian Puhlmann Brackmann | Dante Augusto Couto Barone
   Ana Casali | Marcos Román-González

4. O legado de Papert e da linguagem Logo no Brasil...................................... 49
   Marli Fátima Vick Vieira | Flavio Rodrigues Campos | André Raabe

Parte II – PESQUISAS

5. O ensino de programação de computadores na educação infantil 67
   Caroline da Silva Furini | Adriano Canabarro Teixeira | Marco Trentin

6. Uma metodologia para estudo do pensamento computacional:
   nos ensinos fundamental e médio 79
   Matheus Couto Mendes | Janaina A. da Silva | Fernanda P. Mota
   Luís Aguzzi | Karina dos Santos Machado | Diana F. Adamatti

7. Clube de computação para alunos dos ensinos fundamental e médio:
   pesquisa-ação com múltiplas ferramentas 90
   Andrea Schwertner Charão | Benhur Stein | Patrícia Pitthan Barcelos

8. Explorando o pensamento computacional para a qualificação
   do ensino fundamental 99
   Simone André da Costa Cavalheiro | Luciana Foss | Marilton Sanchotene de Aguiar
   André Rauber Du Bois | Ana Marilza Pernas | Renata Hax Sander Reiser
   Clause Fátima de Brum Piana | Ana Rita de Assumpção Mazzini

9. **Pensamento computacional e linguagem na resolução de problemas durante o desenvolvimento de jogos digitais no ensino médio** 114

Flavia Peres | Taciana Pontual Falcão | Glaucileide da Silva Oliveira
Dyego Carlos Sales de Morais

10. **Experiências com o uso da computação desplugada com base em peças teatrais na educação básica do Estado do Amazonas** 127

Raimundo da Silva Barreto | Odette Mestrinho Passos

11. **#Inovareaprender: o uso da robótica educacional no processo de aprendizagem significativa envolvendo educação básica e ensino superior** 137

Luemy Avila | Flavia Bernardini

12. **Jogar para aprender, construir para jogar: oficinas de construção de jogos digitais para o desenvolvimento do pensamento computacional** 152

Thiago Schumacher Barcelos | Roberto Muñoz
Rodolfo Villarroel | Ismar Frango Silveira

Parte III – RELATOS DE EXPERIÊNCIAS

EDUCAÇÃO INFANTIL E ANOS INICIAIS DO ENSINO FUNDAMENTAL

13. **Brincar de programar com o Bee-Bot na educação infantil** 179

Tatiane Aparecida Martins do Rosário | Marli Fátima Vick Vieira | André Raabe

14. **Experiências de ensino e aprendizagem de conceitos de programação na educação infantil e nos anos iniciais do ensino fundamental** 187

Tancicleide Gomes | Patricia Azevedo Tedesco

15. **Como ajudar alunos do ensino fundamental a desvendar o incrível mundo dos códigos** 194

Joelene de Oliveira de Lima | Sandro José Rigo

16. **O pensamento computacional nos anos iniciais do ensino fundamental** 201

Fabiana Rodrigues de Oliveira Glizt

ANOS FINAIS DO ENSINO FUNDAMENTAL

17. **Geometria e programação: uma estratégia de aprendizagem** 219

Katia Maria Santana Souto

18. Programação de computadores em Scratch por meio de jogos 227
    Leonardo Barichello

19. Abordagem exploratória em processos de ensino e aprendizagem
    de programação e computação física 235
    Cassia Fernandez | Roseli de Deus Lopes

20. O projeto Escola de *Hackers* e a programação de computadores 243
    Neuza Terezinha Oro | Ariane Mileidi Pazinato
    Amilton Rodrigo de Quadros Martins | Thaísa Leal da Silva

21. Uma experiência de ensino de programação criativa
    na grade curricular 251
    César Augusto Rangel Bastos | Giocondo Magalhães | Katia Oliveira

22. Programa Letramento em Programação: o ensino do pensamento
    computacional em escolas públicas brasileiras 256
    Adelmo Antonio da Silva Eloy | Amaral M. Oliveira
    Luci Mara Gotardo | Maria de Fatima S. Polesi Lukjanenko

23. Oficina de introdução à robótica pedagógica
    com alunos do ensino fundamental no Pará 263
    David Gentil de Oliveira | Wellington Fonseca
    Saulo Joel Oliveira Leite | Diorge de Souza Lima

24. Scratch Day 2015: uma experiência no ensino de programação
    para iniciantes no Instituto Federal de Goiás, *campus* Luziânia 270
    Wendell Bento Geraldes

ENSINO MÉDIO

25. *Design* e modelagem com o computador: lições aprendidas em
    uma aula de fabricação digital no currículo STEAM do ensino médio 279
    Tiago J. B. Eugênio | Lina Lopes | Cristiana M. Assumpção

26. O ensino de programação por meio da robótica
    em uma escola técnica do Rio de Janeiro 286
    César Augusto Rangel Bastos | Sean Siqueira
    Maria Cristina Pfeiffer Fernandes

27. O uso da programação de jogos digitais como
    ferramenta educacional 294
    Antoanne Pontes | José Vidal | Cristiane Sanches da Silva
    Mônica Ferreira da Silva

28. **Linguagem de programação na educação básica: possibilidades para o desenvolvimento de competências** 303
    Débora Valletta

29. **Saberes D'Avó: programação introdutória com um viés multidisciplinar** 310
    Laíza Ribeiro Silva | Dárlinton Barbosa Feres Carvalho

PARTE I

FUNDAMENTOS

DIFERENTES ABORDAGENS PARA A COMPUTAÇÃO NA EDUCAÇÃO BÁSICA

André Raabe | Natália Ellery Ribeiro Couto | Paulo Blikstein

O propósito deste capítulo é caracterizar as diferentes abordagens para o ensino de computação que se constituíram historicamente a partir de diversas visões de pesquisadores e entusiastas na academia e no mercado. Atualmente essas abordagens se alternam nos discursos dos que advogam a introdução da computação na educação básica tanto no Brasil como em outros países. Cada abordagem carrega um conjunto de valores, crenças e objetivos que influenciam significativamente a forma como compreende o papel da computação na sociedade e em como deve ser inserida na educação básica. Blikstein (2018) recomenda que se crie clareza e alinhamento em torno das principais razões que as diversas partes interessadas usam para promover a computação na educação, destacando suas sinergias, diferenças e consequências para o ensino em sala de aula. Nossa classificação não segue necessariamente uma cronologia ou uma hierarquia, mas aponta para direções e movimentos no campo da computação na educação básica.

PRIMEIRA ABORDAGEM: CONSTRUCIONISMO E LETRAMENTO COMPUTACIONAL

Em 1967 nascia a linguagem de programação Logo, criada por Seymour Papert, Cynthia Solomon e Wally Feurzeig. Papert e seu time realizaram diversos experimentos em que estudantes puderam controlar o movimento de um robô (depois apelidado de tartaruga) por meio de instruções da linguagem Logo. O robô contava com uma caneta acoplada que, ao ser ativada, começava a marcar no papel o seu trajeto, permitindo que alunos desenhassem formas geométricas e explorassem conceitos matemáticos e computacionais. Papert (1972a) enfatizou que, no processo de escrita e depuração (*debugging*) do código, o desenvolvimento cognitivo dos alunos é visível de forma detalhada e precisa, oferecendo a pesquisadores uma oportunidade inédita de investigação.

Papert (1972b) defendeu que a educação poderia se beneficiar do computador para ensinar não apenas matemática, mas qualquer tema. Por meio da programação, muitos conceitos que parecem distantes do mundo real poderiam ser transformados e concretizados. A programação possibilita que os estudantes aprendam e resolvam problemas pela criação de modelos conceituais que são transformados em código. Para definir um algoritmo que soluciona um problema, é necessário conhecer o problema e criar um modelo de como ele funciona, levando a uma profunda compreensão de conceitos e relações envolvidos.

O desenvolvimento da linguagem Logo e o trabalho de Papert acabaram por atrair um grande grupo de pesquisadores para três centros de pesquisa em Cambridge, Estados Unidos: o laboratório de inteligência artificial do Massachusetts Institute of Technology (MIT), o MIT Media Lab e o laboratório independente Bolt, Beranek and Newman (BBN). Papert e seus colaboradores tentaram então construir uma teoria de aprendizagem baseada nos experimentos com Logo e na experiência anterior do próprio Papert ao trabalhar com Jean Piaget em Genebra. Nascia, assim, o construcionismo, uma vertente do construtivismo em que a aprendizagem se fundamenta ainda na construção do conhecimento, porém o estudante constrói seu conhecimento a partir do "fazer", criando objetos concretos e compartilháveis. Além disso, o estudante não faz "qualquer coisa", ele é levado a criar projetos que trazem motivação pessoal.

No construcionismo, os processos educacionais, as formas de aprender, os diferentes usos do computador na educação se entrelaçam com questões epistemológicas. A própria relação entre o pensamento concreto e o abstrato ou formal é posta em foco. Turkle e Papert (1991) advogam a necessidade de se considerar o pluralismo epistemológico, ou seja, a existência de diferentes formas de conhecer e aprender. Ao analisar o estilo de aprendizagem de estudantes de um curso de programação introdutória, eles propõem revisar os estágios definidos por Piaget.

> Piaget vê uma progressão do egocentrismo infantil para um estágio formal final, quando a lógica proposicional e o método hipotético-dedutivo liberam a inteligência da necessidade de situações concretas para mediar o pensamento. Nesta visão, o pensamento maduro é o pensamento abstrato. Nós discordamos: para nós, o raciocínio formal não é um estágio, mas sim um estilo (TURKLE; PAPERT, 1991, p. 162, tradução nossa).

Sendo assim, o estágio concreto não é apenas uma etapa para atingir o estágio formal – eles podem coexistir. Papert (1994) afirma que a educação tradicional negligencia o desenvolvimento do estágio concreto, apressando-se em atingir o estágio formal. Turkle e Papert (1991) mencionam que o computador, com seus gráficos, seus sons, seu texto e sua animação, pode fornecer uma porta de entrada para pessoas cujas principais formas de se relacionar com o mundo ocorrem por meio do movimento, da intuição, da impressão visual, do poder das palavras e das associações. E pode fornecer um ponto de entrada privilegiado para pessoas cujo modo de interação se dá por meio de uma identificação íntima e corporal com o mundo das ideias ou com aqueles que se apropriam por meio da antropomorfização. O objeto computacional, na fronteira entre a ideia e um objeto físico, oferece, portanto, novas possibilidades.

A ênfase na construção de objetos compartilháveis, sejam eles programas ou artefatos físicos, está na base da construção da fluência no uso da computação. Papert e Resnick (1995) enfatizam que para se adquirir fluência é necessário não somente saber como usar ferramentas tecnológicas, mas ser capaz de construir artefatos significantes a partir delas, da mesma forma que, para se tornar fluente em uma língua, uma pessoa deve ser capaz de articular ideias complexas e formular narrativas. Apenas o acesso à tecnologia não é o suficiente. Além de usuários, os indivíduos devem se tornar projetistas e criadores de artefatos baseados em computação.

Na mesma direção, diSessa (2001) cunha o termo "letramento computacional". Ele afirma que computadores podem ser a base técnica de um novo tipo de letramento. Uma pessoa letrada é capaz de utilizar a leitura e a escrita de forma natural em sua vida pessoal e profissional ao ler jornais, conferir cartas, entender placas de trânsito, escrever um relatório, entre outros. A mesma essência deve ser conquistada no letramento computacional – a utilização do computador na vida pessoal e profissional deve ocorrer de maneira tão natural quanto o ler e o escrever ocorrem para uma pessoa letrada.

Para tornar possível o letramento computacional, diSessa defende que deve haver uma mudança na infraestrutura das escolas, onde os estudantes irão utilizar o computador constantemente durante o seu aprendizado – e não somente em "aulas de computador". O computador age como um novo "material para pensar com", da mesma maneira que o papel e o lápis, mas trazendo recursos mais sofisticados para um letramento de uma nova natureza, mas com penetração, profundidade e influência comparáveis ao tradicional. diSessa *apud* Blikstein (2018) também argumenta que conceitos em ciência e matemática podem ser simplificados usando representações computacionais. Por exemplo, velocidade e aceleração são mais simples de entender algoritmicamente, e é mais difícil aprender sobre esses conceitos usando representações algébricas tradicionais.

Esse pensamento de diSessa fundamenta o que Resnick (2013) denomina "programar para aprender". Fazendo uma analogia com a aprendizagem da escrita, ele menciona que, quando escrevem, as pessoas aprendem a organizar, refinar e refletir sobre suas ideias. A capacidade de codificar permite que você "escreva" novos tipos de coisas – histórias interativas, jogos, animações e simulações. E, como na escrita tradicional, há motivos poderosos para todos aprenderem a codificar.

Para diSessa, os processos mentais envolvidos têm impacto na forma como aprendemos, representando fundamentalmente uma transformação epistemológica em como percebemos e nos relacionamos com o mundo. Para ele, um verdadeiro letramento computacional será infraestrutural. Os alunos letrados irão usá-lo constantemente em suas carreiras e em diversas atividades científicas, humanísticas e artísticas. Fora da escola, o letramento computacional permitirá que a civilização pense e faça coisas que serão novas para nós da mesma forma que a sociedade moderna e letrada seria para culturas pré-alfabetizadas (DISESSA, 2001).

No Brasil na década de 1980, foram realizados muitos projetos com a linguagem Logo e o construcionismo, em especial nos grupos de pesquisadores, como José Armando Valente e Léa Fagundes, que envolviam escolas públicas e privadas. Porém, o impacto esperado da introdução da linguagem Logo e do construcionismo nas escolas não ocorreu em sua plenitude devido principalmente às dificuldades na formação de professores e ao modelo de uso do computador nos laboratórios. Em 1996, foi publicado o livro *O professor no ambiente Logo* (VALENTE, 1996), uma das últimas obras relacionadas ao tema (ver o Cap. 4 para um maior aprofundamento sobre a linguagem Logo no Brasil).

À medida que o computador se tornou mais acessível para uso pessoal, e com o surgimento das tecnologias que viabilizaram recursos multimídia e as comunicações via internet, passou-se a enfatizar a função do computador como "enciclopédia eletrônica" e máquina de comunicação, deixando o papel de máquina para criação àqueles que seguiram carreiras em áreas mais relacionadas à computação. Esse cenário, aliado ao impacto da publicação de artigos críticos referentes à abordagem Logo, como o de Pea e Kurland (1983), acabou por reduzir o interesse e os projetos em torno dessa linguagem. Após vários anos, esse interesse foi retomado no início dos anos 2000.

O Logo Tree Project (BOYTCHEV, 2017) mantém uma relação de mais de 300 versões da linguagem Logo. O ambiente Scratch,[1] criado por "discípulos" de Papert, é hoje uma das ferramentas mais populares para introdução à programação, utilizando uma notação de blocos que reduz boa parte da dificuldade inicial com o formalismo das linguagens de programação.

Resnick e Brennan (2012) apontam que o Scratch, assim com outras linguagens de programação, possibilita desenvolver conceitos

---

[1] Disponível em: scratch.mit.edu

de lógica de programação tais como: sequenciamento, repetições, eventos, paralelismo, condições, operadores e dados. Os autores ainda definem características importantes do processo de apropriação dessa lógica que são aplicáveis a diferentes contextos:

- **Incremental e iterativo:** é um processo adaptativo em que ocorrem várias mudanças e a solução pode ser dividida em pequenos passos.
- **Testar e depurar:** quando um problema aparece, é necessário efetuar vários testes e depurar para poder solucioná-lo.
- **Reutilizar:** trabalho em colaboração também faz parte da resolução de problemas, e com ele vêm responsabilidades como entender o trabalho dos outros, dar os créditos apropriados aos criadores, entre outras implicações.
- **Abstração e modularização:** trata-se de construir algo grande a partir de coleções de pequenas partes, separando diferentes comportamentos ou ações.

O Scratch, como principal herdeiro direto da linguagem Logo, mantém boa parte de seus princípios, mas se distancia em alguns aspectos, buscando um ambiente mais focado em narrativas, histórias interativas e jogos. A ideia era atrair interesse de um público ainda mais diversificado e permitir a construção de outros tipos de projetos, mesmo que tenha se tornado menos apropriado para problemas de natureza mais matemática ou computacional. Outras ferramentas descendentes da linguagem Logo são o NetLogo,[2] mais focado na modelagem de fenômenos científicos; o AppInventor,[3] que possibilita a criação de aplicativos para *smartphones* e *kits* como o Lego Mindstorms.

Nota-se como marca fundamental dessa primeira abordagem a ênfase no processo de aprendizagem e desenvolvimento cognitivo, buscando promover, a partir das possibilidades do computador, uma mudança de cunho educacional alinhada ao construcionismo. Conforme Blikstein (2018), o letramento computacional é um conjunto de elementos materiais, cognitivos e sociais que geram novas formas de pensar e aprender, permitindo novos tipos de operações mentais e representações de conhecimento, criando novos tipos de "literaturas".

SEGUNDA ABORDAGEM: A EMERGÊNCIA DO PENSAMENTO COMPUTACIONAL

Em 2006, Jeannete Wing escreveu um artigo denominado *Computational thinking*. Esse artigo recupera o termo pensamento computacional – que já havia sido usado por construcionistas –, mas o coloca em um novo contexto. Wing propôs que as maneiras de pensar dos cientistas da computação, bem como suas heurísticas e estratégias de solução de problemas, deveriam ser aplicadas não só à solução de problemas computacionais, mas também a outras disciplinas e à vida cotidiana. Exemplos dessas habilidades e modos de pensar são a capacidade de usar abstrações, o reconhecimento de padrões para representar problemas de novas maneiras, a divisão de problemas em partes menores e o pensamento algorítmico. Wing (2006) defende que o pensamento computacional é uma habilidade fundamental para qualquer um, não apenas para cientistas da computação. Segundo ela, juntamente com a leitura, a escrita e a aritmética, devíamos adicionar o pensamento computacional na habilidade analítica de cada criança.

Com mais de 3 mil citações, o artigo de Wing tem auxiliado na popularização da computação como conhecimento fundamental e vem desempenhando um papel crítico na formação da comunidade de pesquisadores em educação em computação. Quase 40 anos

---

[2] Disponível em: https://ccl.northwestern.edu/netlogo/
[3] Disponível em: appinventor.mit.edu

se passaram entre o surgimento da linguagem Logo e o artigo de Wing. Nesse ínterim, o computador tornou-se onipresente na sociedade, configurando-se como um diferencial para muitas carreiras, de forma que a ideia de ensinar lógica de programação (entre outras coisas) para todos os estudantes não soa tão revolucionária quanto em 1967 – pelo contrário, a ideia soa agora não só como necessária, mas urgente.

A posição influente de Wing na National Science Foundation (NSF) na época ajudou a consolidar o termo pensamento computacional. Wing solicitou ao National Research Council (NRC) a realização de dois *workshops*. Um para explorar o escopo e a natureza do pensamento computacional e outro para explorar aspectos pedagógicos desse pensamento. Foram convidados os principais e mais influentes pesquisadores de educação em computação para a discussão dos temas e a produção de dois relatórios (NRC, 2011).

Em 2011, Wing publicou outro artigo com a finalidade de criar uma definição mais clara para o termo: "Pensamento computacional são os processos de pensamento envolvidos na formulação de problemas e suas soluções, para que estas sejam representadas de uma maneira que possam ser efetivamente executadas por um agente de processamento de informações". A nova definição afirma que o pensamento computacional é segmentado em diversos processos de pensamento, e Wing afirma que o mais importante deles é o processo de abstração (WING, 2011).

No entanto, o termo pensamento computacional nunca foi definido de forma precisa. Existem diferentes definições e compreensões para ele. Analisando os resultados dos *workshops* conduzidos pelo NRC, é possível perceber uma diversidade de visões que ampliam muito o escopo do termo. As sobreposições com termos cunhados anteriormente, como pensamento matemático e pensamento de engenharia, são apontadas, mas não solucionadas. Não é apresentada nenhuma argumentação na direção de esclarecer se estamos falando de um novo tipo de pensamento ou de uma combinação de vários pensamentos existentes e, ainda, se é adequado realmente chamar de "pensamento". Essa característica gera uma dificuldade para a discussão sobre a forma de proporcionar o desenvolvimento do pensamento computacional, sobre como mensurá-lo ou avaliá-lo e, consequentemente, como difundi-lo de forma consistente para outras áreas, em especial para a educação.

Dentre as muitas definições de pensamento computacional que surgiram após o termo ter sido disseminado pelo artigo de Wing (2006), a definição construída pela International Society for Technology in Education (ISTE) em conjunto com a Computer Science Teachers Association (CSTA) possibilita uma discussão pautada em elementos objetivos.

Nessa definição, pensamento computacional é um processo de resolução de problemas que inclui (não somente) as seguintes características: formulação de problemas de forma que computadores e outras ferramentas possam ajudar a resolvê-los; organização lógica e análise de dados; representação de dados por meio de abstrações como modelos e simulações; automatização de soluções a partir do pensamento algorítmico; identificação, análise e implementação de soluções visando a combinação mais eficiente e eficaz de etapas e recursos; generalização e transferência de soluções para uma ampla gama de problemas (CSTA, 2015).

A CSTA e a ISTE também descrevem disposições e atitudes que apoiam as características que o indivíduo deve apresentar para desenvolver o pensamento computacional: confiança em lidar com complexidade; persistência em trabalhar com problemas difíceis; tolerância para ambiguidades; habilidade de lidar com problemas abertos; habilidade de comunicar e trabalhar com outros para atingir um objetivo ou uma solução em comum. Além das disposições e atitudes, são mapeados termos a serem abordados como assuntos em currículos escolares: coleta, análise e representação de dados; decomposição de problemas, abstração, algoritmos e procedimentos, automação, simulação e paralelização.

Uma característica marcante dessa segunda abordagem é que ela surge a partir da ciência da computação, trazendo um discurso que valoriza mais os aspectos que fundamentam a computação como área de conhecimento. O discurso de Wing é típico de alguém da área de computação, com termos e analogias que pareceriam estranhos para pessoas não iniciadas na área.

Outra marca importante dessa segunda abordagem é que, com a popularização do termo pensamento computacional, as discussões sobre como pode-se introduzi-lo na educação básica se ampliaram significativamente. Grupos acadêmicos, como a comunidade de Computer Science Education[4] e o Psychology of Programming Interest Group,[5] passaram a contribuir para que a pesquisa sobre computação na educação se aproximasse da educação básica. Diversas entidades passaram a produzir materiais de apoio para a introdução do pensamento computacional na educação. Nessa linha, destaca-se a iniciativa Computação Desplugada,[6] um conjunto de atividades desenhadas para uso em sala de aula que possibilita ensinar conceitos de computação sem utilizar o computador.

No Brasil, diversas iniciativas de introdução ao pensamento computacional têm sido realizadas nos últimos anos, envolvendo pesquisadores de escolas e universidades em diferentes níveis da educação escolar (BARCELOS; SILVEIRA, 2012; ANDRADE *et al.*, 2013; FRANÇA; AMARAL, 2013; VIEL; RAABE; ZEFERINO, 2014). O tema do pensamento computacional tem sido foco de muitos trabalhos de mestrado e doutorado, cujos resultados são geralmente divulgados em conferências como o *Workshop* sobre Educação em Computação (no Congresso Anual da Sociedade Brasileira de Computação) e o *Workshop* de Ensino em Pensamento Computacional, Algoritmos e Programação, realizado durante o Congresso Brasileiro de Informática na Educação.

Existem também esforços feitos pela Sociedade Brasileira de Computação (SBC) para a disseminação do pensamento computacional na educação básica no Brasil, como a Olimpíada Brasileira de Informática. Outro exemplo é o Referencial de Formação em Computação: Educação Básica,[7] que estabelece a visão da SBC sobre o que deve ser ensinado em relação à computação na educação básica.

Outras iniciativas merecedoras de registro são os CodeClubs organizados por voluntários para levar atividades de programação para escolas; a criação de ambientes de programação em português, como o Portugol Studio (NOSCHANG *et al.*, 2014); e iniciativas de incentivo ao ensino de programação em larga escala, como o Programaê,[8] que vem se popularizando nos últimos anos.

TERCEIRA ABORDAGEM: CODE.ORG E A DEMANDA DE MERCADO

A iniciativa Code.org, uma organização sem fins lucrativos norte-americana, focada em tornar a programação de computadores mais acessível, foi lançada em janeiro de 2013 pelos irmãos iraniano-americanos Hadi Partovi e Ali Partovi. Seu foco inicial estava na criação de um banco de dados de todas as aulas de computação dos Estados Unidos, mas eles perceberam que 90% das escolas naquele país não ensinavam nenhum tópico ligado à programação e resolveram, então, criar a iniciativa. No final de fevereiro de

---

[4] Disponível em: https://sigcse.org/sigcse/
[5] Disponível em: http://www.ppig.org
[6] Disponível em: csunplugged.org
[7] Disponível em: http://www.sbc.org.br/noticias/10-slideshow-noticias/1996-referenciais-de-formacao-em-computacao-educacao-basica
[8] Disponível em: http://programae.org.br/

2013, um mês após o lançamento, eles disponibilizaram vídeos com Mark Zuckerberg, Bill Gates, Jack Dorsey e outros empresários sobre a importância de aprender a codificar. Ali Partovi arrecadou, junto a várias empresas de tecnologia – entre elas gigantes como Microsoft, Amazon, Facebook e Google –, cerca de US$ 10 milhões para a Code.org.

Associado à criação do *site* Code.org está um evento denominado Hora do Código (em inglês, Hour of Code), que tem como meta auxiliar a popularizar a programação nas escolas ao propor que estas participem (por pelo menos uma hora) de atividades de ensino de programação. O evento ocorre geralmente durante a Computer Science Education Week (Semana da Educação em Computação), todo novembro nos Estados Unidos. Após as primeiras edições, o evento cresceu muito, em especial depois que o então presidente dos Estados Unidos Barack Obama manifestou publicamente apoio à iniciativa, inclusive participando do evento e aprendendo a programar junto com os estudantes. Desde então, o número de escolas, estudantes e países atendidos aumenta a cada ano. Ao final de 2017, mais de 500 milhões de estudantes haviam acessado as atividades.[9]

Além da Hora do Código, o *site* Code.org oferece recursos para que professores e gestores se engajem à campanha de ampliar o ensino de computação nas escolas. Ainda que existam informações em outros idiomas, os dados e a motivação para o projeto são exclusivamente fundamentados na realidade do mercado e das escolas dos Estados Unidos.

O que o *site* Code.org provê é uma sequência de atividades de introdução à programação no estilo *puzzle*, tipicamente baseadas na resolução de um problema de labirinto, usando personagens de desenhos animados e notação de programação com blocos comum a ferramentas como Scratch e Blockly. Entre uma atividade e outra, vídeos motivacionais e explicativos com personalidades de destaque no mundo da tecnologia são exibidos. Conforme Kalelioglu (2015), os alunos também podem ver seu próprio processo de aprendizado, monitorar quais níveis completaram e quais ainda serão concluídos, e que troféus ganharam em qual conceito.

O Code.org é um ícone representativo dessa terceira abordagem. O discurso adotado em boa parte dos vídeos e materiais de divulgação da iniciativa enfatiza a necessidade do mercado de formar mais programadores e apresenta números que configuram uma grande diferença entre oferta de oportunidades de trabalho e formação de programadores e engenheiros. O foco da terceira abordagem está nas oportunidades de trabalho e de carreira, e representa o interesse das empresas de tecnologia no aumento da oferta de mão de obra qualificada para continuar crescendo. É enfatizada a aprendizagem da programação como uma habilidade que pode abrir portas para um futuro melhor.

Muitos acadêmicos e educadores criticam essa abordagem. Os problemas propostos aos alunos são simples e sem muitas possibilidades de aprofundamento, o uso de personagens de desenhos animados muitas vezes distrai e infantiliza os aprendizes, e a própria duração da atividade (uma hora) acaba por não gerar uma experiência muito significativa. Além disso, o foco em atingir milhões de estudantes em pouco tempo também é visto com dúvida por aqueles que sabem das complexidades de implementar o ensino de computação para crianças. Stager e Martinez (2017), por exemplo, mencionam que ninguém acreditaria que uma "hora do violino" faria com que milhões de crianças se apaixonassem pelo instrumento.

Além da iniciativa Code.org, diversas grandes empresas desenvolveram produtos e projetos que apoiam o desenvolvimento do pensamento computacional, como é o caso da Microsoft, desenvolvedora do *software* Kodu.[10]

---

[9] Disponível em: https://code.org/about/2017

[10] Disponível em: http://www.kodugamelab.com/

O Google desenvolve os projetos Exploring Computational Thinking,[11] CS First,[12] Code-In[13] e Computer Science for High School,[14] voltados principalmente ao público em idade escolar dos ensinos fundamental e médio.

Blikstein (2018) salienta que a maior demanda não será necessariamente por programadores profissionais, mas sim por profissionais que terão que usar a computação e a programação para automatizar planilhas, fazer consultas de programação, realizar acesso *on-line* a bancos de dados, usar ferramentas de *software* de mineração de dados e operar dispositivos de computação física em arte interativa ou automação residencial. Portanto, mesmo o foco no mercado de trabalho não deve ser apenas concentrado na formação de programadores, mas de profissionais em diferentes áreas que sejam "alfabetizados" nas ferramentas computacionais.

QUARTA ABORDAGEM: EQUIDADE E INCLUSÃO

A quarta abordagem se refere à equidade de oportunidades para que os cidadãos do futuro exerçam sua cidadania com plenitude. Em um mundo permeado por computação, as pessoas que não tiverem conhecimentos básicos poderão gradativamente ser excluídas das possibilidades de participação.

Blikstein (2018), em uma série de entrevistas com pesquisadores do ensino de computação, descreve que muitos mencionaram a equidade como sendo sua principal preocupação, argumentando que ela é tradicionalmente tratada como uma questão secundária, mas que, no entanto, é uma das mais significativas lacunas nos projetos atuais. Existem duas questões principais relacionadas ao tópico: compreender o impacto da computação na sociedade e garantir a equidade e a diversidade de participação.

Para Zorzo, Raabe e Brackmann (2018), a queda do custo dos equipamentos nos permite utilizar cada vez mais tecnologia de formas e em locais onde há poucos anos não era possível. Por exemplo, um telefone celular com uma câmera pode ser transformado em um microscópio para diagnosticar doenças em locais onde não existe infraestrutura médica adequada. Carros e semáforos podem "falar" entre si, de forma a melhorar as condições de tráfego ou facilitar o deslocamento de uma ambulância até um acidente ou até o hospital. Se extrapolarmos mais uns 30 ou 40 anos, com o aumento do poder de processamento dos computadores, poderemos ter um cenário cujos limites ainda não são conhecidos. Para que esse potencial de mudança se concretize, é necessário formar cidadãos aptos não apenas a lidar com a tecnologia como usuários, mas a conceber e produzir tecnologia. É nesse ponto que o conhecimento em computação passa a ser o grande diferencial. As pessoas precisam resolver problemas de maneira flexível ou adaptável, estejam elas imaginando novas soluções, desenvolvendo novos equipamentos ou o *software* que irá ser utilizado nesses equipamentos. Em termos freireanos, elas precisam pensar além "do que é", pensar em "o que poderia ser".

Para O'Neill (2016 *apud* Blikstein, 2018), a ciência da computação se tornará cada vez mais crucial para a participação cívica e a tomada de decisão informada. Para exercerem plenamente sua cidadania, as pessoas necessitarão compreender o que são algoritmos, como ferramentas computacionais podem manipular as mídias sociais, como participar de um discurso social mediado por algoritmos, como entender as mudanças no trabalho devido à automação. Também será importante que estejam cientes da presença e das consequências das tecnologias, como a aprendizagem de máquina e a inteligência artificial em vários tipos

---

[11] Disponível em: http://www.google.com/edu/resources/programs/exploring-computational-thinking/
[12] Disponível em: http://www.cs-first.com/
[13] Disponível em: https://developers.google.com/open-source/gci/
[14] Disponível em: http://www.cs4hs.com/

de dispositivos e experiências cotidianas; bem como que estejam cientes das maneiras pelas quais diferentes vieses podem ser incorporados em tecnologias que influenciam decisões como sentenças de prisão, alocação de hipotecas e implantação de recursos de policiamento de bairro. A compreensão da rápida evolução da tecnologia e de como dispositivos e ferramentas digitais são cada vez mais essenciais para a participação ativa na sociedade moderna também é central para esse argumento. Aqueles que não entendem completamente essas questões correm o risco de ser mais facilmente manipulados como consumidores, eleitores e cidadãos, e mais vulneráveis ao crime cibernético. Também são menos propensos a ter acesso a cargos de liderança e empregos de alto *status*, sendo mais provável que fiquem à margem das futuras mudanças sociais.

SEMELHANÇAS E DIFERENÇAS ENTRE AS ABORDAGENS

Cada uma das quatro abordagens apresentadas vem de uma cultura diferente. A primeira abordagem vem de uma cultura educacional em que os envolvidos pesquisavam questões ligadas à aprendizagem com o computador. A segunda abordagem surge de uma cultura computacional em que cientistas da computação percebem sua relevância para a sociedade. A terceira abordagem possui uma cultura de mercado de empresas de tecnologia e está preocupada com o avanço econômico e a demanda por profissionais. A quarta abordagem advoga a necessidade da equidade de oportunidades. Por virem de culturas diferentes, carregam um conjunto de valores e preceitos também diferentes, mas também muitas semelhanças.

Considerando as semelhanças, todas as abordagens buscam ampliar o conhecimento dos estudantes acerca do potencial do computador para resolver problemas. As quatro abordagens utilizam o termo pensamento computacional (ainda que com enfoques diferentes) para simbolizar as habilidades cognitivas que estão associadas a programação, desenvolvimento de algoritmos e resolução de problemas.

Outro aspecto que aparentemente aproxima a primeira e a segunda abordagens é a importância da abstração. No entanto, a forma de promover o desenvolvimento dessa abstração é foco de atenção pelos construcionistas, que argumentam a necessidade de maior ênfase no concreto para embasá-la. Na segunda abordagem, essa discussão praticamente não existe e o foco maior é no conteúdo.

As diferenças são mais acentuadas quando analisamos os discursos. A primeira abordagem tem como finalidade empoderar os estudantes para construírem artefatos enriquecidos por tecnologia. A segunda abordagem, fundamentada na ciência da computação, tem seu foco nos conceitos e nas práticas de computação, e o faz mencionando que esse é um marco fundamental da computação como área. Portanto, argumenta sobre a importância da apropriação desses conceitos pelos estudantes, independentemente de seus anseios educacionais. A terceira abordagem não entra no mérito das discussões conceituais e está mais preocupada em atrair o interesse dos jovens para que sigam carreiras de programação. Adota, com isso, terminologias como "programação" e "codificação" sem enfatizar tanto as estratégias para a resolução de problemas. A quarta abordagem se aproxima da terceira quanto à intenção de ampliar as oportunidades, porém com enfoque em cidadania e participação, e não em empregos.

Como já afirmado anteriormente, as abordagens se sobrepõem em alguns aspectos e, quando analisamos as finalidades de computação para cada uma das abordagens, pode-se estabelecer a seguinte classificação:

- **Computação como meio.** Uso dos conhecimentos de computação para a produção de soluções:
  - **Para construir *softwares* e artefatos enriquecidos por tecnologia:**

compreende atividades mais práticas ligadas ao uso de ambientes de programação a fim de produzir sistemas de informação, artefatos enriquecidos por robótica, sistemas embarcados, histórias interativas, materiais educacionais, jogos, etc.

- **Para solucionar problemas complexos por meio da modelagem matemática:** utiliza-se mais fortemente de fundamentos de computação para modelagem de problemas, decompondo-os, criando algoritmos e estruturas de dados, avaliando as soluções existentes e propondo novas, empregando técnicas de aprendizagem de máquina (estatística) para inferir relações em dados, construindo simulações, etc.
- **Computação como fim.** O estudo das classes de problemas, da eficiência dos algoritmos e dos limites da computação.

Na **Figura 1.1**, os diagramas de Vehn posicionam as abordagens apresentadas conforme as finalidades da computação em cada uma delas.

Certamente, essa classificação é um retrato datado. Assim como as abordagens interferem umas nas outras, as demandas educacionais e de mercado vão mudar com o tempo. Com a ampliação da oferta de computação na educação básica, os usos mais simples da computação podem tornar-se insuficientes, demandando implementações mais complexas.

COMO AS DIFERENTES ABORDAGENS IMPACTAM A EDUCAÇÃO BÁSICA

Tendo em vista que cada abordagem parte de culturas e valores diferentes, elas impactam a educação básica também de formas diferentes ao considerarmos o currículo e a formação dos professores. Esses aspectos serão discutidos a seguir.

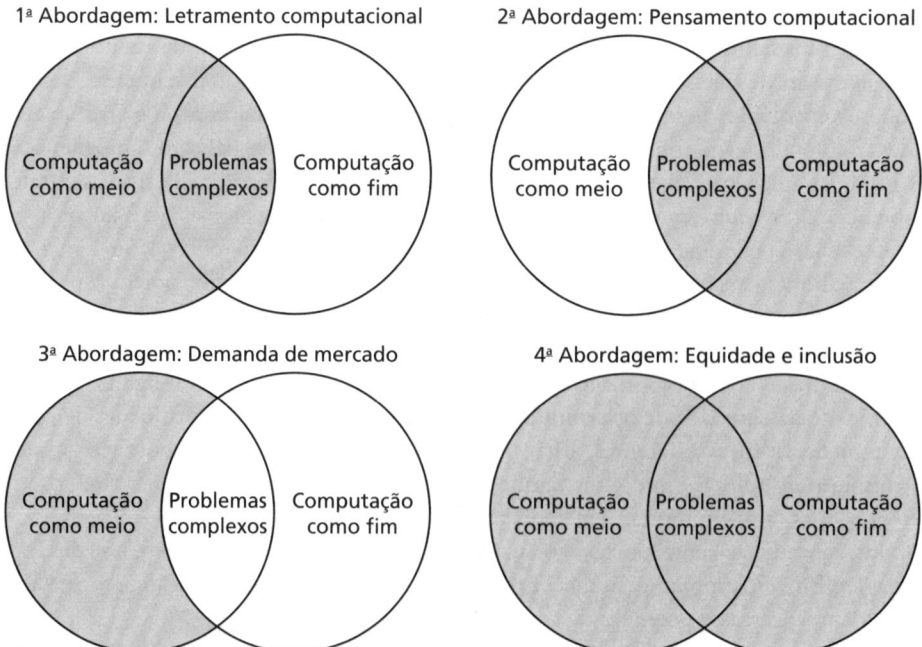

Figura 1.1 As abordagens e sua relação com as finalidades da computação.

Visão curricular: disciplina ou tema transversal

A primeira abordagem, influenciada pela abordagem construcionista (letramento computacional) aborda a computação como um tema transversal que pode ser trabalhado das mais diversas formas e por muitas áreas do conhecimento. O computador é visto como uma ferramenta para aprender com e, portanto, enfatiza-se programar para aprender. Nessa abordagem, os fundamentos de computação e programação não são necessariamente ensinados como o conteúdo principal, pois o foco está em possibilitar que os estudantes se tornem fluentes em criar inovação e tecnologia com uso da computação e como forma de aprender em qualquer disciplina – matemática, ciências, arte, história, etc. Essa visão é mais próxima das ideias construcionistas clássicas de Papert e diSessa, e de outros acadêmicos como Uri Wilensky (criador do NetLogo, ambiente para programação de modelos científicos) e Robert Tinker (um dos primeiros proponentes do uso de sensores e computação em aulas de ciências). Os currículos da Austrália,[15] o Currículo de Referência em Tecnologia e Computação[16] do Centro de Inovação na Educação Brasileira (CIEB) e o Currículo FabLearn da Columbia University (Estados Unidos), atualmente em fase de implementação na cidade de Sobral (CE), dialogam com essa visão.

A segunda abordagem busca a caracterização da computação como área de conhecimento. Com isso, esta se organiza como uma disciplina que tem conteúdos próprios, para que os estudantes possam compreender o que é programação e como abordar a resolução de problemas computacionais. O currículo da SBC e iniciativas como Code.org adotam predominantemente essa abordagem.

A terceira abordagem está mais preocupada com a inserção do jovem no mercado de trabalho e, logo, se interessa mais pela disponibilização de cursos técnicos de formação profissionalizante, podendo influenciar na oferta de itinerários formativos em consonância com a proposta do novo ensino médio.

Finalmente, a abordagem da equidade pressupõe que todas as pessoas tenham acesso aos conhecimentos de computação, devendo, portanto, assumir formatos inclusivos e que lidem bem com as diferenças. Essa abordagem prioriza a criação de currículos e atividades que incluam meninas, minorias e estudantes historicamente excluídos da computação, além de ter foco em implementações em escolas públicas. Nos Estados Unidos, por exemplo, há diversas iniciativas desse tipo no projeto nacional "CS4All" ("Computação para Todos"), com implementações em Nova York, Chicago, São Francisco e diversas outras cidades.

Ainda deve-se considerar a aderência das diferentes visões com relação aos sistemas de ensino. Em propostas curriculares mais abertas, fundamentadas em projetos ou na aprendizagem baseada em problemas, a computação como tema transversal é mais facilmente implementada. Escolas que privilegiam um currículo disciplinar mais tradicional terão mais facilidade em adotar uma disciplina específica de computação.

A formação dos professores

No enfoque transversal, característico do letramento computacional, a formação dos professores deve se focalizar em todas as áreas de conhecimento. A formação inicial dos professores nas licenciaturas deve evoluir para deixar de abordar apenas as tecnologias da informação e comunicação (TICs) e passar a trazer também conceitos de computação, modelamento científico e programação que permitam aos futuros docentes trabalhar esse tema em suas áreas ou de forma inter-

---

[15] Disponível em: http://www.australiancurriculum.edu.au/technologies/introduction
[16] Disponível em: http://curriculo.cieb.net.br/

disciplinar. A formação continuada também possibilita prover aos professores em serviço os conhecimentos para esse fim.

No enfoque disciplinar, mais natural à segunda abordagem, existe a necessidade de um professor específico que irá lecionar computação e abordar os conteúdos com maior profundidade. Para isso, a escola necessitará de um licenciado em computação. No Brasil, há um problema decorrente do desconhecimento da maioria da sociedade sobre a existência do curso de licenciatura em computação. A grande maioria das redes públicas contrata profissionais como laboratoristas ou instrutores de informática, cuja função principal é cuidar das máquinas e auxiliar os professores, e não ensinar aos estudantes. Esses profissionais, em geral, são contratados em editais que enfatizam a formação técnica, mas não pedagógica. A promoção do profissional de licenciatura em computação para assumir um papel de docência na escola demanda ações políticas que possam fazer com que os governantes tomem conhecimento e valorizem a importância de ter esse profissional como parte do corpo docente da escola.

No enfoque de mercado, presente na terceira abordagem, é mais provável que profissionais externos à escola sejam os docentes. Isso cria a possibilidade de profissionais que trabalham no mercado de tecnologia e com notório saber atuarem na docência. Esse processo pode ser facilitado por meio do estabelecimento de parcerias com organizações não governamentais (ONGs) e empresas especializadas nesse nicho de atuação.

Entretanto, vale aqui registrar a importância fundamental da formação de professores na área. Mesmo nos Estados Unidos há uma enorme carência de professores de computação, e há esforços no momento para a formação de 10 mil professores nos próximos dez anos. Sem um esforço dessa natureza, jamais será possível democratizar o ensino de computação no Brasil. Não haverá profissionais de notório saber em número suficiente para dar conta do desafio em nossas escolas – muitas vezes porque esses profissionais acabam por voltar ao mercado de trabalho de computação que, em geral, remunera melhor que a carreira docente. É fundamental, portanto, que tenhamos não só muito mais licenciaturas em computação, mas uma formação inicial de professores em todas as áreas que contemple a computação e a tecnologia.

CONSIDERAÇÕES FINAIS

A caracterização em abordagens apresentada neste capítulo buscou elucidar de que forma os diferentes enfoques do ensino de computação se manifestam na realidade escolar, nos temas de pesquisa e nas discussões para a definição de currículos e políticas educacionais. Os representantes dessas abordagens convivem em um território de disputas em que, conforme a força de suas influências políticas, conseguem impulsionar sua visão, seus interesses e seus valores.

Ainda que tenham diferenças, as quatro abordagens se complementam de forma muito rica e com enorme potencial. O enfoque nas questões da aprendizagem da primeira abordagem nos elucida como podemos ensinar computação de forma interdisciplinar. O enfoque da segunda abordagem nos permite consolidar a ciência da computação como área de conhecimento fundamental para a educação básica. A terceira abordagem possibilita que haja oportunidades de carreira para os jovens e fomento para continuidade e aprimoramento do ensino de computação. A quarta abordagem possibilita que as pessoas exerçam plenamente sua cidadania em um futuro permeado de tecnologia e computação. Se as quatro abordagens conseguirem avançar, com clareza de objetivos e articulação, poderão trazer uma evolução significativa para a educação brasileira.

REFERÊNCIAS

ANDRADE, D. et al. Proposta de atividades para o desenvolvimento do pensamento computacional no Ensino Fundamental. In: CONGRESSO BRASILEIRO DE INFORMÁTICA NA EDUCAÇÃO, 2., 2013, Limeira. Anais do Workshop de Informática na Escola. Porto Alegre: Sociedade Brasileira de Computação, 2013.

BARCELOS, T. S., SILVEIRA, I. F. Pensamento computacional e educação matemática: relações para o ensino de computação na Educação Básica. In: WORKSHOP SOBRE EDUCAÇÃO EM COMPUTAÇÃO, 20., 2012, Dourados.

BLIKSTEIN, P. Pre-college computer science education: a survey of the field. Mountain View: Google LLC, 2018.

BOYTCHEV, P. Logo Tree Project. 2017. Disponível em: http://recursostic.educacion.es/secundaria /edad4esotecnologia/quincena12/pdf/Logo_TreeProject.pdf. Acesso em: 23 ago. 2019.

BRENNAN, K.; RESNICK, M. New frameworks for studying and assessing the development of computational thinking. In: ANNUAL MEETING OF THE AMERICAN EDUCATIONAL RESEARCH ASSOCIATION. Proceedings [...]. Vancouver: AERA, 2012. Disponível em: https://web.media.mit.edu/~kbrennan/files/Brennan_Resnick_AERA2012_CT.pdf. Acesso em: 12 nov. 2019.

COMPUTATIONAL THINKING TASK FORCE (CSTA). Computational think flyer. 2015. Disponível em: http://csta.acm.org/Curriculum/sub/CurrFiles/CompThinkingFlyer.pdf. Acesso em: 25 abr. 2019.

DISESSA, A. A. Changing minds: computers, learning, and literacy. Cambridge: MIT, 2001.

FRANÇA, R.; AMARAL, H. Proposta metodológica de ensino e avaliação para o desenvolvimento do pensamento computacional com o uso do scratch. In: CONGRESSO BRASILEIRO DE INFORMÁTICA NA EDUCAÇÃO, 2., 2013, Limeira. Anais do Workshop de Informática na Escola. Porto Alegre: Sociedade Brasileira de Computação, 2013.

KALELIOGLU, F. A new way of teaching programming skills to K-12 students. Computers in Human Behavior, v. 52, n. C, p. 200-2010, 2015.

NATIONAL RESEARCH COUNCIL (NRC). Report of a workshop on the pedagogical aspects of computational thinking. Washington: National Academy of Sciences, Engineering, Medicine, 2011.

NOSCHANG, L. F. et al. Portugol Studio: uma IDE para iniciantes em programação. In: WORKSHOP SOBRE EDUCAÇÃO EM INFORMÁTICA, 2014, Brasília. Anais do Congresso Anual da Sociedade Brasileira de Computação. Porto Alegre: SBC, 2014. Disponível em: http://www.lbd.dcc.ufmg.br/colecoes/wei/2014/001.pdf. Acesso em: 12 nov. 2019.

PAPERT, S. On making a theorem for a child. In: ACM ANNUAL CONFERENCE, 72., Boston, 1972a. Proceedings [...] New York: ACM, 1972a. v.1, p. 345-349.

PAPERT, S. Teaching children thinking. Programmed Learning and Educational Technology, v. 9, n. 5, p. 245-255, 1972b.

PAPERT, S.; RESNICK, M. Technological fluency and the representation of knowledge: proposal to the National Science Foundation. Cambridge: MIT Media Laboratory, 1995.

PEA, R.; KURLAND, M. On the cognitive effects of learning computer programming. New Ideas in Psychology, v. 2, n. 2, 1983.

RESNICK, M. Learn to code, code to learn. Edsurge. 2013. Disponível em: https://www.edsurge.com/news/2013-05-08-learn-to-code-code-to-learn. Acesso em: 12 nov. 2019.

STAGER, G.; MARTINEZ, S. Thirteen considerations for teaching coding to children. In: HUMBLE, S. (org.). Creating the coding generation in primary schools: a practical guide for cross-curricular teaching. Abingdon: Routledge, 2017.

TURKLE, S.; PAPERT, S. Epistemological pluralism and the revaluation of the concrete. In: HAREL, I.; PAPERT, S. (ed.). Constructionism. Norwood: Ablex, 1991.

VALENTE, J. A. O professor no ambiente logo: formação e atuação. Campinas: Unicamp/NIED, 1996.

VIEL, F.; RAABE, A. L. A.; ZEFERINO, C. A. Introdução a Programação e à Implementação de Processadores por Estudantes do Ensino Médio. In: WORKSHOP DE INFORMÁTICA NA ESCOLA, 2014, Dourados. Anais do III Congresso Brasileiro de Informática na Educação. Porto Alegre: SBC, 2014.

WING, J. Computational thinking. Communications of ACM, v. 49, n. 3, p. 33-36, 2006.

WING, J. Research notebook: Computational thinking --What and why? The Link Magazine, 2011. Disponível em: https://www.cs.cmu.edu/link/research-notebook-computational-thinking-what-and-why. Acesso em: 12 nov. 2019.

ZORZO, A. F.; RAABE, A. L. A.; BRACKMANN, C . Computação, o vetor de transformação da sociedade. In: FOGUEL, D.; SCHEUENSTUHL, M. C. B. (org.). Desafios da educação técnico-científica no ensino médio. Rio de Janeiro: Academia Brasileira de Ciências, 2018.

LEITURA RECOMENDADA

PAPERT, S. Mindstorms: children, computers, and powerful ideas. New York: Basic Books, 1980.

ENTENDENDO O PENSAMENTO COMPUTACIONAL

Leila Ribeiro | Luciana Foss | Simone André da Costa Cavalheiro

O objetivo deste capítulo é esclarecer o significado de pensamento computacional (em inglês *computational thinking*). Embora do ponto de vista filosófico existam diferenças entre os termos raciocínio e pensamento, neste capítulo usaremos os dois como sinônimos. Também diferenciaremos o raciocínio lógico do computacional e discutiremos a importância do pensamento computacional na resolução de problemas. Os três pilares do pensamento computacional – abstração, automação e análise – serão delineados, destacando-se o papel de cada um deles no desenvolvimento das habilidades necessárias para o processo de solução de problemas.

Para entender o que é pensamento computacional, é preciso entender o que é computação. Um dos grandes objetivos da computação é "raciocinar sobre o raciocínio". Porém, diferentemente do que faz a filosofia, aqui não se está pensando de forma mais ampla sobre o raciocínio, e sim no processo de racionalização do raciocínio, ou seja, na sua formalização, o que permite a sua automação e análise matemática.

A questão da formalização do raciocínio está intimamente relacionada com a resolução de problemas. Para entender isso, tomemos como exemplo o raciocínio lógico. O objetivo do raciocínio lógico é basicamente encontrar (ou deduzir) verdades. Partindo de premissas, que são fatos aceitos como verdades, utilizam-se regras bem-definidas (do sistema lógico que se está usando) para encontrar novas verdades (conclusões). A dedução em si, que é a sequência de regras utilizadas, é chamada de prova (de que a conclusão é verdadeira). O problema que está sendo resolvido é se uma sentença é ou não verdadeira: se encontrarmos uma prova a partir de sentenças que já sabemos que são verdadeiras, confirmando a veracidade de uma nova sentença, ela será aceita como verdadeira. Podemos enxergar o raciocínio ou pensamento computacional como uma generalização do raciocínio lógico: um processo de transformação de entradas em saída, no qual as entradas e a saída não são necessariamente sentenças verdadeiras, mas qualquer objeto (elementos de um conjunto qualquer). As entradas e a saída nem precisam ser do mesmo tipo, e as regras que podem ser utilizadas não são necessariamente as da lógica, mas um conjunto qualquer de regras ou instruções bem-definidas. Da mesma forma que o produto do raciocínio lógico é a prova, o produto do raciocínio computacional é a sequência de regras que define a transformação, que comumente se chama de algoritmo. O problema que está sendo resolvido é como transformar a entrada na saída.

Exemplos concretos seriam: dado um número, como encontrar seus fatores primos? Dada uma pilha de provas de alunos, como ordenar essas provas? Dado um mapa rodoviário, como encontrar uma rota? Dados os ingredientes, como fazer um bolo?

Como o resultado do processo de raciocínio computacional deve ser uma descrição clara e não ambígua de um processo, a computação está fortemente baseada na matemática, que provê uma linguagem precisa para descrição de modelos. Porém, diferentemente da matemática, o objeto da computação são os processos, ou seja, em computação se constroem modelos de processos. Esses modelos, chamados de algoritmos, podem ser bastante abstratos, descritos em linguagem natural ou linguagens de especificação, ou programas em uma linguagem de programação (**Fig. 2.1**).

Pode-se argumentar que na matemática também se usam diversas abstrações para ajudar a resolver problemas. Então, por que precisamos de computação? Apenas para automatizar a solução do problema? Não, muito mais que isso. Vamos discutir esse ponto no exemplo a seguir.

Um professor quer ensinar os alunos a fatorar um número em seus fatores primos. Ele explica os passos que os alunos devem seguir e demonstra o processo com alguns exemplos – ou seja, o professor apresenta um algoritmo para os alunos. Por vezes, esse algoritmo é descrito em português em um livro, além de ser apresentado de forma oral. Os alunos, então, seguem o processo várias vezes para aprender o procedimento. Mas e se o problema fosse, em vez de realizar a fatoração, ordenar uma pilha de provas de alunos? Como o professor explicaria aos alunos como a tarefa deve ser realizada? Qual estratégia de ordenação ele usaria e como ele a descreveria para os alunos? E se a tarefa fosse, em vez de ordenar uma pilha dada, descrever uma estratégia para fazer a ordenação? Quais técnicas o professor utilizaria para ajudar os alunos a solucionar esse problema? Note-se que o problema é descrever o processo de ordenação de uma pilha de provas. Não é uma tarefa trivial. A matemática não nos ajuda a resolver esse tipo de problema, pois não provê as abstrações necessárias para descrever a solução. Além disso, não é objeto da matemática investigar como construímos um algoritmo. A ênfase do raciocínio, ou pensamento, computacional não está apenas nos produtos em si (provas ou algoritmos), e sim no processo de construção desses produtos. Ou seja, além das abstrações necessárias para descrever algoritmos, o pensamento computacional engloba também técnicas para a construção de algoritmos, que na realidade são técnicas de solução de problemas, as quais podem ser aplicadas em diferentes contextos.

A evolução da computação, em especial das áreas de teoria da computação e engenharia de *software*, descreve a trajetória da aquisição de conhecimento com relação a como sistematizar (e, se possível, automatizar) o processo de resolução de problemas. Essa habilidade de sistematizar, representar e analisar a atividade de resolução de problemas é chamada de raciocínio, ou pensamento, computacional. A **Figura 2.2** ilustra os pilares do pensamento computacional, que serão detalhados nas próximas seções.

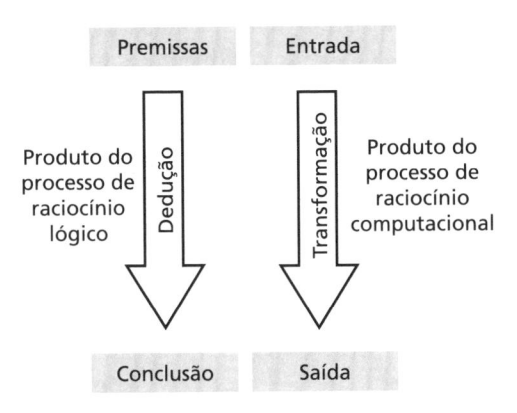

Figura 2.1 Raciocínio lógico *versus* raciocínio computacional.

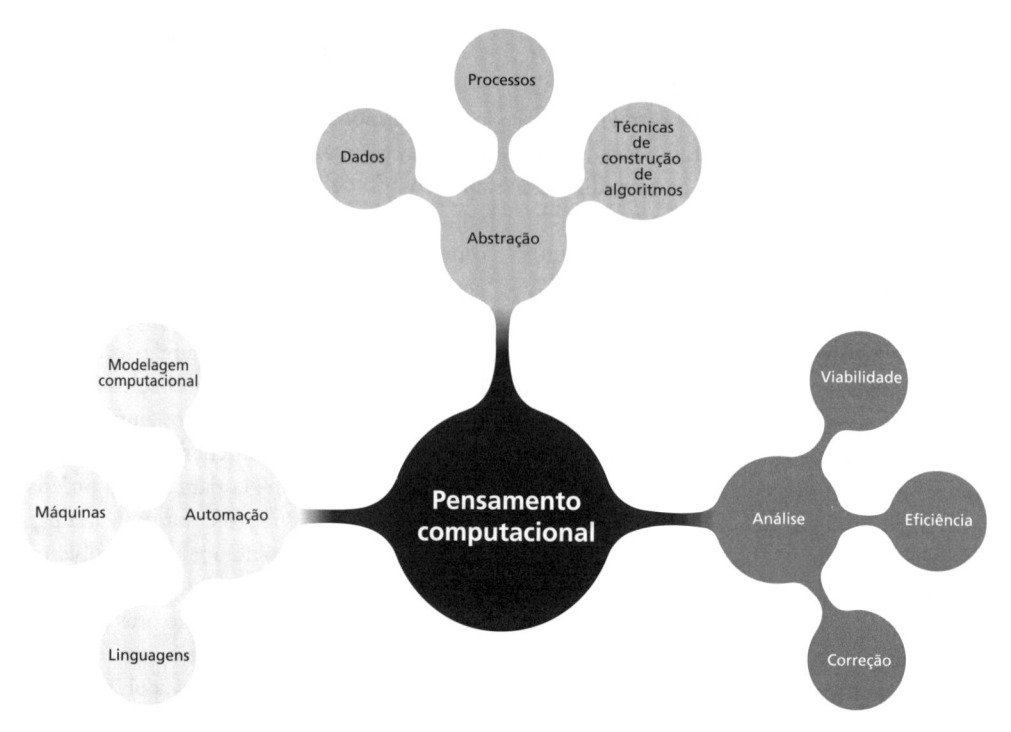

Figura 2.2 Pilares do pensamento computacional.

SOLUÇÃO DE PROBLEMAS E PENSAMENTO COMPUTACIONAL

Agora, vamos analisar alguns problemas e como encontrar suas soluções.

> **PROBLEMA 1** Ordene uma pilha com 10 figurinhas em ordem crescente. Considere que não há números repetidos e os números podem variar de 1 a 10.000.

O Problema 1 pode ser solucionado facilmente por alunos que tenham aprendido a noção de ordem entre números. Como são apenas 10 figurinhas, normalmente eles apenas colocam todas na sua frente e vão buscando o próximo número para montar a pilha ordenada, fazendo as comparações necessárias mentalmente.

> **PROBLEMA 2** Ordene uma pilha com 1.000 figurinhas em ordem crescente.

Apesar de o Problema 2 ser essencialmente o mesmo (i.e., é apenas uma nova instância do Problema 1), a solução *ad hoc* descrita para o Problema 1 é de difícil implementação, porque quando colocamos 1.000 figurinhas na mesa fica difícil visualizar qual é o próximo número. A estratégia mais usada nesse caso é, antes de ordenar, dividir a pilha de acordo com a centena, e depois cada pilha de acordo com a dezena. Ou seja, dividir o problema em problemas menores até que a solução seja quase trivial. Depois que as pilhas menores estiverem ordenadas, é necessário juntá-las de forma adequada para encontrar a solução do problema. Todavia, essa não é a única forma de resolver o problema; existem muitas outras – algumas mais e outras menos eficientes.

> **PROBLEMA 3** Descreva como ordenar uma pilha com figurinhas em ordem crescente.

Agora, o problema é como descrever o método de ordenação, ou seja, o algoritmo utilizado para ordenar, para que o processo possa ser replicado e seguido por outras pessoas. Essa tarefa é bem mais difícil do que as anteriores, principalmente porque, para descrever o processo de ordenação, precisamos falar sobre estruturas de dados (nesse caso, uma pilha) e usar operações para definir o que deve ser feito em cada passo. No entanto, sem ter formalizados os conceitos de estruturas de dados e operações para definir processos (um algoritmo é uma descrição de um processo), é difícil solucionar o Problema 3. Saber dar instruções de forma clara e precisa é uma habilidade muito necessária para todas as pessoas, e essa habilidade requer aprendizado. Além dos conhecimentos sobre como representar dados e como construir processos, precisa-se ter domínio da linguagem na qual os processos serão descritos. E a linguagem a ser usada depende de quem executará o processo: se for uma pessoa, pode-se usar linguagem natural; se for um computador, deve-se usar uma linguagem de programação. A grande diferença normalmente está no nível de abstração, pois linguagens naturais tendem a ser mais abstratas. Em breve, discutiremos em mais detalhes a questão das linguagens.

não gera o resultado desejado é inútil, bem como um que gera o resultado esperado, mas que demoraria demais para gerar esse resultado (dependendo do problema e da instância considerada, uma solução pode demorar vários anos para ser encontrada, e esperar pode não ser viável do ponto de vista prático).

> **PROBLEMA 5** Dado o mapa de cidades da **Figura 2.3**, encontre a menor distância entre as cidades marcadas.

O Problema 5 parece simples, mas, para dar uma ideia de seu tamanho, apenas considerando as cidades que estão dentro do retângulo destacado, e sem repetir nenhuma cidade no caminho, existem 1.360 caminhos diferentes entre as cidades marcadas!

Como esses problemas, existem inúmeros outros que são do nosso cotidiano e que às vezes precisamos resolver sem ter tido na nossa formação um ferramental que nos auxilie – por exemplo, na resolução dos Problemas 6, 7 e 8.

> **PROBLEMA 6** Descreva como encontrar o menor caminho entre duas cidades de um mapa.

> **PROBLEMA 4** O processo de ordenação descrito pode ser mais rápido se houver mais pessoas para ajudar? Que número de pessoas seria o ideal? Existe alguma forma mais eficiente de ordenar as figurinhas? Dadas duas estratégias de ordenação, qual é a melhor? O algoritmo descrito está correto, ou seja, no final da execução a pilha estará ordenada?

> **PROBLEMA 7** São dados um conjunto de professores, com as disciplinas que cada um pode ministrar; um conjunto de turmas de cada disciplina a serem ministradas; e um conjunto de salas disponíveis e restrições de horários de professores, turmas e salas. Elabore uma alocação de professores em turmas e turmas em salas.

Solucionar o Problema 4 envolve analisar o algoritmo, ou método de ordenação, descrito na solução do Problema 3. Porém, mesmo que esse método esteja descrito de forma precisa, a análise da correção e da eficiência do método não é uma tarefa trivial, apesar de ser de extrema importância, porque um algoritmo que

> **PROBLEMA 8** Dada uma mala com um volume máximo e um conjunto de itens a serem colocados na mala, cada um com um valor representando sua importância de ser levado na mala e um volume, como escolher quais devem ser colocados na mala de forma a maximizar o valor da mala, sem exceder seu volume?

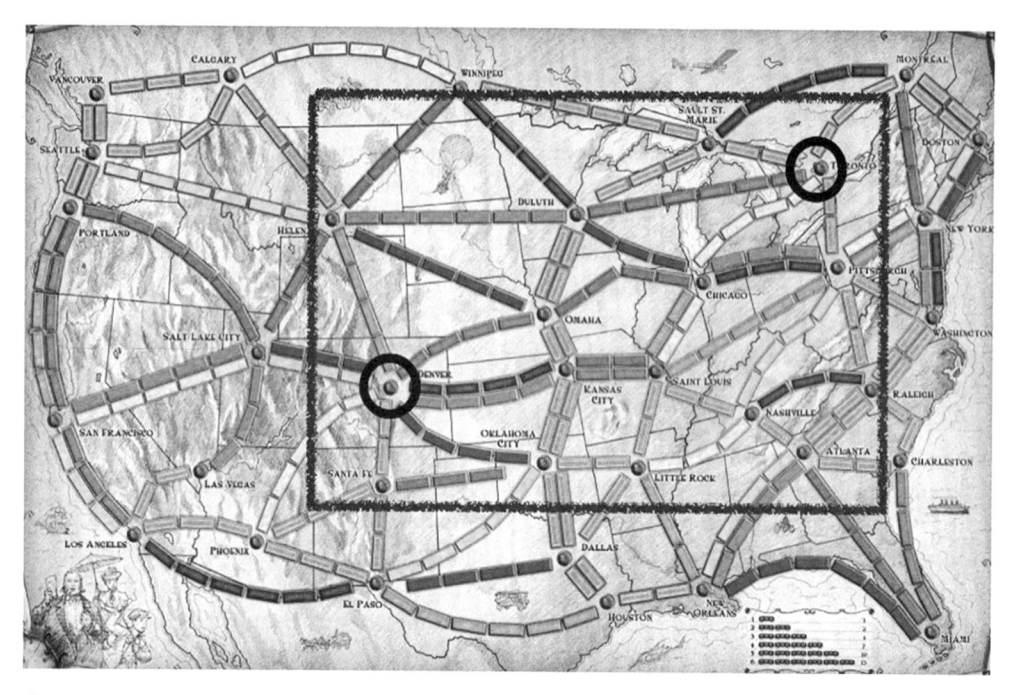

Figura 2.3 Duas cidades são indicadas no mapa para que se encontre a menor distância entre elas.

Os pilares do pensamento computacional (WING, 2008), mostrados na **Figura 2.4**, proveem as habilidades necessárias para resolver os problemas citados anteriormente.

A seguir, são apresentados três exemplos de soluções para o problema de ordenar uma lista de números em ordem crescente (uma abstração do problema de ordenar figurinhas), usando três linguagens diferentes: visual, natural e de programação. O algoritmo apresentado é um algoritmo tradicional de ordenação chamado *quicksort* (CORMEN *et al.*, 2001). A **Figura 2.5A** mostra o algoritmo por meio de um diagrama. As setas representam o fluxo dos dados, as caixas cinza escuro representam ações.

A lista de números entra na caixa Ordena, e é testado se a lista está vazia ou não. Em caso positivo, o algoritmo termina, retornando a própria lista vazia (que está ordenada, pois não contém nenhum elemento). Em caso negativo, é identificado o primeiro elemento da lista (ação primeiro), e a lista é dividida em duas partes, uma contendo os elementos menores que o primeiro (ação seleciona menores) e outra contendo os elementos maiores que o

Abstração	Análise	Automação
• Compreende as abstrações necessárias para dados e processos e as técnicas de construção de soluções (algoritmos).	• Consiste em técnicas de análise de algoritmos quanto a sua correção e eficiência sob diferentes aspectos.	• Envolve a mecanização das soluções (ou de suas partes), permitindo que as máquinas ajudem a solucionar problemas.

Figura 2.4 Descrição dos pilares do pensamento computacional.

A Linguagem visual

Ordena

- Lista é vazia?
  - Sim → Lista
  - Não / Caso contrário:
    - Lista → Primeiro
    - Lista → Seleciona menores → Ordena
    - Lista → Seleciona maiores → Ordena
    - → Monta
    - → Lista de números

B Linguagem natural

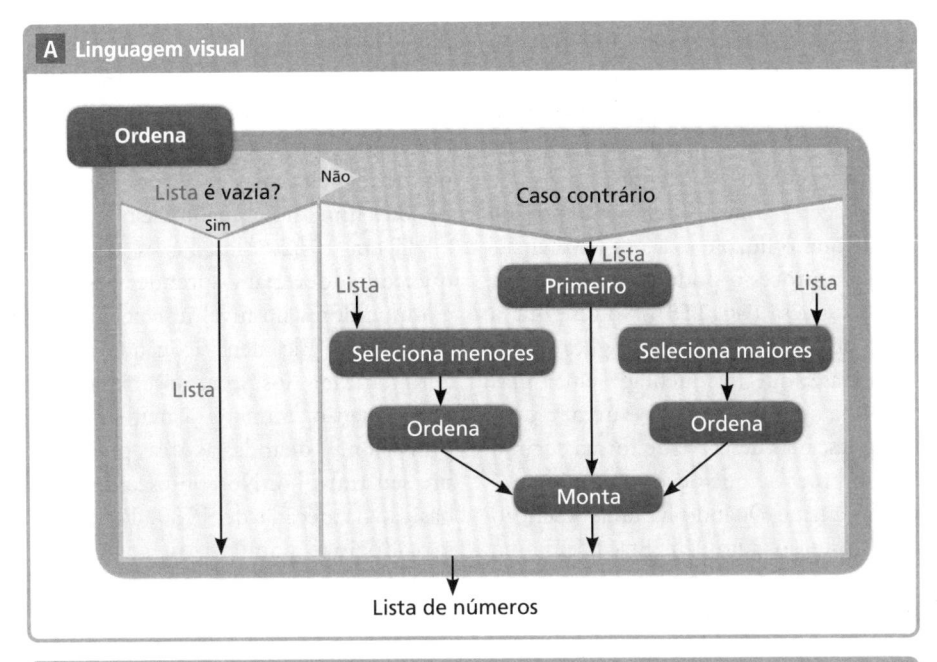

Se a lista for vazia,
    então devolver a própria lista,
    senão montar uma lista contendo:
        a lista dos número menores que o primeiro, ordenada;
        o primeiro elemento; e
        a lista dos números maiores que o primeiro, ordenada.

C Linguagem de programação

```
(define (ordena lista)
  (cond
    [(vazia? lista)lista]
    [else (monta
              (ordena (seleciona menores lista))
              (primeiro lista)
              (ordena (seleciona maiores lista)))]))
```

Figura 2.5 Descrição do algoritmo Ordena. **(A)** Linguagem visual. **(B)** Linguagem natural. **(C)** Linguagem de programação.

primeiro (ação seleciona maiores). Cada uma das sublistas resultantes é ordenada, repetindo-se o processo Ordena para cada uma, e no final o resultado é construído juntando-se essas sublistas ordenadas (ação Monta).

A linguagem visual é interessante porque deixa evidentes o fluxo e as ações envolvidas. Esse mesmo processo pode ser descrito em língua portuguesa (**Fig. 2.5B**). Note-se que a descrição do algoritmo em português é apenas uma frase, que foi quebrada em linhas diferentes na figura para maior clareza. É uma frase simples, mas descreve de forma sucinta e precisa o processo que deve ser seguido para ordenar a lista. Quando há uma descrição precisa da solução, a implementação em uma linguagem de programação pode ser imediata: a **Figura 2.5C** mostra como ficaria o programa correspondente descrito em uma linguagem funcional (Racket [RACKET, 2018]). Basicamente, o programa tem os mesmos elementos principais que a descrição textual, mas com uma sintaxe mais enxuta e rígida. Isso exemplifica um dos pontos que queremos enfatizar neste capítulo: programar é fácil, o difícil é saber construir a solução dos problemas. Se soubermos construir uma frase (ou texto) preciso em português que descreva um processo, a programação será um simples trabalho de tradução. Claro, dependendo da linguagem de programação utilizada, a tradução pode ser mais fácil ou mais difícil, pois linguagens de programação diferentes oferecem abstrações diferentes, mas, ainda assim, é uma tradução. A questão que realmente exige maior esforço e conhecimento é a construção da solução em si. É esse o foco do pensamento computacional.

Em 2006, Wing utilizou o termo pensamento computacional para apresentar a visão de que todas as pessoas podem se beneficiar do ato de pensar como um cientista da computação (WING, 2006). Informalmente, o pensamento computacional descreve a atividade mental envolvida na formulação de problemas para admitir soluções computacionais e na proposta de soluções (WING, 2011). As soluções (algoritmos) podem ser executadas por seres humanos ou máquinas ou, de maneira mais geral, por combinações de seres humanos e máquinas.

Já em 1962, Alan Perlis argumentava que todos deveriam aprender a programar computadores no nível universitário (PERLIS, 1962). Ele identificou que a execução automatizada dos processos, explorada pela programação, mudaria a maneira como os profissionais de todas as áreas pensariam sobre seu trabalho. No contexto da educação básica, na década de 1980, Papert (1980) introduziu e popularizou a ideia de que computadores e o pensamento procedural poderiam afetar o modo como as crianças pensam e aprendem. Ao desenvolver o construcionismo (uma abordagem do construtivismo), defendia que o uso do computador (ou de ferramentas similares) na educação permitiria ao estudante desenvolver o seu raciocínio na solução de problemas e construir o seu próprio conhecimento.

O desenvolvimento do pensamento computacional não tem como objetivo direcionar as pessoas a pensar como computadores. Ao contrário, sugere que se utilizem a inteligência, os fundamentos e os recursos da computação para abordar os problemas. Também é importante observar que raciocinar computacionalmente é mais do que programar um computador. A International Society for Technology in Education (ISTE) e a Computer Science Teachers Association (CSTA) operacionalizaram o termo pensamento computacional como um processo de resolução de problemas que inclui: formular problemas de uma maneira que seja possível usar um computador e outras ferramentas para ajudar a resolvê-los; organizar e analisar dados de maneira lógica; representar dados por meio de abstrações; descrever soluções por meio do pensamento algorítmico (uma série de passos ordenados); identificar, analisar e implementar possíveis soluções com o objetivo de alcançar a combinação mais eficiente e eficaz de etapas e recursos; e generalizar e transferir o processo de resolução de problemas para uma grande variedade de situações (ISTE-CSTA, c2011).

Segundo Wing (2006), o pensamento computacional pode ser considerado como uma das habilidades intelectuais básicas de um ser humano, comparada a ler, escrever, falar e fazer operações aritméticas – habilidades que servem para descrever e explicar situações complexas. Nessa linha de raciocínio, o pensamento computacional é mais uma linguagem, junto com a escrita, a fala e a matemática, que podemos usar para falar sobre o universo e seus processos complexos.

Nas próximas seções, vamos descrever em mais detalhes cada um dos três pilares do pensamento computacional: abstração, automação e análise.

Abstração

A abstração é um mecanismo importante no processo de solução de problemas, que permite simplificar a realidade e representar os aspectos mais relevantes de um problema e sua solução. No contexto do pensamento computacional, compreende os seguintes aspectos:

- **Dados:** abstrações que permitem descrever as informações envolvidas na solução de um problema (dados de entrada e saída).
- **Processos:** abstrações que permitem definir os algoritmos que descrevem a solução de um problema, as quais devem estar de acordo com a capacidade de compreensão do leitor.
- **Técnicas de construção de algoritmos:** técnicas que permitem construir a solução de problemas complexos.

Abstrações para representar informações

Em matemática, um dos conceitos fundamentais é número, que é uma abstração para quantidades. Várias áreas da matemática usam essa noção, como a álgebra, a geometria e a probabilidade. Já a lógica se baseia em outro tipo de noção: a noção de conjunto.

Para descrever algoritmos, qual tipo de conceitos é necessário? Claro, vai depender do que os algoritmos fazem, mas se um algoritmo representa uma transformação de recursos (dados de entrada) em resultados (dados de saída), precisamos ser capazes de representar esses recursos e resultados de alguma forma. Como os algoritmos devem ser genéricos (i.e., funcionar para várias entradas diferentes), a entrada e a saída devem ser representadas por conjuntos de elementos. Dependendo da finalidade do algoritmo, os elementos podem ser muito simples (um número, p. ex.), ou complexos (uma pilha de provas de alunos, um mapa, uma ficha de paciente de hospital, etc.). Para podermos descrever algoritmos, necessitamos poder falar sobre esses dados, sejam eles simples ou complexos. Para isso, precisamos das abstrações adequadas. Quando a entrada é um número ou uma palavra, podemos usar os conhecimentos já adquiridos durante anos em matemática ou português. Porém, quando queremos processar uma pilha de provas para, por exemplo, ordená-las de alguma forma, precisamos usar uma abstração para essa pilha. Quando queremos descrever como se encontra uma rota em um mapa rodoviário, precisamos falar do mapa e como ele é organizado para poder explicar para alguém como se procura um caminho. A diferença entre um número e uma pilha de provas é que o número representa um conceito indivisível – uma quantidade –, enquanto a pilha é composta por unidades menores, que são as provas. E cada prova, por sua vez, pode ser composta por uma coleção de informações (nome do aluno, questões, respostas, nota). Para explicar como ordenar essa pilha de provas, precisamos acessar cada elemento da pilha, bem como as informações contidas em cada prova. Para descrever como encontrar uma rota em um mapa, precisamos enxergar o mapa não como uma unidade, mas como um conjunto de cidades ligadas por estradas. Ou seja, para descrever algoritmos, é preciso enxergar dados como composições de dados mais simples. Assim, vários níveis de abstração podem ser usados para resolver um problema. No caso das provas, pode-se enxergar a pilha como um todo ou selecionar uma das provas, ou ainda pegar uma informação de uma das provas. O nível de abstração escolhido depende do que se quer realizar em cada passo do algoritmo, mas é preciso entender e poder falar sobre todos.

As abstrações de dados mais importantes em computação são:

- **Registros:** um registro representa uma coleção de informações de um objeto. Por exemplo, um registro de prova pode conter nome do aluno, questões, respostas, nota, etc. Registros podem ser usados também para descrever dados de carteiras de identidade, formulários, cartão de respostas do vestibular, etc.
- **Listas:** uma lista é uma sequência de dados. Listas podem ser usadas como abstração para pilha de provas, baralho, cadeia de DNA, rol de compras, fila de banco, partitura (lista de notas musicais), etc.
- **Grafos:** um grafo é uma estrutura que contém entidades (chamadas de vértices) e relacionamentos (chamados de arcos). Grafos podem ser usados para representar uma infinidade de estruturas, como redes sociais, mapas, árvores genealógicas, etc.

Essas abstrações precisam ser trabalhadas de maneira concreta e depois formalizadas, da mesma forma que o conceito de número na matemática, para permitir que os alunos adquiram a capacidade de trabalhar com elas de forma abstrata.

Abstrações para descrever algoritmos

Além de usar abstrações para representar dados, precisamos descrever as soluções em forma de algoritmos. Um algoritmo é composto por instruções que devem ser executadas de uma forma e na ordem definida para atingir a solução desejada. Portanto, para definir um algoritmo, é necessário saber quais instruções básicas podem ser utilizadas e quais operações podem ser usadas para montar descrições dos procedimentos a partir dessas instruções básicas.

As instruções básicas dependem de quem vai ler o algoritmo. Se o leitor já sabe como ordenar uma lista, a instrução "Ordene a lista" é adequada. Caso contrário, é necessário definir melhor como realizar essa instrução, por meio de instruções mais básicas, que o leitor consiga entender. Em linguagens de programação, as instruções básicas são os comandos predefinidos da linguagem, e existem bibliotecas de instruções que podem ser utilizadas. Para construir as soluções dos problemas para os quais não existam instruções básicas que os resolvam, usam-se operações que combinem instruções básicas, de maneira a definir processos mais elaborados. Essas operações são de três tipos:

1. **Composição:** permite juntar vários passos na descrição de um algoritmo. Esses passos podem ser conectados de várias formas diferentes (sequencial, paralela, por dependências, etc.).
2. **Escolha:** permite definir pontos de escolha em um algoritmo, que são momentos de decisão nos quais o próximo passo a ser executado depende da situação atual do processo.
3. **Repetição:** permite que ações sejam repetidas em um algoritmo de forma controlada. Existem várias formas de definir como as repetições devem ser executadas (p. ex., laços ou recursão).

Essas operações são implementadas de diversas formas, em diferentes linguagens de programação. Um algoritmo é, portanto, uma combinação de instruções que usa operadores de composição, escolha e repetição.

Técnicas para construir algoritmos

Para construir um algoritmo, não basta conhecer as abstrações de dados e processos. São necessárias técnicas que permitam chegar com mais facilidade do enunciado de um problema a uma solução. Entre essas técnicas, destacam-se:

- **Decomposição:** é a técnica mais importante para solucionar um problema. Consiste em decompor o problema em problemas menores, solucioná-los e combinar as soluções para obter a solução do problema original. Decompor envolve não apenas identificar as partes de um problema, mas também definir as interfaces (entradas e saídas) de cada subproblema. Decomposição permite que se trabalhe cooperativamente para resolver problemas de forma organizada e eficaz.
- **Generalização:** é uma técnica que consiste em construir uma solução (algoritmo) mais genérica a partir de outra, permitindo que o novo algoritmo seja utilizado em outros contextos. Reutilizar e adaptar algoritmos é fundamental, e exige um grande poder de abstração. Muitas vezes, problemas que à primeira vista parecem totalmente diferentes podem ser solucionados pelo mesmo algoritmo, fazendo apenas pequenas modificações. Programas ou algoritmos são descrições de procedimentos, portanto, podem ser usados como dados para outros programas ou algoritmos. Essa noção de que programas são dados, chamada de metaprogramação, permite que se construam soluções extremamente elegantes, genéricas e simples para problemas complexos.
- **Transformação:** a técnica de transformação consiste em utilizar a solução de um problema para solucionar outro. As transformações podem ser feitas em diferentes contextos: para utilizar um algoritmo já existente a fim de resolver o problema (reuso); para realizar melhorias em uma solução existente (refinamento); para adaptar soluções existentes a outras realidades (evolução); para compreender as relações entre problemas (redução); etc.

Automação

A abstração permite encontrar e descrever um modelo de solução para um problema, e a automação é a mecanização de todas ou de parte das tarefas da solução para resolver o problema usando computadores.

Para podermos automatizar a solução de um problema, primeiro é necessário saber se essa automatização é possível. Nem todos os problemas podem ser resolvidos com o uso de computadores; existem vários problemas que não são passíveis de mecanização, chamados de não computáveis. Em alguns casos, apenas parte da solução pode ser executada por um computador. Por exemplo, não existe nenhum algoritmo que determine se duas funções são equivalentes, mas é possível, dada uma entrada, verificar se duas funções produzem a mesma saída. Outros exemplos de problemas não computáveis são: determinar se um conjunto de dominós pode cobrir um tabuleiro; determinar se um algoritmo sempre termina; determinar se uma equação (polinomial) sempre tem uma solução (inteira); verificar se um programa tem vulnerabilidades de segurança; etc.

A automação envolve diferentes aspectos:

- **Máquina:** escolha da máquina a ser utilizada para automatizar a solução de um problema.

- **Linguagem:** escolha da linguagem a ser utilizada para descrever a solução.
- **Modelagem computacional:** utilização de modelos que simulam o comportamento de sistemas reais e permitem validar a solução de um problema.

Para que a mecanização seja possível, o computador deve ser capaz de interpretar as abstrações do modelo. Nesse contexto, um computador poderia ser um dispositivo mecânico, elétrico ou biológico (p. ex., o DNA ou computadores moleculares) com capacidade de processamento, armazenamento e comunicação. Também poderia ser um humano que segue fielmente os passos de um algoritmo, realizando o processamento de informações de forma mecânica. É importante saber escolher que tipo de computador (ou combinação de computadores) é o mais adequado para realizar uma tarefa desejada. Por exemplo, para preencher uma nota fiscal de venda, é melhor o vendedor preenchê-la manualmente e fazer os cálculos no papel ou preenchê-la manualmente e fazer os cálculos usando uma calculadora? Ou, ainda, preenchê-la usando um aplicativo de computador que faça os cálculos de forma automática? Para fazer a escolha adequada, é importante que se conheçam as características de cada máquina: para que elas servem, qual a dificuldade de utilizá-las, quais problemas elas podem apresentar, como resolver esses problemas, etc.

Escolhido o computador adequado, deve-se traduzir a solução do problema (algoritmo) para uma linguagem compreendida pelo computador. Cada tipo de computador reconhece uma (ou várias) linguagem(ns) diferente(s). Por exemplo, um computador tradicional compreende dados e instruções representados por sequências de 0 e 1; a célula compreende informações e instruções codificadas por sequências de bases A (adenina), C (citosina), T (timina) e G (guanina); já um humano compreende sentenças descritas em diferentes linguagens naturais (português, inglês, espanhol, etc.) e também linguagens formais, como a matemática. Apesar de serem mais facilmente compreendidas, as linguagens naturais nem sempre são a melhor opção quando se quer descrever nossas abstrações de forma precisa. Uma linguagem natural é essencialmente ambígua e subjetiva, o que permite diferentes interpretações para uma mesma instrução. Já as linguagens compreendidas pelos computadores tradicionais, como computadores pessoais (PCs, do inglês *personal computers*), *notebooks*, *tablets*, celulares, entre outros, não apresentam esse tipo de problema. Essas linguagens (linguagens de máquina) usam uma representação binária bastante precisa. Desse modo, qualquer informação ou instrução deve ser codificada por sequências de 0 e 1, que são reconhecidas pelo computador e determinam as ações que ele deve realizar. Além disso, dependendo do tipo de arquitetura do computador, as instruções compreendidas por ele também podem variar. Assim, para um indivíduo conseguir descrever a solução de seu problema para que um computador a compreenda e a execute, ele deve conhecer a linguagem de máquina do computador escolhido.

A tarefa de descrever procedimentos usando linguagem de máquina é bastante difícil, visto que essa codificação é muito distante da linguagem natural e dependente da máquina escolhida. O ideal, portanto, seria podermos descrever nossos procedimentos em uma linguagem mais próxima à natural e que o computador pudesse compreendê-la. Esse é exatamente o papel das linguagens de programação de mais alto nível. Essas linguagens geralmente são mais próximas às linguagens naturais e independentes da arquitetura dos computadores. As instruções dessas linguagens possuem um nível de abstração maior, isto é, elas geralmente correspondem a uma sequência de instruções de uma linguagem de máquina. Contudo, uma linguagem de programação não pode ser interpretada diretamente pelos computadores;

portanto, existem traduções dessas linguagens para as linguagens de máquina. Assim, dizemos que as linguagens de programação possuem nível de abstração maior do que as linguagens de máquina. Mesmo entre as linguagens de programação, existem diferentes níveis de abstração. Por exemplo, a linguagem Java possui nível de abstração maior do que a linguagem C, assim como as linguagens funcionais têm maior nível de abstração do que as linguagens procedurais. A escolha da linguagem a ser utilizada deve levar em conta essa característica. Quanto maior for o nível de abstração, maior será a facilidade de descrever o algoritmo (solução do problema) nessa linguagem.

A utilização de modelos pode auxiliar no entendimento de um problema, permitindo a simulação do comportamento dos sistemas envolvidos, bem como de soluções propostas. Os modelos podem ser físicos ou matemáticos. Por exemplo, podem-se construir modelos físicos de pontes que permitam medir deformações sofridas por essas estruturas ao receber uma determinada carga, ou construir modelos matemáticos que possam ser simulados com o uso de um computador. Dependendo do problema, o modelo pode ser analítico ou computacional. Por exemplo, pode-se descrever o processo de evolução de uso de combustíveis renováveis ao longo dos anos por meio de um conjunto de equações (modelo analítico) ou de um modelo composto por interações entre os diferentes agentes que influenciam esse processo (modelo computacional). Ambos podem ser automatizados usando computadores, e produzem informações de grande utilidade na análise do problema. A modelagem computacional fornece recursos para tratar problemas complexos e que envolvam um elevado número de variáveis. Exemplos de simulação computacional podem ser encontrados nas mais diversas áreas, como estudo de sistemas biológicos, desenvolvimento de projetos e jogos, previsão meteorológica, análise da evolução de mercados, etc.

O mercado está repleto de ambientes para simulação computacional que disponibilizam diversos recursos para construção de modelos de sistemas reais. A decisão sobre qual ambiente utilizar e sobre como fazê-lo muitas vezes não é fácil, exigindo algumas considerações, entre elas: Como validar um modelo? Como interpretar os resultados obtidos em uma simulação? Como saber se os resultados são válidos para o sistema real?

Análise

A ciência da computação provê fundamentos teóricos sólidos e uma rica teoria para análise e classificação de problemas, permitindo descobrir se um problema tem ou não solução computacional e se pode existir um algoritmo eficiente que o resolva, antes mesmo de tentar construir o algoritmo. A análise é de extrema importância, pois fundamenta a argumentação crítica sobre os problemas e suas soluções (algoritmos). De forma geral, a análise pode ser de três tipos:

1. **Viabilidade:** análise da possibilidade de encontrar uma solução computacional para o problema.
2. **Correção:** verificação para avaliar se o algoritmo construído é de fato a solução desejada para o problema.
3. **Eficiência:** avaliação da efetividade do algoritmo sob vários aspectos.

A viabilidade já foi discutida na seção anterior, quando se afirmou que nem todos os problemas têm solução computacional. Um exemplo clássico de problema não computável é o de escrever um programa que determine se outros programas param ou entram em um laço (processam indefinidamente). Quer-se um programa que leia o código de qualquer outro programa e seus respectivos dados e informe se o processo para ou se executa indefinidamente um conjunto de instruções. Pode até parecer que esse programa é viável e até mesmo fácil de ser construído, mas, na verdade, ele não pode existir. A razão pela qual ele é inviável é que esse programa poderia ser fornecido como entrada dele mesmo (já que é um programa e sua entrada é qualquer outro programa). A partir desse ponto, é fácil construir um paradoxo afirmando que, se o programa para, então ele deve entrar em um laço, e se ele entra em um laço, então ele deve parar.

Retornando aos problemas que possuem soluções computacionais: como saber se um algoritmo proposto resolve o problema em questão? Uma solução está "correta" quando funciona exatamente como se espera em todas as situações. Se a solução foi dada por um programa de computador, afirma-se que o programa está "correto" quando ele fornece a saída esperada para todo valor possível de entrada. A questão é que o conjunto de todas as entradas possíveis para um programa, exceto para casos triviais, é extremamente grande. Ademais, os problemas que hoje se apresentam, nas mais diversas áreas do conhecimento, possuem, em geral, soluções complexas. Muitas ferramentas e métodos foram propostos para auxiliar nesse processo de análise.

Simulações e testes são algumas das técnicas utilizadas para encontrar erros e avaliar se os programas possuem características desejadas. Elas envolvem a execução de partes do programa ou de todo o sistema para avaliar propriedades de interesse – por exemplo, se o programa responde corretamente a determinadas entradas, se executa as principais funções dentro de um tempo aceitável, se atinge o resultado geral esperado, entre outros. Um conjunto de testes pode ser bom para avaliar uma determinada propriedade (p. ex., funcionalidade), mas ineficaz para avaliar outras características (p. ex., eficiência). Algumas características definem um bom conjunto de testes para um programa: ele deve incluir as condições iniciais e as sequências de entrada para as simulações; deve especificar as saídas esperadas; deve incluir uma descrição de sua finalidade ou do requisito que está em análise (ou ambos), entre outras. No entanto, em geral, nenhum conjunto de testes será bom e eficaz para todo tipo de análise.

Outra técnica de análise consiste na definição e na utilização de modelos matemáticos para verificar a correção de sistemas. A partir de uma especificação precisa (modelo matemático), é possível construir uma prova formal (utilizando argumentação lógica e técnicas de demonstração) que garanta que o modelo satisfaz determinadas propriedades. Diversos métodos também já foram propostos para demonstrar que o projeto de um sistema está correto em relação à sua especificação. Refinamentos (transformações precisas) podem ser especificados para transformar um modelo matemático em um projeto e um projeto em uma implementação, a qual, ao final do processo, é correta por construção.

Além da correção, outro ponto a ser analisado em um algoritmo é sua eficiência, permitindo avaliar e comparar diferentes algoritmos quanto ao uso de recursos como tempo, memória, processador, energia, comunicação, etc. Vamos supor que se precise avisar a um colega que a reunião da tarde foi cancelada. Uma das alternativas seria enviar a ele uma mensagem pelo celular. Outra opção seria telefonar para ele. Também se poderia enviar um *e-mail* ou mesmo ir pessoalmente à sua casa. Enfim, há diversas alternativas para avisá-lo do cancelamento da reunião. Qual deve ser utilizada? Para escolher, podem-se levar em consideração os recursos disponíveis (p. ex., celular, telefone), o tempo que será necessário para avisar usando cada alternativa, o custo de cada uma, etc. Da mesma forma, existem diversos algoritmos que resolvem um mesmo problema. Para escolher qual utilizar em cada situação, precisamos analisar quantitativamente os algoritmos para dar subsídio ao processo de escolha da melhor alternativa.

Retomando o problema da ordenação: suponha-se que queremos colocar uma lista de números em ordem crescente. Existe uma grande variedade de soluções possíveis (algoritmos) para esse problema. A ordenação por inserção é um processo que funciona da maneira como muitas pessoas ordenam as cartas em um jogo de baralho. Ao receber as cartas viradas na mesa, pegam-se as cartas, uma a uma, inserindo-as na posição correta. Para encontrar a posição correta, o que se faz é comparar a carta pega da mesa com cada uma das cartas que já estão na mão, da direita para a esquerda. Outro método de ordenação bastante rápido e eficiente é a ordenação que foi descrita na **Figura 2.5**. Se considerarmos que recebemos os elementos em uma ordem aleatória e que temos as mesmas ferramentas para resolver o problema, a ordenação por inserção é considerada uma solução eficiente para um pequeno número de elementos. Já se considerarmos quantidades maiores de elementos, a ordenação da **Figura 2.5** passa a ser mais rápida. Ou seja, existem soluções mais eficientes do que outras para resolver um mesmo problema. Essas diferenças em eficiência ficam mais evidentes quando são consideradas instâncias grandes dos problemas (nesse caso, listas com muitos elementos).

Existem problemas para os quais não foram encontradas soluções computacionais eficientes até o momento. Para tais problemas, chamados de intratáveis, existem soluções (i.e., existem algoritmos que os resolvem), mas, na prática, seria necessário tanto tempo para chegar a um resultado para instâncias grandes do problema (por vezes anos ou séculos, dependendo do tamanho da instância), que as soluções se tornam inúteis. Já foi mostrado que muitos problemas de grande interesse prático se enquadram nessa categoria. Um exemplo é o problema de encontrar o caminho mais curto entre duas cidades em um mapa. Esse problema pode ser resolvido calculando todas as rotas possíveis e comparando-as para identificar a melhor. Porém, isso se torna completamente inviável, pois, em geral, mesmo em mapas com poucas cidades, há um número enorme de rotas a considerar, e o algoritmo poderia levar milhões de anos para dar uma resposta. Por esse motivo, os programas que existem hoje para determinar rotas em mapas não determinam necessariamente a melhor rota para um motorista, e sim uma lista de rotas que podem ser encontradas de forma rápida. É importante saber como identificar se um problema é intratável, para que não se tente encontrar solução eficiente para um problema que já foi classificado como intratável. Muitas vezes, pequenas modificações no enunciado do problema podem torná-lo tratável computacionalmente.

É importante destacar que, para a maioria absoluta dos programas (problemas) reais, não existe uma única técnica de análise que permita afirmar que o sistema (ou a solução) está livre de qualquer erro, que satisfaz todos os requisitos e propriedades desejados e que vai operar sempre conforme o esperado. Para garantir a qualidade do sistema, uma combinação de técnicas e ferramentas deve ser utilizada, o que requer treinamento e capacitação. De maneira similar, mesmo que não se queira construir programas, uma boa análise das soluções dadas para muitos problemas do dia a dia depende da sistematização dos procedimentos e de treinamento da argumentação lógica. Uma fundamentação consistente para atingir esse objetivo pode ser encontrada na ciência da computação.

CONSIDERAÇÕES FINAIS

Este capítulo define e descreve o processo de solução de problemas denominado pensamento computacional. Alicerçado nos fundamentos e nas técnicas da ciência da computação, o pensamento computacional possui três pilares: abstração, automação e análise. A abstração de dados e de processos e as técnicas de construção de algoritmos permitem simplificar a realidade e focar os aspectos relevantes dos problemas e de suas soluções. A automatização das soluções envolve a escolha da máquina, da linguagem e/ou do modelo computacional adequados para sua correspondente mecanização. A análise de viabilidade, correção e eficiência das soluções completa o ciclo do processo de resolução. Dessa forma, o pensamento computacional constitui uma habilidade fundamental para o homem do século XXI, incluindo o pensamento crítico e a resolução de problemas.

REFERÊNCIAS

CORMEN, T. H. *et al. Introduction to algorithms.* 2nd ed. Cambridge: MIT Press, 2001.

PAPERT, S. A. *Mindstorms:* children, computers, and powerful ideas. New York: Basic Books, 1980.

PERLIS, A. J. The computer in the university. *In*: GREENBERGER, M. (ed.). *Computers and the world of the future.* Cambridge: MIT Press, 1962. p. 180-219.

WING, J. M. Computational thinking. *Communications of the ACM*, v. 49, n. 3, p. 33–35, 2006.

WING, J. M. Computational thinking and thinking about computing. *Philosophical Transactions of the Royal Society of London A:* mathematical, physical and engineering sciences, v. 366, n. 1881, p. 3717–3725, 2008.

WING, J. M. Computational thinking: what and why? *The magazine of Carnegie Mellon University's School of Computer Science*, 2011.

ISTE-CSTA, International Society for Technology in Education, Computer Science Teachers Association. Computational thinking: leadership toolkit. c2011. Disponível em: www.iste.org/docs/ct-documents/ct-leadershipt-toolkit.pdf. Acesso em: 23 abr. 2019.

RACKET. Racket documentation. [2018]. Disponível em: https://docs.racket-lang.org/. Acesso em: 23 abr. 2019.

PANORAMA GLOBAL DA ADOÇÃO DO PENSAMENTO COMPUTACIONAL

Christian Puhlmann Brackmann | Dante Augusto Couto Barone
Ana Casali | Marcos Román-González

3

A adoção de noções de computação em escolas na educação básica é, atualmente, uma preocupação em diversos países onde a implantação ocorre de forma rigorosa. Cresce a compreensão de que a disciplina de computação é muito distinta de aulas de informática[1] e de que o desenvolvimento de habilidades da área da computação apresenta benefícios educacionais por promover reflexão, resolução de problemas e o entendimento de que a tecnologia digital está presente em todas as áreas. Além disso, propicia também benefícios econômicos devido à alta demanda de profissionais com boa formação.

Este capítulo apresenta, de forma resumida, os resultados de uma revisão sistemática da literatura a respeito do panorama de diversos países que já adotaram ou estão em processo de adoção do pensamento computacional na educação formal ou informal. Infelizmente, não é possível fazer uma comparação homogênea entre todos os países, pois os sistemas educacionais são distintos. Em algumas situações, há pouca documentação disponível, e esta às vezes é contraditória.

Essa pesquisa foi motivada pelo levantamento de âmbito internacional liderado pela Microsoft (JONES, 2011) para averiguar a situação da introdução de disciplinas voltadas ao ensino e ao funcionamento de sistemas computacionais. Como os dados de Jones (2011) se encontram muito defasados, realizou-se uma nova investigação para atualizar o estudo inicial.

Este capítulo está dividido em três partes, sendo a primeira voltada para iniciativas governamentais, a segunda, para movimentos de organizações não governamentais (ONGs) e comerciais, e por fim, o estado da arte do pensamento computacional no Brasil.

INICIATIVAS GOVERNAMENTAIS

Alemanha

Cada um dos 16 estados federativos da Alemanha possui um departamento de educação; porém, até o ano de 2004, não havia padronização dos conteúdos (ementas/tópicos) específica para alunos entre o 5º e o 10º anos (*Realschule* ou *Sekundarstufe I*). A partir de então, as disciplinas de computação deixaram

---

[1] Não confundir com a simples utilização de sistemas. A informática, ou alfabetização digital, contempla a habilidade de usar aplicativos de escritório (i.e., processador de texto, planilha eletrônica e apresentação gráfica), enviar e receber *e-mails*, utilizar sistemas de forma colaborativa (i.e., redes sociais), editar áudios, imagens e vídeos, e utilizar navegador de internet e mecanismos de busca.

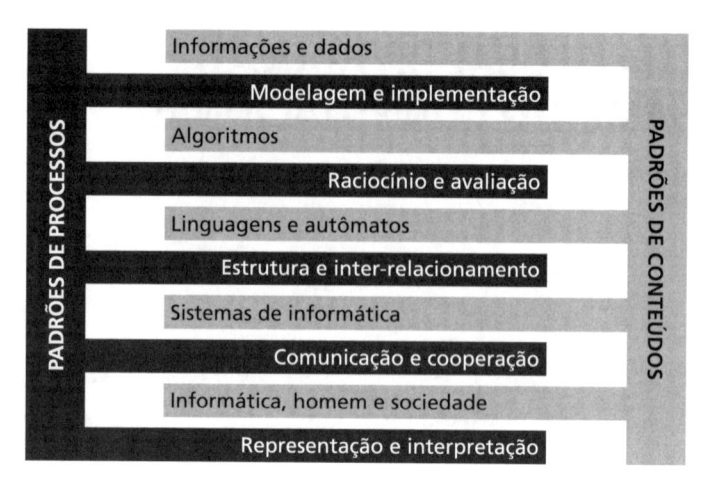

Figura 3.1 Princípios da computação.
Fonte: Brinda, Puhlmann e Schulte (2009).

Diagrama (Padrões de processos / Padrões de conteúdos):
- Informações e dados
- Modelagem e implementação
- Algoritmos
- Raciocínio e avaliação
- Linguagens e autômatos
- Estrutura e inter-relacionamento
- Sistemas de informática
- Comunicação e cooperação
- Informática, homem e sociedade
- Representação e interpretação

de ser obrigatórias, no entanto, podem ser utilizadas como crédito extra. A motivação para adotar a computação nas escolas foi baseada em dois objetivos:

1. Permitir que os estudantes saibam lidar com a grande quantidade de artefatos e tecnologias da informação na vida cotidiana.
2. Promover o ensino mais avançado da computação após o ensino básico (técnico e superior).

Alguns dos tópicos que o estudante pode escolher são (BRINDA; PUHLMANN; SCHULTE, 2009): orientação a objetos (codificação), modelagem entidade-relacionamento, autômatos, modelagem algorítmica, interação homem-máquina, privacidade, segurança, arquitetura de computadores, computabilidade, eficiência e questões sociais.

Todos os tópicos são integralmente especificados no documento que normatiza os requisitos para ciência da computação, norma publicada como referência para o Exame Unificado Abitur (*Einheitlichen Prüfungsanforderungen in der Abiturprüfung*) (STÄNDIGE KONFERENZ DER KULTUSMINISTER DER LÄNDER IN DER BUNDESREPUBLIK DEUTSCHLAND, 2004).

Em 2008, a Gesellschaft für Informatik (Associação da Informática) publicou um padrão para a segunda metade do ensino fundamental. O documento foi modelado dentro do padrão definido pelo National Council of Teachers of Mathematics (NCTM)[2] e organizado em conteúdos e processos. Os princípios encontram-se listados na **Figura 3.1**.

É importante ressaltar que o padrão separa claramente o ensino de mídias digitais e tecnologias da informação e comunicação (TICs) das aulas de computação. Como o padrão foi criado de forma ascendente (i.e., de forma colaborativa), ele vem sendo adotado em diversas cidades, sem obstáculos.

O padrão alemão descreve as competências para os anos 8, 9 e 10; porém, o foco maior é na modelagem e não no ensino de *hardware* e *software*. Um ponto forte do sistema de ensino alemão no processo de adoção da computação nas escolas é a alta disponibilidade de professores com formação adequada para ministrar as aulas. O treinamento necessário para a regência de aulas na Alemanha exige dois cursos de nível

---

[2]Disponível em: http://www.nctm.org/

superior, além de uma preparação pedagógica, teoria educacional focada na área de atuação e estágio de dois anos.

Em 2013, a obrigatoriedade da computação voltou a ser pauta do governo (SCHMUNDT, 2013) e foi apresentada ao parlamento em 2015, porém ainda não houve uma definição oficial.

Argentina

Em janeiro de 2013, a Fundación Sadosky publicou um manifesto denominado "CC-2016: Una propuesta para refundar la enseñanza de la computación en las escuelas argentinas" (FUNDACIÓN SADOSKY, 2013), que tem como principal objetivo conscientizar a comunidade científica da importância de uma profunda mudança do ensino em nível fundamental e médio, com a introdução dos princípios de computação em sua estrutura. No documento, consta que o ensino da computação é essencial para grandes oportunidades proporcionadas por essas tecnologias. Além disso, a entidade adverte sobre a necessidade de os estudantes desenvolverem habilidades e competências essenciais para a vida moderna.

Em 12 de agosto de 2015, o Consejo Federal de Educación (CFE) da Argentina emitiu a Resolução nº 263/15, motivada pela necessidade estratégica de desenvolvimento socioeconômico da nação, estabelecendo diversos elementos, entre eles:

- Ensino da programação como parte do currículo ou como atividade extraclasse nas escolas durante os anos compulsórios.
- Criação da Red de escuelas que programan (REP), na qual as instituições são categorizadas conforme a disponibilidade de professores com formação e a oferta de aulas.
- Intensificação da propagação da REP em todas as jurisdições atendidas pelo Ministério da Educação da Argentina, até alcançar todas as instituições de ensino estatais, por meio de iniciativas de formação docente específica e durante o serviço.

O documento foi aprovado tendo como base as Resoluções nº 123/10, que trata das políticas de inclusão digital educativa, e nº 244/15, na qual são também aprovadas intensificações no uso de TICs nas escolas para melhoria nos processos de ensino e aprendizagem, e o artigo 3º da Lei de Educação Nacional argentino.

Avançando nessa direção, recentemente, em setembro de 2018, no âmbito do 89º encontro do CFE, foram aprovados os Núcleos de Aprendizajes Prioritarios para Educación Digital, Programación y Robótica (NAP EDPR) para os diferentes níveis de ensino obrigatório (Resolução CFE nº 343/18). Além disso, a resolução estabelece prazo de dois anos para a adaptação curricular, no qual estão incluídos os conteúdos definidos no NAP EDPR, o desenvolvimento de um plano de formação contínua de professores, a sensibilização, divulgação e integração do NAP EDPR com o currículo atual, a inclusão desses conteúdos para a formação inicial de professores e a realização de ações na comunidade educativa com o objetivo de promover a computação nas escolas. No mesmo ano, foram lançados os guias e livros didáticos para serem utilizados pelos docentes e discentes argentinos, os quais se encontram disponíveis gratuitamente no portal do Program.AR, mantido pela Fundación Sadosky (CZEMERINSKI; KLINKOVICH, 2018; MILLER; PALERMO, 2018).

Austrália

O então ministro da Educação, Christopher Pyne, publicou, em 18 de setembro de 2015, uma grande reestruturação no currículo das escolas públicas (AUSTRALIAN CURRICULUM ASSESSMENT AND REPORTING AUTHORITY, [201-?]). O novo modelo coloca a programação como uma das principais competências e recebe 12 milhões de dólares australianos com o intuito de:

- Desenvolver recursos curriculares para o ensino da matemática.
- Dar suporte para a introdução da programação em todos os níveis de escolaridade.
- Criar uma escola-piloto baseada na estratégia das escolas P-TECH.[3]
- Financiar escolas de verão para estudantes nas áreas de ciência, tecnologia, engenharia e matemática (STEM, do inglês *science, technology, engineering, and mathematics*).

No 5º e 6º anos, os estudantes aprendem a codificar (pensar computacionalmente) e, a partir do 7º, a programar (escrever programas). Com a introdução dessas disciplinas no currículo, os alunos não serão mais obrigados a ter aulas de história e geografia, ou seja, essas disciplinas, até então essenciais e obrigatórias, passam a ser opcionais (o que gerou revolta por parte de alguns professores e pais de alunos) (DAVIS, 2015).

Coreia do Sul

A Coreia do Sul possui longo histórico de uso considerável de computadores em sala de aula com objetivo vocacional desde a década de 1970. Em 1987, eles foram introduzidos na alfabetização digital, e a partir de 1992 seu uso foi reforçado no ensino das TICs. No ano de 2004, 80% das escolas já tinham aulas de informática, e 40%, de codificação. Em 2007, houve o consenso entre os educadores de que os computadores não deveriam ser utilizados apenas para aulas de alfabetização digital, mas também ter um papel essencial na resolução de diversos tipos de problemas do mundo real,

aumentando a habilidade de raciocínio. Como resultado, as escolas mudaram o nome da disciplina "computadores" para "informática", na qual o foco principal são os princípios e conceitos da computação (métodos e procedimentos para solução de problemas, programação com orientação a objetos, algoritmos simples e circuitos lógicos) desde o ensino fundamental como disciplina eletiva. Destacam-se, ainda, os conteúdos de ética na informática e cibercrime (CHOI; AN; LEE, 2015).

Em 2015, as escolas tiveram uma redução muito grande tanto na oferta como na matrícula nas aulas de informática, basicamente devido aos seguintes motivos:

- Diminuição da carga horária exigida pelas disciplinas eletivas.
- Ausência de regulamentação específica para as aulas de informática.
- Ausência de avaliação institucional relativa às aulas de informática.

Em 2017, apenas 10% das escolas do ensino fundamental ofertavam aulas de informática, e menos de 5% dos alunos tinham a oportunidade de participar delas. Para mudar essa realidade, o governo está redigindo um novo currículo, porém sem previsão de publicação.

Escócia

O ensino formal da computação ocorre desde 1980, a partir do ensino fundamental, aproximadamente aos 14 anos de idade. No princípio, as escolas trabalhavam com o desenvolvimento de *software*, mas logo o foco mudou para um formato mais avançado de computação e sistemas de informação. No último ano dos anos escolares correspondentes ao ensino médio brasileiro, o estudante tem um importante componente que trabalha basicamente dois elementos: o desenvolvimento de *software* e o banco de dados relacionais voltado para atividades práticas. O ensino

---

[3]Escolas P-TECH são organizações sem fins lucrativos que possuem currículo e metodologia de ensino inovadores, caminhando com a indústria e as demais instituições de ensino locais, e têm como foco a formação do aluno para o mercado de trabalho (http://saf.org.au/p-tech-australia/).

desses dois elementos tem sido bastante debatido com universidades, pois ainda não foi comprovada sua real necessidade antes do ingresso na educação superior.

Após a troca de currículo, no ano de 2004, foi feita uma pesquisa, denominada *Computer science: what do pupils think?*, por meio da qual se chegou à conclusão de que os estudantes acreditavam que as aulas de computação eram muito tediosas, pois o novo currículo incentivava o ensino de aplicativos de escritório, o que gerou diminuição do interesse dos alunos pela disciplina. Em 2011, houve o lançamento do *Curriculum for Excellence* (EDUCATION SCOTLAND, 2009), um documento que rege o sistema de ensino da Escócia dos 3 aos 18 anos de idade e apresenta os efeitos (em inglês, *outcomes*) esperados pelo novo modelo, dividido em duas categorias: 1) TICs para melhoria da aprendizagem e; 2) ciência da computação contextualizada no desenvolvimento de competências tecnológicas e conhecimentos.

Estados Unidos

Assinada no dia 10 de dezembro de 2015, a lei federal Every Student Succeeds Act (ESSA) [Todo aluno é bem-sucedido] é responsável pelas políticas públicas de educação dos Estados Unidos (EUA). Nesse documento, são detalhadas desde a maneira como ocorrem os financiamentos até a maneira como as escolas são avaliadas. A lei também coloca a ciência da computação em condições de igualdade com outras disciplinas acadêmicas, como matemática, geografia, história, inglês e ciências. O documento não define como a implantação deve ocorrer, porém incentiva sua adoção e permite a obtenção de recursos para tal (âmbitos federal e estadual). Mesmo após a assinatura da lei, de acordo com Code.org (c2019) e Guzdial (2014), os EUA ainda não têm uma legislação específica para o ensino da ciência da computação de maneira obrigatória. Porém, existem iniciativas estaduais que permitem a concretização do ensino formal substituindo disciplinas como matemática, ciências, língua estrangeira e outras por computação. Uma visualização gráfica dos 33 estados participantes desse movimento encontra-se na **Figura 3.2**, destacados em cinza. Essas substituições variam de estado para estado e podem ser conhecidas no **Quadro 3.1**.

Os estados participantes seguem o currículo proposto pela Computer Science Teachers Association (CSTA), denominado *A Model Curriculum for K-12 Computer Science* (CSTA, 2011). Nesse currículo, constam aconselhamentos, devidamente estruturados, para o ensino da computação nas escolas, desde o jardim de infância até o último ano do ensino médio, além de apresentar exercícios que podem ser realizados em sala de aula.

O país teve grande impacto na compreensão sobre ciência da computação a partir do lançamento do projeto Code.org (c2019), que atraiu a atenção de estudantes, pais, escolas e indústrias, chegando a ser tema central do desenho *Os Simpsons*, um dos seriados mais populares dos EUA. Em recente pesquisa encomendada pelo Google e executada pela empresa Gallup (2015), dentre diversos dados coletados, destacam-se:

- 90% dos pais desejam que seus filhos tenham aulas de programação nas escolas, porém apenas 40% as ensinam.
- 50% dos pais acreditam que a ciência da computação é uma competência tão importante quanto ler, escrever e fazer cálculos, pois 71% de todos os novos empregos em STEM são na área da computação.

Uma série de leis ainda aguarda definição nos âmbitos nacional e estadual para ampliar a oferta de vagas, a abertura de novas disciplinas em escolas e a promoção de professores da área. Uma relação completa dessas leis está disponível no *site* do Code.org.

☐ Computação pode ser reaproveitada como outra disciplina   ☐ Computação é uma disciplina eletiva

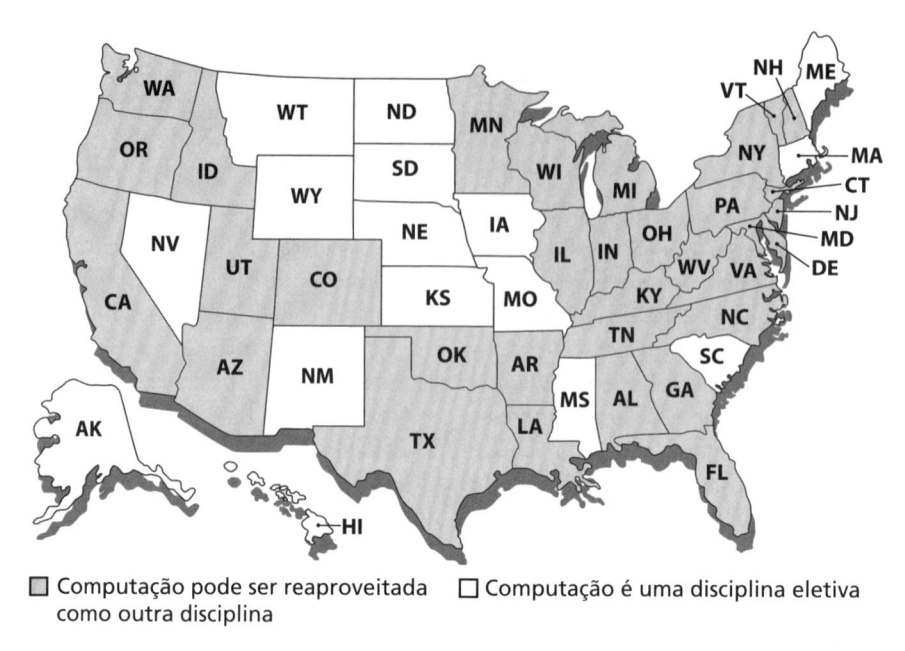

Figura 3.2 Mapa dos estados norte-americanos que adotaram a computação em seu currículo.
Fonte: Brackmann (2017).

QUADRO 3.1 Equivalência de disciplinas por estado

Estado	Atendem aos requisitos de computação
Alabama	Matemática
Arizona	Matemática
Arkansas	Matemática
Colorado	Matemática, ciências
Califórnia	Matemática, ciências
Distrito de Colúmbia	Matemática
Flórida	Matemática, ciências
Geórgia (Estado pioneiro)	Ciências
Idaho	Matemática, ciências
Illinois	Matemática
Indiana	Matemática
Kentucky	Matemática
Louisiana	Matemática
Maryland	Matemática, tecnologia

(*Continua*)

QUADRO 3.1 Equivalência de disciplinas por estado *(Continuação)*

Estado	Atendem aos requisitos de computação
Michigan	Matemática
Minnesota	Matemática
Nova Hampshire	Matemática
Nova Jersey	Matemática, ciências
Nova Iorque	Matemática
Carolina do Norte	Matemática
Ohio	Matemática
Oklahoma	Matemática
Oregon	Matemática
Pensilvânia	Matemática, ciências
Rhode Island	Matemática, ciências
Tennessee	Matemática
Texas	Matemática, idioma
Utah	Matemática, ciências
Vermont	Matemática
Virgínia	Matemática, ciências
Washington	Matemática, ciências
Virgínia Ocidental	Matemática
Wisconsin	Matemática

Estônia

Este pequeno país, que originou o *software* Skype, é considerado um dos países mais dependentes de internet no mundo, e sua ascensão digital ocorreu alguns anos depois de sua independência, ou seja, no início da década de 1990 (MANSEL, 2013).

O projeto foi proposto pelo então presidente, Toomas Hendrik Ilves, que também já foi embaixador da Estônia nos EUA. Durante seu período no exterior, Ilves teve a oportunidade de conhecer diversos casos de indústrias nas quais as máquinas substituíam a mão de obra de milhares de trabalhadores sem perder eficácia. Essa nova realidade fez ele refletir sobre a força de trabalho do país, informatizando tudo o que fosse possível e de todos os modos para melhorar a força de trabalho na Estônia, que beirava 1,4 milhão de cidadãos (MUFFET, 2014).

No final da década de 1990, com a ajuda do projeto Tiigrihüpe [Pulo do tigre], todas as escolas do país já possuíam internet. O projeto também é coadjuvante no ensino de programação para crianças a partir dos 7 anos, levando em consideração a seguinte lógica: "se você aprende regras gramaticais aos 7 ou 8 anos, por que não aprender as regras de programação?".

Hoje o ensino da programação ocorre em âmbito nacional e abrange educação fundamental, ensino médio e formação técnica como disciplina facultativa. As escolas utilizam uma plataforma chamada ProgeTiiger, que disponibiliza diversas ferramentas e suporte a professores para incentivar o ensino da programação nas escolas. Um exemplo é a ferramenta chamada Oppematerjalid,[4] que dispõe de uma série de sugestões de uso de atividades e tecnologias de acordo com o nível escolar, área, linguagem de programação e sistema operacional.

França

Em fevereiro de 2015, o presidente François Hollande, juntamente com o Ministro da Educação, Benoît Hamon, publicou um anúncio de que as escolas receberiam, gradualmente, aulas de programação a partir de setembro do mesmo ano como atividades extracurriculares. No anúncio, o ministro argumentou que é de extrema importância os alunos saberem falar francês, contar, calcular, compor e decompor números na matemática, mas que a escola não pode ignorar a importância da intervenção da digitalização em todas as disciplinas, pois o aprendizado da lógica facilita o manuseio de conceitos. Hamon ainda complementou: "A dúvida não é mais se devemos ou não ensinar computação e programação aos alunos, mas como, com que propósito e em que nível elas devem ser introduzidas no currículo" (JOHNSON, 2015).

De acordo com o Conselho Superior Curricular, tem-se como objetivo repensar os métodos de ensino e avaliação, além de modernizar o currículo. Para isso, foram definidos os conteúdos básicos da área no país: fundamentos das linguagens de programação e desenvolvimento de aplicativos com a utilização de algoritmos simplificados (FLEURY; NEVEUX, 2017).

Estudos demonstram que os franceses têm grande medo do erro, o que incita culpa e penalização. A computação também é utilizada nesse contexto na tentativa de mudar tal realidade, pois estudantes podem, simplesmente, apagar todo o código e reiniciar o algoritmo na tentativa de encontrar outra estratégia. Essa abordagem também tem como objetivo promover a interatividade na sala de aula e estimular a participação de todos os estudantes, mesmo dos que não têm acesso à tecnologia, permitindo que eles superem dificuldades e inibições, inclusive sociais.

Encorajar os estudantes a seguir carreira na computação é uma tentativa de torná-los cidadãos de um mundo a cada dia mais conectado. Essas mudanças no currículo não têm a intenção de torná-los todos programadores, mas de facilitar a detecção de talentos e vocações técnicas em um setor de competição global.

Finlândia

De autoria de Mykkänen e Liukas (2014), o guia Koodiaapinen 2016 (em tradução livre, Abecedário do Código) tinha como objetivo convencer o governo da Finlândia a implantar o ensino da computação nas escolas desde o ensino fundamental. O guia é um passo a passo leve e direto para ensinar o pensamento computacional nas escolas. Desde sua publicação, ele foi a principal referência para o legislativo na criação de leis educacionais. O currículo entrou em vigor em 2016 e inclui a computação como disciplina obrigatória desde a educação primária.

Mykkänen (WEINBERG, 2015, p. 91) relata ainda que: "[...] as pessoas precisam dominar minimamente a linguagem do computador. Quem não investir nisso vai ficar para trás". Ele ainda complementa com dados: "Se seu país não acelerar, acumulará um déficit de 17.000 programadores em quatro anos".

O guia, apelidado de Koodi 2016, ainda propõe as atividades a serem trabalhadas de acordo com o ano escolar:

---

[4] Disponível em: http://www.progetiiger.ee/oppematerjalid

- **Anos 1 e 2:** ensinar o pensamento computacional por meio de atividades lúdicas.
- **Anos 3 a 6:** desenvolver atividades no computador utilizando programação visual e aprender a controlá-lo sem medo de errar.
- **Anos 7 a 9:** familiarizar os alunos com uma autêntica linguagem de programação.

Algumas curiosidades a respeito da implantação do novo currículo incluem (KOODIAAPINEN, 2016):

- Para que um aluno do 6º ano tenha um bom rendimento na disciplina de matemática, deve saber criar um programa simples utilizando uma linguagem de desenvolvimento visual (p. ex., Scratch).
- Uma formação gratuita para professores é realizada por um *massive open online course* (MOOC),[5] que também dispõe de uma biblioteca aberta com sugestão de conteúdos e atividades. A primeira edição do MOOC, em 2015, formou 511 professores, e em 2016 houve 2 mil inscrições.
- A introdução do pensamento computacional nas escolas é uma reforma proposta pelo psicólogo educacional e pesquisador de *design* Tarmo Toikkanen, da Aalto University, porém construído basicamente com os esforços de voluntários e poucos recursos.

Grécia

No ensino fundamental, crianças têm aulas de computação desde o 3º ano do ensino fundamental (8 anos de idade) em uma disciplina denominada desenvolvimento de aplicativos em ambientes de programação. Além de atividades *off-line* e de conceitos básicos de informática, como o que é um computador, partes que o compõem, seus usos na rotina diária e como usá-lo, as crianças também usam computadores para aprender por meio de atividades lúdicas (p. ex., Logo) e aplicativos simples de comunicação pela internet (BALANSKAT; ENGELHARDT, 2015).

A partir dos 10 anos de idade, os estudantes já trabalham com o desenvolvimento de aplicativos simples para a resolução de problemas, e o aluno pode decidir entre sete áreas de interesse:

1. Aprofundamento da alfabetização digital.
2. Processamento de texto, imagens e arquivos.
3. Uso e criação de gráficos.
4. Programação de computadores.
5. Busca de informações utilizando a internet e apresentação de dados.
6. Comunicação pela internet.
7. Computadores na vida diária.

É importante salientar que, quando essa prática foi implantada, não houve preparo de professores de informática ou criação de material didático. Porém, de modo geral, os professores já tinham preparo avançado em computação (alguns eram engenheiros de *software* e cientistas da computação, p. ex.), por um lado, podendo tornar as aulas mais desafiadoras e, por outro, deixando a desejar na metodologia de ensino, por terem exíguos conhecimentos pedagógicos em sua formação. Por isso, os estudantes dependiam da intimidade e da destreza do professor com os computadores.

Na segunda metade do ensino fundamental, as aulas de informática são obrigatórias desde 1993 e estão divididas em dois níveis, de acordo com a idade:

- Entre 12 e 14 anos, são baseadas em quatro áreas de ensino:
  1. Aprofundamento em *hardware* de computadores.
  2. Uso avançado de interface gráfica do usuário (GUI, do inglês *graphical user interface*) em sistemas operacionais.

---

[5] É um tipo de curso aberto ofertado por meio de ambientes virtuais de aprendizagem, ferramentas da Web 2.0 ou redes sociais que visam oferecer para um grande número de alunos.

3. Busca, processamento e apresentação de informações, utilizando a internet e aplicativos de escritório.
4. Uso de computadores para a vida profissional ou de uso rotineiro.

- Na faixa dos 15 anos, estão focadas em pensamento algorítmico, programação e amplo uso da internet para apresentações e projetos.

Durante essa etapa, os estudantes têm material didático, mas os professores podem criar seu próprio material, desde que atenda aos requisitos do currículo.

No ensino médio (entre 15 e 18 anos de idade), os estudantes trabalham as mesmas áreas do ensino fundamental na disciplina denominada tecnologia, porém de forma mais aprofundada. E, no último ano do ensino médio, para os que optam por uma linha tecnológica, os conceitos de ciência da computação tornam-se obrigatórios, com ênfase em pensamento algorítmico, princípios da ciência da computação e conceitos de programação. Todas as disciplinas também possuem um material didático específico, porém os docentes podem criar ou adaptar seu próprio material.

Reino Unido

O Currículo Nacional do Reino Unido requer que cada estudante estude TICs e é regido pelo Currículo Nacional para TICs. Esse documento possui ampla especificação de alto nível, porém, quando colocado em prática, pouco é ensinado além dos pacotes de escritório (processadores de texto, planilhas eletrônicas, editores de apresentação, etc.).

Em 2011, houve uma grande revisão do Currículo Nacional, e a disciplina de computação foi considerada obrigatória em todos os quatro níveis (*key stages* [KSs]), independentemente da idade dos alunos. Após concluídos os KSs, os alunos são preparados para as provas General Certificate of Secondary Education (GCSE), nas quais podem comprovar suas competências ocupacionais em diversas áreas, ou seja, certificando apenas o conhecimento e a compreensão. Em uma etapa posterior, caso o estudante opte pela continuidade dos estudos no ensino superior, é necessário se preparar por mais dois anos e realizar as provas General Certificate of Education (GCE), também conhecidas como AS-A Levels. Após concluídas essas provas, o aluno tem a certificação necessária para entrar em uma universidade. Tanto o GCSE como o GCE incluem a computação como opção de certificação nas cinco instituições homologadas para aplicação das provas (ZORZO; BRACKMANN; RAABE, 2018; THE BRITISH..., 2013) (Tab. 3.1).

Rossi (2015) relata que os pais são favoráveis à introdução da programação nas escolas. Uma pesquisa recente aponta que 60% dos pais e 75% dos alunos preferem aulas de

TABELA 3.1 Instituições homologadas para aplicação das provas GCSE e GCE		
Instituição	GCSE	GCE
Assessment and Qualifications Alliance (AQA)[1]	✓	✓
Council for the Curriculum, Examinations and Assessment (CCEA)[2]	✓	✓
Edexcel (Edexcel – London Examinations)[3]	✓	✓
Oxford, Cambridge and RSA Examinations (OCR)[4]	✓	✓
Welsh Joint Education Committee (WJEC)[5]	✓	✓

[1] http://www.aqa.org.uk/ [2] http://www.ccea.org.uk/ [3] https://exams.gov.mt/articles/Boards/Edexcel.aspx
[4] http://www.ocr.org.uk/ [5] http://www.wjec.co.uk/

Python em vez de francês no ensino fundamental, em um universo de 1.000 alunos de 5 a 11 anos de idade, 1.000 de 11 a 16 anos de idade e 1.000 pais. Um dado alarmante dessa pesquisa é o fato de as crianças preferirem as aulas de programação por estas serem "mais fáceis" em relação às de francês.

No final do ano de 2018, o governo britânico investiu 84 milhões de libras esterlinas para treinar 8 mil professores da rede pública em computação e preparar os alunos para um mercado de trabalho altamente concorrido (TURNER, 2018).

QUADRO COMPARATIVO

Após a revisão bibliográfica sistemática, organizou-se um quadro comparativo entre diversos países. O resumo dos dados coletados encontra-se na **Tabela 3.2**.

ORGANIZAÇÕES NÃO GOVERNAMENTAIS E MOVIMENTOS COMERCIAIS

European Schoolnet

É uma rede de troca de experiências entre 31 ministérios da educação da Europa e de Israel, sem fins lucrativos, com sede na Bélgica. No início, seu principal foco era a inovação do ensino e da aprendizagem na área de TICs, mas atualmente também propõe alternativas e incentiva a adoção do pensamento computacional em escolas. Entre seus objetivos estão (BALANSKAT; ENGELHARDT, 2015):

- Criar políticas para regulamentar o ensino de computação na Europa.
- Identificar evidências escaláveis e com possibilidade de transferência de práticas e prioridades emergentes relacionadas à educação no continente.

Fazem parte da European Schoolnet: Áustria, Flandres e Valônia (regiões administrativas da Bélgica), Bulgária, Dinamarca, Eslováquia, Espanha, Estônia, Finlândia, França, Holanda, Hungria, Irlanda, Israel, Lituânia, Malta, Noruega, Polônia, Portugal, Reino Unido e República Tcheca.

Code.org

Lançado no ano de 2013 nos EUA, o Code.org é uma organização sem fins lucrativos dedicada à expansão do acesso à ciência da computação, inclusive para as minorias. Tem como visão possibilitar aos estudantes o acesso à ciência da computação, além de proporcionar a percepção de que a referida disciplina deveria fazer parte do currículo escolar, juntamente com outras, como biologia, química e álgebra.

Tem como principais objetivos criar cursos voltados para a ciência da computação, levá-la para as salas de aula, inspirar estudantes a segui-la, formar professores para ensiná-la, mudar o currículo em distritos escolares para incluí-la, aumentar a diversidade na ciência da computação, auxiliar na mudança de leis estaduais para incluir essa disciplina nos currículos e possibilitar que estudantes de todo o mundo tenham acesso aos conteúdos da área.

A ONG Code.org teve ampla aceitação nos EUA, chamando a atenção de grandes empresas na área de tecnologia da informação (TI) e recebendo muito apoio destas em prol da promoção de seus propósitos. Algumas das empresas parceiras são: Amazon, American Airlines, Apple, Association for Computer Machinery (ACM), Computer Science Teachers Association (CSTA), Disney, Dropbox, Facebook, GitHub, Google, Khan Academy, Microsoft, Rovio, Salesforce e Zendesk.

Uma das iniciativas mais importantes do Code.org é a Hora do Código (em inglês, *Hour of Code*). A Hora do Código é um movimento global que atinge centenas de milhões de estudantes em 102 países parceiros. Qualquer

TABELA 3.2 Quadro comparativo do pensamento computacional no mundo

Países	Ano de adoção	Fundamental	Médio	Técnico/vocacional	Depende da região ou do currículo adotado	Possui disciplina específica	Modo de integração
Alemanha	2004	F	F				N
Argentina	2015	F	F		Sim	Varia	NR
Austrália	2015	C					N
Áustria	2009	F	F	F	Sim	Sim	N
Bélgica / Holanda	Varia	F	F				R
Bulgária	2006	C	C			Sim	N
Coreia do Sul	2007	F	F			Sim	N
Dinamarca	2014	C	F	F		Varia	N
Escócia	1987	F	F		Sim	Varia	R
Eslováquia	1990	C	C	C		Sim	NE
Espanha	2015	F	F		Sim	Varia	NR
Estados Unidos	2015	F	F		Sim	Varia	NR
Estônia	1996	F	F	F	Sim	Varia	NR
Finlândia	2016	C				Não	NRE
França	2016	FC	C		Sim	Não	N
Grécia	1993	C	C			Sim	N
Hungria	1995		C	C		Sim	N
Irlanda	2014	F			Sim	Sim	NE
Israel	1976	F	F	F		Sim	N
Lituânia	1986	F	F			Varia	NE
Malta	1997		F			Sim	N
Polônia	1985	F	F	F	Sim	Sim	N
Portugal	2012	C		C		Sim	N
Reino Unido	2014	FC	FC		Sim	Sim	N
República Tcheca	1990		C	F		Sim	E

F = facultativo   C = compulsório   N = nacional   R = regional   E = escolar pessoa, independentemente do lugar, pode organizar um evento da Hora do Código e anunciá-lo no *site* da organização. Tutoriais de uma hora estão disponíveis em mais de 40 idiomas. Não é exigida qualquer experiência dos participantes do evento, que devem ter no mínimo 4 anos de idade. A **Tabela 3.3** apresenta o crescimento do número de participantes no evento.

O principal objetivo da campanha é que dezenas de milhões de estudantes participem da Hora do Código no período preestabelecido pela ONG. No ano de 2018, a semana selecionada foi de 3 a 9 de dezembro, quando também é celebrada a Semana da Educação em Ciência da Computação. A semana é determinada como foco na promoção do evento, porém as atividades encontram-se disponíveis permanentemente no *site* da organização. No Brasil, o principal parceiro da Hora do Código é o Programaê!.

Programaê!

Parceiro da instituição sem fins lucrativos Code.org, o Programaê! é um movimento que tem como prioridade aproximar a programação do cotidiano de jovens de todo o Brasil, e foi criado pelo fato de a tecnologia ter alto poder transformador. De acordo com a ONG, usá-la para a educação pode fazer a diferença para muitas pessoas. Isso é feito por meio de um portal prático e agregador de ideias, soluções e dicas de pessoas experientes e inspiradoras.

É uma iniciativa das Fundações Lemann e Telefônica Vivo. A Fundação Lemann, organização familiar sem fins lucrativos fundada em 2002 pelo empresário Jorge Paulo Lemann, desenvolve e apoia projetos inovadores em educação por meio da realização de pesquisas para embasar políticas públicas no setor, oferecendo formação para profissionais da educação e aprimorando lideranças em diversas áreas. As iniciativas e ações têm a intenção de demonstrar que a tecnologia tem um grande poder transformador e que a programação deve ser parte do cotidiano de jovens de todo o Brasil.

SuperGeeks

É a primeira escola de programação e robótica para crianças a partir de 7 anos e adolescentes no Brasil. As aulas baseiam-se na criação de *games*, aplicativos, robôs e sistemas, em empreendedorismo e em língua inglesa. A ideia de abertura da escola surgiu durante o período em que um casal brasileiro morava nos EUA, no Vale do Silício, e notou que empresas e políticos norte-americanos estavam se mobilizando para ensinar ciência da computação para crianças e adolescentes. A SuperGeeks está se expandindo por todo o Brasil por meio de franquias e unidades próprias. Atualmente, a rede conta com 61 unidades em todo o País. A SuperGeeks utiliza quatro metodologias de ensino:

1. *Game learning*: são utilizados *games* para promover o aprendizado de conceitos de programação e ciência da computação. Alguns desses *games* são da própria escola, outros são títulos disponíveis comercialmente.

TABELA 3.3 Número de participantes da Hora do Código

Ano	Número
2013	20 milhões
2014	90 milhões
2015	195 milhões
2016	344 milhões
2017	520 milhões
2018	720 milhões

Fonte: Code.org (2018).

2. **Gamificação:** mecanismos de jogos, como pontos, recompensas e desafios, são aplicados de forma lúdica para motivar os alunos a aprender. Os alunos recebem ou perdem pontos como se estivessem em um jogo. A cada tarefa entregue, ganham-se pontos, vidas ou créditos. Se o aluno não entrega alguma tarefa ou apresenta atitudes de inquietação ou indisciplina durante as aulas, perde pontuação ou vida dentro do jogo, ou seja, são utilizados os mesmos mecanismos de *games* dentro das salas de aulas e durante o curso.
3. **Empreendedorismo:** desde a primeira fase, os alunos aprendem a respeito do mercado de *games*, como projetá-los da melhor forma, quais os melhores canais de distribuição e divulgação. A partir da Fase 3, os alunos são incentivados a criar suas próprias *startups*, sozinhos ou em grupo, e lançar seus produtos no mercado, seja um *game*, um aplicativo, uma aplicação *web*, um *hardware* ou qualquer outro tipo de produto tecnológico. Com o passar das fases, os alunos têm contato com conceitos de *marketing*, vendas, direito, contabilidade, produto mínimo viável (MVP, do inglês *minimum viable product*) recursos humanos, Canvas, entre outros conceitos extremamente importantes para empreendedores e futuros empresários.
4. **Inglês:** a língua inglesa e a área da tecnologia estão intrinsecamente conectadas. Devido a isso, o aluno, enquanto programa, assimila e aprende diversos termos, frases e palavras nesse idioma.

Após o pioneirismo da SuperGeeks e a alta demanda por escolas do mesmo gênero, surgiram diversas outras iniciativas similares no Brasil, como: codeBuddys,[6] Ctrl+Play,[7] DragonByte,[8] Escola Pixel,[9] Happy Code,[10] Konfide Education[11] e MadCode.[12]

PENSAMENTO COMPUTACIONAL NO BRASIL

Infelizmente, no Brasil, até o momento da elaboração deste capítulo, as políticas educacionais relacionadas à tecnologia estão oficialmente restritas à abordagem de letramento e inclusão digital. Em 2015, iniciou-se a construção da Base Nacional Comum Curricular (BNCC), que define os conhecimentos essenciais aos quais todos os estudantes brasileiros têm o direito de acesso, bem como de apropriação durante sua trajetória na educação básica (BRASIL, 2018). A BNCC é parte de uma nova proposta de currículo e orienta a formulação do projeto político-pedagógico das escolas, permitindo maior articulação deste, sendo também uma importante conquista social.

Em pleno processo de renovação e aprimoramento da educação básica no Brasil por meio da BNCC, diferentes organizações, como o Centro de Inovação para a Educação Brasileira (CIEB), e sociedades, como a Sociedade Brasileira de Computação (SBC), estão ativamente engajadas na introdução de pensamento computacional, tecnologia digital e cultura digital nesse projeto nacional de grande repercussão. As ações de promoção ocorrem com as demais empresas, sociedades e institutos, na tentativa de unir forças, propondo também novas diretrizes para alinhamento dos currículos de licenciatura em Computação com a BNCC e elaboração de materiais de divulgação, sensibilização e conscientização da comunidade educativa e acadêmica.

---

[6]Disponível em: http://www.buddys.com.br/
[7]Disponível em: http://www.ctrlplay.com.br/
[8]Disponível em: http://www.dragonbyte.com.br/
[9]Disponível em: http://escolapixel.com.br/
[10]Disponível em: http://www.happycode.com.br/
[11]Disponível em: http://konfide.education/
[12]Disponível em: http://www.madcode.com.br/

A BNCC em vigor não faz referência à área de computação, mas apresenta tecnologias digitais como tema integrador. Ou seja, no Brasil, ainda não há o reconhecimento da importância dada aos conhecimentos ligados à computação da forma como ocorre em outros países.

Em uma tentativa de acelerar o processo de inclusão dos conceitos da computação nos anos iniciais e finais do ensino fundamental, o CIEB propôs, em meados de 2018, um currículo com a intenção de ser utilizado como sugestão de sequências de conteúdos nas escolas brasileiras, tendo em vista que não existe até o momento um documento oficial. O currículo, denominado Currículo de Referência em Tecnologia e Computação,[13] está organizado em 3 eixos, 10 conceitos e 147 habilidades. Também são sugeridos práticas, avaliações e materiais de referência relacionados com as 10 competências da BNCC e vinculados com as unidades temáticas da base. Ainda, no intuito de auxiliar as escolas, são indicados os níveis de maturidade da infraestrutura e do docente para cada uma das habilidades. Uma abordagem similar também foi proposta pela SBC (SOCIEDADE BRASILEIRA DE COMPUTAÇÃO, [2019]).

No final de 2018, com o lançamento da BNCC do ensino médio, os mesmos eixos foram sugeridos como itinerários formativos[14] para serem utilizados pelas escolas, porém não estão incluídos na relação de itinerários formativos que devem ser ofertados de maneira obrigatória.

Em contrapartida, um corpo sólido de pesquisas e projetos envolvendo o ensino de computação na educação básica é realizado no Brasil desde a década de 1980. As iniciativas são muitas e bastante diversificadas. Em meados da década de 1980, Papert (1985) inicia o uso da linguagem Logo em escolas do mundo todo. No Brasil, até 1996, muitos projetos foram realizados com programação dessa linguagem (VALENTE, 1996). O uso de robótica educacional, que iniciou timidamente, com *kits* de empresas, como a Lego, hoje está amplamente disseminado em muitas escolas e instituições educacionais. A robótica educacional utiliza, inclusive, alternativas de baixo custo, envolvendo, por vezes, a reciclagem de componentes eletrônicos.

Independentemente de leis específicas, encontra-se, em diversas resoluções, a abertura para inclusão de novas tecnologias na formação de professores. Um exemplo é a Resolução nº 2 do Conselho Nacional de Educação (CNE), de 1º de julho de 2015, que incentiva o ensino de TICs para o aprimoramento da prática pedagógica e a ampliação da formação cultural de professores e estudantes. Com base nesse princípio, diversas iniciativas de introdução ao pensamento computacional têm sido realizadas nos últimos anos envolvendo pesquisadores de escolas e universidades em diferentes níveis da educação escolar (BARCELOS; SILVEIRA, 2012; BRACKMANN, 2017; FRANÇA; AMARAL, 2013; ANDRADE *et al.*, 2013; VIEL; RAABE; ZEFERINO, 2014; CAMPOS *et al.*, 2014). Outras iniciativas (VALENTE, 2016) tentam encontrar estratégias de implantação do pensamento computacional no currículo da educação básica, além de propor alguns pontos sobre formação de professores e avaliação de alunos.

O tema do pensamento computacional também tem sido foco de muitos trabalhos de mestrado e doutorado, cujos resultados são geralmente divulgados em conferências como o *Workshop* de Ensino em Pensamento Computacional, Algoritmos e Programação (WAlgProg) e o *Workshop* sobre Educação em Computação (WEI), durante o Congresso Brasileiro de Informática na Educação (CBIE), e no Congresso Anual da Sociedade Brasileira de Computação (CSBC), respectivamente.

---

[13]Disponível em: http://curriculo.cieb.net.br/
[14]Disponível em: http://novoensinomedio.mec.gov.br/#!/guia

Outras iniciativas merecedoras de registro são os Code Clubs, organizados por voluntários, cujos objetivos são levar atividades de programação para escolas, promover a criação de ambientes de programação em português como o Portugol Studio (NOSCHANG et al., 2014) e gerar atividades de incentivo ao ensino de programação em larga escala como o Programaê!, que tem a cada dia alcançado mais adeptos.

Existem também esforços feitos pela SBC para a disseminação do pensamento computacional na educação básica no Brasil. Um exemplo é uma competição organizada nos moldes das outras olimpíadas científicas brasileiras, como as de matemática, física e astronomia, denominada Olimpíada Brasileira de Informática (OBI).[15] O objetivo da OBI é despertar nos alunos o interesse por uma ciência importante na formação básica hoje (no caso, a ciência da computação), por meio de uma atividade que envolve desafio, engenhosidade e uma saudável dose de competição.

CONSIDERAÇÕES FINAIS

Hoje, quase todo serviço ou produto utilizado diariamente depende, direta ou indiretamente, de algum processo ou decisão determinado por um *chip* de computador. O fato é que não temos limites para as infinitas possibilidades que os sistemas computacionais permitem. É um caminho sem volta.

Para que a sociedade possa utilizar a computação em todo o seu potencial, todos, de crianças a idosos, deveriam ter algum conhecimento sobre pensamento computacional (GUZDIAL, 2015). Porém, é vital conscientizar os gestores educacionais e os criadores de políticas públicas e sensibilizá-los da importância dos conceitos da computação que devem ser ensinados nas escolas. Em primeiro lugar, é importante deixar clara a distinção entre computação (física e lógica) e informática (alfabetização digital), para que não ocorra uma má interpretação dos termos.

Em um segundo momento, compreende-se ser necessário o desenvolvimento de materiais e abordagens no ensino do pensamento computacional para que as autoridades ofereçam suporte aos futuros professores, e para que os gestores escolares possam compreender e apoiar a adesão à proposta de inserir o pensamento computacional no currículo escolar.

Em um terceiro momento, deve ocorrer uma formação de professores para que atuem como multiplicadores, em parceria com as instituições federais de ensino superior. Certos países, como os EUA e a Alemanha, encontraram a solução para a falta de professores para lecionar a disciplina de computação nas aulas de matemática, e seu exemplo pode servir de modelo ao Brasil. Enquanto isso, a alta demanda por profissionais da área da computação reduziu a quantidade de professores em potencial. Esses fatores conspiram a favor de professores pouco valorizados e de baixa qualificação. Indiscutivelmente, há grande necessidade de treinamento de professores.

Na etapa seguinte, propõe-se a oferta de disciplinas voltadas para a computação de maneira opcional, possibilitando o acesso dos estudantes aos conceitos do pensamento computacional, para que, em um momento posterior, essas disciplinas façam parte do currículo obrigatório nacional. O Brasil está em um momento muito oportuno para discutir esse assunto.

O estímulo por meio de competições, prêmios e outras formas de destaque também é muito utilizado por outros governos, pois permite a identificação de novos talentos e pode inspirar outros estudantes a se tornarem profissionais em qualquer área, além de expandir suas possibilidades com o auxílio da computação na solução de problemas.

---

[15]Disponível em: http://olimpiada.ic.unicamp.br

Desperdiçar essa oportunidade seria desfavorável para nosso país e acarretaria um prejuízo incalculável para nosso futuro, pois os meios de produção estão cada vez mais digitais e as oportunidades de emprego exigem, como requisito, um conjunto de habilidades técnicas inerentes à computação.

REFERÊNCIAS

AUSTRALIAN CURRICULUM ASSESSMENT AND REPORTING AUTHORITY. *Digital technologies*. [201-?]. Disponível em: http://www.australiancurriculum.edu.au/technologies/digital-technologies/curriculum/f-10?layout=1. Acesso em: 24 abr. 2019.

ANDRADE, D. *et al.* Proposta de atividades para o desenvolvimento do pensamento computacional no ensino fundamental. *In:* WORKSHOP DE INFORMÁTICA NA ESCOLA, 19.; CONGRESSO BRASILEIRO DE INFORMÁTICA NA EDUCAÇÃO, 2., 2013, Campinas. *Anais* [...] Porto Alegre: SBC, 2013.

BALANSKAT, A.; ENGELHARDT, K. *Computing our future*: computer programming and coding: priorities, school curricula and initiatives across Europe. [Brussels]: European Schoolnet, 2015. Disponível em: http://fcl.eun.org/documents/10180/14689/Computing+our+future_final.pdf/746e36b1-e1a6-4bf1-8105-ea27c0d2bbe0. Acesso em: 24 abr. 2019.

BARCELOS, T. S.; SILVEIRA, I. F. pensamento computacional e educação matemática: relações para o ensino de computação na educação básica. *In:* WORKSHOP SOBRE EDUCAÇÃO EM COMPUTAÇÃO, 20., 2012, Curitiba. *Anais* [...] Porto Alegre: SBC, 2012.

BRACKMANN C. P. *Desenvolvimento do pensamento computacional através de atividades desplugadas na educação básica*. 2017. Tese (Doutorado em Informática na Educação) – Centro Interdisciplinar de Novas Tecnologias na Educação, Universidade Federal do Rio Grande do Sul, Porto Alegre, 2017. Disponível em: http://hdl.handle.net/10183/172208. Acesso em: 24 abr. 2019.

BRASIL. Ministério da Educação. *Base Nacional Comum Curricular*. Brasília, DF: MEC, 2018. Disponível em: http://basenacionalcomum.mec.gov.br/images/BNCC_EI_EF_110518_versaofinal_site.pdf. Acesso em: 8 maio 2019. Acesso em: 8 maio 2019.

BRINDA, T.; PUHLMANN, H.; SCHULTE, C. Bridging ICT and CS: educational standards for computer science in lower secondary education. *In:* Conference on Innovation and Technology in Computer Science Education, 14th., 2009, Paris. *Proceedings* [...] New York: ACM, 2009. p. 288-292. Disponível em: http://www.inf.fu-berlin.de/inst/ag-ddi/docs/bridgingICTandCS.pdf. Acesso em: 24 abr. 2019.

CAMPOS, G. *et al.* Organização de informações via pensamento computacional: relato de atividade aplicada no ensino fundamental. *In:* WORKSHOP DE INFORMÁTICA NA ESCOLA, 20.; CONGRESSO BRASILEIRO DE INFORMÁTICA NA EDUCAÇÃO, 3., 2014, Dourados. *Anais* [...] Porto Alegre: SBC, 2014. p. 390-399.

CHOI, J.; AN, S.; LEE, Y. Computing education in Korea: current issues and endeavors. *ACM Transactions on Computing Education*, v. 15, n. 2, p. 1–22, 2015.

CODE.org. c2019. Disponível em: https://code.org/. Acesso em: 24 abr. 2019.

CODE.org. *Code.org 2018 annual report*. Seattle: Code.org, 2018. Disponível em: https://code.org/about/2018. Acesso em: 8 maio 2019.

CSTA. *K-12 Computer Science Standards - Revised 2011 - The CSTA Standards Task Force*. New York: Association for Computing Machinery, 2011.

CZEMERINSKI, H.; KLINKOVICH, V. (ed.). *Ciencias de la computación para el aula*: manual para docentes: 1º ciclo primaria. Buenos Aires: Fundación Sadosky, 2018. Disponível em: http://program.ar/descargas/cc_para_el_aula-1er_ciclo_primaria.pdf. Acesso em: 24 abr. 2019.

DAVIS, J. Australia forgets that code is cultural: replaces history and geography with computer science. *In:* THE SOCIETY PAGES. *Cyborgology*. 8 out. 2015. Disponível em: http://thesocietypages.org/cyborgology/2015/10/08/australia-forgets-that-code-is-cultural-replaces-history-and-geography-with-computer-science/. Acesso em: 24 abr. 2019.

EDUCATION SCOTLAND. *Curriculum for excellence: technologies:* experiences and outcomes. Livingston: Education Scotland, 2009.

FLEURY, A.; NEVEUX, C. Hamon: "le code informatique à l'école dès septembre". *Le Journal du Dimanche*, 20 jun. 2017. Disponível em: http://www.lejdd.fr/Societe/Hamon-Le-code-informatiqu-a-l-ecole-des-septembre-675912. Acesso em: 24 abr. 2019.

FRANÇA, R. S.; AMARAL, H. J. C. Proposta metodológica de ensino e avaliação para o desenvolvimento do pensamento computacional com o uso do Scratch. *In:* Workshop de Informática na Escola, 19.; CONGRESSO BRASILEIRO DE INFORMÁTICA NA EDUCAÇÃO, 2., 2013, Campinas. *Anais* [...] Porto Alegre: SBC, 2013.

FUNDACIÓN SADOSKY. *CC-2016:* una propuesta para refundar la enseñanza de la computación en las escuelas Argentinas. [Buenos Aires]: Fundación Sadosky, 2013. Disponível em: http://www.fundacionsadosky.org.ar/wp-content/uploads/2014/06/cc-2016.pdf. Acesso em: 24 abr. 2019.

GALLUP. *Searching for computer science:* access and barriers in U.S. K-12 education. [California]: Google, 2015. Disponível em: http://services.google.com/fh/files/misc/searching-for-computer-science_report.pdf. Acesso em: 24 abr. 2019.

GUZDIAL, M. *Learner-centered design of computing education:* research on computing for everyone. [Williston]: Morgan & Claypool, 2015.

GUZDIAL, M. Why the U.S. is not ready for mandatory CS education. *Communications of the ACM*, v. 57, n. 8, p. 8–9, 2014.

JOHNSON, M. Should my kid learn to code? In: GOOGLE. *Google blog AI*. 14 jul. 2018. Disponível em: https://web.archive.org/web/20170311232722/http://googleforeducation.blogspot.com/2015/07/should-my-kid-learn-to-code.html. Acesso em: 14 maio. 2019.

JONES, S. P. *Computing at school:* international comparisons. [Swindon: Computing at School], 2011 Disponível em: https://community.computingatschool.org.uk/files/6710/original.pdf. Acesso em: 28 abr. 2019.

KOODIAAPINEN. *In English*. 2016. Disponível em: http://koodiaapinen.fi/en/. Acesso em: 24 abr. 2019.

MANSEL, T. La receta de Estonia para convertirse en una potencia tecnológica. *BBC Estonia*, 15 maio 2013. Disponível em: http://www.bbc.com/mundo/noticias/2013/05/130515_tecnologia_cuna_ninos_informatica_estonia_aa. Acesso em: 24 abr. 2019.

MILLER, I.; PALERMO, A. (ed.). *Ciencias de la computación para el aula*: manual para docentes: 2° ciclo primaria. Buenos Aires: Fundación Sadosky, 2018. Disponível em: http://program.ar/descargas/cc_para_el_aula-2do_ciclo_primaria.pdf. Acesso em: 24 abr. 2019.

MUFFETT, T. *Computer coding taught in Estonian primary schools*. 2014. Disponível em: http://www.bbc.com/news/education-25648769. Acesso em: 24 abr. 2019.

MYKKÄNEN, J.; LIUKAS, L. *Koodi 2016:* ensiapua ohjelmoinnin opettamissen peruskoulussa. Helsink: Lönnberg, 2014. Disponível em: https://s3-eu-west-1.amazonaws.com/koodi2016/Koodi2016_LR.pdf. Acesso em: 24 abr. 2019.

NOSCHANG, L. F. et al. *Portugol Studio:* uma IDE para iniciantes em programação. *In:* CONGRESSO DA SOCIEDADE BRASILEIRA DE COMPUTAÇÃO, 34., 2014, Brasília, DF. *Anais* [...]. Porto Alegre: SBC, 2014. p. 1287-1296.

PAPERT, S. A. *Logo, computadores e educação*. São Paulo: Brasiliense, 1985.

ROSSI, B. Python overtakes French as the most popular language taught in primary schools. | *Information Age*. 2015. Disponível em: http://www.information-age.com/it-management/skills-training-and-leadership/123460073/python-overtakes-french-most-popular-language-taught-primary-schools. Acesso em: 24 abr. 2019.

SCHMUNDT, H. Should IT classes be required? *Spiegel online*, 16 May 2013. Disponível em: http://www.spiegel.de/international/germany/experts-in-germany-divided-on-computer-science-in-school-curriculum-a-899979.html. Acesso em: 24 abr. 2019.

SOCIEDADE BRASILEIRA DE COMPUTAÇÃO. *Diretrizes para ensino de computação na educação básica*. [2019]. Disponível em: http://sbc.org.br/documentos-da-sbc/send/131-curriculos-de-referencia/1177-diretrizes-para-ensino-de-computacao-na-educacao-basica. Acesso em: 24 abr. 2019.

STÄNDIGE KONFERENZ DER KULTUSMINISTER DER LÄNDER IN DER BUNDESREPUBLIK DEUTSCHLAND, 2004. *Einheitliche prüfungsanforderungen:* informatik. Berlin: KMK, 2004. Disponível em: http://www.kmk.org/fileadmin/veroeffentlichungen_beschluesse/1989/1989_12_01-EPA-Informatik.pdf. Acesso em: 24 abr. 2019.

SURREY CHAMBERS OF COMMERCE. c2017. Disponível em: https://www.surrey-chambers.co.uk/. Acesso em: 24 abr. 2019.

THE BRITISH Education System. [S. l.: s. n.], 2013. 1 vídeo (10 min). Publicado pelo canal Teachingjobslondon1. Disponível em: https://www.youtube.com/watch?v=aDDMEa9E8Z4. Acesso em: 24 abr. 2019.

TURNER, C. Schools should teach children resilience to help them in the workplace, new education secretary says. *The Telegraph*, 22 jan. 2018. Education. Disponível em: https://www.telegraph.co.uk/education/2018/01/22/schools-should-teach-children-resilience-help-workplace-new/. Acesso em: 24 abr. 2019.

VALENTE, J. A. integração do pensamento computacional no currículo da educação básica: diferentes estratégias usadas e questões de formação de professores e avaliação do aluno. *e-Curriculum*, v. 14, n. 3, p. 864-897, 2016.

VALENTE, J. A. *O professor no ambiente Logo:* formação e atuação. Campinas: Unicamp/NIED, 1996

VIEL, F.; RAABE, A. L. A.; ZEFERINO, C. A. Introdução a programação e à implementação de processadores por estudantes do ensino médio. *In:* WORKSHOP DE INFORMÁTICA NA ESCOLA, 20.; CONGRESSO BRASILEIRO DE INFORMÁTICA NA EDUCAÇÃO, 3., 2014, Dourados. *Anais* [...] Porto Alegre: SBC, 2014. p. 248-257.

WEINBERG, M. Voando para o futuro. *Veja*, n. 2431, 2015.

ZORZO, A.; BRACKMANN, C. P.; RAABE, A. L. A. *Computação:* o vetor de transformação da sociedade. Rio de Janeiro: Academia Brasileira de Ciências, 2018, p. 155.

O LEGADO DE PAPERT E DA LINGUAGEM LOGO NO BRASIL

Marli Fátima Vick Vieira | Flavio Rodrigues Campos | André Raabe

4

O pensamento computacional é hoje um tema amplamente discutido, e o trabalho com essa abordagem é almejado por muitos gestores educacionais. A utilização dos conhecimentos e das práticas da computação para auxiliar no desenvolvimento cognitivo dos estudantes não é propriamente uma novidade, uma vez que a criação da linguagem Logo por Seymour Papert (1971), que possuía propósitos educacionais, data da década de 1960.

Por seu aspecto vanguardista, o potencial da linguagem Logo e da filosofia que a acompanhava – o construcionismo – não foi compreendido plenamente pelos sistemas educacionais à época. Cumpre agora revisitar a história e o legado deixado por Papert e seus continuadores, em especial no contexto brasileiro, tendo em vista que a busca por parâmetros para a adequada introdução de conceitos e práticas de computação na educação básica é uma questão em aberto. Este capítulo apresenta a vida e a obra de Papert, analisa as principais evidências de uso da Logo em escolas brasileiras e traz trechos de entrevistas com os principais pesquisadores envolvidos.

SEYMOUR PAPERT: VIDA E OBRA

O professor Seymour Papert nasceu em março de 1928, na cidade de Pretória, na África do Sul, onde viveu grande parte de sua infância e juventude. Seu pai era entomologista, e durante um bom tempo viajou com a família pela costa leste da África do Sul em busca da mosca-tsé-tsé. Esse estilo de vida fazia os membros da família se deslocarem constantemente, levando Seymour a ter experiências como caçar a própria comida, fazer trilhas na mata, observar o movimento dos carros da época e, consequentemente, de suas caixas de câmbio.

Papert iniciou seus estudos na University of the Witwatersrand, obtendo o título de bacharel em Filosofia em 1949. Tornou-se Ph.D. em Matemática na mesma universidade em 1952, indicando sua mudança de área de pesquisa. Na University of Cambridge desenvolveu outra pesquisa, em que completou seu segundo Ph.D., também em Matemática, direcionando seus estudos para o campo da inteligência artificial.

Durante o período de 1958 a 1963, Papert trabalhou em Genebra com Jean Piaget. Sua perspectiva era considerar o uso da matemática para entender como as crianças podem aprender a pensar. Em 1964, iniciou sua participação no Massachusetts Institute of Technology (MIT) como pesquisador associado no laboratório de inteligência artificial, convidado por Marvin Minsky, Ph.D. em Matemática e um dos principais nomes da área. Em conjunto, os dois pesquisadores iniciaram diversos programas de pesquisa sobre teoria da computação, robótica, percepção humana e psicologia da criança.

Em 1967, Papert assumiu a direção do laboratório de inteligência artificial e permaneceu nessa ocupação até 1981. Durante a década de 1960, desenvolveu, com outros pesquisadores, a Logo, uma linguagem de computação para crianças, que foi adotada em todo o mundo para o uso de tecnologias digitais na educação, desde a África até a América Latina, passando pela Europa e pelos Estados Unidos.

A respeito dessa linguagem, Papert (1976) destacava que a palavra Logo apresentava uma ambiguidade sistemática: muitas vezes ela era utilizada para dar nome à linguagem de programação correspondente; outras vezes era utilizada para designar a família de linguagens de programação cuja versão de 1977/1978 foi a que manteve a estrutura atual da linguagem, muito diferente da primeira, desenvolvida na década de 1960. Ainda há uma terceira conceituação de Logo, a qual se refere à filosofia de educação que deu nome à linguagem de programação. Segundo o próprio Papert (1976), o termo Logo deveria ser aplicado ao programa, e a filosofia de educação que permeia o uso dessa linguagem deveria ter outra definição.

Assim, por volta da década de 1980, Papert – valendo-se de sua experiência, de suas pesquisas e dos estudos de autores como Piaget, Dewey, Montessori e até Paulo Freire – definiu a teoria construcionista de aprendizagem. Ele é considerado por teóricos, professores e estudantes de todo o mundo um dos autores fundamentais das tecnologias da informação e comunicação (TICs) na educação, principalmente quanto ao uso de computadores na aprendizagem.

PAPERT E A LINGUAGEM LOGO

Ao ingressar nos Estados Unidos, Papert foi convidado por Marvin Minsky a integrar o grupo de inteligência artificial do MIT e fundou, em 1968, com Minsky, o MIT Artificial Intelligence Laboratory. Nesse espaço, Papert trabalhou no grupo de Bolt, Beranek e Newman, liderado por Wallace Feurzeig, e todos eles criaram, em 1967, a primeira versão da Logo.

Em sua fase inicial, o grupo da Logo no MIT procurou desenvolver uma superestrutura conceitual, ou seja, teorias e métodos de ensino e uma infraestrutura material (*hardware* e *software*) para um novo modelo de uso de computadores na educação. Segundo Papert (1976), por volta de 1968, o grupo da Logo viveu um momento importante em seu trabalho, pois, apesar de ter a certeza de que o uso do computador trazia benefícios à educação, procurava, em suas pesquisas, melhorar esses benefícios por meio da exploração de novas maneiras de usar o computador.

Entretanto, naquela época, as indústrias responsáveis pela produção de computadores apresentavam muitas limitações técnicas ao desenvolvimento de máquinas que pudessem ser produzidas em larga escala, como os computadores pessoais, menores e mais ajustados às propostas da Logo. O projeto Logo surgiu como consequência das expectativas e dos projetos em longo prazo que o grupo tomou como horizonte para atingir os objetivos do trabalho. Segundo Papert (1976), foram desenvolvidas estruturas conceituais e algumas amostras de materiais de ensino (*hardware*, *software*, currículo e métodos de ensino) para usos educacionais dos computadores, diferentemente das práticas operacionais estabelecidas anteriormente.

Para Papert (1971), o computador não é apenas um dispositivo para manipulação de símbolos ou meramente uma máquina instrucional. Esse autor considera que o computador deve permitir a construção do conhecimento por meio do aprender fazendo e do pensar sobre o que se está fazendo, possibilitando, por intermédio do ato de programar o computador, a ação reflexiva do educando sobre um resultado e sobre o seu próprio pensamento.

Isso quer dizer que a linguagem Logo nasceu com a perspectiva de um uso diferente do computador na aprendizagem. Em vez de ser objeto no processo, o aprendiz se torna sujeito ativo. Ao comandar o computador tendo em mente suas intenções e suas ideias, ele assume a responsabilidade sobre sua própria aprendizagem, sendo o protagonista desse processo.

Além disso, a proposta do uso da linguagem Logo concebia a ideia de que o indivíduo não precisava ser especialista em programação para utilizar a linguagem, pois ela foi criada com o intuito de que qualquer pessoa com um mínimo de iniciação pudesse utilizá-la. Assim, mesmo crianças poderiam empregá-la para sua aprendizagem.

Para o grupo, após alguns pequenos experimentos, ficou claro que o projeto poderia colaborar, e muito, para a solução ou minimização dos problemas fundamentais na educação básica, como os relacionados à construção do conhecimento por parte do aluno, na relação de cooperação entre ensino e aprendizagem (PAPERT, 1976).

A primeira tartaruga gráfica (**Fig. 4.1**) e a primeira tartaruga "de chão" (**Fig. 4.2**) foram desenvolvidas em 1970. A tartaruga gráfica não era portátil, mas disposta em um computador digital PDP-6 conectado ao programa Logo no laboratório, com computadores PDP-11.[1]

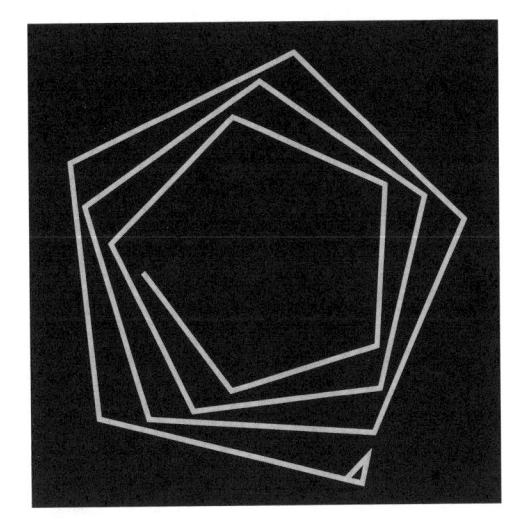

Figura 4.1 Primeira tartaruga gráfica da linguagem Logo.
Fonte: Solomon (2007).

Figura 4.2 Primeira tartaruga "de chão" da linguagem Logo.
Fonte: Solomon (2007).

A tartaruga "de chão" (ver **Fig. 4.2**) obedecia a comandos de andar e girar, caminhando sobre um papel, deixando um traço de caneta por onde passava. Era semelhante a um brinquedo com rodas, conectada por um cabo ao computador. Possuía entradas para conexão de

---

[1] PDP-11 foi uma série de minicomputadores de 16 *bits*, fabricada pela empresa Digital Equipment Corporation nas décadas de 1970 e 1980.

qualquer sensor e podia ser ligada ao computador por meio de um cabo.

Durante a década de 1970, a linguagem Logo teve muitas alterações e reimplementações, o que levou a novas capacidades de *hardware* e da própria linguagem. Uma dessas inovações foi o surgimento das estações-padrão de trabalho da Logo. Cada nova implantação proporcionou ao grupo da Logo a possibilidade de rever e reavaliar a linguagem. Isso permitiu, segundo Solomon (2007), que a Logo se mantivesse estruturada ao longo das alterações sofridas desde sua criação.

Ao longo da década de 1970, o MIT tinha três grandes projetos com a Logo em escolas: Brookline, na Lincoln School; the Lamplighter School, no Texas, onde o TI Logo[2] foi testado; e Hennegan School, em Boston, Massachusetts. No começo dos anos 1970, os dispositivos gráficos não eram muito utilizados devido ao seu custo, e a Logo era conhecida pelo seu uso com as tartarugas "de chão". Com a introdução dos dispositivos gráficos, as crianças passaram a controlar os movimentos das tartarugas na tela da mesma maneira que faziam com as tartarugas "de chão", mas a diferença é que estas eram muito mais rápidas e fáceis de manipular.

O primeiro computador para o público em geral a receber uma implementação de Logo foi o Apple II.[3] Durante o ano de 1981, foram desenvolvidas três implementações para ele: Apple Logo, pela Logo Computer Systems; Terrapin Logo, pela Terrapin; e Krell Logo, pela Krell Software Company. As duas últimas versões são praticamente idênticas, porque foram feitas com base na Logo desenvolvida no MIT (CHAVES, 1998).

Existem mais de 187 projetos de implementação da linguagem Logo. Alguns são específicos para a educação e outros são utilizados até para programação e controle de dispositivos avançados. Esses projetos, em sua maioria, estão desativados.

Durante a década de 1980, a Logo ganhou força nos espaços educativos. Com a tecnologia dos computadores favorecendo a utilização individual das máquinas e com a expansão das versões da Logo como linguagem e filosofia, esse ambiente de aprendizagem começou a crescer de maneira satisfatória. Algumas plataformas implementadas na Logo são mais conhecidas na educação, como MegaLogo, Micromundos, SuperLogo, etc.

Na Logo, manipular a tartaruga (**Fig. 4.3**) como objeto gráfico é um dos pontos mais importantes para o uso do computador na educação, principalmente no processo de aprendizagem.

Quando ensinamos a tartaruga a fazer algo (p. ex., um quadrado), quer dizer que estamos fazendo uma metáfora para o ato de programar no contexto do objeto gráfico. O objeto anda pela tela deixando um sinal, ou seja, ele reproduz graficamente o que o usuário determinou na descrição da linguagem.

Se o objetivo do usuário é construir na tela um objeto que represente um quadrado, será

---

[2]Versão da Logo criada pela Texas Instruments.
[3]O primeiro Apple II foi vendido em 5 de junho de 1977, equipado com processador MOS Technology 6502 com *clock* de 1 MHz, 4 kB de memória RAM, interface para cassetes áudio e ROM que incluía interpretador de linguagem BASIC.

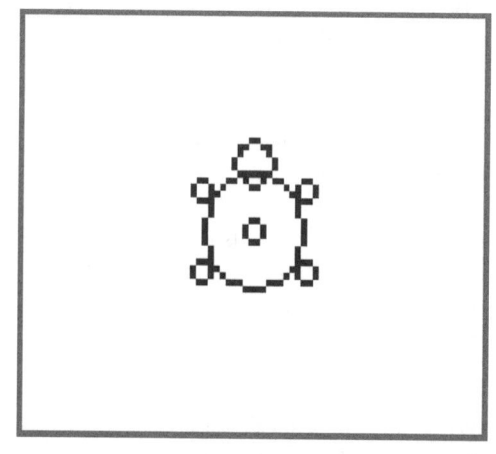

Figura 4.3 Ambiente Logo da tartaruga gráfica.

preciso instruir a tartaruga a se movimentar para que o objetivo seja alcançado.

Para Papert (1980), o interessante da Logo é que o usuário pode criar suas próprias palavras e inseri-las na linguagem e, assim, personalizar as ações da máquina, tornando-a mais pessoal. Papert (1993) também define a tartaruga manipulada por meio da linguagem (Logo) como um estilo computacional de geometria. Para ele, uma das coisas mais importantes para a criança, quando ela experimenta pela primeira vez o ambiente Logo, é a possibilidade de desenvolver habilidades no modo como ela mesma se move no mundo. No desenvolvimento de atividades no ambiente Logo, o aluno programa a tartaruga gráfica e, durante essa tarefa, é encorajado a estudar o problema de execução em vez de apenas "esquecer" o erro.

Embora a Logo tenha um aspecto importante voltado para a aprendizagem com computadores, algo relevante para essa filosofia é que se torna essencial, para o aluno, que aquilo com o que está envolvido no processo de aprendizagem faça sentido, ou seja, ser realmente importante no que se dispõe a fazer e dar sentido a tudo.

Em razão disso, pode-se dizer que esse ambiente possibilita uma ruptura com um modelo de reconhecer o processo de aprendizagem como simples estímulo-resposta, em que o aluno se transforma apenas em um depósito de "conhecimento". Nesse modelo de ensino tradicional, o erro apenas é tratado como algo superficial, e a criança recebe de pronto a resposta, sem a possibilidade de refletir sobre o problema.

Com o uso e a disseminação da Logo, Papert procura dimensionar o que chamou de construcionismo. Partindo das ideias de Piaget, com quem estudou em Genebra, como já mencionado, ele foi destacando, por meio do uso dos computadores e, principalmente, dos ideais da filosofia Logo, uma forma diferenciada de olhar a aprendizagem. Ele considerou a ação do aprendiz de maneira mais atuante sobre esse processo – nas relações com o erro, na resolução de problemas e, sobretudo, nas reflexões do aprendiz sobre novas maneiras de aprender a aprender.

A aplicação mais popular da Logo envolveu a "tartaruga de Walter", que estava conectada ao computador por um longo "cabo umbilical". William Grey Walter nasceu nos Estados Unidos em 1910 e sempre ocupou seu tempo com a neurofisiologia. Durante a Segunda Guerra Mundial, trabalhou no desenvolvimento de radares tecnológicos e mísseis teleguiados, o que o influenciou nos seus estudos sobre a atividade cerebral. Seus primeiros robôs, nomeados Elmer e Elsie, foram construídos entre 1948 e 1949 e descritos frequentemente como tartarugas devido ao seu *design*. Os robôs-tartaruga procuravam encontrar o caminho para uma estação de recarga quando estivessem com a bateria fraca.

A linguagem Logo utilizou as ideias de Walter e implementou, entre outras características, comandos que tinham o controle dos movimentos das tartarugas. Por exemplo, pelo computador, era possível "dizer" ao objeto para se mover para a frente, para trás, para a direita ou para a esquerda.

Ao final da década de 1980, a Logo ampliou suas possibilidades ao iniciar um projeto que voltava às origens da tartaruga "de chão". Levando em consideração as atividades envolvendo um dispositivo externo, foi criado o sistema Lego-Logo. O sistema Lego-Logo possui um ponto muito importante que o diferencia da tartaruga "de chão", aquela desenvolvida nos primeiros anos do projeto Logo. No uso das tartarugas "de chão", não havia a possibilidade de transformar o dispositivo, era possível apenas controlar seus movimentos.

No ambiente Lego-Logo, além de controlar o objeto mecânico, é possível construir o próprio objeto. Ele pode ser uma tartaruga, ou qualquer outro animal ou objeto. Portanto, quem participa desse ambiente não só tem o desafio de programar seu objeto para que ele execute uma determinada tarefa, mas também precisa criar o objeto que ele mesmo vai controlar. Dessa forma, o aprendiz tinha a oportunidade de construir o objeto que seria programado para que este pudesse ter uma ação no mundo real, de acordo com a descrição do aluno.

Embora a Logo tenha trazido uma nova concepção para o uso do computador no processo de aprendizagem, hoje a linguagem não é muito utilizada nas escolas. Talvez uma das razões seja porque a linguagem não acompanhou os desenvolvimentos técnicos na área da computação, como interfaces gráficas, multimídia, hipermídia, etc. Além disso, temos uma infinidade de *softwares* educativos e a própria internet, que, nos últimos anos, tem ocupado os espaços de uso dos computadores nas escolas do Brasil e do mundo.

A Logo no Brasil

O uso da Logo no Brasil está entre as primeiras atividades relacionadas com o computador na educação. Em 1975, Marvin Minsky e Seymour Papert visitaram o Brasil pela primeira vez com o intuito de disseminar os ideais da Logo. Os primeiros trabalhos com o uso da Logo com crianças aconteceram em 1976, com filhos de professores da Universidade Estadual de Campinas (Unicamp) (VALENTE, 1999).

Em continuação a esse trabalho, segundo Valente (1999), foi criado na Unicamp, em 1983, o grupo de pesquisa chamado Núcleo de Informática Aplicada à Educação (Nied), que desenvolveu diversas pesquisas relacionadas ao uso da Logo na educação. O Projeto Logo da Unicamp foi o primeiro de sua natureza a ser implantado no Brasil. Seu objetivo inicial foi introduzir a linguagem Logo e adequá-la à realidade brasileira (VALENTE, 1999).

No Brasil, o início do uso da Logo no processo de ensinar e aprender tinha como pressuposto o conceito de que o computador é essencialmente uma ferramenta para a aprendizagem, não uma máquina de instrução. Nessa perspectiva, a aprendizagem que acontece com o uso do computador está baseada no ato de criar e recriar, e nesse processo o aluno tem o papel ativo de construtor de sua própria aprendizagem, caracterizada não apenas pela absorção de informações, mas pela construção real de conhecimento.

Para os primeiros trabalhos na educação formal, foram escolhidas escolas públicas de ensino fundamental e ensino médio da cidade de Campinas, no Estado de São Paulo. Essas escolas foram cuidadosamente selecionadas para abranger classes econômicas diferentes, com a intenção de analisar o processo de aprendizagem em situações socioeconômicas distintas, mas em um mesmo nível de estimulação.

Essas ações puderam dar suporte ao uso em maior escala da Logo na educação. Embora tenha sido utilizada em pesquisas em algumas universidades do País, a Logo se disseminou com as iniciativas do governo em criar projetos como o Educom, que é parte das atividades do Nied. Além disso, o desenvolvimento de computadores de uso pessoal ampliou as possibilidades de uso da informática na educação no Brasil, assim como no mundo todo.

Outro grupo de pesquisa importante na utilização da Logo na educação foi o Laboratório de Estudos Cognitivos (LEC), da Universidade Federal do Rio Grande do Sul (UFRGS). Durante a década de 1980, a Logo foi intensamente utilizada por um grupo de pesquisadores coordenados pela professora Léa da Cruz Fagundes.

Em 1981, foi realizado no LEC um primeiro estudo, que resultou na construção de um modelo sobre formas de raciocínio geométrico de crianças com dificuldades para aprender a ler, escrever e calcular. Esse estudo possibilitou também definir a utilização terapêutica da programação em Logo como um recurso para tratar tais dificuldades (FAGUNDES; MOSCA, 1985).

Ampliando essas primeiras investigações, foi estudado, em 1981, o processo de construção do conhecimento de crianças e adolescentes em educação especial. Procurou-se identificar a presença de habilidades e explorar os efeitos da interação desses indivíduos com o ambiente informatizado, bem como as novas possibilidades de intervenção do facilitador ou professor (FAGUNDES; MARASCHIN, 1992).

Essas pesquisas evidenciaram que a utilização da computação dentro das concepções da epistemologia genética possibilita melhoria da atividade de coordenações inferenciais e o desenvolvimento da abstração reflexiva, que se constituem em processos importantes para a ultrapassagem dos limites individuais.

Durante a década de 1990, podiam-se encontrar diferentes plataformas da Logo para aplicação na educação. As mais conhecidas foram a SuperLogo,[4] Xlogo, Micromundos e MegaLogo. Esta última foi considerada a versão mais completa em português até o final da década de 1990. Foi desenvolvida na Eslovênia e traduzida para o português pela empresa Cnotinfor, de Portugal, que a adaptou também para o português do Brasil.

Embora a Logo tenha contribuído para uma nova perspectiva para a informática na educação, a linguagem perdeu espaço nas escolas brasileiras com o surgimento dos *softwares* multimídia, da internet e de outros recursos tecnológicos. Apesar disso, a Logo ainda é utilizada como base para alguns *softwares*.

Em paralelo ao desenvolvimento das plataformas descritas anteriormente (final do século XX e início do século XXI), foram realizados os primeiros congressos relacionados com a utilização da Logo na prática educativa.

No Brasil, o sistema Lego-Logo, descrito anteriormente, também foi um tipo de aplicação da Logo utilizado no processo de aprendizagem ao final da década de 1980 e durante a década de 1990. Os primeiros *kits* do sistema Lego-Logo na educação chegaram pelas universidades, que, por meio de seus núcleos, começaram a desenvolver os projetos em sala de aula. As instituições que receberam os *kits* foram: Nied/Unicamp, em 1988; Núcleo de Informática na Educação Superior da Universidade Federal de Alagoas, em 1993; e Departamento de Psicologia/LEC da UFRGS, em 1994.

A iniciativa das universidades tinha como objetivo experimentar a ação do professor diante dessa nova tecnologia. Mais tarde, ela foi testada com alunos de escolas públicas. Ao longo dos anos, alguns fatores cooperaram para que o uso da linguagem Logo na prática pedagógica escolar diminuísse ao final da década de 1990 e início dos anos 2000: a criação de projetos governamentais apoiando e incentivando o desenvolvimento de *softwares* educativos; o desenvolvimento do sistema operacional Windows e crescente inovação tecnológica voltada para essa plataforma; a produção de *softwares* em multimídia e sua consequente utilização no processo de aprendizagem na escola; etc.

Diversos projetos com a linguagem de programação Logo foram realizados na década de 1980 com o objetivo de levar para as escolas não apenas uma linguagem de programação, mas também uma filosofia de utilização dessa linguagem, que mais tarde foi identificada como construcionismo.

EVIDÊNCIAS EMPÍRICAS DE PROJETOS COM O USO DA LINGUAGEM LOGO

A seguir, apresenta-se um extrato de uma revisão sistemática da literatura (RSL) realizada a partir de trabalhos acadêmicos que utilizaram a linguagem de programação Logo no contexto escolar no Brasil. Enfatiza-se que o enfoque foi dado às bases de dados

---

[4] O Nied desenvolveu essa versão, sob a coordenação do professor José Armando Valente. Ela é distribuída gratuitamente para escolas e para o público em geral no *site* do Nied.

disponibilizados em repositórios *on-line*, devido à dificuldade de acessar material físico, em função da distância e dos custos para ter acesso a possíveis repositórios. Essa limitação reduziu o alcance dos resultados da revisão, por se tratar de pesquisas realizadas em períodos em que o acesso e a disponibilização em meios digitais eram restritos.

Processo de busca e seleção dos dados

Inicialmente, realizou-se uma busca rigorosa, que atestou a ausência de metanálises ou revisões sistemáticas sobre o tema. Nessa pesquisa, foi possível verificar que a Logo, ao longo dos tempos, serviu como base para o desenvolvimento de outras linguagens que implementaram versões com fundamentos semelhantes ao construcionismo. Foi criado o Logo Tree Project (BOYTCHEV, 2011), com o objetivo de construir uma árvore genealógica para demonstrar evolução, diversidade e vitalidade da Logo como uma linguagem que desenvolve o potencial cognitivo de seus usuários. Nesse processo de busca de dados, observou-se que outros projetos e pesquisas foram desenvolvidos no contexto escolar, cujas implementações e resultados também podem contribuir para a legitimação da teoria construcionista. Porém, nessa RSL focamos apenas a Logo.

Para conduzir a RSL, o protocolo de busca objetivou identificar a existência de evidências empíricas do uso da Logo associado a melhorias de aprendizagem. Essa etapa foi norteada pelas seguintes questões: qual é o volume de pesquisas que promovem a utilização da linguagem Logo? O que mostram os resultados dessas pesquisas? Quais métodos de avaliação (quantitativo e/ou qualitativo) têm sido aplicados nessas pesquisas? A busca foi realizada utilizando os termos descritos no **Quadro 4.1**.

A partir desses resultados, procedeu-se à filtragem dos artigos que possibilitavam responder às perguntas da RSL. Os critérios de inclusão selecionaram: todos os níveis de ensino; atividades empíricas, com o uso da linguagem Logo no apoio à aprendizagem; resultados relacionados à cognição e/ou à aprendizagem com o uso da Logo; e qualquer ano de publicação. Foram excluídos da pesquisa relatos de atividades técnicas com a Logo, estudos comparativos e pesquisas que não focalizavam o uso pedagógico da Logo.

Alguns dos *links* resultantes das pesquisas apresentavam mensagem de erro ao serem acessados, indicando que não estavam mais disponíveis na *web*. Mesmo ao fazer uma nova busca, com o título do texto, não obtivemos acesso a esses arquivos.

As pesquisas realizadas nos repositórios *on-line* retornaram 712 artigos. Desses, 710 foram eliminados após a leitura de seus títulos, resumos, introduções e conclusões, restando apenas dois. Com a leitura dos artigos, observou-se que muitos estavam em formato PDF, porém como imagem e não como documento de texto pesquisável. A versão imagem não possibilita a pesquisa por *full text*, somente por meio da leitura completa, fato que se justifica por serem artigos de 1990, período em que a exportação de documentos de texto para o formato PDF ainda não existia. Assim, a busca foi refeita usando apenas os *strings* ("linguagem logo" OR "ambiente logo"). Dessa forma,

QUADRO 4.1 Definições do processo de busca em repositórios *on-line*	
Características	Descrições
Strings de busca	("linguagem logo" OR "logo gráfico" OR "tartaruga gráfica") AND (empírico OR quantitativo OR qualitativo)

mais 14 artigos foram selecionados. Por meio da técnica *snowball*, ampliou-se o escopo de análise para 16 artigos.

Na **Tabela 4.1**, são apresentados os 16 artigos selecionados *on-line* para essa RSL. Os dados são resultados da aplicação dos critérios de inclusão e de exclusão que estão discriminados anteriormente.

Os artigos nas bases de dados da Comissão Especial de Informática na Educação (CEIE) e da Coordenação de Aperfeiçoamento de Pessoal de Nível Superior (Capes) foram eliminados após a aplicação dos critérios de inclusão e exclusão ou por não estarem disponíveis *on-line* na íntegra e seus resumos não possuírem dados suficientes para sua seleção. A base de dados da Capes possui um repositório lançado em novembro de 2000. Essas características podem justificar a pequena quantidade de material científico nessas bases de dados, já que as pesquisas com o uso da Logo, no seu auge, ocorreram na década de 1980 e 1990.

Resultados da revisão sistemática da literatura

A **Figura 4.4** apresenta a distribuição temporal dos artigos analisados. Observa-se que a maioria dos artigos analisados está entre 1987 e 1998.

Em relação ao cenário das pesquisas por nível de ensino, foi no ensino fundamental, na faixa etária entre 7 e 15 anos de idade, que encontramos 73% das pesquisas, conforme ilustra a **Figura 4.5**.

Na pré-escola, foram registradas 13%; no ensino superior, 7%; e em pesquisa com adultos no ambiente de trabalho, mais 7%. O panorama geral das pesquisas aponta a importância de explorar o desenvolvimento cognitivo com uma linguagem de programa-

TABELA 4.1 Resultados após a aplicação dos critérios

Base de dados	Total de artigos	Artigos eliminados	Artigos analisados
CEIE	26	20	6
Portal Capes	18	18	0
Google Acadêmico	668	666	2
Google	1.520	1.512	8
Total	2.232	2.216	16

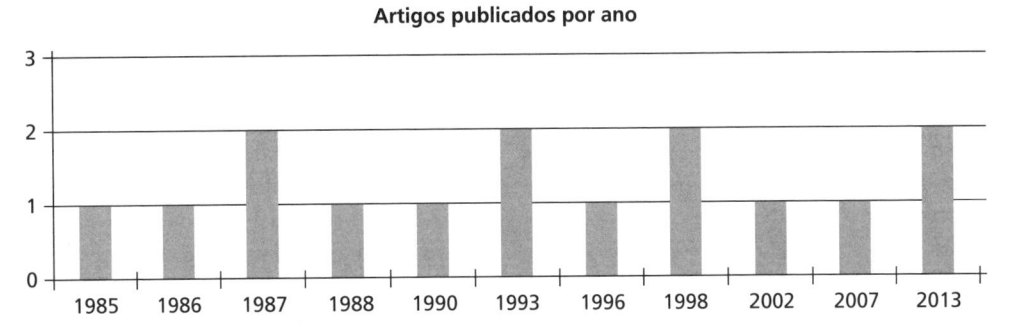

Artigos publicados por ano

Figura 4.4 Distribuição temporal das pesquisas analisadas.

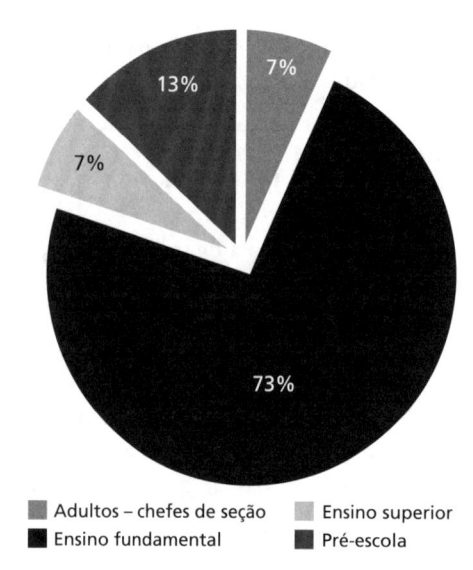

Figura 4.5 Pesquisas por nível de ensino.

- Adultos – chefes de seção: 7%
- Ensino superior: 13%
- Ensino fundamental: 73%
- Pré-escola: 7%

ção nas mais diversas fases do crescimento humano, potencializando os processos de ensino e de aprendizagem e contribuindo para o desenvolvimento de pensadores ativos e críticos. Valente (2016) indica que existem ideias poderosas estimuladas no processo de criação de um programa, por meio de uma linguagem de programação, ideias extremamente atuais e que podem fortalecer os fundamentos construcionistas.

Em um projeto desenvolvido no ensino superior, em 2013, a atividade realizada com a Logo foi aplicada a professores em formação na área da matemática. Sabe-se que é necessário preparar o professor desde sua formação para o uso de tecnologias digitais, para que ocorra uma mudança cultural. Existe a necessidade de promover experiências no contexto escolar, e estas devem ser realizadas de maneira contínua, criando multiplicadores. Porém, essa RSL não encontrou experiências desse gênero, o que indica a ausência de preocupação com os professores e sua formação, o que pode ter interferido no sucesso da filosofia Logo.

Do total dos projetos realizados com a Logo em atividades empíricas em sala de aula, nove foram aplicados em atividades extraclasse. A participação de estudantes em projetos fora de sala de aula é um indício de seu interesse, motivação, protagonismo e envolvimento afetivo pelas atividades propostas nesse ambiente.

Quanto aos objetivos das pesquisas analisadas nessa RSL, podemos listar:

- Desenvolver habilidades cognitivas.
- Verificar aspectos afetivos.
- Propiciar interação social.
- Facilitar a introdução da informática.
- Compreender problemas de aprendizagem.
- Auxiliar na aprendizagem de conceitos.
- Investigar o processo de construção do conhecimento.
- Relatar condutas diante de "erros" e "acertos".
- Avaliar uma tarefa pedagógica de maneira lúdica.
- Estudar o desenvolvimento cognitivo de adultos que não atingiram o nível das operações formais.

Ao investigar os objetivos das pesquisas dos artigos selecionados, foram encontrados alguns que se repetem e se assemelham. A preocupação com ganhos não só cognitivos, mas até mesmo com questões emocionais, está presente em mais de um projeto desenvolvido com a Logo, indicando interesses em comum entre os pesquisadores, bem como a ideia de utilizar tecnologias e uma linguagem de programação para estimular e desenvolver o processo cognitivo dos educandos.

Além disso, os resultados dessas pesquisas indicam que a Logo pode contribuir tanto para os processos de ensino e aprendizagem como para aspectos motivacionais e emocionais dos envolvidos. E que, já na década de 1980, havia a preocupação dos educadores em realizar pesquisas e divulgá-las, com interesses e problemas ainda tão atuais.

Evidências de melhorias de aprendizagem

Todas as pesquisas utilizaram a abordagem qualitativa e tiveram, como instrumento de coleta, observação, gravação em vídeo, entrevistas, análise de código e análise microgenética. Ressalta-se que, em geral, os artigos não tiveram a preocupação de apresentar de maneira detalhada o tipo e os procedimentos metodológicos, possivelmente devido à época em que foram publicados. Em nenhum dos trabalhos foi utilizada a abordagem quantitativa.

Os trabalhos analisados apontam melhorias em aspectos emocionais e cognitivos; trabalho cooperativo e em grupo; estratégias para resolução de problemas; reflexão sobre erros e acertos; posicionamento crítico; colocação em prática do que já se conhece; socialização de deficientes auditivos; reflexão sobre a ação; revelação de avaliações positivas sobre si mesmo e sobre a produção própria, além de possibilitar aos sujeitos situações de ação que geram releitura de significados. Os 16 trabalhos analisados apontam resultados positivos nas questões emocionais e/ou cognitivas. Esse é, com certeza, um panorama que instiga a necessidade de aproveitar melhor tais possibilidades no contexto educacional.

As evidências de ganhos de aprendizagem em diversos conceitos observados nessa RSL estão relacionadas ao caráter interdisciplinar do construcionismo, como também ao fato de muitas atividades serem realizadas fora do contexto de sala de aula. A interação entre as disciplinas e a não fragmentação dos saberes oferecem ao aprendiz liberdade para desenvolver de forma não linear o seu conhecimento, tornando o aprendizado mais agradável e integrado. A construção de conhecimentos, associada a procedimentos e atitudes, incentiva o aprendiz a ser protagonista do seu processo de aprendizagem e a construir o seu conhecimento de forma ativa. Essa nova posição do aprendiz, evidenciada em várias pesquisas analisadas, possibilita desenvolver aspectos emocionais, como autoestima, encorajamento, motivação e cooperação, e diversos aspectos cognitivos para resolução de problemas abstratos distintos, potencializando e enriquecendo habilidades e competências ainda não exploradas.

Entrevistas com os principais pesquisadores envolvidos

No Brasil, os pesquisadores José Armando Valente (Nied/Unicamp) e Léa da Cruz Fagundes (LEC/UFRGS) estão entre os principais pesquisadores que utilizaram, com seus grupos de pesquisa, a linguagem Logo na década de 1980. Em entrevista (VIEIRA, 2018), eles foram questionados sobre os principais potenciais e problemas dos projetos envolvendo a linguagem Logo realizados no Brasil.

José Armando Valente comentou, inicialmente, que "[...] as ideias que estão por 'trás da Logo são extremamente atuais' [...]"(VIEIRA; SANTANA; RAABE, 2017, p. 94), e que é

> [...] necessário entender o que a programação oferece e o que se ganha com sua presença no contexto educacional. A programação não é só o produto criado, pois "envolve a trajetória e a construção do modo de pensar de seu desenvolvedor, [...] como se pensou aquele produto, [...] e [...] as ideias poderosas" que estão envolvidas no processo de criação (VIEIRA; SANTANA; RAABE, 2017, p. 95).

Léa Fagundes afirma que:

> [...] o início da Logo no Brasil aconteceu com o ensino dessa linguagem aos professores, de forma que eles pudessem usá-la com os alunos. Porém o alcance da linguagem Logo ficou muito dependente das secretarias de Educação. Em cada secretaria havia dois professores que disseminavam a Logo em todas as escolas. Eles eram os multiplicadores. Ali começou a dar certo. Mas só começou (VIEIRA, 2018, p. 100).

O problema que aconteceu foi que "uma ou duas pessoas que cuidavam dos laboratórios aprendiam, mas os alunos aprendiam muito pouco já que era só uma vez por semana" (VIEIRA, 2018, p. 100). A linguagem Logo não entrou na sala de aula, ficou restrita aos laboratórios. Ainda na visão da professora Léa, "a formação dos professores foi insuficiente" (VIEIRA, 2018, p. 100), pois "o computador deveria estar no local em que a criança estava trabalhando, não separado, como mais uma disciplina, ele deve fazer parte da cultura de sala de aula, para quando necessário os aprendizes poderem acessá-lo, só assim ocorrerá a transformação" (VIEIRA, 2018, p. 100). As mudanças às quais a professora se refere estão associadas a uma mudança cultural.

Em relação aos questionamentos sobre o alcance da linguagem Logo no Brasil, Léa Fagundes indicou que "[...] foi relativo esse alcance, pois não tinham computadores suficientes nas escolas, nas salas de aula" (VIEIRA, 2018, p. 100). Relata ainda que a Logo "não propagou tudo o que podia e foi mal-usada" (VIEIRA, 2018) e "[...] não é nem o caso de ter acontecido em escolas públicas ruins nem particulares" (VIEIRA, 2018, p. 100). Para a professora, o modelo de sala de aula com 10 ou 20 computadores, com encontros predefinidos em ambientes de informática, gerou impactos negativos na proposta da Logo, uma vez que os estudantes voltavam aos livros e cadernos após o encontro. O fato de a Logo ser usada para fazer uma tarefa pré-planejada pelo professor, só como uma experiência, sem continuidade, desfocou seu objetivo. "Tudo isso foi um atraso para o uso da linguagem Logo na educação" (VIEIRA, 2018, p. 100).

Valente comentou que:

> [...] a interrupção do fomento das ideias construcionistas veio por meio dos avanços tecnológicos que apresentam ferramentas como Paint, já associadas ao Sistema Operacional Windows, dispensando a necessidade de gerar comandos para a tartaruga ao desenhar formas geométricas: "o fato de pegar a ferramenta Paint e não precisar brigar com a tartaruga, [...] foi como começou a decrescer a ideia do que realmente se deveria fazer com a Logo" (VIEIRA; SANTANA; RAABE, 2017, p. 95).

Diante desse contexto, estima-se que os professores não tenham se apropriado do potencial da linguagem Logo para discutir aspectos da construção de modelos e de algoritmos. Fizeram usos muito tecnicistas, difundindo aos alunos muitas vezes listas de comandos para gerar desenhos de bicicletas, bolas e outros objetos, sem a real apropriação do processo pelos alunos. Mesmo em escolas que tinham muitas tecnologias, os professores a usaram de forma muito tecnicista, como comenta Valente: "Fizeram salsicha da Logo" (VIEIRA; SANTANA; RAABE, 2017, p. 95).

Quanto aos motivos do declínio do uso da Logo nas escolas, Valente comenta que, com os avanços tecnológicos, aos poucos foram sendo criados laboratórios de informática nas universidades, veio a educação a distância (EAD), e grupos como o Nied e o LEC tiveram que se "readaptar para não serem engolidos pelo sistema" (VIEIRA, 2018). Nas pesquisas e ações desses grupos, as ideias construcionistas "foram sendo transferidas, levadas para a EAD, etc., sendo fiéis às ideias de construção do conhecimento" (VIEIRA, 2018, p. 101), porém se readaptando às novas tecnologias.

"Precisamos integrar a tecnologia com atividades curriculares", menciona Valente (VIEIRA; SANTANA; RAABE, 2017, p. 96). Isso não ocorreu com a Logo. "Ficou tudo fora da sala de aula" (VIEIRA; SANTANA; RAABE, 2017, p. 96). Para ele, é preciso facilitar essa integração. "[...] muita gente não entrou na brincadeira da Logo, e hoje temos condições para isso" (VIEIRA; SANTANA; RAABE, 2017, p. 96). Com isso, "[...] o professor nunca se apropriou de nada, fato que observamos quando fazíamos nosso trabalho nas escolas: quando saíamos da sala de aula, tudo voltava a ser como era antes" (VIEIRA; SANTANA; RAABE, 2017, p. 96).

"No Brasil trabalhamos de forma diferente por conta da influência da visão de Paulo Freire em relação à escola", diz Valente. "Trabalhávamos nas escolas, queríamos inserir os computadores naquele espaço", o mesmo acontecia com o grupo da professora Léa e outros, "a ideia era a de tentar fazer uma mudança na escola, todos juntos". Porém, o "fato de o professor nem sempre se envolver nas atividades [...] e de não ficar trabalhando sempre na mesma escola" foram itens complicadores do processo, aspectos que dificultaram a mudança da cultura escolar (VIEIRA; SANTANA; RAABE, 2017, p. 96).

A proposta de Valente é a de um "supermercado de ideias" (VIEIRA, 2018, p. 102), no qual "se usa a tecnologia para desenvolver atividades como narrativas, desenvolver jogos, mexer com Lego-Logo, sem computador, etc." (VIEIRA, 2018, p. 102). Assim seria possível oportunizar maior integração, uma vez que a adesão à proposta da Logo havia sido insuficiente.

Léa Fagundes afirma que houve obstáculos na disseminação da filosofia Logo nas escolas, indicando que provavelmente não havia consciência de que essa linguagem se tratava do construcionismo, "[...] nas escolas que eu conheço, não se tem ou tinha uma consciência dessa filosofia" (VIEIRA, 2018, p. 103).

CONSIDERAÇÕES FINAIS

Não é possível analisar a contribuição e o legado da obra de Papert sem compreender em que extensão a linguagem Logo e a abordagem construcionista estão relacionadas. Como principal decorrência desse entrelaçamento está o fato de que, para uma rede de ensino adotar a linguagem Logo, não bastava ter acesso ao *software* e aos computadores. Para aproveitar todo o seu potencial, era necessário repensar grande parte das práticas pedagógicas relacionadas ao cotidiano escolar, ou seja, mudar a escola em algum nível. Construir mudanças no contexto escolar depende fundamentalmente da convicção dos gestores e de uma adequada formação dos professores. Salvo poucas exceções, a maioria dos projetos com a linguagem Logo no Brasil não teve a possibilidade de criar condições para que essa mudança ocorresse. Esse é um dos principais motivos que levaram muitas escolas a abandonar os projetos com essa linguagem.

Léa Fagundes, ao falar sobre a filosofia Logo, comenta que o seu sucesso dependia de uma mudança cultural na concepção de escola e na atuação dos professores, o que foi insuficiente na época. A escola, além de adotar novas tecnologias, deveria ser transformada por elas, transferindo o protagonismo da aprendizagem ao estudante (VIEIRA; SANTANA; RAABE, 2017, p. 97).

As evidências empíricas trazidas pela revisão sistemática conduzida apontam vários benefícios e avanços relacionados à aprendizagem daqueles que se envolveram em projetos com a linguagem Logo. Ainda que algumas dessas pesquisas não tenham sido conduzidas com o mesmo rigor metodológico que se adotou nas últimas duas décadas, elas permitem evidenciar que as aprendizagens relacionadas à Logo não eram necessariamente sobre os conteúdos que ela permite trabalhar mais facilmente, sobretudo a geometria e a matemática, e sim sobre processos de aprendizagem. Os ganhos cognitivos e socioafetivos evidenciados fornecem mais uma evidência de que a abordagem construcionista instanciada por meio da linguagem Logo promove diferentes formas de aprendizagem que valorizam o processo de resolução de problemas e de aprender a aprender.

Algumas lições importantes para o período atual, em que se discute de que maneira pode-se levar a computação, o pensamento computacional e a fluência tecnológica para as escolas, podem ser aprendidas a partir da experiência da Logo:

- É fundamental a formação dos professores para que estes tenham uma visão clara de quais competências estão ajudando a desenvolver nos estudantes.
- É necessária uma visão interdisciplinar da educação, que possibilite dar significado e utilidade aos conceitos aprendidos.
- É preciso fazer uso ubíquo da tecnologia, evitando que se criem nichos fechados ou pessoas detenham a chave de acesso a salas, equipamentos e conhecimentos.
- É importante dar espaço ao protagonismo do estudante para que este possa resolver problemas atrelados a seus interesses e paixões, resgatando o gosto por aprender e por estar nos ambientes educativos.

Os projetos baseados na linguagem Logo subvertem o papel do computador na escola, pois a criança, que é inteligente, passa a "ensinar" o computador. O fato de ter sido concebida como uma ferramenta de aprendizagem e desenvolvida por profissionais com conhecimentos significativos sobre as formas de aprender fez da Logo um instrumento para fomentar o potencial intelectual e criativo. Esse é um legado importante a ser abraçado e continuado de forma mais notória pela ferramenta Scratch e pela emergência da educação *maker*.

O ambiente Scratch[5] tem sido amplamente utilizado para construção de narrativas, jogos e pequenas aplicações educacionais, e tem contribuído amplamente para a popularização de conhecimentos de programação, como repetições, desvios, operações, entrada e saída, depuração, reuso, eventos e rotinas. Já a abordagem *maker* tem permitido aos jovens estabelecer novas relações com a tecnologia, desmistificando seu funcionamento e propondo projetos enriquecidos por computação física (robótica) diversificados, como *drones*, brinquedos com efeitos sonoros, maquetes, pequenas automações, etc.

A estruturação de redes de colaboração, como FabLearn[6] e Rede Brasileira de Aprendizagem Criativa,[7] aliada ao aumento do interesse em abordagens STEAM (do inglês *science, technology, engineering, art, and mathematics* [ciência, tecnologia, engenharia, arte e matemática]), e as primeiras experiências de uso da educação *maker* em escolas no Brasil promovem um cenário favorável ao avanço das iniciativas construcionistas. O que a Logo representou para os *bits*, o *maker* representa para os átomos: a possibilidade de concretizar ideias em modelos, sejam eles lógicos (Logo/Scratch) ou concretos (*maker*/computação física).

O surgimento e a popularização de ambientes de programação em blocos, como o Scratch, aliados à redução do custo e ao aumento da disponibilidade das controladoras, como Arduino, GoGo Board, Raspberry Pi e outras, têm permitido que estudantes com poucas horas de dedicação comecem a desenvolver seus primeiros projetos. Essa é, certamente, uma porta de entrada para o mundo dos algoritmos e da computação que dificilmente dotará o estudante de fundamentos teóricos que possibilitem resolver problemas complexos em computação, mas permitirá que eles compreendam e projetem inovações a partir da computação e da informática. Essa perspectiva dialoga com uma abordagem interdisciplinar e transversal de computação e informática no currículo escolar e possibilita que os jovens deixem de ser meros consumidores e passem a ser criadores de inovações tecnológicas.

---

[5] Disponível em: http://scratch.mit.edu
[6] Disponível em: http://www.fablearn.org/
[7] Disponível em: http://aprendizagemcriativa.org/

REFERÊNCIAS

BOYTCHEV, P. *Logo Tree project*. Rev. 1.82. 2011. Disponível em: http://recursostic.educacion.es/secundaria/edad/4esotecnologia/quincena12/pdf/Logo_TreeProject.pdf. Acesso em: 23 abr. 2019.

CHAVES, E. O. C. *Tecnologia e educação:* o futuro da escola na sociedade da informação. Campinas: Mindware, 1998.

FAGUNDES, L. C.; MARASCHIN, C. A linguagem Logo como instrumento terapêutico das dificuldades de aprendizagem: possibilidades e limites. *Psicologia: reflexão e crítica*, v. 5, n. 1, 1992.

FAGUNDES, L. C.; MOSCA, P. R. Interação com computador de crianças com dificuldade de aprendizagem: uma abordagem piagetiana. *Arquivos Brasileiros de Psicologia*, n. 37, p. 32-48, 1985.

PAPERT, S. *A computer laboratory for elementary schools*. Cambridge: MIT, 1971. Logo memo n. 1. Artificial Intelligence memo n. 246.

PAPERT, S. *An evaluative study of modern technology in education*. Massachusetts: MIT, 1976. Logo memo n. 26. Artificial Intelligence memo n. 371.

PAPERT, S. *Mindstorms:* children, computers and powerful ideas. New York: Basic Books, 1980.

PAPERT, S. *Mindstorms:* children, computers and powerful ideas. 2nd ed. New York: Basic Books, 1993.

SOLOMON, C. *Logo, Papert and constructionist learning*. 2007. Disponível em: http://logothings.wikispaces.com. Acesso em: 15 maio 2019.

VALENTE, J. A. Integração do pensamento computacional no currículo da educação básica: diferentes estratégias usadas e questões de formação de professores e avaliação do aluno. *e-Curriculum*, v. 14, n. 3, p. 864-897, 2016.

VALENTE, J. A. *O computador na sociedade do conhecimento*. Campinas: Unicamp/Nied, 1999.

VIEIRA, M. F. V. *Pensamento computacional com enfoque construcionista no desenvolvimento de diferentes aprendizagens*. 2018. Tese (Doutorado em Educação) – Universidade do Vale do Itajaí, Itajaí, 2018.

VIEIRA, M. F. V.; SANTANA, A. L. M.; RAABE, A. L. A. Do Logo ao pensamento computacional: o que se pode aprender com os resultados do uso da linguagem Logo nas escolas brasileiras. *Tecnologias, sociedade e conhecimento*, v. 4, n. 1, p. 82-106, 2017.

LEITURAS RECOMENDADAS

CHELLA, M. T. *Ambiente de robótica para aplicações educacionais com SuperLogo*. 2002. Dissertação (Mestrado em Engenharia Elétrica) – Faculdade de Engenharia Elétrica e da Computação, Universidade Estadual de Campinas, Campinas, 2002.

PAPERT, S.; SOLOMON, C. *Twenty things to do with a computer*. Cambridge: MIT, 1971a. Logo memo n. 3. Artificial Intelligence memo n. 248.

PEA, R. D.; KURLAN, D. M.; HAWKINS, J. Logo and the development of thinking skill. *In:* CHEN, M.; PAISLEY, W. (ed.). *Children and microcomputers:* research on the newest medium. Beverly Hills: Sage, 1985. p. 197-212.

RAABE, A. L. A. *et al*. Recomendações para introdução do pensamento computacional na educação básica. *In:* WORKSHOP DE DESAFIOS DA COMPUTAÇÃO APLICADA À EDUCAÇÃO, 4., 2015, Recife. Anais [...] Porto Alegre: SBC, 2015. v. 1. p. 15-25.

VALENTE, J. A. *O professor no ambiente Logo:* formação e atuação. Campinas: Unicamp/Nied, 1996.

PARTE II

PESQUISAS

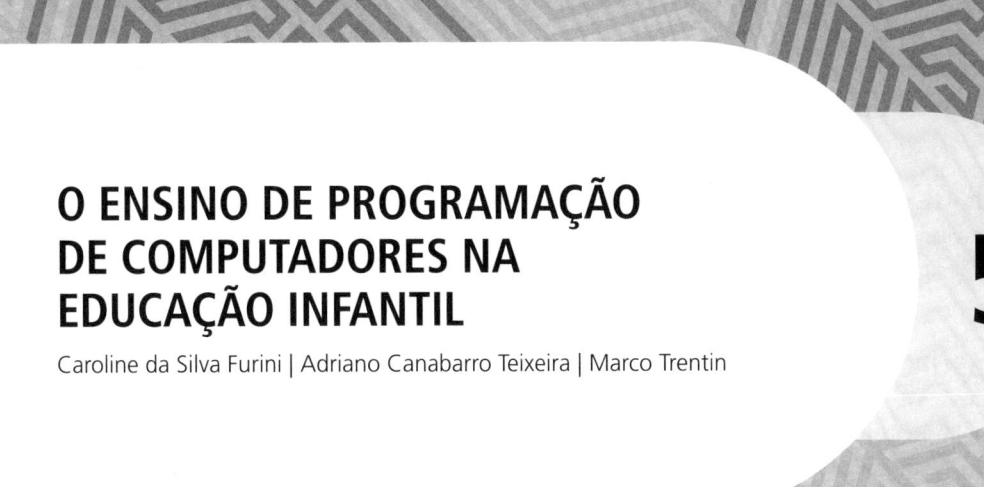

O ENSINO DE PROGRAMAÇÃO DE COMPUTADORES NA EDUCAÇÃO INFANTIL

Caroline da Silva Furini | Adriano Canabarro Teixeira | Marco Trentin

Na sociedade atual, é comum a utilização de *softwares* que controlam equipamentos, dão acesso a informações e potencializam a comunicação. Nesse cenário, as crianças passaram a ter intimidade com as tecnologias da informação e comunicação (TICs). Com base na popularização de ambientes de programação para crianças, nos últimos anos um novo contexto se constituiu e ampliou o interesse acadêmico pelo potencial do ato de programar sobre a cognição humana.

Assim, o objetivo do presente capítulo é abordar o ensino de programação de computadores na educação infantil, com foco no potencial do ato de programar sobre a cognição. A pesquisa aqui relatada constituiu-se em um estudo descritivo, com abordagem qualitativa. Teve como público 20 crianças de 5 e 6 anos de uma escola de educação infantil da rede municipal de Passo Fundo, no Estado do Rio Grande do Sul, que participaram do projeto Berçário de Hackers no ano de 2016. A partir da análise dos dados coletados, acredita-se que a programação de computadores amplia o mundo de aprendizados da criança e a faz pensar sobre suas próprias intenções, bem como sobre números, letras, direções, espaços e sobre sua imaginação, sendo potencializadora da cognição das crianças.

Ao observar o processo de desenvolvimento humano, percebe-se a importância que os dispositivos tecnológicos têm assumido, em uma perspectiva tanto individual quanto social, política ou cultural. No entanto, é preciso que se reconheça que o vetor de suporte a esses processos é prioritariamente o *software*. Ou seja, são os programas de computador, mais do que o suporte físico, que proporcionam verdadeiras transformações na maneira como a sociedade e seus componentes se organizam.

De certo modo, a vida dos indivíduos está atrelada a *softwares* que controlam equipamentos, dão acesso a informações, potencializam a comunicação, colocam em contato pessoas remotamente localizadas, sustentam processos econômicos, influenciam a política e – em uma perspectiva mais complexa, embora sejam frutos do intelecto humano – começam a substituir o processamento neural humano em tarefas intelectuais com algum tipo de previsibilidade e repetição.

Nesse sentido, se o mundo contemporâneo depende dos *softwares* que produzimos, um dos elementos fundamentais para o exercício da cidadania é o desenvolvimento de competências de elaboração de *softwares*. A criação de *softwares* auxilia de forma direta no desenvolvimento de competências cognitivas que têm desdobramentos na vida escolar dos indivíduos, conforme apontam pesquisas realizadas no Grupo de

Estudo e Pesquisa em Inclusão Digital (Gepid) da Universidade de Passo Fundo (UPF) e em outras instituições ao redor do mundo.

PRESSUPOSTOS TEÓRICOS

Em meio aos estudos sobre a influência da tecnologia no desenvolvimento humano, Papert (1994) visualizou que a vida intelectual das crianças pequenas possui duas características de igual importância. A primeira delas é a capacidade de elaborar teorias sobre tudo o que está implicado em suas ações e experiências; a segunda é a grande dependência que elas têm dos adultos em busca de informações que poderão testar as teorias que elaboraram ou que as colocarão em contato com outra realidade.

Partindo da afirmação de Veen e Vrakking (2009) de que a presença da tecnologia em nossa sociedade traz consigo influências ao comportamento, nosso olhar é direcionado para a vivência de crianças da educação infantil, que já possuem um posicionamento perspicaz sobre suas aprendizagens, porque o contexto em que crescem é diferente do apresentado aos seus pais. O ser humano dessa geração é denominado pelo autor de *Homo zappiens*. Crianças da geração atual não possuem o princípio de linearidade. Tal princípio consiste em uma postura de consumo de informações sequencial e preestabelecida. Ao contrário, vão manuseando a tecnologia e apenas quando encontram um problema buscam uma forma de resolvê-lo. A grande quantidade de informações não é um impedimento, e o aumento da quantidade de informações, assim como seu processamento, tornam-se parte integrante de suas vidas (VEEN; VRAKKING, 2009, p. 30-35).

Portanto, no cenário atual, a visão da criança está intimamente ligada às TICs. Prensky (2010), outro importante estudioso da área, denomina os membros dessa geração de "nativos digitais", porque nasceram em um período em que houve a expansão da linguagem digital, que continua aumentando. O contato dessa geração com o computador, a internet e os *games* se dá desde o início da vida, e tais experiências acabam alterando sua maneira de aprender.

Guedes, Guedes e Schlemmer (2013) acreditam que, para compreender essa infância, é necessário voltar-se para o contexto tecnológico, que pode estar influenciando sua forma de significar o mundo, pois as crianças "[...] aprendem por meio de cliques, toques, telas, ícones, sons, *games*, num emaranhado de ações e interações que envolvem a curiosidade, a pesquisa, a descoberta, o desafio, a exploração, a experimentação, a vivência em diferentes redes de conversação *online*" (GUEDES; GUEDES; SCHLEMMER, 2013, p. 3).

Prensky (2010) afirma que a nova geração possui raciocínio e processamento de informações mais rápidos, não necessariamente lineares, podendo acontecer em saltos. Ao contrário de ler manuais dos *games*, os indivíduos dessa geração buscam aprender enquanto jogam, esperando que o *software* dê suporte às suas dúvidas e apresentando impaciência quando realizam esforços e estes não lhes trazem um retorno compatível.

Veen e Vrakking (2009) refletem sobre qual seria a importância de crianças da educação infantil saberem utilizar tais recursos, além de obterem habilidades operacionais:

> Há muitos jogos simples nas lojas hoje, e antes de entrar na pré-escola a criança já terá aprendido os princípios fundamentais da matemática, saberá reconhecer formas e figuras retangulares, circulares e piramidais e como pagar por mercadorias ao fazer compras, como classificar ou montar objetos e como usar o computador ou manipular o teclado. Para o *Homo zappiens*, a aprendizagem começa com uma brincadeira e se trata de uma brincadeira exploratória por meio dos jogos de computador (VEEN; VRAKKING, 2009, p. 36).

Esse posicionamento leva a perceber a liberdade que o *software* proporciona à criança para desenvolver mecanismos de suporte à própria aprendizagem, pois ela começa a pensar sobre as possibilidades do jogo e, brincando com os erros e acertos, elabora novos caminhos.

Nath (2016) considera a infância um período de crescimento e mudanças, no qual acontece um envolvimento da criança com o mundo, a fim de explorar e inventar a partir desse contato. "[...] sugerindo que a aprendizagem é mais eficaz quando um aluno está envolvido ativamente na construção do conhecimento, em vez de recebê-lo de forma passiva" (NATH, 2016, p. 1). Por meio das tecnologias digitais, o engajamento pode avançar para o espaço de criação e protagonismo, em vez de passividade.

Um dos recursos que vêm sendo explorados na aprendizagem é a programação de computadores. Pensando no potencial da informática nos ambientes educacionais e em como o acesso a computadores permitiria às crianças algo muito semelhante ao impulso intelectual vivenciado no Massachusetts Institute of Technology (MIT), Papert (1994) desenvolveu uma linguagem denominada Logo, criada em 1967, mas que chegou ao Brasil na década de 1980. A linguagem Logo foi utilizada em uma tartaruga inicialmente digital guiada por comandos – parafrente, paradireita, paratrás, repita, etc. – e "[...] veio de pensar sobre como uma criança poderia captar numa forma computacional algo físico, como desenhar ou caminhar" (PAPERT, 1994, p. 153).

Papert visualizou na programação uma aprendizagem pessoal e, dessa maneira, gratificante, por representar o percurso de cada criança individualmente. Ele afirma: "Todo professor sabe que um bom modo de aprender um assunto é dar um curso sobre ele; sendo assim, meio de brincadeira, sugeri que uma criança poderia obter um pouco do mesmo tipo de benefício 'ensinando', ou seja, programando o computador" (PAPERT, 1994, p. 143). Para o autor, ao deparar-se com um problema, a pergunta central não é se ele está certo, mas para onde se pode ir a partir do que foi construído. Dessa forma, a maneira eficaz de programar é pensar sobre os problemas e dar tempo a si mesmo na construção de aprendizagens.

Anos depois do estudo e da utilização da linguagem Logo nas escolas brasileiras e em todo o mundo, surgiu o ambiente Scratch, criado em 2007 por Mitchel Resnick, também pesquisador do MIT, e projetado para um público de 8 a 16 anos. O Scratch permite ao programador ter controle sobre os projetos que desenvolve, bem como uma aprendizagem colaborativa com os demais colegas.

Batistela, Teixeira e Furini (2016) afirmam que Resnick vislumbra criar, por meio da programação, um contexto motivador para as aprendizagens, além de competências, como

> [...] ser criativo, ser um colaborador eficaz, ser claro em sua comunicação, analisar de forma sistêmica e estar permanentemente aprendendo, além de ajudar no desenvolvimento da fluência nas TICs, ou seja, não apenas comunicar-se com o computador, mas também criar a partir dele (BATISTELA; TEIXEIRA; FURINI, 2016, p. 7).

A linguagem Logo e o ambiente Scratch representaram um avanço no que significa pensar em uma educação que encontra na tecnologia não apenas uma ferramenta, mas um meio potencial de motivar, de inventar, de buscar, de resolver e de ser autônomo. Esses recursos, no entanto, não eram apropriados para crianças da educação infantil.

Nasceu, então, a ideia de um *software* para crianças de 4 a 7 anos, o ScratchJr, criação de Mitchel Resnick e Marina Bers, que chegou ao Brasil em 2014 com o objetivo de tornar a programação acessível a faixas etárias mais baixas. Queiroz (2012) menciona que os criadores do ScratchJr acreditam na programação de computadores como um novo tipo de alfabetização, e que, quando pequenas, as crianças iniciam suas programações e vão aperfeiçoando-as com o amadurecimento.

O ScratchJr diverte e desenvolve a descoberta por possuir uma interface direcionada aos pequenos, colorida, com blocos de programação em símbolos e de fácil manuseio (**Fig. 5.1**). Além de permitir que os personagens se movimentem, saltem, desapareçam, aumentem e diminuam de tamanho, o ScratchJr possibilita gravar e inserir sons, entre outras ações.

Batistela, Teixeira e Furini (2016, p. 7) explicam que, por meio do ScratchJr, as crianças "[...] aprendem a criar e expressar-se por meio do computador, a resolver problemas, a sequenciar os acontecimentos, bem como fazer uso da matemática e da linguagem em um contexto significativo e motivador".

O PROJETO BERÇÁRIO DE HACKERS

A partir de estudos e com base na popularização de ambientes de programação para as crianças, nos últimos anos um novo contexto se constituiu e ampliou o interesse acadêmico acerca do potencial do ato de programar sobre a cognição humana, em especial na infância, uma vez que programar computadores pode, em um curto espaço de tempo, fazer parte das competências básicas do cidadão do século XXI. Os pesquisadores do Gepid da UPF passaram a interessar-se pelo potencial da programação de computadores e a estudar as necessidades para implementá-la com crianças de educação infantil. Assim, foi criado, no âmbito do programa de extensão Mutirão pela Inclusão Digital, o projeto Berçário de Hackers, em funcionamento desde 2014. O objetivo do projeto é explorar o ensino de programação de computadores na educação infantil, buscando visualizar o potencial do ato de programar sobre a cognição.

A pesquisa desenvolvida constituiu-se em um estudo descritivo, com abordagem qualitativa. A dinâmica implementada buscou

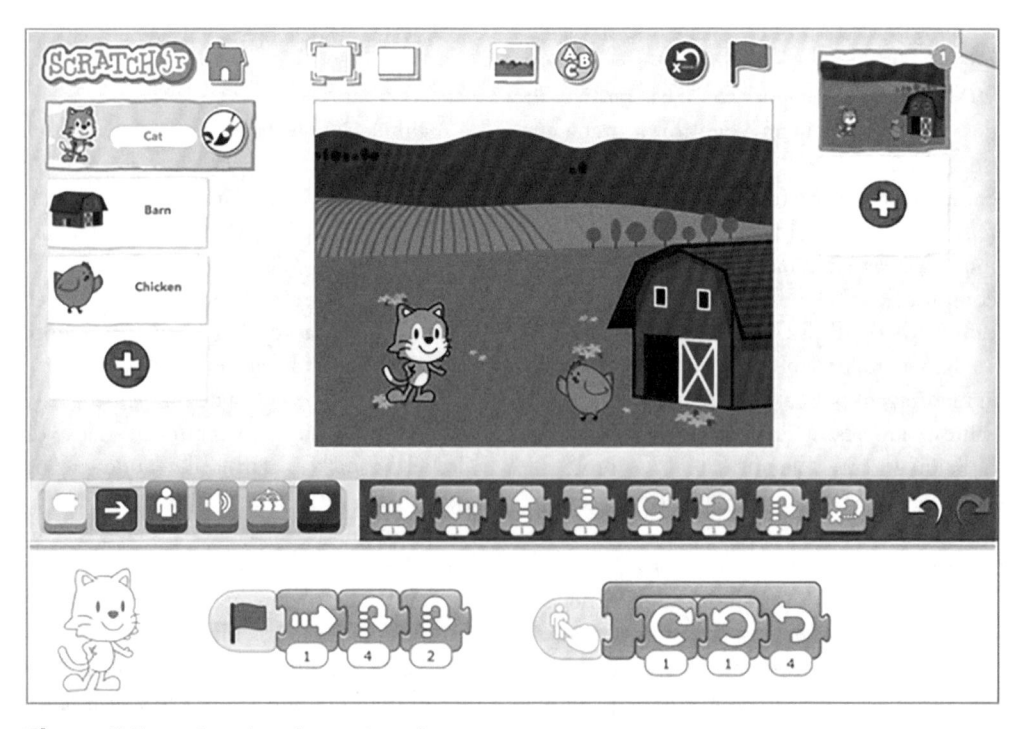

Figura 5.1 Interface do *software* ScratchJr.

articular doutorandos, mestrandos e bolsistas de iniciação científica e de extensão que, de forma integrada, desenvolveram atividades de planejamento, execução e observação das oficinas do projeto. Teve como público 20 crianças na faixa etária de 5 a 6 anos, de uma escola de educação infantil da rede municipal de Passo Fundo, que participaram de 14 oficinas durante o ano de 2016.

Para a obtenção de dados que possibilitassem a mensuração do potencial da programação, foram realizadas videogravações dos encontros, gravação da tela do *software* ScratchJr e registro escrito, ao final de cada oficina, sobre o que foi observado.

O Berçário de Hackers é uma iniciativa que se destina ao acompanhamento do desenvolvimento do pensamento computacional em crianças da educação infantil. Suas atividades visam ao aprendizado das noções básicas da programação de computadores por crianças de 5 a 6 anos. As crianças podem programar suas próprias histórias e participar de jogos interativos, aprendendo a criar e expressar-se por meio do computador.

No ano de 2016, o projeto Berçário de Hackers teve o envolvimento de quatro monitores dos cursos de licenciatura em Matemática e Ciência da Computação e do mestrado em Educação e de três professores orientadores integrantes do Gepid, da área de matemática e de ciência da computação, que acompanharam as atividades e juntos definiram a melhor maneira de implementá-las. Foram realizadas oficinas semanais, com duração de 75 minutos, que contaram com a participação de crianças de uma turma da educação infantil, com idades entre 5 e 6 anos, de uma escola da rede municipal de Passo Fundo. As crianças deslocavam-se da escola até a universidade uma vez por semana, acompanhadas pela professora titular. O grupo de alunos foi selecionado pela direção da escola em função da faixa etária adequada ao *software* escolhido para a realização das atividades, o ScratchJr.

Nas oficinas foram utilizados *tablets*, computadores, materiais manipuláveis e, por meio de sequenciamentos didático-pedagógicos, buscou-se desenvolver noções básicas de programação, além de habilidades motoras, conhecimento dos números, do alfabeto, entre outros.

Na busca por desenvolver um trabalho com as crianças de maneira a entendê-las em suas diversas formas de expressão e movimento, contemplando sua individualidade, os 20 estudantes que participaram do projeto eram divididos em dois grupos de igual número e passavam por três salas consecutivamente. Os espaços foram pensados com o objetivo de possibilitar a fala, o deslocamento e a troca com os colegas, que tornariam enriquecedor o processo, que já era diferenciado.

De maneira a explorar o ensino de programação de computadores e como aconteceu a execução do planejamento no projeto Berçário de Hackers, apresentaremos um episódio ocorrido no primeiro espaço, denominado Sala Log, ambiente destinado ao aprendizado de conceitos matemáticos auxiliares à programação de computadores, como número, quantidade e sequenciamento. Nesse ambiente, foram usados blocos lógicos, quebra-cabeças, jogos matemáticos e materiais diversos, como os blocos de programação do ScratchJr impressos em 3D, para que as crianças pudessem explorar os comandos na prática de forma lúdica e interativa e entendessem os conceitos antes de começar a programar nos *tablets*. Enquanto o primeiro grupo estava nesse ambiente, o segundo encontrava-se em outro espaço.

O episódio apresentado ocorreu na Sala Log, e as transcrições foram elaboradas com base na tabela apresentada por Manzini ([2012]). As videogravações serviram de reflexão sobre a prática e a identificação do potencial da programação. Convém salientar que a cena apresentada aconteceu no segundo semestre de 2016, quando já haviam sido introduzidas as correspondências entre quantidade e número, a conservação de características, a lateralidade, as cores e as formas geométricas, bem como jogos matemáticos. Esse episódio busca recuperar alguns excertos em que as crianças são questionadas a pensar sobre o *software* ScratchJr, com o qual já haviam tido contato. Optou-se por dividir o episódio em duas cenas para ser mais bem compreendido.

Episódio apresentado na Sala Log

Cena 1: Interface do ScratchJr (05/10/2016)

Essa cena aconteceu com sete crianças que estavam sentadas umas ao lado das outras, cinco crianças na fileira da frente e duas crianças na fileira de trás. Elas receberam uma folha com a imagem da interface do ScratchJr e material para colorir. Os nomes foram modificados para manter a ética da pesquisa.

1. **Professora:** Vamo pensar junto com a prô Ana. A prô Ana fez um, um desenho/Claro que não tá igual ao que vocês têm nessa folha né, mas eu tentei fazer ele grandão pra gente pensar junto o que que é cada coisa... Por que que a prô Ana fez isso?/ Porque a prô Ana notou que na outra vez que os outros amigos de vocês foram mexer no *tablet*, eles não sabiam onde eram as coisas/Então a gente vai fazer como se esse papel aqui ((levanta a imagem)) fosse um jogo de tabuleiro... tá? Então esse (inaudível). Isso aqui é o quê, é jogo de quê/que vocês jogam no *tablet*.
2. **André:** Do Scratch!
3. **Professora:** Do Scratch/É igualzinho o que tá lá no *tablet*?...
4. **Carlos:** Não ((fala em tom baixo balançando a cabeça)).
5. **André:** Sim! ((balança a cabeça de forma afirmativa)) Sim!
6. **Carlos:** Ah, é, sim!
7. **Professora:** Não é igual, mas é bem parecido, né? Porque lá daí vocês já (fizeram) a paisagem e coisa.
[...]
8. **Professora:** Olhem lá na folhinha de vocês... que tem uma casinha... lá em cima (falas paralelas) O que faz essa casinha?
9. **Carlos:** Onde o Scratch mora.
10. **Professora:** Onde o Scratch mora... Mas, no *tablet*, Carlos, quando vocês clicam na casinha, o que acontece? (inaudível) Esqueceu? Sabe o que que acontece? [...] Depois de pintar o gato, de fazer a programação, tu quer sair/tu sai na casinha! Só que Pedro, pra sair da casinha, antes de sair, de clicar pra sair, você tem que clicar onde? Vocês lembram que tem uma barrinha aqui ó ((vai até o quadro e mostra no desenho grande)) [...] Vocês lembram o que que faz quando clica aqui?
11. **André:** Eu nunca cliquei ali.
12. **Isabela:** Escreve o nome.
13. **Professora:** Boa, Isabela! Lembrô! Tem que escrever o nome ((vai até o lugar de Carlos)) quando tu clica aqui, Carlos.
14. **Carlos:** Vai salvar o nome.
[...]
15. **Professora:** Vai salvar o nome, vai digitar o teu nome.
16. **Professora:** Agora eu quero (inaudível) inserir um... personagem, um bichinho...
17. **Crianças:** Aqui! ((apontam para o local com o dedo))
18. **Professora:** A-qui, isso aí!
[...]
19. **Professora:** Eu vou pediu agora pra vocês desenharem com o lápis de escrever algum personagem que vocês querem desenhar/ Além do gato vocês vão ter outro personagem [...].
20. **Professora:** Onde é que vai pra escrever o nome dentro? Vai ficar aqui o nome, ó ((aponta com o dedo para o quadro)). Vai abrir uma caixinha de texto.

21. **Isabela:** Nas letras.
22. **Professora:** Isso aí, Isabela, aqui, ó, A, B, C.

Cena 2: Comandos do ScratchJr (05/10/2016)

As crianças continuam no mesmo espaço, mas agora vão simular uma programação no papel.

1. **Professora:** Cês vão ganhar um copinho ((mostra o copinho com números de 1 a 10)) e vocês vão ganhar...
2. **André:** Pecinhas do Scratch.
3. **Professora:** As pecinhas do Scratch.
4. **André:** ((espirra e cai da cadeira))
5. **Carlos:** Olha, An-dré!
6. **Professora:** Cuidado, André! ((caminha em direção às crianças))
7. **Professora:** Olha só, a-qui, nessa parte aqui ((aponta para o espaço de comandos do *software*)), vocês lembram que tem o que nessa parte?
8. **Carlos:** Desenho.
9. **Crianças:** (falas paralelas).
10. **Professora:** Os comandos.
11. **Carlos:** Ah, os comandos.
12. **Professora:** Os comandos de programação.
13. **Crianças:** (falas paralelas).
14. **Professora:** Os comandos amarelos são os comandos que iniciam o jogo.
15. **Ricardo:** Ah! En-ten-di!
[...]
16. **Professora:** A primeira coisa que vocês têm que sempre colocar?
17. **Carlos:** A bandeira.
18. **Professora:** A bandeira.
19. **Pedro:** A bandeira tá de verde.
20. **Professora:** E a bandeira, ao redor da bandeira tá que cor?
21. **Carlos:** Amarelo.
22. **Ricardo:** Verde!
23. **Professora:** A bandeira é verde, isso aí. Mas ao redor é amarelo.
24. **Ricardo:** É.
25. **Professora:** Então sempre as peças amarelas por primeiro, tá? (falas paralelas) Essas peças aqui ó, essa setinha pra frente, essas peças aqui são que cor? Lembram?
26. **Carlos:** Azul!
27. **Professora:** Azul, são as peças azuis, são as peças de mo-vi-mento (falas paralelas) pra frente, pra trás, pra cima, pra baixo, gira, pula. (falas paralelas) As peças, as peças vermelhas são as peças que estão no fi-nal. Então, a peça amarela inicia e a peça vermelha... é o final, tá? Vocês vão fazer o seguinte ((pega os comandos e o copo com números e se aproxima da dupla)), o André, por exemplo, vai segurar o copinho dos números, tá? Segura aí. O Carlos... vai segurar... as peças de movimento.
28. **Carlos:** Todas?
29. **Professora:** Só as peças azuis. (falas paralelas) Que que a gente vai fazer? O Carlos vai sortear uma peça, tipo assim ó, mistura, mistura ((mexe as peças na mesa)), fecha o olho, Carlos, fecha o olho, dá a mãozinha aqui, tira uma peça, pode...
30. **Carlos:** ((escolhe uma peça)) (inaudível) Pra cima.
31. **Professora:** Essa peça é pra cima né, então os dois vão desenhar a setinha pra cima.
32. **André:** Aonde?
33. **Professora:** Aqui ((aponta o lugar na folha da dupla)), essa é a parte que a gente coloca as peças, tá?
[...]
Nesse momento a professora se atém à dupla, outra dupla é atendida por outro professor, e as demais crianças continuam colorindo o papel.
34. **Professora:** Agora o André vai sortear, que vai ser o número de quantas vezes o gatinho vai (inaudível).
35. **André:** ((tira um número do copo e mostra para a professora)) Cinco.
36. **Professora:** Cinco, então vocês vão colocar o cinco ali embaixo.

Após o transcorrer das cenas mencionadas, as crianças deslocavam-se para a Sala Tec, ambiente organizado para que elas pudessem manusear, praticar e desenvolver habilidades nos *tablets*. A fim de dar continuidade às cenas videogravadas no espaço anterior, neste espaço realizamos a gravação de tela e de áudio do *tablet* das crianças. Escolhemos o *tablet* de uma criança que teve uma participação considerável nas Cenas 1 e 2 para fazer a análise.

Cena 3: Mexendo no ScratchJr (05/10/2016)

Gravação da tela do *tablet* de Carlos.

1. **(3:44)**: ((clica em um projeto já existente e vai no espaço para escrever seu nome, porém, já tinha o nome de um colega. Sai e volta três vezes)) Á, viu, (inaudível) é aqui que bota o nome? ((o professor vai ajudá-lo)) *Clica aqui agora. Aqui? Não, aqui no branco, isso, de novo... de novo* ((Carlos consegue selecionar a caixa de texto)) Aii! Escrevo meu nome? *Agora sim...* ((apaga o nome que estava na caixa de texto)) tá.
2. **(4:38)**: ((insere a letra C)) Ei, cadê o A, meu Deus! Eu não tô achando o A, professor! O A! A! *Vamo aqui ver se aparece, viu?* ((ensina a usar a tecla que deixa as letras maiúsculas)) *Achou agora?*
3. **(5:06)**: A, ááá, deixa eu achar o erre (R), R ((o professor repete novamente sobre a tecla)) *Quando você não acha a letra, você clica aqui, ó, tá?* Tá! L, ai, agora... cadê? Letra O, óóó. Pronto, agora vai no azul. Aqui? Isso ((entra no ambiente de programação)).
4. **(5:48)**: Ãã/agora eu tenho que... *Agora escuta a prô, que a prô vai explicar...* ((clica para alterar a paisagem e volta à tela inicial sem alterar, então adiciona um novo palco, sobre o qual executará todas as ações posteriores)).
5. **(6:06)**: ((a professora inicia uma fala ao fundo)) *A primeira coisa que a gente vai fazer é adicionar* ((Carlos já clica para adicionar personagem)) *um personagem/ lembra que lá no papel onde é que a gente adicionava o personagem era aqui ó, embaixo do gatinho, então vamo lá! Escolhe* ((começa a rolar a barra para escolher um personagem)) *um personagem.* Dragão! ((decide qual o personagem, mas ainda não o encontra)).
6. **(6:39)**: ((volta à tela principal e vai para adicionar outra paisagem, repete isso duas vezes e sem alterar nada vai para a escolha de um personagem novamente, encontra o dragão e o adiciona)) AIIIIIII! O dragáãão! ((fica mexendo com o dragão na tela, então coloca o gatinho para o lado, a fim de que o dragão possa aparecer todo na tela)) Pronto! Ô!
7. **(7:14)**: A paisaaageiim! ((clica para adicionar uma paisagem, rola a tela e escolhe uma paisagem de praia)) Ó! (risos)... Ah não! Não combina! ((vai em alterar a paisagem e coloca uma imagem em cores avermelhadas com sol. Clica no 1º palco, que já estava pronto, e volta para o 2º palco, que está criando)) Olha! Olha aqui!... Olha aqui! Ô! André! André! Onde que você apertou pra ele ficar mais grande?... ((tenta encontrar o lugar, mas aparece um erro na tela)) Onde que aperta pra pintar, professor? Onde que aperta pra pintar? *Clica aqui e espera* (inaudível) ((cancela o erro da tela)) *Já escolheu tua paisagem?* Sim. *Já?* (inaudível) *Espera que agora então/ só espera um pouquinho, tá?* Ah, não, peraí, que eu vou colocar de novo ((aparece um erro na tela de novo, cancela o erro)) Humm, um de noite! ((escolhe uma nova paisagem de uma praia à noite)).
8. **(8:45)**: ((com o dragão selecionado, inicia a programação deste, arrastando o bloco de movimento 'mover para a direita' até o espaço de programar; sequencialmente,

arrasta todos os blocos 'mover para a esquerda', 'mover para cima', 'mover para baixo', 'girar para a direita', 'girar para a esquerda', 'pular' e 'ir para o início'. Clica no primeiro comando e o dragão executa todos os movimentos. Vai, então, para os blocos de finalização e arrasta o comando 'finalizar'. Posteriormente, vai para os blocos executores e insere o comando 'iniciar com a bandeira verde')) Pronto! Ó! ((o professor fala)) *Fez os comandos já?* Já. *Clica então na bandeirinha, vamo vê se* (inaudível).

9. **(9:37):** ((executa novamente todos os comandos e percebe que o gatinho não se mexeu. Movimenta o gato em círculos)) E o Scratch não dá? *O Scratch tem que vir aqui ó, pra mudar o comando dele, ó, aqui, ó* (inaudível). ((clica no personagem gato, aparecendo a área de programação desse personagem que está vazia)) Como que pinta?... Como que pinta o Scratch e o dragão?
[...]
O professor não lembra onde faz a pintura e pede ajuda; então abre um novo projeto. Carlos insere os mesmos personagens de antes e coloca a imagem em cores avermelhadas com sol. Pinta os dois personagens e programa os comandos para o gato.

10. **(16:15):** *Qual que é o primeiro comando que a gente viu lá, que você tem que botar* ((Carlos arrasta o bloco 'mover para a direita')) *antes de começar a mover. O da bandeira. Isso* ((arrasta o bloco 'iniciar com a bandeira verde' e coloca nos blocos de movimento, coloca os mesmos movimentos sequentes que colocou para o dragão do outro projeto, finalizou e inseriu mais o bloco 'repetir para sempre' em cima do 'finalizar')) Ááá ((clica na bandeira e executa os comandos do gato)).

11. **(17:01):** *Ó! Scratch! Se você quer movimentar o dragão, você clica aqui, ó, aqui no dragão, ó, viu que ele tá selecionado?* ((clica no dragão)) *Isso, agora bota os comandos pro dragão* ((Carlos arrasta o bloco de movimento)) *e onde começa? Heim? A banderinha* ((coloca nos blocos executores)) *Iiisso* ((arrasta o bloco 'iniciar com a bandeira verde')) ((a professora fala ao fundo: 'Vocês podem ir nos comandos roxos também')) Roxos?? *Aqui ó, clica aqui no comando roxo* ((coloca nos blocos de aparência)) *coloca esse aqui ó, pra você vê, ó* ((arrasta o comando 'dizer' e na sequência 'crescer', 'encolher')) Vô tentar colocar todos (('restaurar tamanho', 'esconder')) *Iisso* ((por fim, 'mostrar')) *vamo vê/ agora clica na bandeira/clica na bandeira pra ti vê o que acontece.* Ááá ((coloca o comando 'finalizar' e executa os comandos)) Ó!! Desaparece um! ((executa novamente)) (conversa com o colega André) Vamo começar os dois juntos, Carlos? Vô te ensinar agora, tá?

12. **(18:16):** *Você fez o Scratch movimentar antes e agora o dragão, né? E agora eu vou te mostrar como é que movimenta os dois juntos ó, ó!* ((clica na bandeira na parte superior)) *Viu? Legal! Áá, uuu laranja também dá?* ((coloca nos blocos de controle)) *Coloca aí pra você ver* ((retira o comando 'finalizar', arrasta os comandos 'esperar', 'repetir', 'esperar' no meio do bloco 'repetir', 'parar' no meio dos comandos de aparência e 'definir velocidade' entre o comando de movimento e o de aparência. Vai para os blocos de som, testa o bloco 'tocar um som gravado', retira e coloca o comando 'pop' em meio aos blocos de aparência. Executa os comandos do dragão duas vezes)) Como que escolhe o barulho? Como que escolhe o barulho? Como que escolhe...
[...]

13. **(24:28):** ((o professor coloca o gravador)) Ááá. *Fala: Oi, Scratch! Oii, Scratch!! Tá bem aí?/dentro do tablet/dentro do computador não, porque os outros que tão no computador, e não sei qual jogo que eles tão jogando.*

Por fim, após manusearem os *tablets*, as crianças eram direcionadas para o terceiro espaço, denominado Lab Comp. Lá tinham autonomia para escolher jogos de seu interesse, porém, sempre com a orientação e o acompanhamento dos monitores, os quais observavam as potencialidades e as habilidades das crianças com os computadores e sua autonomia.

Enquanto o primeiro grupo seguia a ordem Sala Log → Sala Tec → Lab Comp, o segundo grupo deslocava-se no sentido Lab Comp → Sala Log → Sala Tec.

ANÁLISE E DISCUSSÃO

As três cenas apresentadas permitem analisar os métodos utilizados pelos professores no ensino da programação de computadores, bem como a maneira como as crianças lidaram com suas dúvidas e construções. No referencial teórico, mencionou-se que, para uma criança que nasce no contexto atual, tudo parte de uma grande brincadeira exploratória, tendo nas tecnologias digitais uma forma de aprender. Assim, chama-se a atenção para o uso que as crianças fazem de conceitos para a execução das atividades e para o planejamento constituído em espaços que se completam no decorrer da oficina.

Na Cena 1, vê-se que as crianças já haviam tido um contato primário com o *software* ScratchJr, mas não tinham utilizado todos os seus comandos, e não reconheciam as suas funções. Para tanto, nos turnos 9 e 10, o aluno Carlos expressou sua lógica por meio da fala: já que o símbolo para sair do programa é uma casa, e o personagem principal do *software* é o gato, automaticamente, para ele, a casa seria do gato. A partir disso, a professora interveio com a explicação do comando e promoveu um novo olhar para a lógica desenvolvida por ele ao afirmar que aquela imagem também representava a saída do projeto. E disse mais: que para sair do projeto de cada um era necessário identificá-lo com o nome, perguntando se as crianças tinham conhecimento de outro comando. É interessante analisar a constatação de André, no turno 11, ao afirmar que nunca havia testado a funcionalidade do comando pedido pela professora; eis que nos turnos 12, 13, 14 e 15 seus esquemas de uso do *software* foram ampliados por meio da fala de seus colegas, compreendendo que naquele espaço ele poderia escrever seu nome.

Na Cena 2, os conceitos de cada comando são evocados com maior precisão, porque as crianças já tinham brincado com as peças do ScratchJr em 3D e já tinham montado algumas programações, tendo contato maior com os blocos executores, de movimento e de finalização. Por isso, nos turnos 16 e 17, Carlos expressa que já entendeu que existe uma sequência para uma programação ser viabilizada, ou seja, os blocos executores possuem uma função que é a de iniciar. No turno 30, Carlos sorteia uma peça de movimento para cima e sabe identificá-la. Durante o ano, atividades de lateralidade eram resgatadas por sua importância em uma programação, e, embora essa construção demande um longo prazo, o avanço apresentado pelas crianças foi considerável.

Em continuidade, nos turnos 34 e 35, a necessidade é o reconhecimento de números, fator de igual importância em uma programação. Nota-se que todas as atividades pensadas para a programação são essenciais para a criança em sua constituição integral. Não há limites quando se fala em aprender, e essa expansão é visível por meio do ato de programar. O objetivo dos criadores do *software* ScratchJr é que a programação seja um novo tipo de alfabetização para as crianças da educação infantil. Conforme programam, elas vão ampliando a lógica de programação e aperfeiçoando-a, assim como ocorre com a leitura e a escrita.

Dito isso, passamos à Cena 3, representada pelo manuseio do *software*. Diferentemente das Cenas 1 e 2, em que a presença da professora é grande, nessa cena a palavra de destaque é autonomia. Observa-se que o professor intervém basicamente nos momentos em que é chamado, servindo de suporte às dúvidas de Carlos.

Em meio ao manuseio, Carlos faz suposições e testa hipóteses de onde adicionar o personagem e as paisagens. No turno 6, ao adicionar o segundo personagem, Carlos posiciona os personagens de maneira que ambos apareçam no palco, demonstrando noção de espaço e de organização. Agora que já dispôs os personagens, pode realizar a programação. Escolhe, então, o dragão. No turno 8, Carlos realiza sua programação sem auxílio do professor; é certo que ele não alterou números dos movimentos e nem escolheu comandos aleatórios, mas percebeu que, para ser executada, a programação necessita de início, meio e fim. Embora tenha adicionado, primeiramente, comandos de movimento, depois de finalização e, por último, de execução, não deixou de pensar neles, igualmente sozinho, tanto que o professor demonstra estar deslumbrado ao ver que Carlos já havia feito sua programação inicial.

No turno 10, o professor pergunta qual seria o primeiro comando a ser acrescentado, e Carlos sabe qual é. Inclusive, na Cena 2, turno 16, é ele quem cita o primeiro comando como a bandeira, porém seus pensamentos continuam atrelados ao que executou anteriormente, o que não está incorreto.

A partir dos turnos 11 e 13, são apresentados os comandos de aparência e de som, que ainda não tinham sido usados por Carlos. Sua primeira ação é colocar todos os comandos, e o que mais lhe chama a atenção é o bloco de desaparecer, porque é o mais perceptível, mas, à medida que manuseia o *software*, percebe que, ao alterar o número, os efeitos são facilmente perceptíveis. No comando de gravação, é interessante ver como Carlos "viaja" em relação ao que vê. Ele pergunta se o personagem está bem lá dentro do *software*, fala como se o personagem pudesse lhe responder, ou como se ele pudesse responder a si mesmo.

Acredita-se que, dos excertos analisados aqui, representantes de uma pequena parte do trabalho desenvolvido no projeto, pode-se destacar a hipótese – que ajuda a responder à questão proposta – de que a programação de computadores amplia o mundo de aprendizados da criança, e a faz pensar sobre suas próprias intenções, bem como sobre números, letras, direções, espaços e sobre sua imaginação. Por isso, a programação é potencializadora da cognição das crianças.

CONSIDERAÇÕES FINAIS

A partir das experiências vividas durante o projeto Berçário de Hackers, foi possível constatar que programar exige muito mais que a simples compreensão de programação, pois é preciso que as crianças elaborem conceitos e desenvolvam habilidade motora fina ao lidar com as novas tecnologias. Em vista disso, buscou-se desenvolver atividades concretas no projeto, para que as crianças pudessem compreender, por meio da prática, os diversos conceitos e programações vinculados à "brincadeira" desenvolvida no ScratchJr.

Trabalhar com o concreto é uma estratégia que o professor pode utilizar para auxiliar no estabelecimento da conexão com o contexto de seus alunos, tornando o processo de ensinar e aprender mais significativo. Entende-se como concreto não somente o que é manipulável, mas também o que faz sentido para a criança, tornando o processo de aprender ativo e participativo. Criar condições que possibilitem a aprendizagem por meio de conceitos apresentados em situações às quais os aprendizes já estão vinculados pode estabelecer o professor como mediador nos processos de ensino e aprendizagem.

O uso de materiais pode contribuir para a evolução do pensamento, permitindo ao aprendiz desenvolver ou fortalecer ideias e conceber estratégias para solucionar problemas. Permite-lhe, ainda, aplicar-se e arriscar-se em novas experiências, sem preocupar-se com a necessidade de encontrar resultados exatos e acabados; pelo contrário, viabiliza um aprendizado maleável e em construção, o que faculta o conhecimento ou a mudança da realidade em que vive.

Ao final das oficinas, constatou-se que as crianças desenvolveram conceitos importantes para suas aprendizagens futuras. O progresso no manuseio da tecnologia e o fortalecimento de esquemas relacionados à lateralidade, à quantidade, à localização, à ordenação, aos números e aos símbolos foram essenciais para compreenderem as construções vindouras. Assim como as crianças potencializaram a ferramenta por meio das vivências que possuíam, o *software* as auxiliou nos processos internos de construção do conhecimento. Dessa forma, a programação de computadores em faixas etárias menores exerceu aquilo que foi almejado, saindo de um nível de programação primário e sendo complexificada com o avanço dos aprendizados e dos esquemas das crianças.

REFERÊNCIAS

AMARAL, J. O ciberespaço: novos caminhos e aprendizagens na geração homo zappiens. *In:* TEIXEIRA, A. C.; PEREIRA, A. M. O.; TRENTIN, M. A. S. (org.). *Inclusão digital:* tecnologias e metodologias. Passo Fundo: Editora da UPF; Salvador: EDUFBA, 2013. p. 21-39.

BATISTELA, F.; TEIXEIRA, A. C.; FURINI, C. S. Programação de computadores e a motivação interna de crianças da educação infantil: o caso do Berçário de Hackers. *In:* REUNIÃO CIENTÍFICA DA REGIÃO SUL, 11., 2016, Curitiba. *Anais* [...] Curitiba: UFP, 2016. p. 1-18. Disponível em: http://www.anpedsul2016.ufpr.br/portal/wp-content/uploads/2015/11/eixo11_FERNANDA-BATISTELA-ADRIANO-CANABARRO-TEIXEIRA-CAROLINE-DA-SILVA-FURINI.pdf. Acesso em: 24 maio 2019.

GUEDES, A. L.; GUEDES, F. L.; SCHLEMMER, E. Um repensar da educação no contexto das novas tecnologias. *In:* SIMPÓSIO NACIONAL DA ASSOCIAÇÃO BRASILEIRA DE CIBERCULTURA, 7., 2013, Curitiba. *Anais* [...] São Paulo: ABCiber, 2013. p. 1-14. Disponível em: http://www.abciber.org.br/simposio2013/anais/pdf/Eixo_5_Entretenimento_Digital/25949arq94553289091.pdf. Acesso em: 24 maio 2019.

MANZINI, E. J. *Considerações sobre a transcrição de entrevistas*. [2012]. Disponível em: https://goo.gl/D46xRg. Acesso em: 24 maio 2019.

NATH, S. Instructional programme on experiential learning in science education: appraising its impact through students' reflections. *Literacy Information and Computer Education Journal*, v. 7, n. 1, p. 2238-2246, 2016. Disponível em: https://goo.gl/I65aKm. Acesso em: 24 maio 2019.

PRENSKY, M. *"Não me atrapalhe, mãe - eu estou aprendendo!":* como os videogames estão preparando nossos filhos para o sucesso no século XXI - e como você pode ajudar. São Paulo: Phorte, 2010.

QUEIROZ, N. A *"nova matemática"*. *Correio Braziliense*, p. 14, 12 mar. 2012. Tecnologia. Disponível em: https://goo.gl/OKhLhg. Acesso em: 11 maio 2019.

VEEN, W.; VRAKKING, B. *Homo zappiens:* educando na era digital. Porto Alegre: Artmed, 2009.

LEITURAS RECOMENDADAS

PAPERT, S. A. *A máquina das crianças:* repensando a escola na era da Informática. Porto Alegre: Artes Médicas, 2008.

SCRATCHJR. [201-?]. Disponível em: http://www.scratchjr.org/. Acesso em: 24 maio 2019.

UMA METODOLOGIA PARA ESTUDO DO PENSAMENTO COMPUTACIONAL:
nos ensinos fundamental e médio

Matheus Couto Mendes | Janaina A. da Silva | Fernanda P. Mota
Luís Aguzzi | Karina dos Santos Machado | Diana F. Adamatti

O pensamento computacional é uma habilidade muito importante, pois pode ser uma forma de resolver problemas, projetar sistemas e entender o comportamento humano. Este capítulo apresenta uma metodologia para a aplicação de cursos de lógica de programação para os ensinos fundamental e médio. O ensino de lógica de programação visa desenvolver o pensamento computacional em crianças e adolescentes e despertar o interesse pelas áreas de computação e ciências exatas, utilizando duas ferramentas já consolidadas – Scratch e Code.org.

O PENSAMENTO COMPUTACIONAL

Problemas que demandam novas abordagens para serem resolvidos estão surgindo das constantes transformações da sociedade e da introdução de sistemas computacionais cada vez mais complexos. Segundo Jonassen (2004), a aprendizagem provém de problemas que precisam ser resolvidos e que os alunos aprendem e compreendem enquanto os resolvem. Nesse contexto, o pensamento computacional pode ser visto como uma forma de resolver problemas, projetar sistemas e entender o comportamento humano. O pensamento computacional também é definido como a capacidade que um indivíduo tem de desencadear um processo de elaboração e solução de problemas (WING, 2006; RESNICK, 2012).

A lógica de programação é um dos saberes fundamentais para a construção do pensamento computacional, permitindo ao aprendiz fazer uma articulação coerente das informações em uma sequência lógica que possibilite a resolução de problemas (RAMOS; TEIXEIRA, 2015). No entanto, na maioria das vezes, esse saber é ensinado de forma isolada, sem contextualização e sem correlação com os conceitos de outras áreas de conhecimento, prejudicando o processo de aprendizado e a compreensão da aplicabilidade desse conceito no cotidiano do aluno. Assim, de acordo com Andrade *et al.* (2013), o pensamento computacional auxilia no desenvolvimento das competências adjacentes do aprendiz, como:

- **Pensamento abstrato:** utilização de diferentes níveis de subjetividade para compreender o problema.
- **Pensamento algorítmico:** demonstração de soluções de problemas em diferentes passos, de forma a encontrar a resposta mais eficiente e eficaz.
- **Pensamento lógico:** formulação e eliminação de hipóteses.

- **Pensamento dimensionável:** divisão de um problema em pequenas partes ou composição dessas partes para formular uma solução complexa.

O pensamento computacional pode ser aplicado para resolver problemas em diversas áreas, o que o torna uma habilidade essencial na formação básica de profissionais de todas as áreas, e não apenas de computação (WING, 2006). Em vista disso, pesquisas estão sendo feitas para incorporar conceitos de computação nos currículos dos ensinos fundamental e médio (FERNANDES; MENEZES; ACCORSI, 2001; MARQUES et al., 2011; RAPKIEWICZ et al., 2006). No entanto, o processo de aprendizagem desses conceitos é desafiador e apresenta dificuldades em vários aspectos, tanto da perspectiva do professor quanto na do aluno, como a escolha do método, da técnica e dos aspectos pedagógicos a serem utilizados nesse processo.

Diante desse panorama, este capítulo propõe uma metodologia para a aplicação de cursos de lógica de programação nos ensinos fundamental e médio, visando desenvolver o pensamento computacional em crianças e adolescentes e despertar o interesse pelas áreas de computação e ciências exatas. A metodologia descrita tem como base um projeto de extensão que iniciou em 2012, na Escola Técnica Estadual Getúlio Vargas, em Rio Grande, no Estado do Rio Grande do Sul. Em 2014, o projeto passou a ter turmas regulares na Escola Estadual de Ensino Médio Silva Gama; em 2015, na Escola Municipal de Ensino Fundamental Mate Amargo; e em 2016, na Escola Municipal de Ensino Fundamental CAIC. Todas as escolas são públicas (municipais ou estaduais) e estão localizadas na cidade de Rio Grande.

Inicialmente, os cursos foram ministrados apenas a alunos do ensino médio. Contudo, a partir de 2015, foram criadas turmas com alunos do ensino fundamental (8º e 9º anos), com resultados motivadores e promissores. As atividades descritas utilizam duas ferramentas: Scratch e Code.org.

TRABALHOS RELACIONADOS

Atualmente, a área de ensino de lógica de programação/pensamento computacional vem chamando muito a atenção da comunidade científica. Sua aplicação vai desde o ensino fundamental até o ensino superior (em áreas diversas da computação), mostrando sua grande aplicabilidade. Nesta seção, elencamos alguns trabalhos relacionados ao tema, dando ênfase à metodologia de aplicação adotada e às ferramentas utilizadas.

O trabalho de Silveira, Loiola e Ferreira (2009) apresenta uma metodologia para ensino de lógica em cursos superiores de administração e economia. A ferramenta utilizada foi o Visual Basic for Applications, da Microsoft. A metodologia foi dividida em quatro etapas: (1) estudo de lógica de maneira geral, a partir do entendimento de comandos E/Ou; (2) resolução de problemas; (3) representação gráfica (fluxogramas); e (4) linguagem de programação para estruturar o conhecimento. Pelos resultados, percebe-se que o ensino de lógica é aplicável em todas as áreas de conhecimento, desde que bem contextualizado.

Em Oliveira et al. (2014), é apresentado um curso de extensão para ensino de lógica no ensino fundamental (9º ano). A ferramenta utilizada foi o Scratch. A principal ideia foi desenvolver um jogo computacional ao final do curso, como forma de incentivo à permanência dos alunos. Assim, a metodologia para desenvolvimento do curso foi o ensino dos conceitos básicos, a construção de animações simples e, por fim, o desafio de criar um jogo de livre escolha. Houve evasão mediana (33%), e os pesquisadores consideraram o curso adequado ao nível dos alunos.

O trabalho de Ramos (2014) apresenta a aplicação de um curso sobre o pensamento computacional em uma turma do ensino fundamental (5º ano), utilizando o Scratch como ferramenta. O trabalho apresenta um embasamento sobre os Parâmetros Curriculares Nacionais (PCNs) e o ensino do pensamento computacional. O curso abordou questões de lógica e números binários, seguidas de desafios na ferramenta utilizada. Percebe-se que, mesmo sendo um curso introdutório, foi bem aceito pelos alunos e pelos professores da escola, pois houve envolvimento dos professores e inter-relacionamento dos conteúdos previstos.

A utilização do pensamento computacional em atividades do Programa Institucional de Bolsas de Iniciação à Docência (Pibid) foi apresentada por Lima e Sousa (2015). Os alunos do programa implementaram atividades em turmas do 5º ano do ensino fundamental, utilizando a Portugol IDE (do inglês *integrated development environment*). Primeiramente, foram apresentados os conceitos básicos de lógica, seguidos de resolução de exercícios. Também foram utilizados objetos de aprendizagem *on-line* para motivar a resolução dos exercícios. A avaliação dos autores foi positiva, pois houve baixa evasão (menor que 20%). Além disso, foram aplicadas avaliações (de português, matemática e lógica) entre os alunos, antes e depois das atividades. Os alunos apresentaram expressiva melhoria nas médias das avaliações.

O ensino do pensamento computacional em escolas públicas de nível médio é abordado por Silva, Souza e Morais (2016), que apresentam duas formas de trabalhar com o pensamento computacional: a computação desplugada (sem o uso do computador) e o uso da ferramenta LightBot, que simula um *videogame*, para o ensino de programação. O estudo foi realizado com uma turma do 1º ano do ensino médio e envolveu três etapas: ensino dos conceitos básicos, uso da computação desplugada para melhor entendimento do raciocínio lógico e aplicação prática com a ferramenta LightBot. Pelos resultados apresentados, houve grande motivação dos alunos durante a realização das atividades.

Percebe-se que existe uma ampla gama de ferramentas computacionais para ensino do pensamento computacional. Também se constata o uso de outras técnicas computacionais para motivação no ensino dessa disciplina, como objetos de aprendizagem e computação desplugada. Contudo, em todos os trabalhos apresentados, a formação sempre inicia com os conceitos básicos da área de lógica. A aplicação de questionários não foi realizada em todas as atividades, e a validação dos resultados ficou comprometida.

METODOLOGIA

A metodologia proposta para a realização de cursos de lógica de programação para turmas dos ensinos fundamental e médio está descrita na **Figura 6.1**. Ela consiste em um conjunto de sete passos, descritos a seguir.

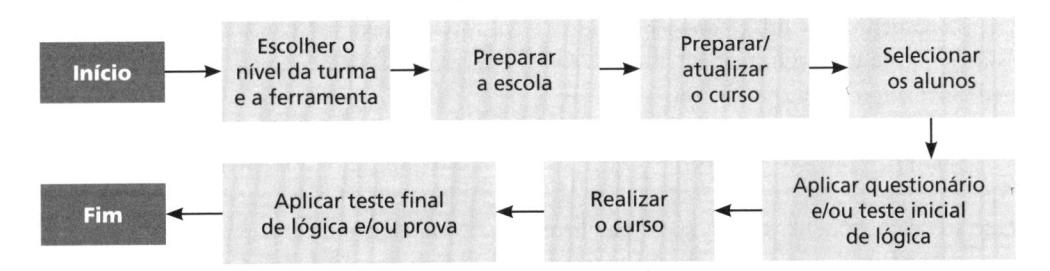

Figura 6.1 Metodologia proposta para a realização de cursos de lógica de programação para turmas dos ensinos fundamental e médio.

Escolher o nível da turma e a ferramenta

A primeira etapa da metodologia proposta consiste na escolha do nível da turma e da ferramenta a ser utilizada. Neste trabalho, foram estudadas duas ferramentas, e a escolha foi feita entre Scratch e Code.org. O nível da turma pode ser ensino fundamental, ensino médio, ensino técnico ou graduação (introdução à programação em cursos da área de ciências exatas). Este trabalho teve como foco turmas dos ensinos fundamental e médio. Após a definição da ferramenta e do nível da turma em que o curso será aplicado, pode-se passar à preparação da escola e do curso.

Preparar a escola

É necessária uma estrutura básica para que a escola possa receber o curso de lógica de programação, e cada ferramenta utilizada depende de algumas necessidades básicas. Para realizar essa etapa, propõe-se visitar a escola antes do curso para verificação e manutenção do laboratório de informática a ser utilizado. A escola deve possuir tempo extraclasse para os alunos frequentarem; computadores para o número de alunos inscritos no curso; professores disponíveis para acompanhamento da turma se possível; e, dependendo da ferramenta escolhida, é necessário o uso da internet. Também se deve conferir a integridade dos computadores antes de cada aula, para o andamento correto do curso. A preparação da escola também pode envolver um treinamento dos professores envolvidos, assim como de alunos que tenham interesse em participar como monitores durante os cursos.

Preparar/atualizar o curso

Essa atividade pode ser realizada em paralelo com a atividade de preparação da escola. Para que os cursos propostos sejam mais atrativos e despertem o interesse dos alunos em participar, sugere-se que todo o material a ser utilizado nas aulas seja preparado antes do curso e adaptado às necessidades da turma.

Durante os cursos, é interessante que sejam incluídos conteúdos e exercícios relacionados à criação de jogos simples e animações, mesmo que os participantes não possuam qualquer conhecimento sobre algoritmos e lógica de programação, de forma a despertar o interesse dos alunos. Além disso, quando possível, propõe-se que o curso se aproxime de conteúdos de disciplinas como matemática, ciências, física e química, a fim de contribuir para o ensino desses conteúdos, sempre com o apoio de professores dos ensinos fundamental e médio das escolas envolvidas.

Para cada ferramenta escolhida, é necessário aplicar um plano de ensino diferente. Para a ferramenta Code.org, trabalha-se com sua própria plataforma passo a passo, e com diversos cursos separados em 20 passos, alternando personagens e histórias, entre diversas opções de desenhos e jogos famosos. O Code.org possibilita uma maior autonomia do aluno e uma interação com redes sociais, mas o seu espaço livre é mais limitado, o que dificulta a criação de exercícios integrados aos conteúdos que os alunos estão estudando nas suas disciplinas.

Em relação aos cursos utilizando a ferramenta Scratch, foi preparado um conjunto de aulas (o número varia de acordo com o tempo disponível para a realização do curso na escola – a maioria das edições já realizadas teve cerca de 10 aulas), ensinando os movimentos e a mudança de personagens até a aplicação de conceitos de comandos, como condicionais, *loops* e variáveis. O conteúdo das aulas contempla:

- **Apresentação do Scratch:** introdução à interface da ferramenta e ao sistema de blocos.
- **Movimento de personagem.**
- **Mudança de aparência e cenário:** aplicação de mudança de traje para simular movimento.

- **Aplicação de sons e técnicas de controle:** utilização de condicionais para ações e sons.
- **Sensores com condicionais:** utilização de condicionais para ações predefinidas.
- **Operações matemáticas:** aplicação de operações matemáticas dentro da ferramenta.
- **Aplicação de variáveis:** utilização de variáveis para armazenamento de valores e posições.

Selecionar os alunos

Após a definição da ferramenta e do nível, é feita a divulgação na escola onde será realizado o curso. Sugere-se que quem for ministrar o curso visite a escola para divulgação entre os alunos, mostrando as possibilidades da ferramenta que será utilizada, assim como a importância do aprendizado de lógica de programação. Após um período de inscrições, com a ajuda de professores da escola, são escolhidos os alunos que farão parte da turma do curso, por meio de uma seleção feita pelos professores ou por sorteio entre os inscritos.

Aplicar questionário e/ou teste inicial de lógica

Propõe-se a aplicação de testes de lógica no início e no fim do curso, a fim de determinar medidas para comparação do desenvolvimento no pensamento computacional na conclusão de cada curso oferecido, assim como analisar o envolvimento dos alunos. Para um entendimento sobre o perfil da turma, como conhecimento sobre informática, jogos, lógica, etc., sugere-se a aplicação de um questionário de perfil com perguntas relacionadas às atividades extraclasse realizadas pelos alunos, ao seu uso de computador, *tablet* ou celular, à carreira que desejam seguir e às suas preferências quanto às disciplinas dos ensinos fundamental e médio.

Realizar o curso

Sugere-se realizar o curso em horário alternado com as aulas, em um dia da semana. A duração dependerá do número de semanas disponíveis. Neste trabalho, foram ministrados cursos com encontros semanais de 1 hora e 30 minutos até 2 horas e 30 minutos de duração, dependendo da disponibilidade do laboratório, do ritmo da turma e do número de semanas do curso. Durante os cursos, é exigida a presença dos alunos, de forma a manter o ritmo das turmas.

Aplicar teste final de lógica e/ou prova

Ao final do curso, propõe-se a aplicação de um teste de lógica e de uma prova sobre o uso da ferramenta. Neste trabalho, foi aplicado aos alunos que completaram o curso um novo teste de lógica, com nível de dificuldade similar ao aplicado no início, para permitir a comparação com os resultados obtidos no primeiro teste e identificar o desenvolvimento do pensamento computacional e lógico dos alunos. Ao final, foram emitidos certificados de participação e premiação aos melhores alunos.

RESULTADOS E DISCUSSÃO

Os resultados apresentados nesta seção referem-se a turmas do curso oferecido para 53 alunos de escolas públicas, sendo 13 do ensino médio e 38 do ensino fundamental, divididos em quatro turmas, no período de 2014 a 2016. A média de idade dos alunos do ensino médio foi de 15,5 anos, e dos alunos do ensino fundamental, de 13,4 anos. A análise dos resultados do curso foi realizada em quatro partes, a partir dos instrumentos obtidos pela metodologia:

- Questionário inicial, que avalia o contato dos alunos com o computador antes de começar o curso.

- Teste inicial de lógica, que avalia o nível de lógica inicial dos alunos antes de começar o curso.
- Prova, que identifica as dificuldades dos alunos durante o curso;
- Teste final de lógica, que avalia o nível de lógica dos alunos após a realização do curso.

Análise dos dados do curso no ensino fundamental

Escola Municipal de Ensino Fundamental Mate Amargo

O curso foi realizado em 2015 em uma turma do 7º ano do ensino fundamental com 17 alunos do sexo masculino com idade média de 12,8 anos (**Fig. 6.2**). A ferramenta utilizada foi o Code.org. Conforme apresenta a **Tabela 6.1**, a maioria dos alunos (10) não obteve nenhum acerto no teste inicial de lógica, seis alunos acertaram apenas uma questão e apenas um aluno acertou duas questões no teste. Esses dados confirmam o que a Prova Brasil (realizada a cada dois anos para avaliar o conhecimento dos alunos em português e matemática) demonstrou em 2013: apenas 2 em cada 10 estudantes aprendem o adequado em matemática, ou seja, 20% (QEDU, 2014; ALMEIDA, 2006).

No entanto, os alunos gostam de desafios matemáticos e lógicos, conforme pode ser observado em suas respostas: "Gosto, porque é um desafio bem legal. Os que eu mais gosto são os que me fazem raciocinar muito"; "Adoro enigmas, charadas que me fazem pensar, e quando descubro a resposta é prazeroso"; "Eu gosto de desafios matemáticos; eu gosto de desafios com desenho, ou de ter alguma conta matemática".

Durante o curso, foi aplicada uma prova para identificar as dificuldades dos participantes. Dois alunos desistiram do curso; portanto, essa prova foi aplicada a 15 alunos. Conforme pode ser observado na **Tabela 6.2**, sete estudantes tiveram a nota média (3 pontos) ou acima da média. Isso pode indicar que os alunos obtiveram melhora no raciocínio lógico e que as tecnologias interativas têm potencial para oportunizar mudanças em relação a situações de aprendizagem, corroborando o que foi dito por Scolari, Bernardi e Cordenonsi (2007). Essas tecnologias se apresentam como um facilitador no processo de aprendizagem para auxiliar os professores e tutores em atividades pedagógicas em sala de aula (SCOLARI; BERNARDI; CORDENONSI, 2007).

Segundo Abar (2006), o ensino de lógica auxilia os estudantes a compreender conceitos básicos de matemática e a raciocinar. Piaget (1975) afirma que o conhecimento avança por

Figura 6.2 Turma de ensino fundamental da Escola Municipal de Ensino Fundamental Mate Amargo durante uma aula do curso.

TABELA 6.1 Média de acertos por aluno no teste inicial de lógica (turma de ensino fundamental da Escola Municipal de Ensino Fundamental Mate Amargo)

Aluno	Média de acertos (%)	Aluno	Média de acertos (%)	Aluno	Média de acertos (%)
A1	0	A7	0	A13	20
A2	20	A8	0	A14	20
A3	20	A9	20	A15	40
A4	20	A10	0	A16	0
A5	0	A11	0	A17	0
A6	0	A12	0	–	–

TABELA 6.2 Total de acertos dos alunos na prova (turma de ensino fundamental da Escola Municipal de Ensino Fundamental Mate Amargo)

Aluno	Acertos na prova	Aluno	Acertos na prova	Aluno	Acertos na prova
A1	4	A6	2,5	A11	4
A2	3,5	A7	3	A12	3,5
A3	2	A8	2	A13	–
A4	2	A9	3	A14	2,5
A5	2,5	A10	1,5	A15	4,5

meio da evolução e da reconstrução das estruturas de raciocínio, ou seja, a lógica e a forma de pensar de um adulto são completamente diferentes das de uma criança. Além disso, o autor apresenta abordagens da pedagogia que foram sintetizadas considerando os períodos e subperíodos, sendo o período das operações formais – a criança é capaz de raciocinar sobre hipóteses verbais e não apenas por meio de objetos concretos, e é capaz de construir novas operações lógicas e matemáticas. Esse período envolve as idades de 12 a 14 anos. Portanto, o incentivo ao desenvolvimento do raciocínio lógico é muito importante nessa faixa etária.

O aumento na motivação para o estudo da lógica pode ser observado na média de acertos dos alunos (**Tab. 6.3**), e na fala deles: "O curso exigiu muito de lógica e matemática"; "Acho que melhorou um pouco o meu raciocínio lógico".

Escola Municipal de Ensino Fundamental CAIC

O curso foi realizado de outubro a novembro de 2016 em duas turmas do 7º, 8º e 9º anos do ensino fundamental, com 21 alunos (7 meninas e 14 meninos) com idade média de 13,8 anos. Nessas turmas, utilizamos o Code.org como introdução à área e depois o Scratch. Conforme pode ser observado na **Tabela 6.4**, os alunos da turma A obtiveram melhor resultado no teste inicial de lógica que os da turma B, e a maioria dos alunos (11) acertou a maior parte das questões do teste. Os alunos dessa escola alcançaram uma média de acertos maior que os alunos da primeira escola. Isso pode ter ocorrido pelo fato de esses alunos serem, em média, mais velhos que os alunos da escola anterior. Isso corrobora o que Piaget (1975) afirma sobre o período de operações formais,

TABELA 6.3 Média de acertos por aluno no teste final de lógica (turma de ensino fundamental da Escola Municipal de Ensino Fundamental Mate Amargo)

Aluno	Média de acertos (%)	Aluno	Média de acertos (%)	Aluno	Média de acertos (%)
A1	100	A7	80	A13	60
A2	40	A8	60	A14	60
A3	40	A9	80	A15	80
A4	30	A10	80	A16	Não fez o teste
A5	80	A11	Não fez o teste	A17	Não fez o teste
A6	80	A12	100	–	–

TABELA 6.4 Média de acertos por aluno no teste inicial de lógica (turmas de ensino fundamental da Escola Municipal de Ensino Fundamental CAIC)

Turma A		Turma B	
Aluno	Média de acertos (%)	Aluno	Média de acertos (%)
A1	100	B1	40
A2	70	B2	40
A3	70	B3	20
A4	80	B4	20
A5	60	B5	40
A6	60	B6	60
A7	80	B7	40
A8	80	B8	20
A9	80	B9	20
A10	80	B10	40
–	–	B11	40

em que a criança desenvolve ideias abstratas e inicia seu raciocínio lógico. Entende-se que o incentivo ao desenvolvimento do raciocínio lógico é muito importante no período de 12 a 14 anos. Os alunos desta instituição também gostam de desafios matemáticos e lógicos, conforme pode ser observado em suas respostas: "Sim, gosto, dependendo do desafio. O meu *site* favorito é o Racha Cuca"; "É uma matéria que desafia sua mente, é muito legal"; "Aqueles que eu não consigo responder"; "Mais ou menos, pois eu gosto de cálculo, mas eu não gosto de coisas demoradas".

Apenas dois alunos da turma A e quatro alunos da turma B concluíram o curso, conforme pode ser observado na **Tabela 6.5**. Também se pode perceber que os alunos da turma B obtiveram melhor resultado no teste final de lógica.

TABELA 6.5 Média de acertos por aluno no teste final de lógica (turmas de ensino fundamental da Escola Municipal de Ensino Fundamental CAIC)

Turma A		Turma B	
Aluno	Média de acertos (%)	Aluno	Média de acertos (%)
A1	40	B1	40
A2	80	B2	60
–	–	B3	80
–	–	B4	80

Mesmo com grande evasão, acredita-se que a tecnologia pode se apresentar como um facilitador no processo de aprendizagem para auxiliar os professores e tutores em atividades pedagógicas em sala de aula (SCOLARI; BERNARDI; CORDENONSI, 2007). O aumento na motivação pelo estudo da lógica pode ser observado pela fala dos alunos quando questionados sobre a influência do curso no entendimento de lógica e matemática: "Sim, com as perguntas e desafios matemáticos dados em aula".

Análise dos dados do curso no ensino médio

O curso foi aplicado em 2015 em uma turma com 13 alunos (9 meninas e 4 meninos) com idade média de 17,38 anos (**Fig. 6.3**). Nessa turma, utilizamos o Code.org como introdução à área e depois o Scratch. Conforme pode ser observado na **Tabela 6.6**, três alunos acertaram mais da metade do teste inicial de lógica. Os alunos gostam de desafios matemáticos e lógicos, conforme pode ser observado em suas respostas: "Gosto, pois é a matéria que mais tem facilidade de aprendizado"; "Tento resolver sempre que me deparo com algum"; "Gosto, pois a matemática está presente na nossa vida"; "Porque a matemática está em tudo".

Os resultados do teste final de lógica (**Fig. 6.4**) apresentaram menor rendimento da turma se comparados aos resultados do teste de lógica aplicado no início do curso. Uma explicação pode ser a falta de interesse da turma por programação. A turma teve grande facilidade nas primeiras aulas, mas,

Figura 6.3 Apresentação do Scratch para turma do ensino médio da Escola Estadual de Ensino Médio Silva Gama.

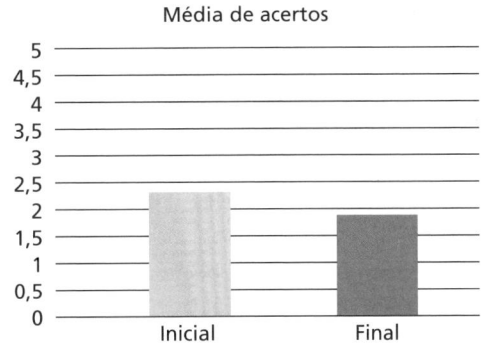

Figura 6.4 Comparativo entre os testes de lógica da turma de ensino médio que utilizou a ferramenta para o ensino de programação Scratch.

TABELA 6.6 Média de acertos por aluno no teste inicial de lógica (turma do ensino médio da Escola Estadual de Ensino Médio Silva Gama)

Aluno	Média de acertos (%)	Aluno	Média de acertos (%)	Aluno	Média de acertos (%)
A1	60	A6	40	A11	20
A2	40	A7	20	A12	60
A3	40	A8	40	A13	60
A4	0	A9	60	–	–
A5	40	A10	60	–	–

no decorrer do curso, houve dispersão no interesse, que resultou em maior dificuldade nas últimas aulas. Nessa turma, nove alunos concluíram o curso.

CONSIDERAÇÕES FINAIS

Este capítulo apresenta uma metodologia para a aplicação de cursos de lógica de programação para os ensinos fundamental e médio, visando desenvolver o pensamento computacional em crianças e adolescentes e despertar o interesse pela área de computação e ciências exatas. Além disso, foi proposta a análise de duas ferramentas para o ensino de programação (Scratch e Code.org) em diferentes níveis de ensino: fundamental e médio.

Após ministrar as aulas para os alunos e analisar os resultados, pode-se concluir que a ferramenta Code.org possui melhores resultados para crianças em anos iniciais do ensino fundamental, enquanto a ferramenta Scratch é mais adequada para a criação de aulas, podendo ser aplicada com maior nível de dificuldade para o ensino médio. O Scratch possui um ambiente muito rico para a produção de histórias e jogos, podendo ser utilizado nos primeiros anos dos cursos de graduação como um mecanismo de introdução à lógica de computação. Por outro lado, o Code.org é uma ferramenta organizada, com ilustrações de desenhos famosos e muito intuitiva, mas com foco para crianças, sendo uma ferramenta mais limitada, destinada ao público infantil, e pode servir como incentivo ao uso de ferramentas mais completas, como Scratch.

A metodologia aplicada nesse projeto pode servir como guia de procedimentos para outros cursos em turmas e escolas diferentes, um conceito de padronização de um curso para o incentivo à computação, introdução à programação e desenvolvimento do pensamento computacional.

Contudo, ainda existe um percentual de evasão nesse tipo de curso, seja em nossas turmas, seja nos trabalhos apresentados na seção de trabalhos relacionados. Questionamos se é uma questão de falta de embasamento geral (em ciências exatas e português, entre outras disciplinas) ou falta de interesse por novas atividades. Uma pergunta que sempre nos fazemos é: o que leva um aluno a se matricular em um curso gratuito e simplesmente desistir?

Também devemos salientar a falta de estrutura de informática na maioria das escolas. Sem o apoio dos professores da educação básica, esses projetos não sairiam do papel, pois são desafios enormes.

Como trabalhos futuros, vislumbram-se as seguintes aplicações:

- Desenvolvimento de um curso de Code.org para introdução da lógica de programação, seguido do uso da ferramenta Scratch.

- Desenvolvimento de oficinas no início do primeiro semestre para cursos que envolvam computação em nível superior, para introdução de lógica de programação, visando diminuir a evasão e a reprovação nas disciplinas de introdução à ciência da computação.
- Aplicação no ensino médio de cursos de linguagens de programação utilizadas em cursos de ensino superior de computação, como C e Python, para um melhor entendimento sobre programação, visando comparar essas linguagens com ferramentas como Scratch para um melhor aprendizado.

REFERÊNCIAS

ABAR, C. A. A. P. *Noções de lógica matemática*. 2011. Disponível em: www.pucsp.br/~logica/. Acesso em: 11 maio 2019.

ALMEIDA, C. S. *Dificuldades de aprendizagem em matemática e a percepção dos professores em relação a fatores associados ao insucesso nesta área*. 2006. Trabalho de Conclusão de Curso (Graduação em Matemática) - Universidade Católica de Brasília, Brasília, DF, 2006.

ANDRADE, D. et al. Proposta de atividades para o desenvolvimento do pensamento computacional no ensino fundamental. *In*: WORKSHOP DE INFORMÁTICA NA ESCOLA, 19.; CONGRESSO BRASILEIRO DE INFORMÁTICA NA EDUCAÇÃO, 2., 2013, Campinas. *Anais* [...] Porto Alegre: SBC, 2013.

FERNANDES, C. S.; MENEZES, P. B.; ACCORSI, F. Metodologia do ensino de ciência da computação: uma proposta para crianças. *In*: WORKSHOP DE INFORMÁTICA NA ESCOLA, 2001, Fortaleza. *Anais* [...] Porto Alegre: SBC, 2001.

JONASSEN, D. H. *Learning to solve problems*: an instructional design guide. San Francisco: Pfeiffer, 2004.

MARQUES, D. L. et al. Atraindo alunos do ensino médio para a computação: uma experiência prática de introdução à programação utilizando jogos e Python. *In*: WORKSHOP DE INFORMÁTICA NA ESCOLA, 17.; SIMPÓSIO BRASILEIRO DE INFORMÁTICA NA EDUCAÇÃO, 22., 2011, Aracaju. *Anais* [...] Porto Alegre: SBC, 2011. p. 1138-147.

OLIVEIRA, M. L. S. et al. Ensino de lógica de programação no ensino fundamental utilizando o Scratch: um relato de experiência. *In*: WORKSHOP SOBRE EDUCAÇÃO EM COMPUTAÇÃO, 22.; CONGRESSO DA SOCIEDADE BRASILEIRA DE COMPUTAÇÃO, 34., 2014, Brasília, DF. *Anais* [...] Porto Alegre: SBC, 2014. p. 1525-1534.

PIAGET, J. *Gênese das estruturas lógicas elementares*. 3. ed. Rio de Janeiro: Zahar, 1975.

QEDU. c2019. Disponível em: http://www.qedu.org.br/. Acesso em: 11 maio 2019.

RAMOS, F. O.; TEIXEIRA, L. S. Significação da aprendizagem através do pensamento computacional no ensino médio: uma experiência com Scratch. *In*: WORKSHOP DE INFORMÁTICA NA ESCOLA, 21.; CONGRESSO BRASILEIRO DE INFORMÁTICA NA EDUCAÇÃO, 4., 2015, Maceió. *Anais* [...] Porto Alegre: SBC, 2015. P. 217-226.

RAMOS, H. A. *Pensamento computacional na educação básica*: uma proposta de aplicação pedagógica para alunos do quinto ano do ensino fundamental do Distrito Federal. 2014. Monografia (Licenciatura em Computação) – Instituto de Ciências da Computação, Universidade de Brasília, Brasília, DF, 2014.

RAPKIEWICZ, C. E. et al. Estratégias pedagógicas no ensino de algoritmos e programação associadas ao uso de jogos educacionais. *Renote:* Novas Tecnologias na Educação, v. 4, n. 2, p. 1-11, 2006.

RESNICK, M. Point of view: reviving Papert's dream. *Educational Technology*, v. 52, n. 4, p. 42-46, 2012.

SCOLARI, A. T.; BERNARDI, C.; CORDENONSI, A. Z. O Desenvolvimento do Raciocínio Lógico através de Objetos de Aprendizagem. *Revista Renote*, v. 5, n. 2, 2007. Disponível em: https://seer.ufrgs.br/renote/article/view/14253/8169. Acesso em: 27 maio 2019.

SILVA, V.; SOUZA, A.; MORAIS, D. Pensamento Computacional: um relato de práticas pedagógicas para o ensino de computação em escolas públicas. *Revista Tecnologias na Educação*, ano 8, v. 16, 2016.

SILVEIRA, D. S.; LOIOLA, E. M.; FERREIRA, S. B. L. Uma metodologia de ensino de lógica aplicada em cursos de ciências humanas. *Revista de Administração Mackenzie*, v. 10, n. 2, p. 164-180, 2009.

WING, J. Computational thinking. *Communications of ACM*, v. 49, n. 3, p. 33-36, 2006.

LEITURAS RECOMENDADAS

BEGEL, A. *LogoBlocks*: a graphical programming language for interacting with the world. [Cambridge]: MIT Media Laboratory, 1996. Disponível em: https://andrewbegel.com/mit/begel-aup.pdf. Acesso em: 11 maio 2019

BELCHIOR, H.; BONIFÁCIO, B.; FERREIRA, R. Avaliando o uso da ferramenta Scratch para ensino de programação através de análise quantitativa e qualitativa. *In*: CONGRESSO BRASILEIRO DE INFORMÁTICA NA EDUCAÇÃO, 4.; SIMPÓSIO BRASILEIRO DE INFORMÁTICA NA EDUCAÇÃO, 26., 2015, Maceió. *Anais* [...] Porto Alegre: SBC, 2015. p. 947-956.

CARNEGIE MELLON. *Center for computational thinking*. [201-?]. Disponível em: https://www.cs.cmu.edu/~CompThink/. Acesso em: 11 maio 2019.

INTERNATIONAL SOCIETY FOR TECHNOLOGY IN EDUCATION; COMPUTER SCIENCE TEACHERS ASSOCIATION. *Computational thinking*: leadership toolkit. c2011. Disponível em: https://id.iste.org/docs/ct-documents/ct-leadershipt-toolkit.pdf. Acesso em: 11 maio 2019. LIMA, A. C.; SOUSA, D. F. Desenvolvimento do raciocínio lógico e algoritmo através do programa institucional de bolsas de iniciação à docência no ensino fundamental. *In*: CONGRESSO BRASILEIRO DE INFORMÁTICA NA EDUCAÇÃO, 4., 2015, Maceió. *Anais* [...] Porto Alegre: SBC, 2015. p. 1379-1388.

MALAN, D. J.; LEITNER, H. H. Scratch for budding computer scientists. *ACM SIGCSE Bulletin*, v. 39, n. 1, p. 223-227, 2007. Trabalho apresentado no 38th SIGCSE Technical Symposium on Computer Science Education, 2007, Kentucky.

MALONEY, J. H. et al. Programming by choice: urban youth learning programming with scratch. *ACM SIGCSE Bulletin*, v. 40, n. 1, p. 367-371, 2008.

RESNICK, M.; KAFAL, Y.; MAEDA, J. *A networked, media-rich programming environment to enhance technological fluency at after-school centers in economically disadvantaged communities*. Washington, DC: National Science Foundation, 2003. Proposal submitted to National Science Foundation.

CLUBE DE COMPUTAÇÃO PARA ALUNOS DOS ENSINOS FUNDAMENTAL E MÉDIO:
pesquisa-ação com múltiplas ferramentas

Andrea Schwertner Charão | Benhur Stein | Patrícia Pitthan Barcelos

A disseminação dos fundamentos da ciência da computação na educação básica é um tema que mobiliza educadores, pesquisadores e organizações no mundo todo. Desde o trabalho pioneiro de Seymour Papert (1980), percebe-se o potencial dos computadores na educação de crianças e jovens. Além disso, vislumbra-se o poder transformador do pensamento computacional (WING, 2006) desde os primeiros níveis de ensino.

Esse tema recorrente se beneficiou de avanços tecnológicos em torno da internet, que impulsionou o desenvolvimento de novas ferramentas e possibilitou mobilizações em grande escala. Nessa linha, uma iniciativa recente é o projeto Hora do Código (em inglês, *Hour of Code*) (WILSON, 2014; WILSON, 2015), que defende a ideia de que a programação de computadores está ao alcance de todos. Esse projeto, que já mobilizou milhões de participantes de vários países, promove atividades lúdicas, autoexplicativas e de curta duração em que os participantes podem conhecer e exercitar fundamentos de computação e programação.

A Hora do Código se articula com vários outros projetos que desenvolvem ferramentas com propósito educacional, visando disseminar conhecimentos básicos de algoritmos e programação, de forma lúdica e com grande apelo visual. Entre essas ferramentas, destacam-se, por exemplo, Scratch (MALONEY et al., 2010) e Alice (UTTING et al., 2010). Várias outras ferramentas e projetos também se enquadram nesse nicho.

Em uma linha semelhante, existem iniciativas conhecidas como clubes de programação, em que grupos de crianças e jovens se reúnem, sob tutoria de voluntários, para desenvolver atividades criativas que envolvam conceitos de programação de computadores (SMITH; SUTCLIFFE; SANDVIK, 2014). As atividades ocorrem em vários encontros, e geralmente são utilizadas ferramentas como o *software* Scratch, inseridas em roteiros que propõem a solução de problemas divertidos (p. ex., ajudar um personagem a sair de um labirinto), bem como a criação de jogos ou animações. A ideia dos clubes de programação tem se espalhado pelo mundo, com resultados promissores.

Inspirados nessas iniciativas, professores da Universidade Federal de Santa Maria (UFSM), situada no interior do Rio Grande do Sul, iniciaram em 2014 um projeto denominado Clube de Computação. O objetivo geral do Clube de Computação da UFSM é disseminar fundamentos da computação e do pensamento computacional a crianças e jovens dos ensinos fundamental e médio, provenientes de escolas de Santa Maria e da região. O projeto associa ensino, pesquisa e extensão, atuando em parceria com professores e equipe diretiva de escolas públicas ou privadas, mas com uma abordagem de ensino não formal, priorizando o desenvolvimento de atividades extracurriculares.

Algumas questões de pesquisa que o projeto busca responder estão associadas à diversidade de ferramentas atualmente disponíveis. De fato, cada uma das várias ferramentas gratuitas e acessíveis na *web* inspira várias perguntas relacionadas à sua exploração em um determinado público-alvo. Embora existam pistas sobre isso na literatura especializada, entende-se que as respostas dependem de muitas variáveis e não são facilmente generalizáveis.

Nesse contexto, a abordagem metodológica escolhida para o projeto é a da pesquisa-ação (TRIPP, 2005), seguindo um ciclo básico de planejamento, implementação, descrição e avaliação das ações práticas voltadas para o público-alvo, embasadas no estado da arte. Inseridas nessa abordagem, as ações do Clube de Computação ocorrem de forma sistemática desde o início de 2014, com várias edições já realizadas ao longo dos vários anos do projeto, durante as quais foram empregadas múltiplas ferramentas de ensino-aprendizagem. Mais do que simplesmente replicar experiências localmente, o projeto busca construir uma visão crítica e abrangente sobre as diferentes ferramentas e abordagens existentes, sendo essa a principal contribuição deste capítulo.

CLUBES DE PROGRAMAÇÃO E TRABALHOS RELACIONADOS

Conhecer trabalhos relacionados e sua fundamentação é importante para amparar o ciclo da pesquisa-ação. Ao procurar informações sobre clubes de programação ou de computação em motores de busca, encontram-se facilmente milhares de páginas. Por sua vez, ao buscar artigos sobre clubes de programação em periódicos ou eventos científicos, o número de trabalhos reduz significativamente. Nesta seção, sumarizam-se algumas iniciativas estrangeiras e brasileiras encontradas na literatura especializada.

Iniciativas estrangeiras/internacionais

No exterior, pode-se dizer que os principais veículos de publicação de pesquisas sobre educação em computação estão sob a insígnia da Association for Computing Machinery (ACM), a primeira sociedade científica e educacional dedicada à área de computação. Essa associação possui uma divisão denominada Special Interest Group on Computer Science Education (SIGCSE), que congrega várias publicações. Anais de eventos ligados ao SIGCSE da ACM costumam reunir contribuições provenientes de vários países e podem ser consultados *on-line*.[1] A seguir, discutem-se alguns trabalhos recentes encontrados nessas fontes. Não se trata de uma análise exaustiva, mas de um retrato de iniciativas semelhantes entre si.

Uma iniciativa com grande abrangência geográfica é o Code Club,[2] criado no Reino Unido (SMITH; SUTCLIFFE; SANDVIK, 2014). Seu objetivo é disseminar fundamentos de computação a crianças, por meio da criação de jogos, animações e páginas na internet. Entre as ferramentas utilizadas destacam-se Scratch, voltado ao ensino de programação básica, linguagens Hypertext Markup Language (HTML) e Cascading Style Sheets (CSS), com foco em desenvolvimento *web*, e Python, uma linguagem que enfatiza a programação textual. O Code Club opera na forma de organização não governamental (ONG), oferecendo atividades extracurriculares em escolas e outros locais, com o auxílio de voluntários, que replicam experiências utilizando planos de

---

[1] Disponível em: http://dl.acm.org/sig.cfm?id=SP927
[2] Disponível em: http://www.codeclub.org.uk/

TABELA 7.1 Resumo de algumas iniciativas estrangeiras

País e autores	Idade do público	Duração e frequência	Ferramentas
Reino Unido (SMITH et al., 2014)	7-13	Até 20 h; 2 h/semana	Scratch, HTML/CSS, Python
Finlândia (LAKANEN et al., 2014b)	12-18	25 h; 5 h/dia (verão)	C#/XNA/Jypeli
Alemanha (MEYER; BATZNER, 2016)	9-10	18 h; 2 h/semana	Scratch
Bélgica (WYFFELS et al., 2014)	12-14	36 h; 6 h/semana	Code.org, Scratch Java/Greenfoot Dwengo Blocks

ensino e materiais previamente desenvolvidos. Com esse formato, que favorece a replicação, o Code Club alcançou milhares de participantes de vários países,[3] incluindo o Brasil.[4]

Em iniciativas localizadas na Finlândia (LAKANEN; ISOMÖTTONEN; LAPPALAINEN, 2014), na Alemanha (MEYER; BATZNER, 2016) e na Bélgica (WYFFELS; MARTENS; LEMMENS, 2014), autores relatam experiências de menor abrangência geográfica e populacional. Porém, algumas alcançam uma faixa etária maior, incluindo atividades para adolescentes.

Na **Tabela 7.1**, apresenta-se um resumo das iniciativas estrangeiras citadas, destacando-se a idade do público, a duração e frequência das atividades e as ferramentas utilizadas. Nota-se uma presença marcante da ferramenta Scratch, mas também há espaço para linguagens usadas profissionalmente, como Java e C#.

Iniciativas brasileiras

No Brasil, as principais publicações acadêmicas e científicas sobre educação em computação costumam ter ligação com a Sociedade Brasileira de Computação. Dois importantes veículos são o *Workshop* sobre Educação em Computação e o *Workshop* de Informática na Escola.

Ambos têm mais de 20 anos de história e disponibilizam seus artigos na íntegra em bibliotecas digitais. Bordini et al. (2016) apresentam um levantamento amplo de projetos que abordam a computação na educação básica no Brasil.

Na **Tabela 7.2**, apresenta-se um resumo de algumas iniciativas brasileiras voltadas à disseminação de fundamentos de computação no público da educação básica. Nota-se que as iniciativas brasileiras possuem similaridades com as estrangeiras.

FERRAMENTAS E RECURSOS

Desde as primeiras experiências com a linguagem Logo (PAPERT, 1980), em que crianças comandavam uma tartaruga por meio de programação, muitos novos recursos e ferramentas foram desenvolvidos. Pode-se dizer que, embora tecnologicamente distantes de seus precursores, grande parte das modernas ferramentas para ensino-aprendizagem de programação é conceitualmente semelhante às mais antigas.

A diversidade atual de ferramentas já foi objeto de estudo de outros trabalhos. Em Duncan, Bell e Tanimoto (2014), encontra-se uma revisão de várias ferramentas modernas voltadas para crianças em torno dos 8 anos de idade. Em Combéfis, Beresnevicius e Dagiené (2016), os autores fazem uma revisão de ferramentas que aliam jogos a programação. Esses

---

[3] Disponível em: http://www.codeclubworld.org/
[4] Disponível em: http://www.codeclubbrasil.org.br/

TABELA 7.2 Resumo de algumas iniciativas brasileiras

Estado e autores	Idade do público	Duração e frequência	Ferramentas
Amazonas (MARTINS; REIS; MARQUES, 2016)	12-15	1 h	Code.org
São Paulo (RODRIGUES et al., 2016)	9-10	32 h; 2 h/semana	Scratch
São Paulo (RIBEIRO; MANSO; BORGES, 2016)	14-17	8 h; 4 h/aula	App Inventor
Minas Gerais (NUNES et al., 2015)	15-17	1 ano; 1 h/encontro	CS Unplugged HTML/CSS
Paraná (GARCIA et al., 2016)	15-17	25 h; 5 h/semana	Scratch App Inventor
Paraná (SOARES; CERCI; MONTE-ALTO, 2016)	11-15	3 meses; 2 h/semana	Scratch

trabalhos usam abordagens que não envolvem práticas com o público-alvo.

A seguir, apresentam-se ferramentas e recursos utilizados nas intervenções do Clube de Computação da UFSM. Optou-se por dividi-los em três categorias. Na primeira, estão tutoriais, isto é, ferramentas associadas a vídeos e textos autoexplicativos; na segunda, estão ferramentas de programação visual, em que a construção de programas se dá por meio de elementos gráficos (blocos encaixáveis, p. ex.); e, na terceira, estão ferramentas de programação textual, em que é necessário escrever códigos para resolver problemas.

Tutoriais

Code.org[5] é a organização que hospeda a Hora do Código e mantém uma grande variedade de tutoriais, classificados por faixa etária e recursos utilizados. Os tutoriais geralmente são apresentados em forma de desafios que devem ser vencidos passo a passo, seguindo instruções em texto, áudio e vídeo. Há tutoriais nas mais variadas ferramentas, algumas das quais são apresentadas nas seções seguintes. Cada recurso corresponde a aproximadamente uma hora de atividade, mas existem também roteiros para cursos que totalizam 20 horas,[6] em que são sugeridas sequências de tutoriais para cada faixa etária. Há tutoriais em várias línguas, e muitos encontram-se traduzidos para o português.

Khan Academy[7] é uma organização educacional que disponibiliza recursos gratuitos sobre várias disciplinas. Em seu portal *web*, há um espaço dedicado à área da computação,[8] no qual são disponibilizados tutoriais sobre programação *web* e animações, sobre aspectos teóricos da ciência da computação e suas tecnologias, incluindo bancos de dados e redes de computadores. A maior parte dos tutoriais está traduzida para o português e inclui instruções em texto e vídeo, em roteiros que compreendem exercícios e desafios interativos (p. ex., construir um cenário e animar um personagem). Os tutoriais de programação utilizam a linguagem JavaScript.

SACI[9] é um ambiente para ensino-aprendizagem de programação desenvolvido pela equipe da Universidade Estadual de Campinas (Unicamp), que organiza a Olimpíada Brasileira de Informática. Oferece um tutorial de 14 aulas em vídeo e texto que abrangem noções básicas de programação, incluindo

---

[5]Disponível em: http://code.org/
[6]Disponível em: https://studio.code.org/
[7]Disponível em: https://pt.khanacademy.org
[8]Disponível em: https://pt.khanacademy.org/computing
[9]Disponível em: https://olimpiada.ic.unicamp.br/saci

entrada/saída, condicionais e repetições. A linguagem utilizada é JavaScript. O ambiente também propõe exercícios que são corrigidos automaticamente.

Ferramentas de programação visual

Scratch[10] apresenta uma interface gráfica na *web* em que estão disponíveis blocos encaixáveis, correspondentes a diferentes estruturas de uma linguagem de programação, como variáveis, operadores, e estruturas de decisão e de repetição. Com esses blocos, o usuário pode construir diversos tipos de programas e visualizar sua execução. O uso de uma interface de programação visual, sem contato com linhas de código, evita erros de sintaxe e gramática, estimulando o raciocínio lógico.

LightBot[11] é um jogo cujo objetivo é movimentar um robô dentro de um espaço quadriculado, iluminando os quadrados que são solicitados. Desenvolvido para diversas plataformas, ele utiliza comandos para movimentar um robô em um espaço virtual. Os comandos são representados como ícones e são arrastados para montar o algoritmo. Conforme o jogador completa as missões, outras funções são liberadas. O jogo explora comandos sequenciais, condicionais, de repetição, subprogramas e recursividade.

O MIT App Inventor[12] é uma ferramenta lançada em 2010 pela empresa Google, em parceria com o Massachusetts Institute of Technology (MIT). É uma ferramenta inovadora de introdução à programação por meio da criação de aplicações móveis. A interface gráfica compreende uma área de desenho das telas do aplicativo e uma área com blocos que definem a lógica. Também oferece recursos para teste dos aplicativos criados.

Ferramentas de programação textual

CodeCombat[13] é um jogo para aprendizado de programação no qual o jogador controla um personagem que se torna cada vez mais forte à medida que os desafios evoluem. O controle do personagem é realizado por uma linguagem de programação (JavaScript ou Python). Antes de começar um desafio, são apresentados os comandos e exemplos de como usá-los. O fato de usar linguagens de programação convencionais possibilita ao jogador aprender sua sintaxe, criar algoritmos e depurar os códigos com seus mecanismos de correção de erros.

CodeHunt[14] é um jogo cujo desafio é a depuração de códigos escritos em C# ou Java. Ele tem como foco jogadores com algum conhecimento de programação textual. O jogo tem desafios organizados em níveis e possibilita o compartilhamento de resultados nas redes sociais. Seu ambiente gráfico tem poucos recursos, mas os desafios dos níveis, sistema de pontos, *rankings* e a possibilidade de interação com as redes sociais ajudam a estimular os jogadores.

Studio Sketchpad[15] é um ambiente na *web* para criações gráficas que usa programação textual na linguagem JavaScript. Os programas utilizam a biblioteca p5.js, que agrupa vários recursos prontos para criação e manipulação de gráficos interativos. Os usuários podem criar códigos colaborativamente e compartilhar suas criações em uma galeria.

EXPERIÊNCIAS DO CLUBE DE COMPUTAÇÃO DA UFSM

Ambiente escolar

No primeiro ano do clube, focou-se principalmente alunos do ensino médio, com idades de

---

[10]Disponível em: https://scratch.mit.edu/
[11]Disponível em: https://lightbot.com
[12]Disponível em: http://appinventor.mit.edu

[13]Disponível em: http://br.codecombat.com/
[14]Disponível em: https://www.codehunt.com
[15]Disponível em: http://sketchpad.cc/

15 a 18 anos. Nos anos seguintes, ampliou-se para alunos do ensino fundamental, a partir de 11 anos, tanto de escolas públicas como privadas.

Na maior parte dos casos, divulgou-se o clube primeiramente à equipe diretiva das escolas, que intermediou a divulgação a seus alunos. Nesses casos, as atividades foram realizadas nas próprias escolas, em turnos opostos aos das aulas, atendendo exclusivamente a seus alunos. Em outros casos, houve a participação de alunos de diferentes escolas, atraídos por uma divulgação mais ampla, para atividades que foram realizadas na UFSM.

Até o momento, o público atendido envolveu alunos de 17 escolas, duas delas dos municípios vizinhos de Silveira Martins e Pinhal Grande. O número total de participantes e interessados aproxima-se de 200 pessoas.

Organização e duração das atividades

Todas as atividades propostas seguiram uma abordagem de ensino não formal, que contrasta com o ensino formal por ter características mais flexíveis, como ser extracurricular, voluntário (e não compulsório), centrado em interesses do aluno e não sequencial (ESHACH, 2007). Outro aspecto comum a todas as atividades foi a presença de vários alunos de graduação, denominados tutores, que orientavam os participantes individualmente ou em duplas. Cada encontro com os alunos teve duração de 1 a 3 horas. A carga horária total para cada aluno ou escola, no entanto, variou bastante desde o início do projeto, conforme está detalhado a seguir.

No primeiro ano do projeto, trabalhou-se mais intensivamente com alunos do 1º e 2º anos do ensino médio. Buscou-se incentivá-los a explorar múltiplas ferramentas, capazes de apresentar e desenvolver noções de computação e programação. Enfatizando o caráter não formal das atividades, permitiu-se que cada aluno escolhesse as ferramentas que lhe interessavam mais, em encontros semanais que ocorriam no turno inverso ao das aulas, em fluxo contínuo (novos alunos podiam ingressar no clube a qualquer momento). Nesses encontros, cada aluno era supervisionado individualmente pelos tutores, que auxiliavam na formulação de objetivos e forneciam explicações sobre as ferramentas, quando necessário. Esse método foi vantajoso por sua abrangência e flexibilidade para os participantes, mas exigiu grande esforço dos tutores, que deveriam estar preparados para diferentes atividades. Além disso, observou-se que alguns alunos tinham interesse em aprofundar os conhecimentos sobre computação e programação, o que exigiria uma mudança no planejamento das atividades.

A partir do segundo ano, portanto, organizaram-se oficinas e encontros com diferentes temas e níveis de dificuldade. Denominaram-se "oficinas" os eventos com duração e objetivos específicos divulgados aos possíveis interessados, que deveriam se inscrever para participar. Designaram-se "encontros" as reuniões entre tutores e alunos já participantes do clube, para aprofundamento de seus interesses, possivelmente usando novas ferramentas, entre as apresentadas no tópico Ferramentas e recursos. Para novos participantes do clube, a primeira atividade proposta sempre tinha como recursos os tutoriais iniciais do Code.org. Na sequência, usava-se uma ou mais ferramentas de programação visual, seguidas de uma ou mais ferramentas de programação textual.

A carga horária total, a cada oficina, variou de 2 a 10 horas. Os encontros subsequentes foram todos de aproximadamente duas horas. Alguns alunos mantiveram contato com o clube por mais de um ano e acumularam cerca de 40 horas de atividades, com várias ferramentas, enquanto outros fizeram apenas uma oficina curta de duas horas.

Procedimentos metodológicos

Configurado como pesquisa-ação (TRIPP, 2005), o projeto percorreu diversos ciclos de planejamento, implementação, descrição e avaliação dos encontros e oficinas. As etapas de planejamento incluíram a revisão de literatura sobre trabalhos relacionados e, paralelamente, o estudo de ferramentas e seus recursos. Todos os encontros do clube foram planejados em reuniões semanais na UFSM, com presença dos docentes e dos tutores (alunos de graduação em Ciência da Computação ou Sistemas de Informação). Com o estudo das ferramentas e com a realização dos encontros e oficinas, passou-se a registrar observações sobre cada recurso/ferramenta.

Com os participantes, a avaliação das ações utilizou principalmente os seguintes instrumentos e técnicas:

- Um formulário de avaliação, preenchido pelos alunos participantes ao final de cada edição, visando conhecer suas impressões sobre as atividades.
- A observação do progresso dos alunos na consecução dos objetivos (quantidade de problemas/etapas resolvidos e/ou artefatos produzidos).

Priorizou-se uma análise qualitativa dos dados obtidos, visando aprimorar as edições seguintes e contornar os problemas observados.

RESULTADOS E LIÇÕES APRENDIDAS

Os dados coletados nos formulários de avaliação indicam que o clube tem grande aceitação entre os participantes. A grande maioria (cerca de 90%) considera as atividades divertidas e estimulantes e manifesta interesse em continuá-las, mesmo considerando-as difíceis em alguns casos (cerca de 30% dos alunos). Entre os participantes, apenas uma pequena parcela (cerca de 10%) já tinha algum contato com fundamentos de computação (na maior parte desses casos, com Scratch). Todas essas observações são condizentes com os resultados positivos já reportados em outros trabalhos (ver tópico Clubes de programação e trabalhos relacionados).

O progresso dos alunos nas atividades, por sua vez, é bastante heterogêneo, o que é um tanto destoante da aceitação reportada. Por exemplo, observa-se que muitos alunos relutam em usar estruturas de repetição e acabam utilizando muitas sequências de instruções. Eles resolvem os problemas, mas não da melhor maneira. Isso não parece ser entendido como um problema por eles, mesmo após orientações dos tutores. Esse tipo de observação não é comumente encontrado nos relatos de outros clubes e trabalhos relacionados, mas isso não quer dizer que essas situações não ocorram.

Nas seções seguintes, apresentam-se observações mais específicas em relação a ferramentas e aspectos metodológicos.

Quanto às ferramentas

Todas as ferramentas utilizadas possuem grau elevado de maturidade, e não apresentam erros durante a operação. Pela experiência nesse projeto, não parece haver uma única ferramenta ou recurso que acompanhe o progresso dos alunos mais interessados na área, fazendo-se necessário combinar várias ferramentas. No entanto, a transição entre diversas ferramentas pode ser um problema, tanto para participantes (os que têm menor facilidade ou são mais dispersos) como para tutores (que precisam trocar muitas vezes de contexto).

A seguir, apresenta-se um resumo de prós e/ou contras observados para cada ferramenta. No geral, trata-se de observações não encontradas em outros trabalhos semelhantes.

- **Code.org:** embora seja acessível para iniciantes e um excelente recurso para oficinas rápidas, observou-se que a sequência

de tutoriais torna-se rapidamente repetitiva, não favorecendo o progresso em um prazo mais longo.
- **Khan Academy:** mostrou-se bastante motivador para alunos interessados em se aprofundar em programação. Nos exercícios propostos, possui um recurso que fornece dicas sobre o código em construção, mas que muitas vezes acaba atrapalhando o aluno.
- **SACI:** segue um encadeamento de conteúdos próximo ao que é adotado em universidades e favorece o aprofundamento. Tem menor apelo visual do que as demais ferramentas, o que se revelou desmotivador para os alunos.
- **Scratch:** é a ferramenta que se mostrou mais próxima de uma solução que acomode desde iniciantes até mais experientes. Mesmo assim, observou-se que os alunos facilmente se dispersam dos objetivos propostos, o que pode evitar que progridam.
- **LightBot:** dentre as ferramentas utilizadas, é a que mais se parece com um jogo. Mostrou-se uma opção vantajosa para desafios rápidos. Possui uma versão *off-line*, mais antiga, que é vantajosa para eventos sem acesso à internet.
- **MIT App Inventor:** original e motivadora, foi a ferramenta que obteve mais sucesso no clube, após os tutoriais iniciais do Code.org. Um aspecto negativo diz respeito ao teste de aplicativos, pois muitos alunos não conseguiram executar o emulador sozinhos.
- **CodeCombat:** apesar do forte apelo visual e lúdico da ferramenta, seus recursos pareceram confundir os alunos, dificultando seu uso por aqueles dispostos a se aprofundar em programação.
- **CodeHunt:** poucos alunos se mostraram interessados por essa ferramenta, apesar de ser um recurso útil para exercitar condições e expressões lógicas.
- **Studio Sketchpad:** não é citada em outros trabalhos relacionados, talvez por não ser originalmente concebida para ensino-aprendizagem, mas seus recursos de programação colaborativa e a possibilidade de reusar e manter diferentes versões de código têm vários aspectos positivos, que favoreceram o progresso de alunos mais interessados em se aprofundar.

Quanto aos aspectos metodológicos

Do ponto de vista metodológico, alguns problemas e oportunidades foram observados durante o ciclo da pesquisa-ação. Trabalhar com alunos do ensino médio parecia, à primeira vista, mais conveniente, por estarem próximos da fase de escolher um curso superior. No entanto, eles costumam ter muitas atividades paralelas à escola, preparatórias para exames. Assim, trabalhar com esse público foi um desafio maior do que atender os alunos do ensino fundamental.

Quando professores das escolas são ativos na parceria com o clube, todas as etapas do trabalho ficam facilitadas. No entanto, esse envolvimento nem sempre ocorre, principalmente em oficinas abertas a várias escolas, que atraem alunos "avulsos". Nesses casos, às vezes não se consegue comunicação com alunos inscritos (p. ex., para envio de material complementar ou convite para novas atividades). Assim, é importante solicitar diferentes alternativas para contato com os inscritos (*e-mail*, rede social ou telefone) e reservar tempo considerável para comunicação.

Para coleta de dados ao final de encontros ou oficinas, formulários *on-line* criados com a ferramenta Formulários Google foram bastante úteis. No entanto, é importante reservar tempo para o preenchimento ao final dos encontros, pois formulários enviados posteriormente não costumam ser respondidos.

CONSIDERAÇÕES FINAIS

Na sua região de abrangência, o Clube de Computação da UFSM pode ser considerado uma iniciativa inovadora, por seus objetivos e abordagem, e por trabalhar com ferramentas no estado da arte. Em comparação com outros clubes e projetos relacionados, destaca-se pela variedade de ferramentas investigadas, algumas das quais não são sequer mencionadas em outros trabalhos. Outro diferencial é o formato flexível das atividades, que acomoda interesses e habilidades heterogêneas dos participantes e favorece a interação com tutores.

De maneira geral, as experiências atingiram os objetivos ao alcançarem participantes que não haviam tido contato anterior com fundamentos de computação. As atividades realizadas permitiram explorar diferentes ferramentas, e todas revelaram suas vantagens e limitações. Diante da grande diversidade de ferramentas voltadas para os mesmos propósitos, acredita-se que seja essencial conhecer e testar diferentes alternativas, conforme as características do público.

REFERÊNCIAS

BORDINI, A. et al. Computação na educação básica no Brasil: o estado da arte. Revista de Informática Teórica e Aplicada, v. 23, n. 2, p. 210-238, 2016.

COMBÉFIS, S.; BERESNEVICIUS, G.; DAGIENÉ, V. Learning programming through games and contests: Overview, characterization and discussion. Olympiads in Informatics, v. 10, p. 39-60, 2016.

DUNCAN, C.; BELL, T.; TANIMOTO, S. Should your 8-year-old learn coding? In: WORKSHOP IN PRIMARY AND SECONDARY COMPUTING EDUCATION, 9., 2014, Berlin. Proceedings [...] New York: ACM, 2014. p. 60-69.

ESHACH, H. Bridging in school and out-of-school learning: formal, non-formal, and informal education. Journal of Science Education and Technology, v. 16, n. 2, p. 171-190, 2007.

GARCIA, V. R. et al. Despertando jovens talentos com o conhecimento da computação. In: WORKSHOP DE INFORMÁTICA NA ESCOLA, 22.; CONGRESSO BRASILEIRO DE INFORMÁTICA NA EDUCAÇÃO, 5., 2016, Uberlândia. Anais [...] Porto Alegre: SBC, 2016. p. 583-592.

LAKANEN, A.; ISOMÖTTONEN, V.; LAPPALAINEN, V. Five years of game programming outreach: understanding student differences. \: ACM TECHNICAL SYMPOSIUM ON COMPUTER SCIENCE EDUCATION, 45., 2014, Atlanta. Proceedings [...] New York: ACM, 2014. p. 647-652.

MALONEY, J. et al. The Scratch programming language and environment. ACM Transactions on Computing Education, v. 10, n. 4, article 16, 2010.

MARTINS, R.; REIS, R.; MARQUES, A. B. Inserção da programação no ensino fundamental: uma análise do jogo Labirinto Clássico da Code.org através de um modelo de avaliação de jogos educacionais. In: WORKSHOP DE INFORMÁTICA NA ESCOLA, 22.; CONGRESSO BRASILEIRO DE INFORMÁTICA NA EDUCAÇÃO, 5., 2016, Uberlândia. Anais [...] Porto Alegre: SBC, 2016. p. 121-130.

MEYER, D.; BATZNER, A. Engaging computer science non-majors by teaching k-12 pupils programming: first experiences with a large-scale voluntary program. In: KOLI CALLING INTERNATIONAL CONFERENCE ON COMPUTING EDUCATION RESEARCH, 16., 2016, Koli. Proceedings [...] New York: ACM, 2016. p. 174-175.

NUNES, M. M. et al. Uma iniciativa para atrair as estudantes do ensino médio para a área de tecnologia da informação. In: WORKSHOP DE INFORMÁTICA NA ESCOLA, 21.; CONGRESSO BRASILEIRO DE INFORMÁTICA NA EDUCAÇÃO, 4., 2015, Maceió. Anais [...] Porto Alegre: SBC, 2015. p. 425-434.

PAPERT, S. Mindstorms: children, computers, and powerful ideas. New York: Basic Books, 1980.

RIBEIRO, J. P.; MANSO, M. A.; BORGES, M. Dinâmicas com App Inventor no apoio ao aprendizado e no ensino de programação. In: WORKSHOP DE INFORMÁTICA NA ESCOLA, 22.; CONGRESSO BRASILEIRO DE INFORMÁTICA NA EDUCAÇÃO, 5., 2016, Uberlândia. Anais [...] Porto Alegre: SBC, 2016. p. 271-280.

RODRIGUES, L. C. et al. Relato de experiência: curso de introdução à programação para crianças do ensino fundamental no IFSP Votuporanga. In: WORKSHOP DE INFORMÁTICA NA ESCOLA, 22.; CONGRESSO BRASILEIRO DE INFORMÁTICA NA EDUCAÇÃO, 5., 2016, Uberlândia. Anais [...] Porto Alegre: SBC, 2016. p. 349-358.

SMITH, N.; SUTCLIFFE, C.; SANDVIK, L. Code Club: bringing programming to UK primary schools through Scratch. In: ACM TECHNICAL SYMPOSIUM ON COMPUTER SCIENCE EDUCATION, 45., 2014, Atlanta. Proceedings [...] New York: ACM, 2014. p. 517-522.

SOARES, J. P. R. S.; CERCI, R. G.; MONTE-ALTO, H. H. L. C. Clube de programação e oficinas com o Scratch: um relato de experiência. In: WORKSHOP DE INFORMÁTICA NA ESCOLA, 22.; CONGRESSO BRASILEIRO DE INFORMÁTICA NA EDUCAÇÃO, 5., 2016, Uberlândia. Anais [...] Porto Alegre: SBC, 2016. p. 958-962.

TRIPP, D. Pesquisa-ação: uma introdução metodológica. Educação e Pesquisa, v. 31, n. 3, p. 443–466, 2005.

UTTING, I. et al. Alice, Greenfoot, and Scratch: a discussion. ACM Transactions on Computing Education, v. 10, n. 4, article 17, 2010.

WILSON, C. Hour of code: We can solve the diversity problem in computer science. ACM Inroads, v. 5, n. 4, p. 22, 2014.

WILSON, C. Hour of code: a record year for computer science. ACM Inroads, v. 6, n. 1, p. 22, 2015.

WING, J. Computational thinking. Communications of ACM, v. 49, n. 3, p. 33-36, 2006.

WYFFELS, F.; MARTENS, B.; LEMMENS, S. Starting from scratch: experimenting with computer science in Flemish secondary education. In: WORKSHOP IN PRIMARY AND SECONDARY COMPUTING EDUCATION, 9., 2014, Berlin. Proceedings [...] New York: ACM, 2014. p. 12–15.

LEITURA RECOMENDADA

LAKANEN, A.; ISOMÖTTONEN, V.; LAPPALAINEN, V. Understanding differences among coding club students. In: CONFERENCE ON INNOVATION AND TECHNOLOGY IN COMPUTER SCIENCE EDUCATION,19., 2014, Uppsala. Proceedings [...] New York: ACM, 2014. p. 159-164.

EXPLORANDO O PENSAMENTO COMPUTACIONAL PARA A QUALIFICAÇÃO DO ENSINO FUNDAMENTAL

8

Simone André da Costa Cavalheiro | Luciana Foss | Marilton Sanchotene de Aguiar
André Rauber Du Bois | Ana Marilza Pernas | Renata Hax Sander Reiser
Clause Fátima de Brum Piana | Ana Rita de Assumpção Mazzini

O pensamento computacional (PC) (WING, 2006) utiliza os conceitos básicos da ciência da computação para resolver problemas, desenvolver sistemas e entender o comportamento humano. As habilidades aplicadas originalmente na criação de programas computacionais foram estendidas via PC e propostas como uma metodologia para resolver problemas gerais nas mais diversas áreas do conhecimento (BUNDY, 2007; DENNING, 2009). Jeannette Wing (2006) popularizou o termo PC, impulsionando a discussão sobre a contribuição da computação no processo de resolução de problemas. Por sua vez, Papert (1996) já havia feito referência ao termo PC, propondo, na mesma época, a teoria de aprendizagem construcionista (ACKERMANN, [2001]).

No contexto da educação básica, a habilidade de resolver problemas via PC pode ser aplicada para estimular atividades cognitivas, como operações aritméticas e lógicas. Sendo um novo modo de pensar, na forma incremental e associativa, a manipulação de dispositivos computacionais via PC nos habilita a resolver desde problemas cotidianos até situações mais complexas (YINNAN; CHAOSHENG, 2012).

O projeto "ExpPC: explorando o pensamento computacional para a qualificação do ensino fundamental" considera que as escolas de ensino fundamental são veículos relevantes para implantação da metodologia via PC, no sentido de incentivar habilidades para desenvolvimento pleno e efetivo do raciocínio lógico-dedutivo, principalmente nos primeiros anos escolares. Como exemplos reais e atuais, grandes empresas incentivam projetos para a promoção do PC em diversos níveis de ensino. Particularmente, o Google (2018) já dispõe de um conjunto de atividades de PC para auxiliar alunos da educação básica dos Estados Unidos. No Brasil, também surgiram iniciativas nessa direção, e a temática já está sendo veiculada em artigos nacionais (BORDINI *et al.*, 2016b). Projetos de universidades brasileiras (BELL; WITTEN; FELLOWS, 2011; PONTIFÍCIA UNIVERSIDADE CATÓLICA DO RIO DE JANEIRO, 2014) vêm introduzindo os fundamentos da computação em escolas. É possível observar que diversas abordagens têm sido adotadas para a promoção do PC no escopo da educação básica (BORDINI *et al.*, 2017), como o uso de jogos digitais, a robótica, a proposição de atividades e jogos não digitais, e o ensino de programação, muitas vezes adotando linguagens visuais.

Esse projeto é de caráter contínuo e teve início em 2013. Anualmente, são desenvolvidas metodologias e atividades fundamentadas em conceitos da computação que buscam promover as habilidades do PC. Cada atividade planejada está disponível no *site* do projeto,[1] onde constam planos de ensino, planos de aula e materiais necessários para a sua aplicação, viabilizando sua replicação. Ademais, diversos resultados já obtidos no desenvolvimento do projeto podem contribuir com o avanço e a disseminação do PC, destacando-se: revisões sistemáticas de literatura (AVILA *et al.*, 2017a, 2017b; BORDINI *et al.*, 2016a, 2016b, 2017), propostas de metodologias para o ensino do PC (MARQUES *et al.*, 2017), descrição e análise de estudos de caso na área (CAVALHEIRO *et al.*, 2016; WEISSHAHN *et al.*, 2016; PINHO *et al.*, 2016; CAMPOS *et al.*, 2014; SANTOS *et al.*, 2015b) e detalhamento de novas atividades (SILVA JUNIOR; CAVALHEIRO; FOSS, 2017; PINHO *et al.*, 2016b; ANDRADE *et al.*, 2013; SANTOS *et al.*, 2015a).

Neste capítulo, apresentam-se os principais resultados de aplicações-piloto na disseminação e no uso de metodologia adequada para resolução de problemas via PC no ensino fundamental.

OBJETIVOS E METODOLOGIA

O projeto ExpPC, realizado na Universidade Federal de Pelotas (UFPel), com o apoio da Secretaria Municipal de Educação e Desporto (SMED) de Pelotas, no Estado do Rio Grande do Sul, busca sensibilizar a rede de ensino para a importância da introdução dos fundamentos da ciência da computação desde o ensino fundamental. Como principais objetivos específicos do projeto, destacam-se a introdução de alunos e professores das séries iniciais do ensino fundamental ao processo de solução de problemas, denominado pensamento computacional, e a criação de oficinas para o desenvolvimento de habilidades e a promoção de atitudes essenciais do pensamento computacional.

Esse projeto vem ocorrendo desde 2013, e atividades selecionadas e adaptadas da literatura, ou mesmo novas atividades, têm sido propostas e desenvolvidas em sala de aula. Aqui são relatadas ações desenvolvidas no ensino fundamental no período de 2013 a 2015. A seleção das escolas foi baseada em três diferentes perfis: periferia, central e rural. A partir desses perfis, a SMED indicou as escolas nas quais as atividades do projeto seriam desenvolvidas: a Escola Municipal Ferreira Viana (FV), de perfil de periferia; o Colégio Municipal Pelotense (P), de perfil central; e a Escola Municipal de Ensino Fundamental João da Silva Silveira (JSS), de perfil rural.

Em 2013, foi realizada uma aplicação-piloto com duas turmas de 4º ano na escola de periferia. Nesse ano, quatro atividades selecionadas e adaptadas da literatura (BELL; WITTEN; FELLOWS, 2011) foram desenvolvidas durante três meses, com encontros semanais de 1 hora e 40 minutos. Em 2014, três dessas atividades foram estendidas e aplicadas a três turmas de 4º ano, uma da escola central, outra da escola rural e outra da escola de periferia. Em 2015, novas atividades foram propostas e desenvolvidas com três turmas de 5º ano, duas turmas da escola de periferia e uma turma da escola central. Em cada um dos últimos dois anos, as atividades foram realizadas durante sete meses, com encontros semanais de 50 minutos.

A escolha da metodologia de concepção das ações sempre levou em consideração o perfil do público-alvo e a infraestrutura das escolas públicas do município, que, em sua maioria, não possuem laboratórios de computação com pelo menos uma máquina para cada dois alunos. Com isso, optou-se por adotar a metodologia da computação desplugada (BELL; WITTEN; FELLOWS, 2011), a qual visa ensinar os fundamentos da computação de forma lúdica e sem o uso de computadores. Nesse período do projeto, foram priorizadas

---

[1] Disponível em: https://wp.ufpel.edu.br/pensamentocomputacional/

algumas das habilidades do PC (INTERNATIONAL SOCIETY FOR TECHNOLOGY IN EDUCATION; COMPUTER SCIENCE TEACHERS ASSOCIATION, c2011): representação de dados por meio de abstrações; organização lógica e análise de dados; soluções por meio do pensamento algorítmico; e identificação e análise de soluções com o objetivo de achar a combinação mais eficiente e eficaz. Para isso, nos dois primeiros anos, foram desenvolvidas quatro atividades, as quais trabalharam os seguintes conteúdos da computação: codificação e decodificação de números binários; codificação e decodificação de imagens; algoritmos de busca (linear, binária e *hashing*); e algoritmos de ordenação (*selection sort*, *merge sort* e *quick sort*). Em 2015, atividades planejadas pela equipe do projeto envolveram os seguintes assuntos: algoritmos de busca; coleta, representação e análise de dados; e construção de algoritmos. A definição das habilidades e conteúdos a serem trabalhados sempre buscou consonância entre as habilidades do PC e os conteúdos referentes ao ciclo correspondente dos Parâmetros Curriculares Nacionais (PCNs) (BRASIL, c2018a, c2018b).

Além disso, optou-se por não elaborar atividades por meio de aulas puramente expositivas. O desenvolvimento de cada atividade foi planejado a partir de tarefas lúdicas que promovessem incrementalmente habilidades e dimensões do PC (INTERNATIONAL SOCIETY FOR TECHNOLOGY IN EDUCATION; COMPUTER SCIENCE TEACHERS ASSOCIATION, c2011) a serem exploradas, como tolerância, persistência, comunicação e colaboração.

A ação de extensão conta com indicadores e medidas de avaliação. No primeiro encontro, os alunos são submetidos a um teste para avaliar habilidades específicas relacionadas ao PC. Ao término do período das atividades do projeto, esses alunos fazem um novo teste, semelhante ao primeiro, avaliando as mesmas habilidades. As questões desses testes variaram de um ano para outro. No primeiro ano, o teste compreendeu quatro questões que totalizaram 10 pontos. Nos anos seguintes, o teste foi aperfeiçoado e passou a conter mais questões e avaliar mais habilidades.

A diferença entre as notas obtidas nos dois testes, antes e após o desenvolvimento das atividades, expressa o possível ganho no desempenho dos alunos. A significância desse ganho foi verificada por meio do teste t para amostras pareadas, com $\alpha = 0,05$. A hipótese sob verificação nesse teste supõe que o ganho médio dos alunos não difere de zero. As atividades são avaliadas por meio de testes versando sobre as tarefas desenvolvidas em aula. Os testes são aplicados após o término de cada uma das atividades, que envolvem até seis encontros. O projeto também passa pela avaliação do público-alvo – alunos e professores do município e da equipe do projeto. Aos professores, são solicitados pareceres descritivos, com uma breve descrição das atividades, críticas e sugestões. Aos alunos, são aplicados questionários que examinam seu interesse na atividade e sua percepção da atuação do professor, e solicitam uma autoavaliação de seu desempenho. Quanto à equipe, reuniões regulares, produção de relatórios e um processo de avaliação continuado guiam todas as etapas do projeto.

ATIVIDADES DESENVOLVIDAS

No projeto, foram desenvolvidas as seguintes atividades: números binários (NB), colorindo com números (CN), caça ao tesouro (CT), algoritmos de ordenação (AO), cara a cara (CC) e introdução a algoritmos (IA).[2] A criação das atividades NB, CN, CT e AO teve como base o livro *Computer science unplugged* (BELL;

---

[2] Os planos de aula das atividades desenvolvidas encontram-se disponíveis no *site* do projeto: https://wp.ufpel.edu.br/pensamentocomputacional/atividades/

WITTEN; FELLOWS, 2011), elaborado pela Carnegie Mellon University e pela University of Canterbury, com apoio do Google. O livro descreve 20 propostas de atividades a serem aplicadas em sala de aula visando o ensino de tópicos fundamentais da ciência da computação de maneira lúdica e sem o uso do computador. Já as atividades CC e IA foram propostas unicamente no escopo do projeto. Cada uma delas é descrita nas próximas subseções.

Números binários

A atividade NB (CAMPOS et al., 2014) objetiva trabalhar os conceitos de abstração e representação de dados com crianças do 4º ano do ensino fundamental (9 a 13 anos), visando colaborar com o desenvolvimento de habilidades como representar, contar, correlacionar e ordenar. A atividade foi idealizada para aplicação semanal, em intervalo de 1 hora e 30 minutos, organizada em três tarefas.

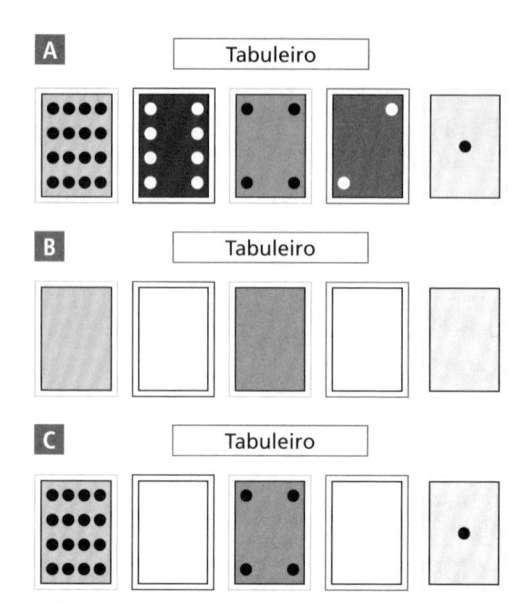

Figura 8.1 Exemplos de cartas: **(A)** tabuleiro, **(B)** binário 10101 e **(C)** decimal 21.

As cartas coloridas encontram-se disponíveis para *download* no *site* da Editora (grupoa.com.br – buscar pela página do livro).

A primeira tarefa tem como objetivo ensinar os estudantes a decodificar números binários. Para isso, eles são motivados a participar de um clube secreto, e precisam descobrir um número secreto a partir de um código binário dado. Nessa tarefa, a atividade é apresentada com o uso de tabuleiros e cinco cartas coloridas para cada tabuleiro. Foram confeccionadas uma versão ampliada do material para demonstração no quadro e uma versão menor para cada um dos alunos. As cartas são de cores diferentes, e uma das faces apresenta 1, 2, 4, 8 ou 16 pontos, dependendo da cor (**Fig. 8.1**).

Cada aluno recebe cinco cartas e um tabuleiro. Inicialmente, apresenta-se aos alunos o código binário, que constitui uma sequência de cinco dígitos formada de 0 ou 1, por meio de exemplos e contraexemplos. Então, explica-se como um número binário pode ser representado no tabuleiro – quando o dígito do código for 0, não se deve colocar a carta correspondente, e quando for 1, deve-se colo-

cá-la. O número secreto é descoberto ao virar as cartas e somar os pontos pretos.

Na segunda tarefa, objetiva-se realizar a transformação de código binário para palavras, sendo proposto, aos membros do clube, que se comuniquem por meio de códigos binários, nos quais cada código se refere a um número, e este corresponde a uma letra. Além do material da aula anterior, usa-se uma tabela associando os números decimais de 1 a 26 às letras (de A a Z, respectivamente). Inicialmente, explica-se aos alunos que o código binário é utilizado não só no clubinho, mas também em computadores, celulares e outras máquinas. Usa-se uma tabela para mostrar que cada número binário pode ser associado a uma letra. Dessa forma, uma sequência de números pode representar uma palavra. Então, exercita-se a tradução de sequências de números para palavras.

A terceira tarefa ensina o processo inverso da tarefa anterior, ou seja, a transformar frases em códigos binários. Propõe-se que os alunos simulem o papel de um celular codificando mensagens. Para isso, recebem folhas nas quais cada aluno escreve seu nome e sua fruta preferida. Para cada letra, eles preenchem o número secreto e, usando o material, transformam cada número em um código binário. Então, os alunos trocam aleatoriamente as folhas com o código, e devem decifrar as mensagens dos colegas. No final, é explicado o método de divisões sucessivas para converter decimais em binários.

Colorindo com números

A atividade CN (CAVALHEIRO *et al.*, 2016) tem o objetivo de desenvolver habilidades de contagem, correlação e ordenação, e, no contexto das habilidades previstas no CT-ToolKit (INTERNATIONAL SOCIETY FOR TECHNOLOGY IN EDUCATION; COMPUTER SCIENCE TEACHERS ASSOCIATION, c2011), de abstração e representação de dados e algoritmos. A atividade CN demonstra ludicamente como computadores armazenam e representam imagens. Usa-se uma malha quadriculada representando a tela do computador e seus *pixels*. Imagens são representadas por um código baseado na codificação de comprimento de carreira (RLE, do inglês *run-length encoding*). Nessa codificação, imagens são representadas por símbolos, seguidos do número de vezes que esse símbolo aparece na imagem.

A atividade também foi desenvolvida na forma de tarefas. A primeira tarefa apresenta aos alunos a maneira como o computador representa imagens. Como material, é usado um isopor com a representação dos *pixels* da tela de um computador fixado no quadro. Para colorir os *pixels*, foram utilizados quadrados de papel fixados sobre o isopor. Uma tabela colada no quadro é usada para representar o código da imagem. A **Figura 8.2** representa um esquema gráfico do painel utilizado.

A partir de uma imagem de exemplo afixada no isopor, explica-se que, nesse método, as imagens são divididas em vários quadradinhos, chamados de *pixels*. Em seguida, mostra-se a codificação, em que uma letra representa a cor (P é preto e B é branco) e um número representa a quantidade (frequência) de quadrados pintados com aquela cor naquela linha. O método é exercitado com exemplos, e, por fim, alguns alunos são chamados para completar no quadro a codificação da imagem.

A segunda tarefa propõe o processo reverso da primeira tarefa, ou seja, os alunos são apresentados à sequência de letras e números

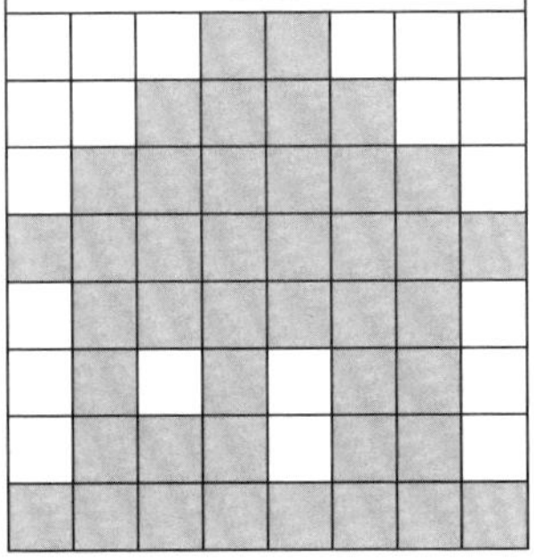

Tabela															
Cor	Nº	Cor	Nº	Cor	Nº	Cor	Nº	Cor	Nº	Cor	Nº	Cor	Nº	Cor	Nº
B	3	P	2	B	3										
B	2	P	4	B	2										
B	1	P	6	B	1										
P	8														
B	1	P	6	B	1										
B	1	P	1	B	1	P	1	B	1	P	2	B	1		
B	1	P	3	B	1	P	2	B	1						
P	8														

Figura 8.2 Painel da atividade colorindo com números.

e precisam obter a imagem a partir desta. Primeiramente, os alunos são lembrados do esquema usado para codificar as imagens usando letras e números. Alguns exemplos são praticados, e, no final, alguns vão ao quadro para ajudar a codificar uma imagem apresentada para a turma. Na terceira tarefa, consideram-se a codificação e a decodificação, em atividades separadas, de imagens coloridas. O material é o mesmo, porém são adicionados quadradinhos de diversas cores e exemplos de imagens coloridas.

Caça ao tesouro

A atividade CT (PINHO *et al.*, 2016b) visa estimular a habilidade de busca de dados por meio da obtenção de informações organizadas, aplicando conceitos de estruturas de dados. Para isso, a atividade aplica conceitos de estruturas de dados da área de ciência da computação, com tarefas que exercitam buscas lineares, binárias e *hashing*. Para aplicação nas escolas, a atividade foi desenvolvida em duas versões: desplugada e digital.

Na versão desplugada da CT, o aluno é representado por um pirata que esconde seu tesouro em uma ilha e procura o tesouro de um pirata adversário, que o escondeu em outra ilha. Cada jogador detém um tabuleiro, compreendido por um conjunto de ilhas, tendo que escolher em qual delas esconder seu tesouro. Cada ilha possui duas informações: uma letra, que representa seu nome, e um número, que simboliza sua localização. Cada jogador conhece a localização de suas ilhas e somente o nome das ilhas adversárias (sem a localização). Ganha o jogador que encontrar primeiro o tesouro do oponente.

A atividade foi dividida em quatro tarefas. Na primeira, apresenta-se o jogo, mostrando seus componentes (tabuleiro, ilhas e tesouro) e funcionamento, ao introduzir os conceitos de busca linear a partir de partidas realizadas entre o professor e a turma. Nas partidas, a localização das ilhas onde se encontra o tesouro adversário é distribuída de forma aleatória, para que os alunos percebam a diferença na aplicação das técnicas de busca de dados.

Na segunda tarefa, o conceito de busca binária é introduzido a partir da distribuição ordenada das ilhas para busca do tesouro do adversário. As partidas são realizadas entre professor e alunos e, na sequência, os alunos jogam contra o computador.

O conceito de *hashing* é introduzido na terceira tarefa, em partidas contra o professor. As ilhas são organizadas em 10 colunas (0 a 9). É possível encontrar em qual coluna está o tesouro aplicando módulo 10 à localização do tesouro adversário. Em seguida, os alunos jogam contra o computador, sempre com a observação do professor. A quarta tarefa visa condensar os conceitos abordados em uma aula de revisão, praticando com os alunos todos os modos de jogo. Também são destacadas as diferenças relativas ao número de operações necessárias pelos distintos métodos de busca.

Na versão digital, desenvolveu-se uma história para o jogo, com o seguinte enredo:

> Em uma época distante, piratas habitavam os oceanos, navegando com seus enormes navios. Dois grandes grupos de marujos possuíam as mais diversas riquezas, e disputavam entre si para obter cada vez mais riquezas. Ao sair em busca de novos tesouros, os piratas escondiam sua fortuna em ilhas espalhadas pelo mundo. (PINHO *et al.*, 2016b, p. 105).

Para tornar o jogo atrativo, foram introduzidas mecânicas de recompensas com base em princípios de gamificação e ilustrações que despertassem o interesse dos alunos. Entre as mecânicas de jogo, foi adotado um sistema de pontuação inversamente proporcional ao número de palpites necessários para encontrar o tesouro adversário e um sistema de *ranking*, que apresenta em destaque sua pontuação mais alta. A **Figura 8.3** ilustra a proposta adotada e a imagem dos dois principais personagens

Figura 8.3 Ilustrações dos personagens do usuário (esquerda) e do adversário (direita).

do jogo. Além disso, foram utilizados alguns materiais para aplicação da atividade na forma desplugada. Um exemplo é apresentado na **Figura 8.4**, em que é possível observar os materiais utilizados para a aplicação da atividade na forma desplugada e a evolução da interface do jogo.

Algoritmos de ordenação

A atividade AO (CAVALHEIRO *et al.*, 2016) visa demonstrar as diferentes maneiras utilizadas pelo computador para ordenar um conjunto de dados. Entre as competências abrangidas, salientam-se: algoritmos e procedimentos, simulação e decomposição de problemas. A atividade original sugere a abordagem de dois algoritmos: *selection sort* e *quick sort*. Nessa proposta, foi incluído o algoritmo *merge sort*.

Um algoritmo pode ser definido como uma sequência organizada de passos para resolver um determinado problema. A complexidade ou eficiência de um algoritmo pode ser verificada por meio do tempo ou espaço requerido para a sua execução. Visto que a atividade AO trabalha com três diferentes algoritmos de ordenação, buscou-se demonstrar suas respectivas complexidades por meio de seus custos.

Como instrumento lúdico, o material utilizado consiste em um conjunto de oito garrafas personalizadas e com pesos diferentes, além de uma coleção de figuras numeradas. Em cada método, os alunos aplicam a técnica, ordenando as garrafas de acordo com seus respectivos pesos, da mais leve à mais pesada. O custo de cada método foi representado por meio de réplicas de notas de um real impressas e calculado a partir do número total de comparações realizadas para ordenar o grupo. Dessa forma, os alunos pagavam uma determinada quantia por cada conjunto ordenado, constatando que métodos mais eficientes de ordenação requerem um custo menor.

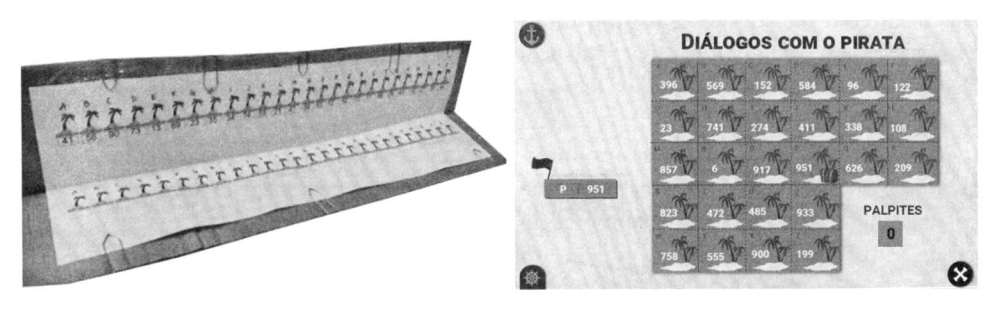

Figura 8.4 Materiais utilizados nas formas desplugada (esquerda) e digital (direita).

A atividade foi planejada em quatro tarefas. Na primeira tarefa, buscava-se evidenciar a relevância de obter um conjunto ordenado de dados e suas possíveis aplicações. Para isso, apresentava-se a operação de comparação, realizada entre dois elementos a cada ocorrência. No contexto da atividade, a operação de comparação só pode ser efetuada entre dois valores. Como recurso motivacional, os alunos recebem um conjunto de figuras numeradas (como figuras de álbuns) e são orientados a encontrar da menor à maior figura, por meio de comparações entre os seus respectivos valores. Para elucidar o custo computacional de cada comparação, os alunos devem pagar pela operação, representada figurativamente pela nota de um real. Assim, se o propósito for encontrar a figura de maior valor, são contabilizadas todas as comparações realizadas.

A segunda tarefa introduz o algoritmo *selection sort*. Dado um vetor de elementos, o algoritmo seleciona um determinado valor e compara-o com os demais, mantendo o menor valor a cada comparação. Após realizar as comparações entre todos os elementos, o algoritmo obtém o menor valor e o aloca na primeira posição. Esse passo é repetido sucessivas vezes com os elementos restantes, até o vetor estar ordenado. Para exemplificar o método, os alunos são orientados a ordenar as garrafas de acordo com seus pesos, sempre pagando por cada comparação efetuada.

A metodologia de funcionamento do algoritmo *merge sort*, apresentado na terceira tarefa, consiste em dividir a sequência original em duas sequências com metade do tamanho inicial e, sucessivamente, subdividir cada sequência enquanto o número de elementos for diferente de 1. Após a reorganização, o algoritmo ordena recursivamente as sequências menores, intercalando as soluções até compor a sequência ordenada. Aqui, os alunos utilizam um modelo de tabuleiro com diferentes níveis, cada um representado por uma cor, e são instruídos a ordenar um conjunto de figuras numeradas.

O método *quick sort* utiliza um sistema de pivô e a ideia de particionamento da sequência em duas partes, ordenando cada seção separadamente. Após o particionamento, o algoritmo obtém a posição correta do pivô na sequência original. Para aplicar o método, na quarta tarefa, os alunos utilizam o mesmo conjunto de figuras da terceira tarefa e, por meio de um novo modelo de tabuleiro, são orientados a separá-las entre as maiores e as menores que a figura selecionada como pivô.

Cara a cara

A atividade CC (ANDRADE *et al.*, 2013) tem como inspiração o jogo de tabuleiro de mesmo nome (ESTRELA, [201-?]). Posteriormente, em Weisshahn *et al.* (2016), além da apresentação detalhada da atividade, foi proposta uma metodologia para o seu desenvolvimento em sala de aula. A atividade foi dividida em seis tarefas, com duração aproximada de 1 hora e 10 minutos.

A primeira tarefa é uma introdução aos conceitos estatísticos de característica, variável e constante. Os conceitos são explicados pelo professor e reforçados no jogo Quem sou eu?, no qual um aluno retira, sem olhar, a carta de um personagem conhecido que é mostrada para todos os colegas. Então, o aluno deve descobrir quem é o personagem por meio de perguntas com respostas do tipo sim ou não feitas aos colegas. A segunda tarefa ensina a ideia de coleta e organização de dados por meio do levantamento de dados de personagens do jogo CC. Os alunos são inicialmente apresentados aos 28 personagens do jogo por meio de um pôster A0 colocado no quadro (**Fig. 8.5**). Os alunos devem, então, preencher uma ficha de coleta com as características dos personagens (parte da ficha está descrita na **Tab. 8.1**).

A terceira tarefa tem como objetivo mostrar a representação e a análise de dados por meio de tabelas simples. A partir dos dados coletados

Juvenal   Cereja   Senhor Fabiano   Luka Maluka

Figura 8.5. Alguns personagens do Jogo CC expostos no pôster.

As cartas coloridas encontram-se disponíveis para *download* no *site* da Editora (grupoa.com.br – buscar pela página do livro).

TABELA 8.1 Parte da ficha de coleta utilizada em aula				
#	Nome	Cor do cabelo	Cor dos olhos	Gênero
1	Juvenal	Vermelho	Castanhos	Masculino
2	Cereja	Laranja	Castanhos	Feminino
3	Senhor Fobica	Amarelo	Castanhos	Masculino
4	Luka Maluka	Amarelo	Castanhos	Feminino

na tarefa anterior, discute-se com os alunos a existência de diversas formas de representar os dados (tabelas, gráficos, diagramas, etc.) e que a organização dos dados por uma delas pode facilitar e tornar mais rápida qualquer consulta. A partir de então, apresentam-se os elementos e os objetivos de uma tabela de frequência simples (a qual relaciona os valores de uma característica com sua frequência) e são construídos exemplos.

A quarta tarefa explica o conceito de tabelas duplas, que são usadas para analisar duas características ao mesmo tempo, por meio de questionamentos sobre a amostra. Em seguida, são feitos exemplos e exercícios com base nas fichas de coleta preenchidas anteriormente. A **Tabela 8.2** é um exemplo de tabela dupla usada nessa tarefa.

Na quinta tarefa, os alunos aprendem como organizar os dados das tabelas simples e duplas usando gráficos de colunas. O professor deve enfatizar o fato de que muitas vezes os gráficos facilitam a compreensão do significado dos dados.

Finalmente, na sexta tarefa, os alunos jogam o CC. A turma é organizada em duplas e cada jogador recebe um tabuleiro com as cartas dos personagens e mais uma carta com o personagem que deve ser descoberto pelo adversário. A cada rodada, um jogador pode fazer uma pergunta, cuja resposta deve ser sim ou não para tentar adivinhar o personagem do adversário. Ganha aquele que adivinhar o personagem do adversário com menos per-

TABELA 8.2 Exemplo de tabela dupla			
	Usa óculos		
Gênero	Sim	Não	Total
Masculino	3	8	11
Feminino	3	10	13
Total	6	18	24

guntas. O professor incentiva o uso de tabelas e gráficos construídos nas tarefas anteriores para definir a melhor estratégia possível para ganhar o jogo.

Introdução a algoritmos

A atividade apresentada em Pinho *et al.* (2016a) e Santos *et al.* (2015a), denominada IA, tem como objetivo trabalhar os conceitos de algoritmos e procedimentos, incluindo também abstração de dados e decomposição de problemas. A atividade lúdica Salve a Princesa foi desenvolvida para aplicação da atividade, contando com a confecção de tabuleiros, utilizados em uma abordagem semelhante à de uma floresta, incluindo o peão com a figura do personagem e um *kit* de comandos.

Assim como nas demais, a atividade IA foi dividida em tarefas a serem trabalhadas com os alunos. O objetivo da primeira tarefa é introduzir o conceito de sequência de passos como uma metodologia para resolver determinado problema, propondo-se uma série de algoritmos para a construção de diferentes origâmis.

A segunda tarefa visa instigar a criação de algoritmos por meio de um jogo de tabuleiro, o qual foi construído sobre o relato de uma história na qual Tommy decide percorrer uma floresta cheia de obstáculos para chegar ao castelo e salvar a princesa Diana, prisioneira de seu amigo de infância, agora vilão, Alex. Na apresentação da história do jogo, cria-se todo um contexto de aventura com personagens e acontecimentos que permitem que os alunos continuem a narrativa, construindo algoritmos capazes de levar o personagem do início ao fim do tabuleiro.

Na aplicação da terceira tarefa da atividade de IA, são apresentadas as estruturas de variáveis e condição, introduzidas respectivamente a partir dos comandos use/colete e se condição/senão. A aplicação desses comandos foi feita na continuidade da história, conectando o término da tarefa anterior com os atuais tabuleiros. Por exemplo, o comando colete pode ser utilizado para apanhar a chave e armazená-la na mochila de Tommy, representando o conceito de variável e memória. Use, por sua vez, pode ser aplicado para usar a chave na porta do castelo, somente se coletada previamente. No caso dos comandos de condição, estes são empregados da seguinte forma: ao se deparar com um obstáculo indicado por um ponto de interrogação, Tommy deveria ser capaz de realizar o caminho supondo ambas as condições de estado do obstáculo. O primeiro algoritmo é construído com a turma, instruindo os alunos à construção dos demais modelos.

Na quarta tarefa, os conceitos são revistos, inserindo-se o conceito de custo de algoritmo. São apresentados os custos individuais de cada comando e o cálculo do custo do algoritmo como soma dos custos dos comandos da sequência de passos.

Na continuidade da história de Tommy, as estruturas de repetição são apresentadas na quinta tarefa por meio do comando Repita, o qual é introduzido a partir da construção de um algoritmo com a turma. O mesmo algoritmo é construído sem e com o uso do Repita, de forma a salientar a simplificação possível da solução com o uso de estruturas de repetição. Então, os alunos são instruídos a construir os algoritmos para outros modelos e, posteriormente, a apresentar os resultados.

A atividade de IA é concluída na sexta tarefa, a qual revisa os conceitos de difícil compreensão e alcança maior integração. Nesta, a saga aventureira de Tommy é encerrada com a aplicação de todos os comandos vistos nas tarefas anteriores.

RESULTADOS

Nos anos de 2013 e 2014, trabalhou-se com turmas do 4º ano, desenvolvendo praticamente as mesmas atividades, e em 2015, com turmas do 5º ano, introduzindo duas novas atividades. De modo geral, os alunos pareciam motivados

TABELA 8.3 Medidas descritivas das notas obtidas pelos alunos

Ano	Atividade	Escola (turma)	n	Mínima	Média	Máxima	Desvio-padrão*	CV (%)
2013	NB	FV (T1)	19	7,1	9,3	10,0	1,1	11,3
		FV (T2)	18	8,4	9,5	10,0	0,5	5,3
	CN	FV (T1)	19	6,4	8,8	9,9	1,2	13,3
		FV (T2)	14	6,9	9,0	10,0	0,9	10,0
	AO	FV (T1)	18	6,0	9,3	10,0	1,1	11,3
		FV (T2)	15	8,0	9,8	10,0	0,6	5,7
	CT	FV (T1)	21	4,1	8,1	9,7	1,4	17,1
		FV (T2)	23	4,0	7,0	10,0	1,5	21,0
2014	NB	P	18	7,6	9,5	10,0	0,7	7,2
		FV	22	5,9	8,8	9,9	1,0	11,5
		JSS	25	7,1	8,8	10,0	0,8	9,4
	CN	P	16	6,4	8,8	10,0	0,9	10,2
		FV	25	2,7	8,2	10,0	1,8	22,4
		JSS	19	3,7	7,9	10,0	1,8	22,4
	AO	P	17	3,6	7,6	10,0	1,8	23,4
		FV	23	2,2	6,8	9,7	2,1	31,1
		JSS	22	2,2	5,8	8,3	1,6	28,0
2015	CT	FV (T1)	22	4,2	7,2	10,0	1,6	21,6
		FV (T2)	22	2,2	5,9	10,0	2,0	34,5
		P	22	2,4	5,6	8,5	1,7	30,3
	CC	FV (T1)	18	4,2	7,3	9,2	1,5	20,0
		FV (T2)	26	2,7	7,1	9,3	1,8	25,5
		P	22	2,6	6,9	9,6	2,0	28,3
	IA	FV (T1)	15	2,6	5,7	8,9	2,3	41,1
		FV (T2)	27	1,0	4,8	9,5	2,4	50,9
		P	20	0,2	3,6	8,9	2,6	71,4

*Desvio-padrão: expressa a variação média das notas dos alunos em torno da média.
AO, algoritmos de ordenação; CC, cara a cara; CN, colorindo com números; CT, caça ao tesouro; CV, coeficiente de variação (expressa quanto o desvio-padrão representa da média em percentual); FV, Escola Municipal Ferreira Viana; IA, introdução a algoritmos; JSS, Escola Municipal de Ensino Fundamental João da Silva Silveira; n, número de alunos avaliados (a variação deve-se a eventuais ausências de alunos nos dias de avaliação); NB, números binários; P, Colégio Municipal Pelotense.

para a realização das atividades e não demonstravam dificuldades. Observou-se também que o uso de material concreto não só facilitava o acompanhamento dos trabalhos, como também atraía a atenção dos alunos.

A **Tabela 8.3** apresenta a descrição do desempenho dos alunos por turma nas avaliações de cada atividade desenvolvida nos três anos de execução do projeto.[3]

No ano de 2013, as notas das turmas foram altas e homogêneas em três das quatro atividades. Somente na atividade CT as notas foram um pouco mais baixas e apresentaram maior variabilidade. Observa-se também que, nas atividades NB, CN e AO, as médias das duas turmas foram muito semelhantes. Na atividade NB, apesar das excelentes notas da maioria dos alunos, verificou-se que muitos não dominavam a divisão por 2, o que dificultou a conversão de decimais para binários. A simulação de envio de mensagens pelo celu-

---

[3]Mais detalhes dos dados estatísticos podem ser encontrados em https://goo.gl/YGpJNv.

lar foi a tarefa que mais despertou o interesse dos alunos. Já na atividade CN, a associação da qualidade das imagens com a configuração de câmeras fotográficas foi o que mais instigou a curiosidade das crianças. Durante a atividade, alguns traziam de casa desenhos criados por eles com diferentes quantidades de *pixels*. Na atividade AO, embora os alunos tenham conseguido aplicar os algoritmos de ordenação, constatou-se a necessidade de trabalhar melhor conceitos básicos, como operações de comparação e custo de comparações, para que eles pudessem perceber e discutir a diferença entre os algoritmos. O menor desempenho observado na atividade CT talvez se justifique pela dificuldade que os alunos tiveram para compreender o jogo. Isso acabou desviando o foco do trabalho, que era ensinar os algoritmos de busca. Também se questionou a maturidade das crianças e a falta da base matemática necessária para aprofundar e discutir questões relevantes, como a diferença entre métodos e o custo. Vale ressaltar que, apesar de a turma T1 ser considerada pelos professores e coordenadores pedagógicos mais atrasada em relação ao conteúdo, na atividade CT ela alcançou média 8,1, significativamente superior à média da turma T2 (7,0). Esse resultado provavelmente é explicado pelo fato de que a turma T1 era mais atenta, dedicada e participativa.

As três atividades desenvolvidas em 2014 já haviam sido realizadas no ano anterior; porém, na segunda vez, as notas foram um pouco mais baixas do que na primeira. O melhor desempenho foi alcançado na atividade NB, em que todas as três escolas apresentaram desempenho elevado e homogêneo. Na primeira realização dessa atividade (em 2013), foi constatada a dificuldade dos alunos na divisão por 2. Por essa razão, em 2014, optou-se por trabalhar a divisão usando "contas", antes de apresentar o assunto. O menor desempenho e a maior variabilidade foram observados na atividade AO, que foi reformulada em 2014, com base na experiência do ano anterior. É possível que a queda do desempenho dos alunos, particularmente nessa atividade, deva-se às habilidades exigidas. Enquanto as atividades NB e CN requerem dos alunos as habilidades de associar, correlacionar e contar, a atividade AO exige, ainda, as habilidades de memorizar, comparar e ordenar. Verificou-se também que a escola P teve desempenho médio superior ao das escolas FV e JSS nas três atividades. Essa escola tem localização central e possuía a maior pontuação no Índice de Desenvolvimento da Educação Básica (Ideb) do município, o que provavelmente ajuda a explicar as notas mais altas em relação às outras duas escolas.

No ano de 2015, foram desenvolvidas três atividades com alunos de 5º ano, sendo duas novas. Em relação ao desempenho nos anos anteriores, observa-se que as notas foram mais baixas em todas as atividades. A turma da escola P era bastante dispersa e tinha vários alunos com dificuldade de aprendizagem. Tanto nas atividades do projeto quanto nas disciplinas regulares, professores tinham dificuldade de trabalhar com a turma. A turma T2 da escola FV também era bastante agitada e, muitas vezes, durante o desenvolvimento das atividades, vários alunos tinham que sair para a merenda, o que prejudicava a continuidade do trabalho. A atividade CT resultou de uma reformulação da mesma atividade desenvolvida em 2013. A variabilidade das notas dentro das turmas foi relativamente alta. A turma T1 da escola FV apresentou média 7,2, significativamente superior às médias das outras duas turmas (5,9 e 5,2). Nessa segunda aplicação dos algoritmos de busca, os alunos demonstravam percepção da diferença entre os métodos, bem como conseguiam argumentar sobre o custo das diferentes estratégias de busca. As maiores notas foram observadas na atividade CC. As três turmas apresentaram desempenho equilibrado, com médias em torno de 7,1. Os alunos mostraram interesse em participar dos jogos da atividade, e a grande maioria conseguiu realizar a tarefa de coleta de dados com facilidade e de forma correta. Em geral, na representação e análise de dados, os alunos demonstraram mais facilidade para construir tabelas do que gráficos. Na atividade IA, os alunos tiveram o menor desempenho médio (4,6), e as notas das turmas foram as mais heterogêneas. Houve diferença significativa entre as médias das turmas FV (T1) e P (5,7 e 3,6, respectivamente). Contudo, foi possível notar que a adoção do jogo de tabuleiros para a introdução de algoritmos atraiu a atenção dos alunos e permitiu o desenvolvimento dos conceitos de sequência, composição e repetição de forma natural e intuitiva.

Por fim, um fato que merece uma análise mais profunda é que, nas atividades aplicadas por dois anos – com ajustes no segundo ano –, os desempenhos médios dos alunos foram melhores no primeiro ano de aplicação. O decréscimo nos desempenhos não foi muito elevado para as atividades NB e CN (-0,4 e -0,6 ponto, respectivamente), mas foi bastante significativo para a atividade AO (-2,8 pontos). Além disso, os algoritmos de busca abordados na atividade CT, aplicada a alunos do 4º ano, também foram abordados na atividade CT, aplicada a alunos do 5º ano. Porém, ao contrário do que se esperava, os alunos do 4º ano alcançaram melhor desempenho médio (7,5) do que os alunos do 5º ano (6,2). Isso pode ter ocorrido em decorrência das diferentes maneiras como as atividades foram conduzidas nos três anos. Em 2013, os períodos de aplicação eram um pouco mais longos (cerca de 1h45min), e exercícios individuais eram realizados ao final de cada uma das tarefas. Já em 2014 e 2015, os períodos em sala de aula eram de aproximadamente 50 minutos, e apenas uma avaliação era realizada no último encontro de cada uma das atividades.

Para avaliar o ganho que as atividades promoveram nas habilidades dos alunos, estes foram submetidos a um teste antes (pré-teste) e depois (pós-teste) da execução das atividades. A pontuação no pré-teste descreve a condição inicial dos alunos em relação às habilidades trabalhadas nas atividades. As notas médias dos alunos no pré-teste e no pós-teste, o ganho médio e o teste de significância para esse ganho são apresentados na **Tabela 8.4**. Verifica-se que em 2013 o desempenho médio dos alunos no pré-teste foi relativamente alto, ficando acima de 6,0 para ambas as turmas. Já nos dois anos seguintes, os desempenhos foram

TABELA 8.4 Descrição do ganho após as atividades e resultados do teste de significância

Ano	Escola (turma)	n*	Nota		Ganho (diferença)		Teste de significância para ganho		
			Pré-teste	Pós-teste	Média	DP	t	Valor p	Interpretação
2013	FV (T1)	16	6,1	7,6	1,5	1,6	3,67	0,0023	Muito significativo
	FV (T2)	19	6,7	7,8	1,1	1,8	2,58	0,0186	Significativo
2014	P	13	4,4	5,7	1,3	2,0	2,40	0,0333	Significativo
	FV	17	3,2	4,8	1,6	1,5	4,33	0,0005	Muito significativo
	JSS	18	3,6	4,3	0,7	2,3	1,30	0,2101	Não significativo
2015	FV (T1)	22	4,7	6,6	1,9	1,4	6,26	< 0,0001	Muito significativo
	FV (T2)	17	4,7	5,8	1,1	1,7	2,59	0,0199	Significativo
	P	17	4,6	7,0	2,4	1,8	5,46	< 0,0001	Muito significativo

*n = número de alunos avaliados. Foram considerados somente os alunos que realizaram os dois testes. DP, desvio-padrão; FV, Escola Municipal Ferreira Viana; JSS, Escola Municipal de Ensino Fundamental João da Silva Silveira; P, Colégio Municipal Pelotense.

muito baixos, sobretudo no ano de 2014, cuja maior média foi 4,6. Uma possível explicação para esse resultado é a menor complexidade das questões do teste aplicado em 2013 em relação às questões dos testes aplicados nos anos seguintes. Algumas questões do teste de 2013 já eram resolvidas com facilidade antes do desenvolvimento das atividades, o que não permitiu mensurar ganho no decorrer do período. Além disso, nem todas as habilidades que estavam sendo trabalhadas eram necessárias para a resolução das questões. Por isso, nos outros anos, o teste foi reformulado, incluindo mais questões, ampliando as habilidades necessárias na resolução e considerando diferentes níveis de dificuldades. Portanto, era esperado que a média no pré-teste diminuísse em relação à sua primeira aplicação.

No pós-teste, todas as escolas aumentaram seu desempenho médio nos três anos, indicando que o ganho foi positivo. O teste de significância por turma revelou que o ganho médio dos alunos foi significativo para as turmas das escolas P (nos dois anos) e FV (nos três anos), porém não foi significativo para a escola JSS (ver **Tab. 8.4**). Esse resultado sugere que as escolas P e FV responderam melhor às atividades desenvolvidas em sala de aula. Note-se que na escola JSS muitos alunos não compareceram a alguns encontros, o que provavelmente impactou o resultado do pós-teste.

CONSIDERAÇÕES FINAIS

Neste capítulo, relatamos a aplicação do projeto ExpPC em atividades lúdicas, contribuindo para a aprendizagem de alunos do ensino fundamental da rede pública municipal de Pelotas, no Estado do Rio Grande do Sul. Verificou-se que a estimulação de habilidades exigidas pelo pensamento algorítmico contribui de forma significativa na organização lógica para representação, comparação e análise de dados via resolução de problemas nas práticas de sala de aula. Algumas das atividades foram especialmente desenvolvidas tanto por modelos concretos como por simulações computacionais, integrando versões desplugadas e virtuais, tanto para adaptar-se de forma realista aos atuais ambientes escolares como para apontar inovações na exploração de emergentes tecnologias educacionais.

Os resultados mostram colaboração efetiva e sensível melhoria na relação ensino-aprendizagem, as quais advêm da integração entre as comunidades escolar e acadêmica, colaborando para a qualificação e a formação de novos recursos humanos e aplicação de recursos tecnológicos para ampliação da ação mais consciente da rede educacional municipal. Essa experiência promove ganhos para a universidade, integrando projetos de ensino, pesquisa e extensão, e para as escolas, promovendo habilidades, inclusão, oportunidades para professores e disseminação de novas práticas, bem como capacitação de monitores e estudantes.

REFERÊNCIAS

ACKERMANN, E. *Piaget's constructivism, Papert's constructionism*: what's the difference? [2001]. Uma publicação do Future of learning group publication, do MIT Media Laboratory. Disponível em: https://learning.media.mit.edu/content/publications/EA.Piaget%20_%20Papert.pdf. Acesso em: 26 maio 2019.

ANDRADE, D. *et al*. Proposta de atividades para o desenvolvimento do pensamento computacional no ensino fundamental. *In*: WORKSHOP DE INFORMÁTICA NA ESCOLA, 19.; CONGRESSO BRASILEIRO DE INFORMÁTICA NA EDUCAÇÃO, 2., 2013, Campinas. *Anais* [...] Porto Alegre: SBC, 2013.

AVILA, C. *et al*. Metodologias de avaliação do pensamento computacional: uma revisão sistemática. *In*: CONGRESSO BRASILEIRO DE INFORMÁTICA NA EDUCAÇÃO, 6.; SIMPÓSIO BRASILEIRO DE INFORMÁTICA NA EDUCAÇÃO, 28., 2017, Recife. *Anais* [...] Porto Alegre: SBC, 2017a, p. 113–122.

AVILA, C. *et al*. O pensamento computacional por meio da robótica no ensino básico: uma revisão sistemática. *In*: CONGRESSO BRASILEIRO DE INFORMÁTICA NA EDUCAÇÃO, 6.; SIMPÓSIO BRASILEIRO DE INFORMÁTICA NA EDUCAÇÃO, 28., 2017, Recife. *Anais* [...] Porto Alegre: SBC, 2017b. p. 82-91.

BELL, T.; WITTEN, I. H.; FELLOWS, M. *Computer Science Unplugged*: an enrichment and extension programme for primary-aged students. [S. l.]: CS Unplugged, 2011.

BORDINI, A. *et al*. Computação na educação básica no Brasil: o estado da arte. *Revista de Informática Teórica e Aplicada*, v. 23, n. 2, p. 210-238, 2016a.

BORDINI, A. *et al*. Desdobramentos do pensamento computacional no Brasil. *In*: CONGRESSO BRASILEIRO DE INFOR-

MÁTICA NA EDUCAÇÃO, 5.; SIMPÓSIO BRASILEIRO DE INFORMÁTICA NA EDUCAÇÃO, 27., 2016, Uberlândia. *Anais* [...] Porto Alegre: SBC, 2016b. p. 200-209.

BORDINI, A. et al. Pensamento computacional nos ensinos fundamental e médio: uma revisão sistemática. *In:* CONGRESSO BRASILEIRO DE INFORMÁTICA NA EDUCAÇÃO, 6.; SIMPÓSIO BRASILEIRO DE INFORMÁTICA NA EDUCAÇÃO, 28., 2017, Recife. *Anais* [...] Porto Alegre: SBC, 2017. p. 123-132.

BRASIL. Ministério da Educação. *Parâmetros Curriculares Nacionais 1ª a 4ª séries*. c2018b. Disponível em: http://portal.mec.gov.br/index.php?option=com_content&view=article&id=12640%3Aparametros-curriculares-nacionais1o-a-4o-series&catid=195%3Aseb-educacao-basica&Itemid=859. Acesso em: 26 maio 2019.

BRASIL. Ministério da Educação. *Parâmetros Curriculares Nacionais 5ª a 8ª séries*. c2018b. Disponível em: http://portal.mec.gov.br/index.php?option=com_content&view=article&id=12657%3Aparametros-curriculares-nacionais-5o-a-8o-series&catid=195%3Aseb-educacao-basica&Itemid=859. Acesso em: 26 maio 2019.

BUNDY, A. Computational thinking is pervasive. *Journal of Scientific and Practical Computing*, v. 1, p. 67-69, 2007.

CAMPOS, G. M. et al. Organização de informações via pensamento computacional: relato de atividade aplicada no ensino fundamental. *In:* WORKSHOP DE INFORMÁTICA NA ESCOLA, 20.; CONGRESSO BRASILEIRO DE INFORMÁTICA NA EDUCAÇÃO, 3., 2014, Dourados. *Anais* [...] Porto Alegre: SBC, 2014. p. 390-399.

CAVALHEIRO, S. et al. Information organization via computational thinking: case study in a primary school classroom. *In:* CONGRESSO DA SOCIEDADE BRASILEIRA DE COMPUTAÇÃO, 36., 2016, Porto Alegre. *Anais* [...] Porto Alegre: SBC, 2016. p. 2176-2185.

DENNING, P. J. The profession of it: beyond computational thinking. *Communications of the ACM*, v. 52, n. 6, p. 28–30, 2009.

ESTRELA. *Cara a cara*. [201-?]. Disponível em: https://www.estrela.com.br/cara%20a%20cara. Acesso em: 26 maio 2019.

GOOGLE. *Exploring computational thinking*. 2018. Disponível em: https://edu.google.com/resources/programs/exploring-computational-thinking/. Acesso em: 26 maio 2019.

INTERNATIONAL SOCIETY FOR TECHNOLOGY IN EDUCATION; COMPUTER SCIENCE TEACHERS ASSOCIATION. *Computational thinking:* leadership toolkit. c2011. Disponível em: https://id.iste.org/docs/ct-documents/ct-leadershipt-toolkit.pdf. Acesso em: 26 maio 2019.

MARQUES, M. et al. Uma proposta para o desenvolvimento do pensamento computacional integrado ao ensino de matemática. *In:* SIMPÓSIO BRASILEIRO DE INFORMÁTICA NA EDUCAÇÃO, 28.; CONGRESSO BRASILEIRO DE INFORMÁTICA NA EDUCAÇÃO, 6., 2017, Recife. *Anais* [...] Porto Alegre: SBC, 2017. p. 314-323.

PAPERT, S. An exploration in the space of mathematics educations. *International Journal of Computers for Mathematical Learning*, v. 1, n. 1, p. 95-123, 1996.

PINHO, G. et al. Pensamento computacional no ensino fundamental: relato de atividade de introdução a algoritmos. *In:* WORKSHOP DE INFORMÁTICA NA ESCOLA, 22.; CONGRESSO BRASILEIRO DE INFORMÁTICA NA EDUCAÇÃO, 5., 2016, Uberlândia. *Anais* [...] Porto Alegre: SBC, 2016a. p. 261–270.

PINHO, G. et al. Proposta de jogo digital para dispositivos móveis: desenvolvendo habilidades do pensamento computacional. *In:* SIMPÓSIO BRASILEIRO DE INFORMÁTICA NA EDUCAÇÃO, 27.; CONGRESSO BRASILEIRO DE INFORMÁTICA NA EDUCAÇÃO, 5., 2016, Uberlândia. *Anais* [...] Porto Alegre: SBC, 2016b. p. 100–109.

PONTIFÍCIA UNIVERSIDADE CATÓLICA DO RIO DE JANEIRO. *Scalable Game Design Brasil*. 2014. Disponível em: http://www2.serg.inf.puc-rio.br/wiki/index.php/P%C3%A1gina_principal. Acesso em: 26 maio 2019.

SANTOS, G. et al. Proposta de atividade para o quinto ano do ensino fundamental: algoritmos desplugados. *In:* WORKSHOP DE INFORMÁTICA NA ESCOLA, 21.; CONGRESSO BRASILEIRO DE INFORMÁTICA NA EDUCAÇÃO, 4., 2015, Maceió. *Anais* [...] Porto Alegre: SBC, 2015a. p. 246–255.

SANTOS, G. et al. Relato sobre o ensino de algoritmos a estudantes do quinto ano do ensino público fundamental. *In:* WORKSHOP-ESCOLA DE INFORMÁTICA TEÓRICA, 3., 2015, Porto Alegre. *Anais* [...] Porto Alegre: UFRGS, 2015b. p. 206–213.

SILVA JUNIOR, B. A.; CAVALHEIRO, S. A.; FOSS, L. "A última árvore": exercitando o pensamento computacional por meio de um jogo educacional baseado em Gramática de Grafos. *In:* CONGRESSO BRASILEIRO DE INFORMÁTICA NA EDUCAÇÃO, 6.; SIMPÓSIO BRASILEIRO DE INFORMÁTICA NA EDUCAÇÃO, 28., 2017, Recife. *Anais* [...] Porto Alegre: SBC, 2017. p. 735-744.

WEISSHAHN, Y. et al. Representação e análise de dados no quinto ano do ensino fundamental: Proposta de atividade e relato de aplicação. *In:* WORKSHOP DE INFORMÁTICA NA ESCOLA, 22. CONGRESSO BRASILEIRO DE INFORMÁTICA NA EDUCAÇÃO, 5., 2016, Uberlândia. *Anais* [...] Porto Alegre: SBC, 2016. p. 201–210.

WING, J. M. Computational thinking. *Communications of ACM*, v. 49, n. 3, p. 33-36, 2006.

YINNAN, Z.; CHAOSHENG, L. Training for computational thinking capability on programming language teaching. *In:* INTERNATIONAL CONFERENCE ON COMPUTER SCIENCE & EDUCATION, 7., 2012, Melbourne. *Proceedings* [...] Piscataway: IEEE, 2012. p. 1804–1809.

LEITURA RECOMENDADA

EXPLORANDO o pensamento computacional para a qualificação do ensino fundamental. 2017. Disponível em: https://wp.ufpel.edu.br/pensamentocomputacional/. Acesso em: 26 maio 2019.

PENSAMENTO COMPUTACIONAL E LINGUAGEM NA RESOLUÇÃO DE PROBLEMAS DURANTE O DESENVOLVIMENTO DE JOGOS DIGITAIS NO ENSINO MÉDIO

Flavia Peres | Taciana Pontual Falcão | Glaucileide da Silva Oliveira
Dyego Carlos Sales de Morais

Os contextos contemporâneos da sociedade em rede (CASTELLS, 1999) evidenciam novas demandas sociais, como pensamento crítico, raciocínio lógico e uso de tecnologias digitais para resolução de problemas. Essas necessidades têm levado à transformação do modelo educacional, tradicionalmente pautado na centralização do conhecimento na figura do professor-transmissor, abrindo-se para a aquisição de determinadas competências pelos sujeitos por meio de sua inserção em situações práticas, vivências e interações que mobilizam a aprendizagem de conhecimentos, habilidades, atitudes e valores que são comumente exigidos para a participação em uma economia com base no conhecimento.

Entre as habilidades necessárias aos cidadãos do século XXI, o desenvolvimento de conhecimentos associados ao pensamento computacional (PC) tem sido considerado uma das mais importantes e menos compreendidas (BLIKSTEIN, 2008). Apesar de se basear em fundamentos da computação, o PC tem se tornado cada vez mais uma competência essencial para todos, e não apenas para pessoas da área (WING, 2006). Segundo Cuny, Snyder e Wing (2010), trata-se de uma habilidade intelectual fundamental para descrever e explicar situações complexas, cuja importância assemelha-se à do domínio da linguagem verbal (ler, escrever, falar) e das operações aritméticas.

Nesse sentido, já existem diversas propostas de integração do PC ao currículo das escolas (COMPUTER SCIENCE TEACHERS ASSOCIATION, 2011; COMPUTING AT SCHOOL WORKING GROUP, 2012), embora ainda não exista um consenso sobre quais habilidades específicas devem ser formalmente incluídas no currículo, e de que maneira elas devem ser implementadas (BARR; STEPHENSON, 2011). No Brasil, a comunidade de educação em computação está mobilizada em discussões sobre a inclusão do PC na Base Nacional Comum Curricular (BNCC).[1] Alguns avanços foram alcançados no sentido de diminuir a predominância da abordagem primordialmente centrada no uso de ferramentas tecnológicas, ampliando essa visão para a apropriação das tecnologias e a produção de conhecimento. Paralelamente, crescem as iniciativas que pesquisam possíveis abordagens para a implementação da computação na educação básica, como uso de linguagem de programação visual (AURELIANO; TEDESCO, 2012); criação de aplicativos para dispositivos Android por estudantes utilizando ambientes de programação visual (GOMES; MELO,

---

[1] Disponível em: http://basenacionalcomum.mec.gov.br/

2013); computação desplugada (VIEIRA; PASSOS; BARRETO, 2013); robótica educacional (BEZERRA NETO *et al.*, 2015); jogos digitais (FALCÃO; BARBOSA, 2015); e brinquedos de programar (RAABE *et al.*, 2015).

O Desenvolvimento Educacional de Multimídias Sustentáveis (Demults) é um projeto transdisciplinar que finalizou em 2016 o seu terceiro ciclo e, desde 2011, vem estimulando o PC no ensino médio por meio do desenvolvimento de jogos digitais educacionais pelos educandos, apresentando-se como metodologia inovadora para produção de sentidos no contexto escolar contemporâneo (FALCÃO *et al.*, 2018). O Demults é estruturado como uma comunidade de prática (CP) (WENGER, 2000; LAVE; WENGER, 1991) cujas situações discursivas em contextos informatizados podem providenciar modelos inovadores à educação escolar. Ele inverte a lógica hierárquica de estruturação das atividades escolares ao colocar o educando como protagonista do processo de aprendizagem. Lave e Wenger (1991) definem uma CP como um grupo de pessoas que visam desenvolver habilidades em torno de um interesse em comum, compartilhando práticas e negociando significados, identidades e culturas, formando, assim, um sistema de aprendizagem social (WENGER, 2000).

A proposta também inclui, como práticas pedagógicas, o *design* participativo (DP) (EHN; KYNG, 1992) e a programação pelo usuário final (PUF) (LIEBERMAN *et al.*, 2006). O DP evidencia sujeitos democraticamente participantes no *design* de artefatos e não apenas usuários destes, estimulando seu engajamento no processo de desenvolvimento como cogestores da concepção de um produto que afetará sua realidade de trabalho, estudo ou lazer (BØDKER; GRØNBÆK; KYNG, 1993). Enquanto o DP indica métodos e técnicas específicas para a criação de um ambiente democrático que permita a participação de usuários no *design* de produtos, o paradigma de PUF indica ferramentas e níveis de modificação de *software* (MØRCH, 1997) que possibilitam a programação por usuários não programadores, como ambientes de programação visual, que reduzem a preocupação com a sintaxe da linguagem de programação (MALONEY *et al.*, 2010). Assim, no Demults, os educandos tornam-se projetistas e desenvolvedores de jogos digitais direcionados a um público de ensino médio do qual também fazem parte.

LINGUAGEM E CONTRIBUIÇÕES DE INVESTIGAÇÃO INTERPSÍQUICA

A partir de uma perspectiva histórico-cultural em psicologia e educação (VYGOTSKY, 1991; 1989; LEONTIEV, 2004; SAVIANI, 2003), o trabalho aqui apresentado reflete sobre a relação entre PC e linguagem e entre aprendizagem e desenvolvimento do PC, considerando-se a função da escola na contemporaneidade. Considera-se que a perspectiva de Vygotsky (DANIELS, 2001), base da metodologia do Demults, lança luzes significativas ao próprio conceito de PC e às implicações educacionais práticas que objetivam seu desenvolvimento.

De acordo com essa perspectiva, considera-se o caráter mediatizado das funções psicológicas superiores e pressupõe-se que a aprendizagem é decorrente das relações interpessoais e da participação dos indivíduos em atividades culturais específicas. A aprendizagem, assim vista, é propulsora do desenvolvimento, relacionando-se com ele dialeticamente, mas em trocas que se originam do social para o individual. A relação dos sujeitos com o mundo é sempre mediada por signos e instrumentos, artefatos culturais, e a resolução de problemas só pode ser compreendida a partir dos significados que são internalizados pelos sujeitos na atividade.

Entre os princípios teóricos e as formulações explicativas de Vygotsky (1991), a lei genética geral do desenvolvimento cultural implica considerar que as funções psíquicas ocorrem primeiramente em um nível social (interpsicológico) e, depois, em um nível individual (intrapsicológico). Portanto, enfatiza-se que o desenvolvimento cognitivo advém de um contexto social.

Neste capítulo, a compreensão de que a mente humana tem origem nos processos sociais permite propor uma metodologia aplicada ao contexto escolar que dá aos sujeitos, ao longo do processo Demults, condições de realizar tarefas significativas e resolver problemas em ambientes colaborativos que despertam seus interesses, motivações e múltiplos objetivos. Ao se engajarem nas atividades de desenvolvimento de jogos digitais educacionais, os sujeitos podem resolver problemas de diferentes ordens a fim de que tal processo coletivo resulte em um produto: um conjunto de ferramentas computacionais com uma narrativa suficientemente lúdica, cujos enfoques são conteúdos escolares ou situações locais de ensino – um jogo digital educacional.

O caráter educacional dos jogos desenvolvidos não é negligenciado, mas justificado por ser fundamental ao processo, considerando-se que as atividades escolares devem possibilitar o acesso aos conteúdos científicos, filosóficos, artísticos e corporais em suas formas avançadas (SAVIANI, 2003). Na metodologia proposta pelo Demults, visa-se a produção de significados que se distancie do conteudismo da escola tradicional e do automatismo do tecnicismo. Ao possibilitar que os conceitos científicos sejam relacionados com artefatos tecnológicos típicos da contemporaneidade e evidenciados em um contexto transdisciplinar de produção de sentidos, os sujeitos podem participar de forma autônoma em tarefas de concepção e execução integradas e complexas, produzindo significados relacionados à educação formal. Ou seja, as atividades do Demults procuram se distanciar de padrões instrucionistas de transmissão de conteúdos e possibilitar aos educandos a imersão em situações reais de resolução de problemas, com mediações que os fazem avançar de níveis mais elementares para níveis superiores na situação. O potencial de alcance de significados e ações próprios a níveis mais avançados, mas ainda não amadurecidos, é alcançado por meio das interações nos espaços intersubjetivos e evidenciados como zona de desenvolvimento proximal (ZDP) (VYGOTSKY, 1989).

A aprendizagem vivenciada nessas atividades precede o desenvolvimento do PC, por meio das interações sociais com o uso de tecnologias. No Demults, essa aprendizagem pode ser observada na internalização de significados sobre conceitos científicos e suas representações na interface, organização de narrativas lúdicas para tratar tais conceitos no jogo, sua mecânica e programação. Os educandos aprendem a desenvolver um jogo digital em decorrência de ações conjuntas de resolução de problemas, projeção de sistemas e compreensão do comportamento humano para representar conceitos científicos e dar acabamento às interfaces com jogabilidade e funcionalidade. Essa aprendizagem favorece transversalmente o desenvolvimento do PC, pois se trata da internalização de mediações para resolução de problemas no mundo contemporâneo.

As discussões sobre resolução de problemas, na psicologia cognitiva e em algumas abordagens sobre PC, estão geralmente associadas ao modelo de processamento da informação, como o ciclo de resolução de problemas apresentado por Sternberg (1986 apud STERNBERG, 2000). Assim, não enfatizam o processo histórico-cultural, e a aprendizagem é vista de modo independente das condições materiais em que ocorre e das situações práticas. Porém, como já foi dito, a partir de uma perspectiva histórico-cultural, tanto o contexto escolar e suas metodologias específicas quanto os sujeitos situados nas atividades são sistemas complexos e dinâmicos que se constituem dialeticamente. Dessa perspectiva, as atenções devem voltar-se para a natureza simbólica do PC, acentuando-se o papel da linguagem sobre ele. Pragmaticamente, isso implica observar a linguagem dos educandos ao interagirem com o ambiente de programação e com os seus pares. Blikstein (2015), no Congresso Brasileiro de Informática na Educação, em 2015, apresentou resultados que comprovam a inviabilidade de aplicar testes escritos ou de múltipla escolha para avaliar se o educando consegue utilizar artefatos digitais, afirmando que: "[...] a evidência do aprendizado é o que ele está fazendo na prática".

As ideias de Blikstein podem convergir com a perspectiva histórico-cultural e com conceitos como o de ZDP, mencionado antes neste capítulo, o qual serve como ferramenta e resultado (HOLZMAN; NEWMAN, 2002), uma vez que permite a estruturação de uma atividade cuja prática, em si, agrega resultados em processo. Ou seja, simultaneamente, o método é condição prévia e produto. Como exemplo, a CP estruturada no modelo interacional do Demults justifica-se para favorecer a interação entre especialistas e novatos, tornando essa atividade, em si mesma, promotora de desenvolvimento.

Há muitas interpretações em torno do conceito de ZDP (BEZERRA; MEIRA, 2006; MEIRA; LERMAN, 2001), que aqui é abordado como um espaço simbólico intersubjetivo entre o que o sujeito consegue resolver sozinho, independentemente da ajuda de outros, e o que só consegue resolver com a ajuda de especialistas ou companheiros mais capazes. O percurso dos novatos na CP do Demults dá-se em sucessivas interações, possibilitando aprendizagem e desenvolvimento psíquico. Em todo o processo, desde a ideação, com criação de narrativa e personagens, passando pela organização dos elementos de *design* e a mecânica do jogo, até o produto em sua versão de teste, há uma discussão intensa sobre representação conceitual, a fim de que o jogo seja educacional em seus propósitos. Os conteúdos curriculares das disciplinas específicas abordadas no jogo parecem ser um fator diferencial nas dinâmicas discursivas efetivadas entre especialistas e novatos, e de novatos entre si, tornando-se elemento-chave nas ações de resolução de problemas do Demults.

Os artefatos culturais que são internalizados pelos iniciantes participantes do Demults, mediadores de suas ações no mundo, favorecem o desenvolvimento do PC ao longo do processo. Tais mediadores advêm de três principais campos interdisciplinares: programação, *design* e conteúdos específicos. Desse modo, torna-se fundamental que, na estruturação da metodologia do Demults, os espaços intersubjetivos incluam, em suas equipes, especialistas não apenas em computação e *design*, mas também professores ou estudantes de licenciatura das disciplinas cujos conceitos devem estar presentes no produto final.

A metodologia de desenvolvimento de jogos digitais na escola, fundamentada em conceitos como ZDP, mediação e internalização, permite compreender aspectos simbólicos nas interações sociais no projeto Demults e verificar suas relações com a emergência e a manutenção do PC em suas atividades. Ademais, serve como modelo potencial para aplicações em contextos escolares da educação básica, dado seu alcance educacional verificado, como detalhado nas seções seguintes.

O PROCESSO DO DEMULTS

Metodologia

A metodologia de pesquisa do Demults é participativa, com intervenções de pesquisadores no contexto escolar. A pesquisa orienta-se pela etnografia, com coleta de dados por meio de observações participantes, aplicação de questionários, entrevistas, registros de interações virtuais e presenciais, fotografias contextualizadas e videografias de momentos pertinentes ao processo. Os conteúdos curriculares do ciclo aqui descrito correspondem às disciplinas português e matemática, respectivamente, gêneros textuais e geometria. A partir da definição das temáticas em encontros com a direção da escola, os professores das disciplinas e os colaboradores da equipe do Demults, passou-se às etapas do projeto descritas a seguir.

Descrição das etapas

As etapas do Demults, cujo terceiro ciclo envolveu educandos do 1º ano de uma escola de referência em ensino médio situada em Recife, Pernambuco, são apresentadas na **Figura 9.1** e descritas a seguir.

Apresentação e seleção

A apresentação do projeto Demults na escola é o primeiro contato com os educandos. Nesse momento, é feita uma exposição oral da proposta do projeto, seguida da aplicação de um questionário, que servirá como primeira etapa para seleção de 30 participantes. Esse questionário-teste objetiva, principalmente, avaliar se os educandos já possuem conhecimentos prévios e/ou interesse por tecnologia, jogos e desenhos, bem como avaliar suas aptidões ou afinidade com as disciplinas específicas que constituirão as temáticas educacionais dos jogos. Com base nessas respostas, os colaboradores do Demults propõem um papel para o educando (programador ou *designer*), bem como um grupo disciplinar (nesse ciclo, português ou matemática). Entretanto, é dada autonomia para que os educandos escolham seu papel, após um primeiro contato com cada área na etapa de *workshops*. Além disso, é importante mencionar que trocas de papéis são permitidas durante o processo. Essa autonomia é fundamentada pelo conceito de *design* participativo (BØDKER; GRØNBÆK; KYNG, 1993) que se aplica durante todo o ciclo do projeto.

Os educandos pré-selecionados por meio dos questionários são convidados a participar de um segundo momento de seleção, que ajuda também a melhor identificar os perfis dos educandos e suas capacidades criativas e como estes se engajam durante um trabalho colaborativo. Esse momento consiste em uma atividade prática de ideação de um jogo, com tempos curtos para criação e apresentação das ideias. Em equipes, os educandos criam com cartolina, lápis de cor e massa de modelar alguns protótipos de narrativas e mecânicas para jogos de tabuleiro e potenciais jogos digitais. Ao final dessa etapa, os colaboradores do Demults escolhem os educandos cujos perfis mais se alinham à proposta do projeto.

Aulas e *workshops*

O projeto inicia com *workshops*. Primeiramente, ocorrem três aulas/oficinas direcionadas a todo o grupo: introdução à lógica de programação, com condicionais e laços; *game design*, com conceituação de jogos, narrativas, mecânicas, personagens e regras; e customização de elementos visuais, como cenários, obstáculos e animações de personagens. Nos *workshops* seguintes, os educandos são separados entre

Figura 9.1 Etapas do projeto Demults.

designers e programadores, e são apresentados a conteúdos específicos, como desenho a mão livre e exploração da ferramenta de ilustração (*designers*), integração de componentes de terceiros dentro do ambiente de programação e extensão de *software* com códigos criados em blocos e sem utilização de trechos de códigos de terceiros (programadores).

Análise de jogos diversos

O objetivo dessa etapa é favorecer a produção de sentido pelos educandos sobre os elementos estéticos, de narrativa e de mecânica de jogos, além de iniciar o diálogo sobre os conteúdos curriculares, por meio de avaliação heurística de jogos educacionais. Os educandos são divididos em grupos e analisam jogos digitais educacionais pré-selecionados pelos educadores das disciplinas curriculares. Utiliza-se um conjunto com 18 heurísticas para jogos digitais, proposto por Barcelos *et al.* (2011), ao qual foram adicionadas cinco heurísticas educacionais geradas no Demults:

1. O jogo requer algum conhecimento prévio de conteúdo curricular?
2. O jogo direciona para um conceito específico ou deixa o usuário livre para construí-lo?
3. Como o conceito do conteúdo curricular está representado na interface?
4. Como o jogo responde ao erro do usuário?
5. Para qual nível educacional o jogo está direcionado?

Normalmente, há uma breve explicação sobre interação, interface, jogabilidade e usabilidade também nessa etapa.

Ideação

A fase de ideação tem início com uma atividade de *brainstorm*, com base no *design* participativo, na qual os educandos dividem-se em grupos dentro dos dois eixos temáticos educacionais para idealizar as primeiras características dos seus respectivos jogos. Essa atividade se dá pela construção de um mapa mental e, posteriormente, de um texto que resume as ideias dos participantes. Objetiva-se com isso estimular a criatividade e auxiliar os aprendizes durante o trabalho colaborativo de construção das narrativas de cada jogo. Ao final, os grupos apresentam suas propostas de jogo (narrativa e integração dos conteúdos curriculares) e é feita uma votação para escolher qual das ideias propostas se tornará oficial ou se as propostas podem ser unidas. Após esse momento, que pode ocorrer em um ou dois encontros, é feito o refinamento do jogo por meio de *storyboard*, uma narrativa contada no formato de história em quadrinhos, muito utilizado por *designers*, *webdesigners* e, principalmente, na área cinematográfica, como forma de descrever o que ocorrerá em cada cena/fase do filme, jogo ou *website* (HART, 1999; LOWDERMILK, 2013; MEDEIROS *et al.*, 2007). Sua principal função é guiar as atividades dos educandos durante a construção das mecânicas dos jogos e facilitar a comunicação entre *designers* e programadores (MORAIS *et al.*, 2015).

Produção

A produção é a fase mais longa e central do Demults. Os encontros de produção visam a execução de atividades de prototipação do jogo com ambiente de programação e a ferramenta de ilustração digital. Nessa etapa, os educandos se tornam mais autônomos e há mais colaboração entre eles. Há muitas voltas à etapa de ideação à medida que o jogo se concretiza, e é necessário pensar os elementos visuais para explicitar a narrativa, como personagens, cenários e obstáculos. A interação entre programadores e *designers* torna-se mais constante à medida que começam a surgir discrepâncias entre o que foi idealizado e o que de fato pode ser concretizado por meio da programação. Há uma intensa negociação de significados nessa etapa, até que ambos os grupos, programadores e *designers*, estejam de acordo com as novas dinâmicas e visuais. Essa constante negociação é característica essencial da atividade de *design*, em especial no *design* participativo.

Testes

Ao final da produção, são realizados testes dos jogos desenvolvidos pelos educandos para identificar aspectos que podem levar a mudanças ou aprofundamentos na narrativa, mecânica, estética, personagens ou regras. Utiliza-se a técnica de teste informal com usuários pensando em voz alta, na qual o usuário vai falando o que está observando e entendendo a partir da interação com o *software* investigado. Um observador faz anotações e perguntas ao usuário, e um vídeo da interação é gravado. Em geral, os testes são realizados com educandos da escola que não participaram do projeto. Essa etapa costuma gerar para os participantes do Demults novas descobertas de aprendizagem acerca de conhecimentos técnicos e curriculares construídos durante todo o processo. Isso ocorre principalmente porque os testes são feitos com uma versão jogável, mas não necessariamente com toda a narrativa exposta em elementos de interface do jogo. Assim, é necessário que os educandos expliquem aos usuários testadores algumas funcionalidades inacabadas.

O PENSAMENTO COMPUTACIONAL NO DEMULTS

As análises sobre PC descritas neste capítulo foram feitas a partir de observações participantes e investigações sobre falas, gestos, artefatos e registros dos participantes – os campos semióticos, de acordo com Goodwin (2000) – ao longo das etapas do Demults descritas na seção anterior. Como unidade de análise, focalizamos as marcações discursivas que produziram tipos particulares de ação na atividade, as quais se organizavam em torno de dois eixos comuns: resolução de problemas e interação durante o Demults. As ideias de ZDP, mediação e internalização para produção de significados permitiram relacionar PC e linguagem. Todos os participantes são referenciados por nomes fictícios nos exemplos apresentados.

Ideação

A fase de ideação apresentou muitos desafios no ciclo do Demults aqui analisado (2015-2016). A dificuldade em construir uma narrativa e ter conceitos curriculares integrados a ela fez a fase de ideação estender-se até quase o final do ciclo, em paralelo com a produção. Ao longo desse processo de discussões e reformulações, os educandos enfrentaram várias situações em que precisaram exercitar o PC, da perspectiva da resolução de problemas, usando abstração, formas de representação de conceitos e de outros elementos do jogo, pensamento algorítmico e formulação de problemas menores para resolver, em conjunto, um problema maior.

Narrativa do jogo de matemática: trigonometria para a fuga da batata

> A batata vai fugir do cozinheiro. Ela está na mesa e irá saltar para a pia com o auxílio de uma ratoeira, mas isso só se dará de forma correta se o jogador colocar a ratoeira de forma que o ângulo do salto seja aquele cujo seno é 1/2. Depois de saltar, a batata terá que atravessar a pia. Para isso terá que usar uma colher cujo tamanho seja igual à diagonal da pia, para poder atravessar por cima da colher. Depois disso, para se esconder do cozinheiro mais rápido, entrará em um copo, mas não um copo qualquer, e sim aquele cujo diâmetro seja equivalente à circunferência da batata. Serão dados os raios dos copos.

Nessa narrativa, construída conjuntamente pelos educandos do grupo de matemática e pelo especialista (licenciando em Matemática), percebe-se uma sequência de passos, entremeada de condições relacionadas a conceitos matemáticos: o jogador precisa ajustar a ratoeira em um ângulo específico, identificar uma colher de tamanho específico e um copo com certo diâmetro. Para vencer essa fase, o jogador precisa lidar com conceitos de seno, diagonal e diâmetro de circunferência. Cada um desses pequenos desafios representa um problema em uma mesma cena do jogo. Se resolvidos em conjunto, os desafios permitirão ao jogador passar para outra fase. Conceitos abstratos estão integrados à história de uma batata transformada em personagem.

De forma complementar, essa narrativa deverá passar por outro processo de abstração para ser representada na linguagem de blocos usada na ferramenta de programação para que o jogo seja implementado. A **Figura 9.2** ilustra as cenas antes e depois de a batata escolher a colher correta para atravessar a pia em diagonal, programadas e desenhadas pelos educandos ao final do ciclo.

Narrativa do jogo de português: dificuldades entre palavras e versos de um soneto

O grupo que trabalhou com o jogo de português, que possuía como tema os diferentes gêneros textuais, apresentou mais dificuldade no processo de abstração para construção da narrativa e integração dos conceitos ao jogo. Inicialmente, a narrativa estava, por um lado, extremamente complexa e, portanto, de difícil apropriação pelo próprio grupo; por outro lado, apresentava pouca integração de conceitos curriculares. Isso transparece no diário de campo do especialista (licenciando em Letras), quando relata que "o grupo de português está com muita dificuldade de avançar. Vê-se muita discussão e pouca produção. O conteúdo e a mecânica do jogo têm sido entraves para as meninas, e a programação também tem caminhado lentamente".

Foram necessários vários encontros para que os educandos conseguissem apropriar-se da narrativa, sugerir e construir o jogo, que, após muitas alternativas, passou a abordar o gênero poesia em sonetos. A princípio, pode-se assumir erroneamente que um jogo sobre poemas, assim como seu processo de criação, em nada se relaciona com o PC, que remete à lógica das ciências exatas. No entanto, a construção da narrativa e da mecânica do jogo exigiu raciocínio lógico, estrutura algorítmica e formulação de subproblemas a partir de um problema maior, como se vê na narrativa:

> A cena mostra duas páginas de um livro. Em uma delas, há um soneto com algumas palavras e versos faltando. O jogador precisa escolher palavras e versos da outra página e arrastá-los para as lacunas, obedecendo às métricas de rima

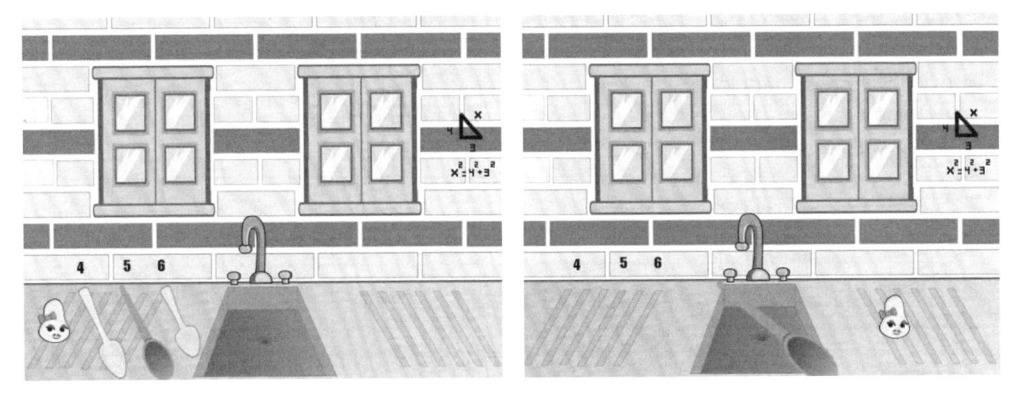

Figura 9.2 Conceitos matemáticos integrados à narrativa do jogo.

do soneto. As palavras usadas vão sendo acumuladas até que o jogador chegue a uma fase em que é apresentado a uma charada para formar uma frase usando as palavras que completaram os sonetos nas fases anteriores.

Para que isso fosse possível, os educandos precisaram escolher sonetos e palavras a serem retiradas deles que, quando reunidas, permitissem de fato a formação de uma frase com sentido, ou seja, precisaram planejar partes menores do problema que em conjunto contribuiriam para uma solução.

Programação

Os educandos responsáveis pela implementação dos jogos tiveram grandes oportunidades de desenvolver o PC por meio da lógica de programação.

Pensamento computacional na seleção: avaliação da lógica algorítmica

No formulário da seleção para participar desse ciclo do Demults, havia uma questão específica para avaliar a habilidade com lógica algorítmica *a priori*, em que se solicitava que os educandos descrevessem os passos para fritar um ovo. As respostas mostradas nas **Figuras 9.3**, **9.4** e **9.5** possuem diferentes níveis de sofisticação em relação ao PC. Na **Figura 9.3**, a resposta é simples e em texto corrido. Na resposta da **Figura 9.4**, o educando Gabriel organizou as ideias em passos, o que já se aproxima mais da estrutura lógica algorítmica. Na resposta da **Figura 9.5**, é possível identificar o uso de estruturas de condições ("se o ovo estiver já quebrado..."), formando um algoritmo mais completo.

Resolução de problemas na programação: codificação das ações dos personagens

Após as vivências dos *workshops* e de sucessivas interações com especialista em CP do Demults, durante a implementação dos jogos, em espaços simbólicos intersubjetivos, como a ZDP no processo, Gabriel desenvolveu os trechos de código mostrados na **Figura 9.6**. Esses trechos de códigos, que estendem o

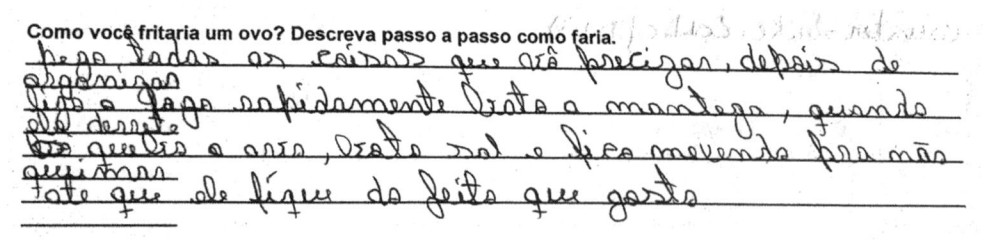

Figura 9.3 Resposta simples.

Figura 9.4 Resposta estruturada em passos.

Como você fritaria um ovo? Descreva passo a passo como faria.

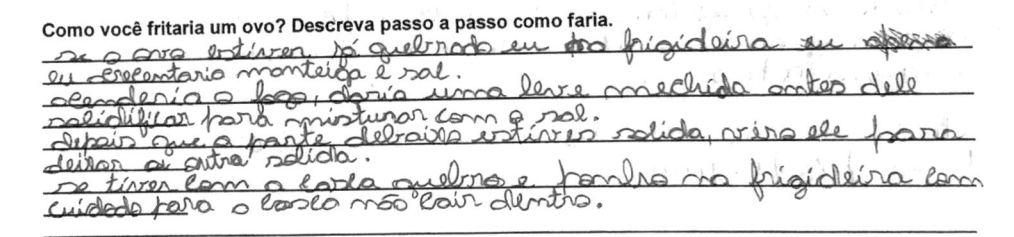

[resposta manuscrita]

Figura 9.5 Resposta com uso de condições.

jogo conforme projeto colaborativo, indicam em Gabriel internalizações provenientes da linguagem algorítmica, observando-se a apropriação da estrutura condicional *if* (se). Sob uma perspectiva de resolução de problemas na situação, o educando identificou dois problemas: o controle do personagem quando atinge um alvo e a morte do personagem. Uma vez identificados tais problemas, o educando teve que representá-los, ou seja, precisou dar sentidos aos problemas identificados para produzir significados mediados como solução algorítmica, chegando a criar estratégias algorítmicas para conseguir solucioná-los. Finalmente, o educando solucionou o problema, como pode ser verificado pelos trechos de códigos da **Figura 9.6**: uma condição para o controle do personagem relacionada ao alvo e uma condição para recarregar a cena, caso o personagem morra.

Internalização a partir de interação com especialista: instrução direta em situação prática

Outra situação que demonstra o despertar de um potencial PC para um nível real mais desenvolvido foi o caso da educanda Valentina, que entrou no projeto com interesse declarado em aprender a programar (expresso no questionário distribuído aos participantes no início do projeto), mas apresentou desde o início insegurança, baixa autoestima, pouca iniciativa em explorar a ferramenta Stencyl

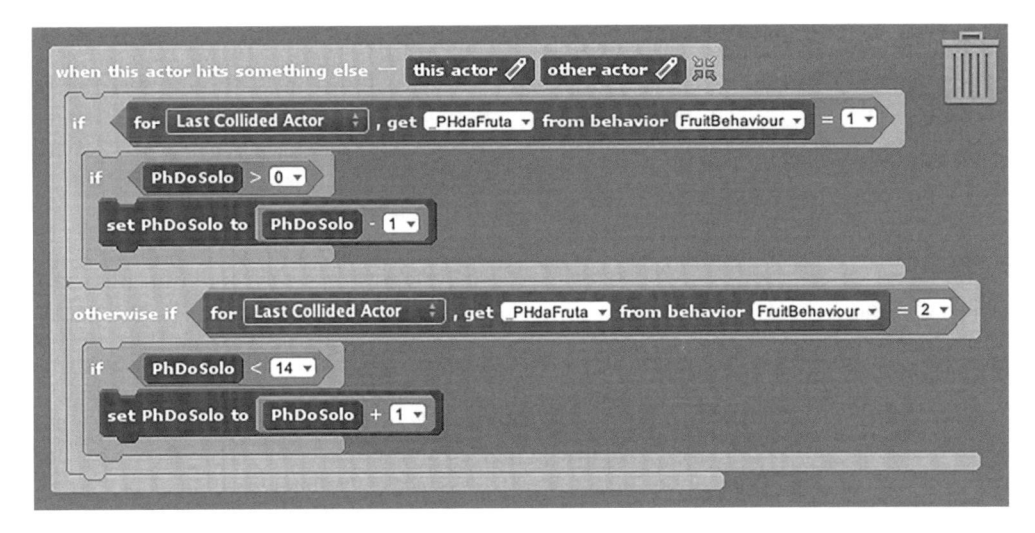

Figura 9.6 Trechos de código desenvolvidos por um educando.

e alto nível de dificuldade de compreender os conceitos de programação. Como consequência, Valentina desenvolveu uma dependência muito grande em relação a Rodrigo (especialista em programação da CP do Demults). Esses aspectos transparecem nas falas de Valentina ao longo do projeto: "Temos um probleminha, ele [o programa] é lento, que nem eu"; "Rodrigooooo, precisamos de você e da sua inteligência!!".

Porém, mesmo com as dificuldades e a visão negativa de si mesma que expressava, Valentina mostrou evolução. Em uma interação da CP, quando Rodrigo tentava explicar a Valentina a lógica da estrutura condicional *if*, ela declarou: "Tu ensinou (*sic*) isso naquele dia lá, mas eu não lembro! É tipo: nananana isso, nanananana o bonequinho se move", resgatando vivências mais direcionadas nos momentos de *workshops* de programação. Ao final do ciclo, ela deu um salto em seu nível potencial, ao apropriar-se da mecânica e da narrativa do jogo que estava sendo desenvolvido, debatendo com as colegas, dando explicações a Rodrigo (que não se envolveu na formulação da narrativa) e fazendo uma ponte entre programadores e *designers*. Nesse processo, surgiu uma dúvida em relação à quantidade de vidas do personagem. Quando o especialista questionou o grupo sobre isso, uma educanda prontamente respondeu "três vidas". Nesse momento, Valentina interferiu e disse: "Depende. Tem que ser proporcional à quantidade de coisas que têm lá", demonstrando evolução no raciocínio lógico e computacional para um nível real mais avançado de PC.

Internalização a partir de interação com especialistas: instrução orientada em situação prática

Mais um caso exemplar para nossas considerações aconteceu com o educando Júlio, que desde o início do ciclo mostrou-se focado, autônomo e engajado na implementação do jogo de matemática. As observações do diário de campo do especialista em programação Danilo atestam que:

> Júlio parece ser um nativo digital, muito curioso e desenrolado. Quando não sabe algo busca em todos os lugares da ferramenta até encontrar. Hoje teve o exemplo de morte de um ator após colidir. Passaram cerca de 20 minutos tentando resolver via eventos, criando outro ator, trocando a camada na *scene*, até que Júlio achou no Stencyl a configuração de grupos de atores para colisão.

A relação entre Júlio e Danilo foi totalmente diferente da observada entre Valentina e Rodrigo. Júlio mostrou-se autônomo e Danilo, respeitando essa postura, desafiava-o sem fornecer soluções diretas (p. ex., dizendo: "certo... acho que tem um jeito mais fácil, mas faça aí do seu jeito"). Entende-se que as ações de Danilo condizem com uma postura menos instrucionista e, desse modo, oferecem ao educando um maior protagonismo na atividade. Porém, relacionando ao que ocorre em situações de CP, sabe-se que os momentos de instrução direta entre especialistas e novatos, como aconteceu entre Valentina e Rodrigo, também podem favorecer a participação periférica legítima e potencializar aprendizagem. Como se constatou no Demults, em ambos os casos houve desenvolvimento de funções psíquicas nos educandos, em um espaço simbólico intersubjetivo, característico da ZDP. Como se procurou evidenciar, essas funções psíquicas aqui observadas relacionam-se ao PC.

Uma situação que ilustra claramente o desenvolvimento do PC para um nível real mais avançado é relatada no diário de Danilo:

> Nesse momento, expliquei a Júlio as estruturas condicionais *if* e *otherwise* do Stencyl, e o uso de um atributo booleano. Deixei ele fazer por meio de um atributo booleano, até que ele viu por si só que estava criando trechos de códigos desnecessários. Por meio de um jogo de

perguntas meu, Júlio chegou à melhor forma (com menos linhas de código). Pedi para que ele me explicasse depois e ele conseguiu explicar, tanto o funcionamento de condicionais como o de variáveis booleanas. Percebi que ele anda fazendo bastante código de eventos e bem menos utilização de *behaviors* (códigos de terceiros) que antes. Isso também demonstra uma certa autonomia e confiança para criar seus próprios códigos.

Assim, o desenvolvimento do PC com foco em programação foi evidente e sofisticado no caso de Júlio, que passou a lidar com estruturas de dados diversas e construir códigos próprios.

CONSIDERAÇÕES FINAIS

De matriz analítica histórico-cultural, a composição de sentidos intersubjetivos nas práticas sociais das atividades do Demults e as significações descritas neste capítulo, como veículos do pensamento voluntário para a resolução de problemas, foram observadas como potencializadoras de um PC em situações escolares. Apesar do caráter situado da cognição, é possível investigá-la empiricamente e compreender as regularidades das ações dos sujeitos que favorecem o desenvolvimento psíquico – no caso desse estudo, do PC.

Para ciclos futuros, identificamos aspectos que podem viabilizar ainda mais a inserção do PC no espaço simbólico intersubjetivo do Demults, como a inclusão de atividades práticas ligadas à resolução de problemas do cotidiano (p. ex., usando computação desplugada) (VIEIRA; PASSOS; BARRETO, 2013), estimulando, assim, o desenvolvimento do PC e sua aplicação em aspectos variados da vida dos educandos, como em contextos escolares na zona rural, com a juventude do campo. Dessa forma, essas atividades também podem enriquecer as análises da pesquisa, apresentando-se como ferramenta-resultado,

por gerar dados para compreender melhor o desenvolvimento do PC e sua relação com a linguagem dentro da CP, ao mesmo tempo em que favoreçam a internalização da linguagem algorítmica. Busca-se, com isso, melhor apropriação da linguagem computacional e produção de sentidos para os significados típicos dos contextos escolares.

A metodologia do Demults pode ser considerada um potencial modelo de atividade educacional aplicada por equipes interdisciplinares a fim de proporcionar aos educandos a aprendizagem de conceitos científicos em disciplinas específicas, integrando-se a essa aprendizagem o desenvolvimento do PC. A visão integrada de desenvolvimento psíquico é destacada nas bases metodológicas do projeto, as quais permitem à escola cumprir seu papel de favorecer aos educandos a internalização de formações conceituais mais avançadas, ao mesmo tempo em que essas formações convergem para o desenvolvimento de linguagens e competências necessárias nos contextos contemporâneos.

REFERÊNCIAS

AURELIANO, V. C. O.; TEDESCO, P. C. A. R. Avaliando o uso do Scratch como abordagem alternativa para o processo de ensino-aprendizagem de programação. In: WORKSHOP SOBRE EDUCAÇÃO EM COMPUTAÇÃO, 20., 2012, Curitiba. Anais [...] Porto Alegre: SBC, 2012.

BARCELOS, T. S. et al. F. Análise comparativa de heurísticas para avaliação de jogos digitais. In: BRAZILIAN SYMPOSIUM ON HUMAN FACTORS IN COMPUTING SYSTEMS, 10.; LATIN AMERICAN CONFERENCE ON HUMAN-COMPUTER INTERACTION, 5., 2011, Porto de Galinhas. Proceedings [...] Porto Alegre: SBC, 2011. p. 187-196.

BARR, V.; STEPHENSON, C. Bringing computational thinking to K12: what is involved and what is the role of the computer science education community? *ACM Inroads*, v. 1, n. 2, p. 48-54, 2011.

BEZERRA, H.; MEIRA, L. Zona de desenvolvimento proximal: interfaces com os processos de intersubjetivação. In: MEIRA, L. L.; SPINILLO, A. (org.). *Psicologia cognitiva*: cultura, desenvolvimento e aprendizagem. Recife: UFPE, 2006. p. 190-221.

BEZERRA NETO, R. P. et al. Robótica na educação: uma revisão sistemática dos últimos 10 anos. In: CONGRESSO BRASILEIRO DE INFORMÁTICA NA EDUCAÇÃO, 4.; SIMPÓSIO BRASILEIRO DE INFORMÁTICA NA EDUCAÇÃO, 26., 2015, Maceió. Anais [...] Porto Alegre: SBC, 2015.

BLIKSTEIN, P. *O movimento Maker e FabLabs na educação*: finalmente realizando o sonho de Freire e Papert, ou mais uma futura história de fracasso? 2015. Notas da palestra realizada no 4º Congresso Brasileiro de Informática na Educação, em Maceió, em 26 out. 2015.

BLIKSTEIN, P. Travels in Troy with Freire: technology as an agent for emancipation. *In*: NOGUERA, P.; TORRES, C. A. (ed.). *Social justice education for teachers*: Paulo Freire and the possible dream. Rotterdam: Sense, 2008. p. 205-244.

BØDKER, S.; GRØNBÆK, K.; KYNG, M. Cooperative design: techniques and experiences from the Scandinavian scene. *In*: SCHULER, D.; NAMIOKA, A. (ed.). *Participatory design*: Principles and practices. Hillsdale: Erlbaum, 1993. c. 8, p. 157-175.

CASTELLS, M. *A sociedade em rede*. 2. ed. São Paulo: Paz e Terra, 1999.

COMPUTER SCIENCE TEACHERS ASSOCIATION. *K-12 computer science standards*. Chicago: CSTA, 2011.

COMPUTING AT SCHOOL WORKING GROUP. *Computer science*: a curriculum for schools. [S. l.]: Microsoft, 2012. Disponível em: http://bit.ly/1MNe9Mi. Acesso em: 27 maio 2019.

CUNY, J.; SNYDER, L.; WING, J. M. *Demystifying computational thinking for non-computer scientists*. 2010. Manuscrito não publicado.

DANIELS, H. *Vygotsky and pedagogy*. London: Routledge Falmer, 2001.

EHN, P.; KYNG, M. Cardboard computers: mocking-it-up or hands-on the future. *In*: GREENBAUM, J.; KYNG, M. (ed.). *Design at work*: cooperative design of computer systems. Hillsdale: Erlbaum, 1992. p. 169-196.

FALCÃO, T. P.; BARBOSA, R. S. "Aperta o Play!": análise da interação exploratória em um jogo baseado em pensamento computacional. *In*: SIMPÓSIO BRASILEIRO DE INFORMÁTICA NA EDUCAÇÃO, 26.; CONGRESSO BRASILEIRO DE INFORMÁTICA NA EDUCAÇÃO, 4., 2015, Maceió. Anais [...] Porto Alegre: SBC, 2015. p. 419-428.

FALCÃO, T. P. *et al*. Participatory methodologies to promote student engagement in the development of educational digital games. *Computers & Education*, v. 116, p. 161-175, 2018.

GOMES, T. C. S.; MELO, J. C. B. App Inventor for Android: uma nova possibilidade para o ensino de lógica de programação. *In*: WORKSHOP DE INFORMÁTICA NA ESCOLA, 19.; CONGRESSO BRASILEIRO DE INFORMÁTICA NA EDUCAÇÃO, 2., 2013, Campinas. Anais [...] Porto Alegre: SBC, 2013. p. 620-629.

GOODWIN, C. Action and embodiment within situated human interaction. *Journal of Pragmatics*, v. 32, n. 10, p. 1489-1522, 2000.

HART, J. *The art of the storyboard*: storyboarding for film, TV and animation. Boston: Focal Press, 1999.

HOLZMAN, L.; NEWMAN, F. *Lev Vygotsky*: cientista revolucionário. São Paulo: Loyola, 2002.

LAVE, J.; WENGER, E. C. *Situated learning*: legitimate peripheral participation. New York, Cambridge University, 1991.

LEONTIEV, A. *O desenvolvimento do psiquismo*. 2. ed. São Paulo: Centauro, 2004.

LIEBERMAN, H. *et al*. *End-user development*: an emerging paradigm. Dordrecht: Springer, 2006. p. 1-8. (Human-Computer Interaction, 9).

LOWDERMILK, T. *User-centered design*: a developer's guide to building user-friendly applications. Beijing: O'Reilly Media, 2013.

MALONEY, J. *et al*. The Scratch programming language and environment. *ACM Transactions on Computing Education*, v. 10, n. 4, article 16, 2010.

MEDEIROS, L. *et al*. Uso de Storyboards para a documentação dos requisitos no desenvolvimento distribuído de software. *In*: WORKSHOP DE DESENVOLVIMENTO DISTRIBUÍDO DE SOFTWARE, 1., 2007, João Pessoa. Anais [...] Porto Alegre: SBC, 2007. p. 5-12.

MEIRA, L.; LERMAN, S. The zone of proximal development as a symbolic space. *Social Science Research Papers*, v. 1, n. 13, p. 1-40, 2001.

MORAIS, D. *et al*. Storyboards no desenvolvimento de jogos digitais educacionais por usuários finais: um relato de experiência. *In*: SIMPÓSIO BRASILEIRO DE INFORMÁTICA NA EDUCAÇÃO, 26.; CONGRESSO BRASILEIRO DE INFORMÁTICA NA EDUCAÇÃO, 4., 2015, Maceió. Anais [...] Porto Alegre: SBC, 2015. p. 529-538.

MØRCH, A. Three levels of end-user tailoring: customization, integration and extension. *In*: KYNG, M.; MATHIASSEN, L. (ed.). *Computers and context*. Cambridge: MIT, 1997. p. 51-76.

RAABE, A. *et al*. Brinquedos de programar na educação infantil: um estudo de caso. *In*: WORKSHOP DE INFORMÁTICA NA ESCOLA, 21.; CONGRESSO BRASILEIRO DE INFORMÁTICA NA EDUCAÇÃO, 4., 2015, Maceió. Anais [...] Porto Alegre: SBC, 2015. p. 42-51.

SAVIANI, D. *Pedagogia histórico-crítica*: primeiras aproximações. 8. ed. Campinas: Autores Associados, 2003.

STERNBERG, R. J. *Psicologia cognitiva*. Porto Alegre: Artes Médicas, 2000.

VIEIRA, A.; PASSOS, O.; BARRETO, R. Um relato de experiência do uso da técnica computação desplugada. *In*: WORKSHOP SOBRE EDUCAÇÃO EM INFORMÁTICA, 19.; CONGRESSO DA SOCIEDADE BRASILEIRA DE COMPUTAÇÃO, 33., 2013, Maceió. Anais [...] Porto Alegre: SBC, 2013. p. 671-680.

VYGOTSKY, L. S. *A formação social da mente*: o desenvolvimento dos processos psicológicos superiores. 3. ed. São Paulo: Martins Fontes, 1989.

VYGOTSKY, L. S. *Pensamento e linguagem*. 3. ed. São Paulo: Martins Fontes, 1991.

WENGER, E. Communities of practice and social learning systems. *Organization*, v. 7, n. 2, p. 225-246, 2000.

WING, J. Computational thinking. *Communications of ACM*, v. 49, n. 3, p. 33-36, 2006.

LEITURAS RECOMENDADAS

STERNBERG, R. J. *Intelligence applied*: understanding and increasing your intellectual skills. San Diego: Harcourt Brace Jovanovich, 1986.

WING, J. M. Computational thinking–what and why? *The magazine of Carnegie Mellon University's School of Computer Science*, 2011.

EXPERIÊNCIAS COM O USO DA COMPUTAÇÃO DESPLUGADA COM BASE EM PEÇAS TEATRAIS NA EDUCAÇÃO BÁSICA DO ESTADO DO AMAZONAS

Raimundo da Silva Barreto | Odette Mestrinho Passos

As escolas propiciam o contato com a informática por meio da apresentação de alguns *softwares* seguida de atividades práticas. Apesar de ser atrativa para os alunos, essa abordagem traz limitações, pois dá a impressão de que a ciência da computação se restringe ao uso de equipamentos e programas computacionais. O projeto relatado neste capítulo teve início em 2012 e já popularizou os principais fundamentos da computação entre os estudantes de escolas públicas usando a técnica computação desplugada (BELL; WITTEN; FELLOWS, 2011), que consiste em ensinar os fundamentos da computação sem o uso do computador.

Um dos diferenciais da nossa abordagem está no fato de aplicarmos a técnica por meio de peças teatrais e dança. Não sabemos de nenhuma atividade desplugada que use o teatro como estratégia para o ensino de fundamentos da computação. Esse tipo de aprendizagem possibilita promover a construção de conhecimentos de forma natural, divertida e agradável. As atividades desplugadas ajudam a entusiasmar quem está assistindo, gerando interesse e motivação para se expressar e interagir nas atividades lúdicas.

Nas peças teatrais, o ensino acontece por meio de conversas entre alunos – os atores –, e como elemento motivador sempre há alguma dificuldade envolvida. Assim, buscamos desmentir a crença de que computação é difícil e apresentar uma nova forma de ensino acessível para todos. É notório que muitas crianças e adolescentes ainda vejam o computador como algo distante e inalcançável. Em algumas escolas da periferia, muitos alunos nunca tiveram contato com um. A partir de projetos dessa natureza, as crianças podem compreender como funcionam os computadores, além de desenvolver suas habilidades de comunicação, resolução de problemas, criatividade e diversos outros elementos cognitivos. Para quem está apresentando as atividades, há a interação com a sociedade, por meio da troca de informações e a satisfação de passar conhecimentos importantes que, de outra maneira, seria difícil para algumas crianças obter.

A ideia surgiu quando soubemos de uma iniciativa de professores da University of Canterbury (Nova Zelândia), da University of Waikato (Nova Zelândia) e da Charles Darwin University (Austrália), chamada computação desplugada. Os idealizadores mantêm um *site* (CS Unplugged),[1] no qual disponibilizam diversos tipos de materiais, como livros em diversos idiomas, inclusive português, além de projetos, eventos, artigos científicos, pessoas que estão adotando a estratégia, dicas para professores, vídeos e muito mais. No primeiro

---

[1] Disponível em: http://csunplugged.org

semestre de 2012, a partir da leitura do livro *Computer science unplugged: ensinando ciência da computação sem o uso do computador* (BELL; WITTEN; FELLOWS, 2011), submetemos um projeto de extensão na Universidade Federal do Amazonas (Ufam). Selecionamos seis atividades, geramos os *scripts* de peças teatrais, ensaiamos bastante e apresentamos em uma escola pública da cidade de Manaus.

É comum sermos questionados se é possível ensinar computação sem computadores. A resposta é: sim! Tanto é que o ábaco, uma ferramenta que possivelmente foi inventada 3 mil anos antes de Cristo, é considerado por muitos como a origem do computador. Portanto, a computação em si não tem a ver com computadores. Computadores são ferramentas que fazem computação, mas a computação pode ser feita sem computadores, por exemplo, com papel e lápis. Fellows e Parberry (1993) resumem bem esse ponto quando dizem: "Ciência da computação tem tanto a ver com o computador como a astronomia com o telescópio, a biologia com o microscópio ou a química com os tubos de ensaio. A ciência não estuda ferramentas, mas o que fazemos e o que descobrimos com elas".

A computação desplugada é uma técnica que visa ensinar os fundamentos da computação de forma lúdica, sem o uso de computadores, sem distrações e detalhes técnicos em demasia. A técnica pode ser aplicada para diversas pessoas, com diferentes conhecimentos e habilidades. Um dos objetivos é eliminar as barreiras técnicas e os equívocos sobre o que é de fato a computação. Os princípios da técnica consistem em (BELL; WITTEN; FELLOWS, 2011):

- Não requerer computadores.
- Ensinar a ciência da computação real.
- Aprender fazendo.
- Ser divertida.
- Não exigir nenhum equipamento especializado.
- Serem encorajadas variações da aplicação da técnica.
- Ser para qualquer pessoa.
- Enfatizar a cooperação, a comunicação e a solução de problemas.
- As atividades serem autoexplicativas.
- Ser flexível com relação a erros, isto é, erros não devem ser empecilho para a aprendizagem.

A computação desplugada pode ser aplicada com pessoas de todas as idades, com diferentes conhecimentos e experiências, desde o ensino fundamental até o ensino superior. Nosso projeto é voltado principalmente para estudantes dos anos finais do ensino fundamental e do ensino médio, mas tivemos experiência com alunos de graduação e os resultados também foram excelentes.

Nessa primeira experiência, basicamente apenas repetimos o que já estava sendo explicado no livro de Bell, Witten e Fellows (2011). Aprendemos muito com essa experiência. Em seguida, no segundo semestre de 2012, tivemos a satisfação de ter aprovado um projeto que submetemos ao Programa de Apoio à Popularização da Ciência, Tecnologia e Inovação da Fundação de Amparo à Pesquisa do Estado do Amazonas (Fapeam). Assim, fizemos ajustes na técnica: em vez de concentrar a apresentação somente no ensino, resolvemos inovar e fazer a apresentação como se fosse uma peça teatral, incluindo dança. Para que as atividades pudessem ser realizadas, foi necessário adquirir e preparar diversos materiais, como cartões, alguns magnéticos, quadros brancos, cavaletes, roupa de palhaço e de quadrilha, chapéu de roça, *banners*, cadeados e bolas.

Esse projeto é relevante para quem assiste às apresentações, para os professores e gestores das escolas, assim como para os estudantes que apresentam as atividades. Fazem parte do projeto dois tipos de alunos: os alunos participantes (estudantes de graduação em Computação da Ufam) e os alunos-espectadores (os alunos que assistem às atividades desplugadas).

MÉTODO PROPOSTO: COMPUTAÇÃO DESPLUGADA TEATRAL

Essa proposta apresenta uma inovação no uso da técnica computação desplugada, uma vez que os conceitos são ensinados utilizando atividades interativas que envolvem teatro e dança, tornando concretos os conceitos computacionais e possibilitando uma proximidade da realidade do aluno com o fundamento computacional (VIEIRA; PASSOS; BARRETO, 2013). Dessa forma, é possível visualizar, experimentar e aprender aquilo que parecia "coisa de outro mundo". Os princípios da técnica continuam sendo atingidos, mas a forma de fazer é bastante diferente.

Uma das grandes vantagens desse método é que as atividades desplugadas são passíveis de aplicação em localidades remotas ou de infraestrutura deficitária, sem computadores disponíveis, como é o caso da maioria das escolas públicas nacionais. O mais importante é que os alunos-espectadores mudam sua maneira de ver a computação, passando de uma simples execução de aplicativos para conhecimento da ciência por trás da computação.

A peça teatral consiste na apresentação de seis conteúdos programáticos da área da computação (**Tab. 10.1**). Como cada atividade dura em média 15 minutos, geralmente as apresentações são divididas em duas sessões realizadas em dias diferentes, para não serem muito cansativas para os alunos. É normal fazermos duas sessões por dia, para alcançar maior número de alunos. Em todas as atividades, há dois atores principais e diversos atores coadjuvantes, que são alunos participantes, e um narrador, que em geral é um professor.

Para cada atividade, foi proposta uma lista de materiais lúdicos necessários para a execução e as falas de cada personagem.

Embora algumas atividades tenham sido baseadas no livro *Computer science unplugged: ensinando ciência da computação sem o uso do computador* (BELL; WITTEN; FELLOWS, 2011), todas elas foram adaptadas para o contexto teatral. Outras atividades foram propostas pela equipe idealizadora do projeto, como as atividades que ensinam ordenação, autômatos e criptografia. Para estas últimas, foram necessárias várias interações, principalmente para gerar os *scripts*, para que as falas ficassem o mais naturais possível e fossem de fácil assimilação. Apesar de haver os *scripts*, existe abertura para as improvisações.

TABELA 10.1 Atividades apresentadas nas escolas públicas		
Atividade	Conteúdo abordado	Material utilizado
A mágica de virar as cartas	Detecção e correção de erros	Lousa magnética e cartões magnéticos
Transmitindo uma mensagem com segurança	Criptografia	Chocolates e uma caixa estilo baú
Contando os pontos	Números binários	Cartões em tamanho A4 com números binários e decimais
Colorindo com números	Representação de imagens	Cartões magnéticos de várias cores
Caça ao tesouro	Autômatos finitos	Fantasias de pirata e de animais, quadro e cartões
Vamos dançar?	Ordenação	Roupas coloridas estilo palhaço com números grandes na frente e atrás

Vale mencionar que os alunos participantes não estudaram teatro nem dança. Para que as apresentações fossem realizadas a contento, foi necessário ensaiar bastante. Por isso, o comprometimento de todos é fator essencial para o sucesso dessa iniciativa.

EXECUÇÃO

A audiência principal consiste em estudantes dos anos finais do ensino fundamental e do ensino médio das escolas públicas, mas tivemos experiências com estudantes de ensino superior das áreas de computação e de pedagogia. Ao todo, acreditamos que mais de 5 mil pessoas já assistiram às atividades desplugadas.

Esse projeto é ofertado desde 2012 a diversas escolas públicas de Manaus e de Itacoatiara, Parintins e Maués, cidades do interior do Estado do Amazonas. Antes das apresentações, sempre entramos em contato presencial com a gestão de cada escola para agendá-las, além de apresentar os objetivos do projeto e detalhar a maneira como será exposto o conteúdo. Explicamos que o projeto precisa ser apresentado em uma sala ampla – um auditório é o ideal. Embora já tenha havido situações em que tivemos que alugar microfones e caixas de som, sempre colocamos esses dois itens como requisitos para a execução do projeto. Também deixamos claro que todos os outros materiais lúdicos são fornecidos pelo projeto.

Disponibilizamos diversos vídeos que apresentam as peças teatrais em diferentes instituições (COMPUTAÇÃO..., 2015); além de depoimentos (DEPOIMENTOS..., 2013) e entrevistas em programas jornalísticos (DESPLUGADA..., 2012). Há diversos outros vídeos disponibilizados no YouTube.

AVALIAÇÃO QUALITATIVA E QUANTITATIVA

Foi feita uma avaliação qualitativa com uma turma de quase 200 alunos-espectadores, dos quais selecionamos uma amostragem aleatória de 40 alunos. Buscamos avaliar o desempenho da apresentação e a assimilação do conteúdo. Os resultados estão resumidos na **Tabela 10.2**.

Analisando os dados, concluímos que os alunos gostaram muito das apresentações e aprenderam efetivamente o conteúdo apresentado – mais que isso, as apresentações despertaram neles o interesse pela área de computação. Em outra oportunidade, fizemos um experimento quantitativo para avaliar se houve uma assimilação mais efetiva dos conteúdos ministrados. Para tanto, fizemos as perguntas apresentadas no **Quadro 10.1** antes e depois das apresentações.

TABELA 10.2 Avaliação qualitativa

Perguntas	Sim	Não	Talvez
As apresentações foram boas?	75%	5%	20%
Você acha que as apresentações facilitaram o seu entendimento sobre como funciona o computador?	85%	0%	15%
O conceito que você tinha de computação mudou?	95%	2,5%	2,5%
Depois das apresentações, você está mais motivado(a) para conhecer mais sobre computação?	90%	0%	10%
Os apresentadores foram suficientemente claros na exposição dos conceitos?	75%	10%	15%
Você gostaria que houvesse outras atividades semelhantes às de que participou?	95%	0%	5%

Os resultados do questionário estão apresentados na **Tabela 10.3**. No total, 52 alunos participaram da pesquisa. Analisando essa tabela, é possível perceber que antes das apresentações o conhecimento era insuficiente. Quando o questionário foi aplicado novamente, após as apresentações, foi observado um aumento significativo nos conhecimentos – em média, de 60% de aprendizagem –, significando que os alunos compreenderam os conceitos e fundamentos abordados.

DEPOIMENTOS

Coletamos diversos depoimentos, alguns gravados em vídeo e outros registrados em *e-mails*, divididos em três partes: depoimento dos alunos-espectadores, dos alunos participantes e dos professores que assistiram às apresentações.

Depoimentos dos alunos-espectadores

Após as apresentações, colhemos os depoimentos de alguns alunos que assistiram às apresentações. Alguns depoimentos merecem destaque, como o de um aluno do ensino médio de uma escola pública de Maués, que disse que o projeto apresentou uma atividade diferente do convencional. Ele afirmou ter gostado muito das apresentações e ter aprendido os conceitos. Também contou que queria fazer vestibular para Biologia ou Medicina, mas depois de assistir às apresentações do projeto decidiu escolher algum curso de Computação. Com isso, infere-se que o projeto, em algum grau, conseguiu desmistificar a computação e, também, atrair novos candidatos aos cursos da área.

QUADRO 10.1 Questionário aplicado antes e depois das apresentações

1. O que é necessário para que o computador consiga detectar e corrigir um erro nos dados?
2. Converta o número 10101 de binário para decimal e o número 25 de decimal para binário.
3. Como o autômato faz para pular de um estado para outro até atingir o estado final?
4. Forme a imagem representada pela seguinte sequência de números:

    1, 2, 2
    3, 2
    2, 3
    0, 2, 1, 2
    0, 1, 3, 1
    1, 1, 1, 1

5. Qual a finalidade de fazer uma criptografia antes de enviar uma mensagem?
6. Suponha o seguinte conjunto de dados: 4 6 7 1 3 2. Como ficaria esse conjunto após o primeiro passo do método da bolha?
7. Suponha que o seguinte conjunto de dados seja inserido pelo método: 4 6 2. Como ficaria o conjunto após a inserção do último valor (2)?

TABELA 10.3 Resultados dos questionários aplicados

Questões	Antes da apresentação	Depois da apresentação
Questão 1 (Detecção de erros)	0,0%	50,0%
Questão 2 (Números binários)	0,0%	68,2%
Questão 3 (Autômatos finitos)	0,0%	54,5%
Questão 4 (Representação de imagens)	0,0%	80,0%
Questão 5 (Criptografia)	2,3%	73,3%
Questão 6 (Ordenação - bolha)	0,0%	33,3%
Questão 7 (Ordenação - inserção)	0,0%	33,3%

Coletamos também os depoimentos de dois estudantes de outra escola de Maués, que disseram que a computação é uma área bem interessante e que não a conheciam profundamente. Eles pensavam que a computação fosse algo totalmente diferente do que realmente é, mas revelaram que as técnicas ensinadas modificaram suas crenças. Também perceberam que o fundamento computacional não é tão difícil como parece. Assim como o primeiro, um desses alunos disse que, depois de ter assistido às apresentações, faria vestibular para Computação.

Outros dois alunos do ensino médio, desta vez de Itacoatiara, lembraram os fundamentos computacionais que aprenderam. Um deles, inclusive, levou seu nome escrito usando a codificação binária a partir da tabela ASCII (do inglês *American Standard Code for Information Interchange*). É possível inferir, nesse caso, que o aluno realmente aprendeu o conteúdo.

Além disso, colhemos o depoimento de duas estudantes de Pedagogia. Coincidentemente, elas disseram que estavam cursando uma disciplina que, entre outras coisas, ensinava a aplicação de atividades lúdicas na educação infantil. Talvez por isso elas tenham destacado a importância do ensino da computação para as crianças e que isso já deveria ter sido incluído na educação básica, uma vez que as crianças já nascem em um mundo recheado de tecnologia. Também ressaltaram o aspecto lúdico da proposta, que pode despertar o interesse para a área de computação. Elas enfatizaram que os conceitos foram realmente aprendidos, independentemente de seus conhecimentos prévios da área de informática. Solicitaram que o projeto fosse continuado para que outras escolas tenham acesso.

Depoimentos dos alunos participantes

Fizemos entrevistas também com os alunos participantes e pudemos perceber que eles gostaram muito de fazer parte do projeto. Um dos alunos disse que se sentia muito honrado por ter participado e que o projeto lhe tinha ensinado que às vezes só precisava ver as coisas de outro ângulo, de uma maneira diferente, "desplugar" do habitual, que assim ele conseguiria ir muito mais além. Outro ponto que foi bastante destacado pelos alunos tem a ver com fazer e receber críticas construtivas. De acordo com uma das alunas participantes, em todas as apresentações feitas buscou-se sempre melhorar e ajudar os colegas a melhorar também. Fazer críticas construtivas foi interessante porque os ajudou a melhorar o próprio desempenho. Receber críticas com certeza não era a coisa mais agradável, mas com o tempo eles mesmos passaram a entender sua necessidade. Hoje esses alunos estão bem mais abertos a elas.

Na nossa interpretação, há três razões principais para os alunos participantes terem gostado muito do projeto. A primeira é que as atividades são divertidas. A união da computação com teatro e dança é algo que torna o conhecimento bem mais acessível ao grande público. Uma aluna participante disse que é comum as pessoas que não estão familiarizadas com essa área terem dificuldade para entender o que é estudado em computação, como algoritmo, ordenação, números binários, autômatos. Entretanto, nas atividades do projeto, foram utilizadas artes e dinâmicas que, além de diferentes, são uma forma divertida de ensinar sobre computação. Outro aluno disse que as apresentações eram realizadas com muita empolgação, principalmente quando o público demonstrava vontade de aprender.

A segunda razão é a possibilidade de transformar a vida de muitos que, de outra forma, talvez nunca tivessem acesso a esses conhecimentos. Difundir a computação por vários lugares, incluindo escolas do interior do Estado do Amazonas, deixou os alunos muito contentes, uma vez que os cursos de tecnologia nem sempre são tão conhecidos por estudantes dos ensinos fundamental e médio. Um dos alunos disse ser muito gratificante a ideia de incentivar o aprendizado sobre computação a adolescentes e mostrar que a ciência não está tão distante como eles pensam, assim como de serem usados para plantar esperança nos alunos das escolas e deixar claro que eles são capazes de aprender algo que achavam impossível.

O brilho nos olhos das crianças que se divertiam, interagiam, dançavam e aprendiam é uma coisa indescritível. Outro aluno lembrou o fato de as apresentações serem feitas tanto em escolas de alto padrão quanto em algumas mais humildes. Nestas últimas, foi possível ver com clareza essa realidade. Em cidades do interior, por exemplo, os nossos alunos puderam conversar com estudantes que não tinham perspectiva nenhuma de tentar vestibular para uma universidade, mas depois de terem assistido às apresentações do projeto se inspiraram a seguir com os estudos. Tivemos também situações adversas. Por exemplo, em uma das escolas o público pareceu não se interessar muito pelas atividades e isso teve impacto negativo nos apresentadores, que não se empenharam tanto e só fizeram o trivial.

A terceira razão é que os próprios alunos participantes cresceram muito, tanto pessoal quanto academicamente. Um aluno disse que aprendeu, ou viu de forma mais atrativa, várias coisas sobre computação, como o funcionamento dos números binários e da criptografia. Uma aluna disse que se saiu muito bem na disciplina de computação gráfica por ter feito parte do projeto. Todos esses conhecimentos diferenciados foram adquiridos graças ao projeto. Alguns alunos eram bastante acanhados e introspectivos e se sentiam desconfortáveis quando tinham que fazer algum tipo de apresentação em público. Por isso, a maioria disse que depois de participar do projeto ficou bem mais fácil interagir com o público. Um dos alunos disse: "O medo de falar em público e de não se sentir bem no palco com certeza não existe mais para mim nem para outros colegas do projeto". Outro aspecto também muito comentado foi o trabalho em grupo. Como o projeto era uma peça teatral, eles tinham que aprender a trabalhar em equipe.

Algo muito curioso é que alguns alunos participantes estavam a ponto de desistir do curso de Computação, e só não fizeram isso porque entraram no projeto Computação desplugada. Alguns alunos tinham perdido a motivação, principalmente devido a algumas reprovações. Como alunos, a maioria teve desempenho satisfatório nos ensinos fundamental e médio, mas talvez não estivessem acostumados com os métodos de ensino da universidade, que, além de serem mais rígidos, também requerem que o próprio aluno encontre soluções por si. "Foi o melhor projeto de extensão de que já participei na academia, principalmente porque tivemos bons momentos de aprendizado e vivenciamos experiências extraordinárias", afirmou uma das participantes do projeto.

Depoimentos dos professores das instituições

Também coletamos depoimentos de professores que assistiram às apresentações. Um deles foi de uma professora da disciplina avaliação e planejamento, do curso de Pedagogia da Ufam. Para ela, o projeto enriqueceu o conhecimento pedagógico dos alunos de Pedagogia e trabalhou a dinâmica no ensino, alinhando a teoria com a prática. Já o professor de matemática e física de uma escola de Maués ressaltou a importância de o projeto ter ido até o interior do Estado, onde é difícil chegarem iniciativas dessa natureza. Ele também destacou a importância de os alunos saberem mais sobre informática e contou ter percebido que estes ficaram motivados e queriam aprender mais sobre o assunto. Achou muito importante o ensino de computação sem ter acesso ao computador, de forma prática, dinâmica, fácil de aprender e não cansativa, e também destacou o uso de números binários e matrizes. De acordo com esse professor, os alunos ficaram bastante atentos a tudo que foi ensinado.

TRABALHOS RELACIONADOS

Em Scaico et al. (2012), é apresentada uma experiência com alunos do ensino fundamental (4º, 5º e 9º anos) com uma atividade proposta por Bell, Witten e Fellows (2011), conhecida como Contando os pontos, que ensina os números binários de forma lúdica. A primeira experiência foi realizada exatamente de acordo com a proposta de Bell et al. (2011). Como os alunos do 4º e 5º anos não conseguiram entender o significado do 0 e do 1 em diferentes posições, os autores resolveram trocar a figura do 0 por uma lâmpada apagada, e a figura do 1, por uma lâmpada acesa. Com essa alteração, a maioria das crianças passou a entender o princípio da conversão entre os dois sistemas de numeração. Os autores concluíram que alunos a partir do 5º ano já estão em idade apropriada para o ensino do sistema binário. Scaico et al. (2012) trabalharam com uma quantidade de alunos relativamente pequena (24 a 26 alunos), enquanto as nossas turmas eram de 150 alunos em média. Outra diferença é que eles só trabalharam com uma única atividade, enquanto nós trabalhamos com seis. Além disso, em nosso projeto, os alunos cursavam a partir do 8º ano, enquanto eles tinham turmas de anos inferiores.

Em Machado et al. (2010) é detalhado o projeto Talentos-Comp, que tem como objetivo principal a descoberta e o incentivo de jovens talentos para a área de computação em escolas dos ensinos fundamental e médio. Os autores trabalharam a capacidade de raciocínio lógico-matemático e introduziram o raciocínio algorítmico, de maneira que os alunos pudessem compreender a utilização desses modelos de raciocínio na solução de problemas. No ensino fundamental, eles usaram não somente as atividades desplugadas, mas também as da Olimpíada Brasileira de Informática. Para cada turma, os autores usaram em torno de 20 horas de aula durante um semestre.

Para o ensino médio, foi ensinada a linguagem C, usando métodos tradicionais, a linguagem Scratch e um pouco de computação desplugada. Nossa proposta é desmistificar os conceitos de computação para crianças dos ensinos fundamental e médio, enquanto Machado et al. (2010) estão mais focados em descobrir jovens talentos para a área da computação, incentivar a participação feminina e a participação dos alunos do ensino básico na Olimpíada Brasileira de Computação. As nossas atividades eram de 2 horas por palestra interativa, enquanto eles oferecem 20 horas de aulas.

Sousa et al. (2010) aplicaram atividades desplugadas com alunos do ensino médio e, posteriormente, efetuaram avaliação qualitativa e quantitativa. Os resultados obtidos mostraram que a maioria dos alunos absorveram adequadamente os conceitos abordados, além de ter havido um acréscimo em seu interesse pela área de computação. Eles trabalharam com três atividades desplugadas: Contando os pontos (números binários), Batalha naval (algoritmos de busca) e Mais leve e mais pesado (algoritmos de ordenação). Os autores fizeram avaliações quantitativas e qualitativas por meio de preenchimento de formulários pelos alunos participantes. Enquanto o trabalho de Sousa et al. (2010) usou exatamente o mesmo formato das atividades propostas em Bell, Witten e Fellows (2011), nós inovamos completamente a forma de apresentação das atividades desplugadas, usando o formato teatral. Além disso, fizemos seis atividades, enquanto eles fizeram somente três.

Setzer (2005) propõe o "computador a papel" para o ensino básico de computação. A proposta é o ensino de uma linguagem de máquina, como o computador executa essa linguagem e quais são os elementos básicos da máquina. O computador a papel é uma peça teatral em que os atores são os estudantes, simulando cada unidade de uma máquina HIPO, ou seja, de um computador hipotético. As instruções não são codificadas, mas escritas em forma de texto, para uma compreensão fácil e imediata. Essa atividade, que leva cerca de duas horas, envolve 21 estudantes, que atuam na frente da classe, de modo que os outros estudantes podem seguir o que está acontecendo e dar sugestões. Além disso, o computador a papel e o HIPO podem ser usados para chamar a atenção para restrições importantes impostas pelos computadores: são deterministas; não tomam decisões, mas fazem escolhas lógicas; e tudo dentro de um computador, como dados, textos e programas, tem que ser quantificado. A proposta de Setzer (2005) é bastante interessante e é a que se parece mais com a nossa proposta, pois também fazemos as atividades desplugadas usando teatro. A diferença está no fato de que Setzer (2005) pretende ensinar o funcionamento básico dos computadores, ou seja, da máquina em si, enquanto a nossa proposta é ensinar fundamentos computacionais sem computadores.

Setzer (1996) também publicou outro artigo em que critica o pensamento computacional ao afirmar, de forma correta, que o programador é forçado a pensar de uma maneira muito restrita, isto é, só deve produzir pensamentos que consiga introduzir dentro da máquina. Critica enfaticamente o uso de computadores por crianças exatamente porque elas ainda não possuem um intelecto completamente maduro. Entretanto, o autor também deixa claro que os programadores ou usuários profissionais de computadores não devem deixar sua profissão, mas sugere uma forma de balancear o pensamento computacional para ter uma vida, segundo ele, mais sadia. De acordo com Setzer (1996), as atividades artísticas, como teatro e pintura, são o antídoto ideal para o pensamento computacional. O projeto Computação desplugada está relacionado com o pensamento computacional no sentido em que fornece o fundamento computacional necessário para que a computação exista. Entretanto, conscientemente, fizemos o oposto, ou seja, usamos teatro para ensinar fundamentos computacionais, não exatamente a programação, mas a ciência que está por trás da computação.

CONSIDERAÇÕES FINAIS

Embora vivamos em um ambiente que privilegia a expansão da divulgação da informação e a geração de conhecimento embasado nas novas tecnologias, ainda são poucas as ações que buscam incentivar o ensino de computação na educação básica. Nesse contexto, este capítulo apresenta uma abordagem promissora e que pode auxiliar no processo de aprendizagem dos alunos em relação ao ensino de computação.

Acreditamos que essas iniciativas de popularização dos principais fundamentos da computação junto aos estudantes de escolas públicas usando a técnica Computação desplugada, que nada mais é do que ensinar computação sem usar o computador, são muito importantes para a sociedade em geral. Estamos percebendo que a maioria dos alunos chega aos primeiros anos dos cursos de graduação em Computação sem nenhum ou com muito pouco conhecimento de raciocínio lógico ou de qualquer fundamento computacional. O projeto Computação desplugada é importante porque, além de ensinar fundamentos da computação de forma prazerosa e divertida, também populariza a ciência e desmistifica que a computação é só para gênios.

Com base nos experimentos realizados, podemos concluir que os estudantes desenvolveram habilidades de comunicação, resolução de problemas, criatividade e elementos cognitivos. A computação foi popularizada entre os estudantes e o gosto pelo estudo da ciência da computação foi estimulado. Além disso, as técnicas proporcionaram experiências gratificantes para os alunos, que relataram o aumento na desinibição diante do público e a mudança de pensamentos com relação a conceitos computacionais já conhecidos.

Estamos avaliando a possibilidade de incluir em trabalhos futuros outra inovação: estamos propondo realizar algumas atividades utilizando o método socrático, proposto pelo filósofo Sócrates, também conhecido como pedagogia da pergunta (FREIRE; FAUNDEZ, 2012; SILVA, 2011). Essa metodologia se baseia no argumento de que, para o espírito científico, qualquer conhecimento é uma resposta a uma pergunta; se não há pergunta, não pode haver conhecimento científico. Assim, em vez de simplesmente responder a uma pergunta sobre um dado assunto, fazem-se diversas perguntas, de forma que a elaboração das diversas respostas sobre um determinado assunto produza conhecimento sobre esse assunto. Resumidamente, seria induzir uma pessoa a chegar por ela própria ao conhecimento ou à solução de sua dúvida. É claro que esse método precisa ser bem trabalhado, adaptado e exercitado. Acreditamos que muitas atividades desplugadas podem ser realizadas por meio desse método, ainda que não todas.

REFERÊNCIAS

BELL, T.; WITTEN, I. H.; FELLOWS, M. *Computer Science Unplugged:* ensinando ciência da computação sem o uso do computador. [S. l.]: CS Unplugged, 2011. Disponível em: https://classic.csunplugged.org/wp-content/uploads/2014/12/CSUnpluggedTeachers-portuguese-brazil-feb-2011.pdf. Acesso em: 27 maio 2019.

COMPUTAÇÃO desplugada: Escola Donga Michiles - Maués-AM. [S. l.: s. n.], 2015. 1 vídeo (2 h). Publicado pelo canal Barreto Raimundo. Disponível em: https://www.youtube.com/watch?v=E4uRhATw7F4. Acesso em: 27 maio 2019.

DEPOIMENTOS. [S. l.: s. n.], 2013. 1 vídeo (3 min 40 seg). Publicado pelo canal Barreto Raimundo. Disponível em: https://www.youtube.com/watch?v=0UxzghUkMYw. Acesso em: 27 maio 2019.

DESPLUGADA povo tv. [S. l.: s. n.], 2012. 1 vídeo (5 min 42 seg). Publicado pelo canal Barreto Raimundo. Disponível em: http://www.youtube.com/watch?v=kwcb-qX7Fus. Acesso em: 27 maio 2019.

FELLOWS, M.; PARBERRY, I. SIGACT Trying to Get Children Excited About CS. *Computing Research News*, v. 5, n. 1, p. 7, 1993.

FREIRE, P.; FAUNDEZ, A. *Por uma pedagogia da pergunta.* 7. ed. São Paulo: Paz e Terra, 2012.

MACHADO, E.; *et al.* Uma experiência em escolas de ensino médio e fundamental para a descoberta de jovens talentos em computação. *In:* WORKSHOP SOBRE EDUCAÇÃO EM COMPUTAÇÃO (WEI), 18., 2010, Belo Horizonte. *Anais* [...]. Belo Horizonte: WEI, 2010.

SCAICO, P. D. *et al.* Um relato de experiências de estagiários da licenciatura em computação com o ensino de computação para crianças. *Renote:* Novas Tecnologias na Educação, v. 10, n. 3, 2012.

SILVA, F. W. O. A dialética socrática e a relação ensino-aprendizagem. *Ciências e Cognição.* v. 16, 2011.

SETZER, W. An antidote to computer-thinking. *Netfuture:* Technology and Human Responsibility for the Future, n. 22, 1996. Disponível em: https://www.ime.usp.br/~vwsetzer/antidote.html. Acesso em: 27 maio 2019.

SETZER, W. *O computador a papel:* uma atividade pedagógica para a introdução de conceitos básicos de computadores. 2005. Disponível em: http://www.ime.usp.br/~vwsetzer/comp-papel.html. Acesso em: 27 maio 2019.

SOUSA, R. V. *et al.* Ensinando e aprendendo conceitos sobre ciência da computação sem o uso do computador: Computação Unplugged!!!. *Práticas em Informática na Educação:* minicursos do Congresso Brasileiro de Informática na Educação, v. 1, n. 1, p. 8-28, 2010.

VIEIRA, A.; PASSOS, O.; BARRETO, R. Um relato de experiência com o uso da técnica computação desplugada. *In:* WORKSHOP SOBRE EDUCAÇÃO EM INFORMÁTICA, 19.; CONGRESSO DA SOCIEDADE BRASILEIRA DE COMPUTAÇÃO, 33., 2013, Maceió. *Anais* [...] Porto Alegre: SBC, 2013. p. 671-680.

Agradecimentos

Os autores agradecem o apoio da Fundação de Apoio à Pesquisa do Estado do Amazonas (Fapeam), da Pró-reitoria de Extensão e Interiorização (Proexti) e do Instituto de Computação (IComp) da Ufam.

#INOVAREAPRENDER:
o uso da robótica educacional no processo de aprendizagem significativa envolvendo educação básica e ensino superior

Luemy Avila | Flavia Bernardini

11

A educação está carente de inovação para lidar com os desafios da contemporaneidade, como o desafio de lidar com os diversos aparatos tecnológicos – *smartphones*, *tablets* e equipamentos informatizados em geral (MORIN, 1996; DEMO, 1998; FRAWLEY, 2000). É necessário inovar nos aspectos pedagógicos, estruturais, administrativos, culturais e tecnológicos (PAPERT, 1985). Atualmente, a maioria dos estudantes faz parte de uma geração que convive cotidianamente e há muito tempo com os avanços tecnológicos nas mais variadas atividades. Porém, nem sempre as escolas públicas oferecem ambiente, estrutura e metodologias alinhados com a modernidade. O sujeito em formação precisa estar apto a criar soluções para a vida em sociedade, para o seu desenvolvimento pessoal, o dos outros e do local em que vive e, ainda, fazer uso inteligente dos recursos tecnológicos que fazem parte de seu dia a dia (PIAGET, 1981; VYGOTSKY, 1993; PAPERT, 1985; VEGA; NASCIMENTO, 1999). Para que um aluno possa ter uma posição ativa no processo de aprendizagem significativa, é preciso que ele seja capaz de abstrair problemas do seu dia a dia, a partir do desenvolvimento de seu raciocínio lógico. Nesse contexto, a utilização de tecnologias na área educacional tem se tornado uma questão de Estado em diversos países da Europa e da América do Norte, em que a utilização de ensino de programação e robótica aplicado a problemas do mundo real tem permitido melhorias em abstrações, atraindo e motivando estudantes em diversos contextos (PEREIRA, 2010; BENITTI *et al.*, 2009; AGUIAR *et al.*, 2015; MARINS, 2013; RIBEIRO; MARTINS; BERNARDINI, 2011).

As parcerias entre universidades e escolas permitem ações nesse sentido, nas quais alunos com diferentes níveis de formação podem ser integrados para um aprendizado por meio de discussões e colaborações na realização de tarefas, tornando possível atrair e motivar estudantes para resolver problemas em diversos contextos; aproximar alunos da educação básica da universidade, para que conheçam melhor a realidade e a potencialidade de cursos de graduação; motivar alunos do ensino superior a contribuir com a sociedade, para que vejam a aplicabilidade de seus conhecimentos; e diminuir evasões escolares e universitárias. Tais iniciativas são relevantes no âmbito acadêmico-profissional, pois existe uma relação direta entre os setores de tecnologia e o desenvolvimento de ações inovadoras. Porém, um número decrescente de profissionais tem estado disponível no mercado, principalmente devido à elevada desistência de alunos de cursos de graduação em áreas relacionadas, como ciência da computação e engenharias (SILVA *et al.*, 2012).

O objetivo deste capítulo é apresentar o programa #Inovareaprender, em execução desde 2014 nas cidades de Macaé e Rio das Ostras, no Estado do Rio de Janeiro. O programa envolve e beneficia simultaneamente alunos dos ensinos fundamental, médio e superior, além de docentes. Sua metodologia articula a capacitação dos estudantes universitários e a preparação de alunos dos ensinos fundamental e médio para o desenvolvimento de habilidades cognitivas. Ao mesmo tempo em que oferece um campo de estágio, incentivando os futuros licenciados, promove o interesse pelo estudo de ciências entre os beneficiados pelo projeto, levando-os a cursar o ensino superior, promovendo a elevação do nível socioeconômico e potencializando a qualidade de vida dos participantes.

REFERENCIAL TEÓRICO

O uso da tecnologia na educação

A educação utilizando tecnologia tem se tornado uma questão de Estado em diversos países da Europa e da América do Norte. Algumas iniciativas, como Code.org (CODE.ORG, c2019), que conta com o apoio da Google e de Bill Gates, entre outros, os projetos Scratch (MIT MEDIA LAB, [c2019]), do Massachusetts Institute of Technology (MIT), e Eu posso programar (EUPOSSOPROGRAMAR, 2015), da Microsoft, que pretende ensinar programação a mais de 1 milhão de jovens da América Latina, reforçam uma nova perspectiva sobre a importância de introduzir os conceitos de programação a jovens estudantes. O Codecademy (CODECADEMY, c2019) é um *website* que oferece a oportunidade de aprender a programar de maneira interativa e gratuita. Na Khan Academy (KHAN ACADEMY, c2019), é oferecido o aprendizado de programação de animações e jogos ou de criação de páginas para a *web*. Isso permite entender o quanto a introdução de programação de computadores e outros conceitos da área de ciência da computação nas séries iniciais dos ensinos fundamental e médio pode impactar o cenário da nova concepção de uso e geração de tecnologias no Brasil. Um estudo divulgado recentemente pela BRASSCOM (2018) aponta que o mercado demandará, entre 2018 e 2024, um total de 420 mil profissionais em tecnologia da informação (TI). A estimativa, que aponta um quadro grave caso o País não reforce programas para reverter a situação, mostra que a escassez de mão de obra qualificada é um problema educacional. Um estudo da IDC, encomendado pela Cisco, intitulado The Networking Skills in Latin America, destacou que a demanda na América Latina por profissionais de TI especializados irá superar a oferta de empregos até 2019. Ainda segundo o estudo, a região chegará a um déficit de 449 mil trabalhadores até o fim da década e enfrentará dificuldades para preencher as vagas ociosas na área.

Lidar com o imediatismo das informações fragmentadas recebidas nas redes sociais, e muitas vezes infundadas, como as *fake news*, é uma demanda para os processos de construção da nova geração e da nova sociedade. Assim, é necessário desenvolver habilidades para participar da construção desse novo ente nessa sociedade inserida na rede digital, que envolve ter maior consciência sobre o uso e o desenvolvimento das tecnologias digitais, a fim de poder ser mais consciente do uso das tecnologias. Assim, aprender não envolve somente focar o certo ou o errado, mas também trabalhar na solução de problemas para uma maior conscientização do uso e do desenvolvimento de novas tecnologias, como prega o pensamento computacional. (PAPERT, 1985; WING, 2006).

São justificativas para o aprendizado de robótica (CASTILHO, 2002; DEMO, 1998; MAISONETTE, 1999; FRANCO, 1998):

- Promover a qualificação profissional do cidadão.
- Democratizar o acesso aos conhecimentos produzidos para a melhoria da qualidade de vida dos cidadãos.
- Promover a cidadania e os valores democráticos aos diferentes atores sociais que se envolvem de forma direta e indireta nas ações.
- Enriquecer a proposta educacional escolar implantando ou fortalecendo a aprendizagem pela resolução de problemas, de forma contextualizada, por meio de torneios de robótica e olimpíadas de informática, além de desenvolver os valores estéticos, políticos e éticos, organizados sob as premissas de sensibilidade, igualdade e identidade.
- Promover a construção flexível dos saberes, com foco na mediação da aprendizagem.
- Incentivar que jovens em diferentes faixas etárias enveredem pelos domínios da ciência e tecnologia.

Pereira (2010) apresenta um estudo sobre o uso do Lego Mindstorms como uma ferramenta de robótica educacional empregada em uma escola da zona rural de Catalão, no Estado de Goiás, que apresentou resultados animadores. Martins (2013) menciona que, das dez melhores escolas de Curitiba, no Estado do Paraná, no Exame Nacional do Ensino Médio (Enem) em 2012, sete oferecem a robótica como disciplina extracurricular. Um representante de uma das escolas diz que essa disciplina foi incluída por ser uma atividade lúdica e que, quando o estudante se sente livre, aprende mais fácil. Ribeiro, Martins e Bernardini (2011) apresentam um estudo do uso da robótica no âmbito educacional superior como ferramenta de apoio ao ensino de disciplinas de programação que motive e estimule o interesse dos estudantes por meio das práticas mais dinâmicas sugeridas por essa abordagem.

Vale observar que a necessidade de profissionais para atuar na área de ciência e tecnologia vem crescendo nos últimos anos, e que a retenção nos cursos de graduação dessas áreas tem se mostrado grande. Uma dificuldade relatada por docentes, no entanto, é a dificuldade apresentada pelos alunos devido às deficiências na área de matemática. Por sua vez, o pensamento computacional, descrito a seguir, é uma habilidade fundamental para todos, pois envolve a resolução de problemas e a compreensão do comportamento humano (WING, 2006).

O pensamento computacional

O pensamento computacional é um processo de resolução de problemas que engloba a sistematização da situação (problema) e demandas para solução, organização lógica, análise de dados, automatização por meio do pensamento algorítmico e representação por meio das abstrações como modelos e simulações (WING, 2006). O pensamento computacional não está ligado somente a codificar, mas também a experimentar, analisar e aprimorar até a construção da solução se tornar um programa, composto por comandos. O pensamento computacional é um processo que possibilita saber usar o computador como um instrumento para maturidade humana cognitiva e operacional, aumentando a produtividade e a criatividade. O desenvolvimento do pensamento computacional e do raciocínio lógico, iniciado na primeira infância, favorece a capacidade de dedução e conclusão de problemas (FRANÇA; SILVA; AMARAL, 2012). É fundamental a introdução de conceitos de ciência da computação na educação básica como forma de aprimorar o raciocínio computacional das crianças, pelo seu caráter transversal a todas as ciências (NUNES, 2011). Nesse sentido, os cursos de licenciatura em Computação são responsáveis por formar profissionais para introduzir a ciência da computação na educação básica, disseminando, assim, o pensamento computacional ou algorítmico.

Holacracia na gestão de processos e organizações

Devido à ampliação da estimativa de vida, atualmente, pessoas de várias gerações interagem em um mesmo ambiente no mercado de trabalho. Cada geração pode ter pensamentos, culturas e formas de trabalhar completamente diferentes. De acordo com cada época, as influências socioeconômicas e históricas levam as pessoas a viver e formar sua personalidade de maneiras bastante distintas. Isso também influencia o modo de agir e pensar no ambiente de trabalho (ZANDONÁ; BEZERRA, 2016). Holacracia é uma tecnologia ou um sistema de governança organizacional em que tanto a autoridade quanto a tomada de decisão são distribuídas em uma holarquia de grupos auto-organizados, de maneira flexível. Há uma integração de papéis e responsabilidades a todos do sistema, não sendo o poder de um único responsável, mas sim do coletivo, não hierárquico (HOLACRACIA BRASIL, [2018]). Na **Figura 11.1**, é apresentado um esquema diagramático em que os papéis das pessoas que participam das atividades são unificados em círculos. Os círculos possuem um propósito, ou eixo de ação, para ser expresso, responsabilizações para serem executadas, domínios para serem controlados, e métricas e *checklists* para dar transparência. Os círculos são autogeridos, pois controlam, medem e executam o próprio trabalho. Cada círculo conduz o seu processo operacional e de governança, e cada supercírculo enxerga os subcírculos como papéis. É importante observar que o supercírculo não pode interferir na organização do subcírculo.

Soares e Ramos (2015) apresentam um estudo de caso do uso de holacracia em uma empresa de varejo da Amazon. Nesse estudo, pôde ser observado que o sistema de holacracia pode aumentar o lucro de uma empresa. Além disso, todos os funcionários, que passam a executar o papel de colaboradores, ficam mais satisfeitos. Silva (2016) apresenta a história de um dos

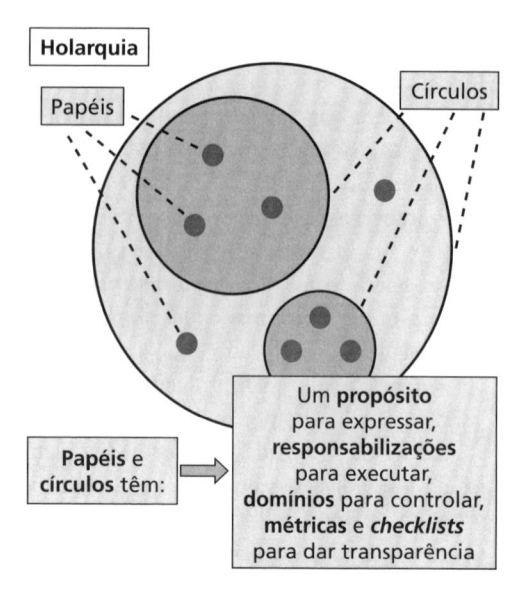

Figura 11.1 Papéis e círculos na holacracia.
Fonte: Holacracia Brasil ([2018]). (Conteúdo disponibilizado sob a licença Creative Commons Atribuição 4.0 Internacional).

primeiros casos de holacracia no Brasil, que ocorreu na Geekie, empresa que propõe uma plataforma de aprendizado, cuja gestão se dá por meio da holacracia. Com isso, a Geekie também cresceu muito em três anos, impactando uma grande comunidade da área de educação. Assim, a holacracia é uma boa prática de gestão em programas como o apresentado neste capítulo e descrito na próxima seção.

O PROGRAMA #INOVAREAPRENDER

Visão geral do funcionamento do programa

O programa articula a capacitação de estudantes universitários e a preparação de estudantes dos ensinos fundamental e médio para o desenvolvimento de habilidades cognitivas, incluindo o treinamento para o pensamento computacional. O desenvolvimento promove a produção de mídia, pesquisa temática, criação e planejamento de solução e *design*, montagem e programação em blocos e códigos. Há uma provocação para identificação de uma problemática coletiva. Assim, todos propõem uma solução para a problemática e planejam sua execução. A criação e o planejamento da solução são desenvolvidos em grupo, em um processo colaborativo entre estudantes universitários e da educação básica. Então, os robôs são montados, podendo ser utilizadas as plataformas Arduino, Microbit, Raspberry Pi e Lego. São considerados conceitos de centro de massa e alinhamento do robô, entre outras questões da robótica, que devem ser levadas em consideração.

A programação nessas tecnologias se dá por meio de linguagem de blocos em diferentes plataformas digitais, como Lego Mindstorms (utilizada exclusivamente para o Lego), Scratch e Modkit (utilizadas para programação em Arduino, Microbit e Raspberry Pi, entre outros), e/ou em códigos utilizando linguagens de programação Java, C e Matlab (qualquer tecnologia/*kit*). A escolha da linguagem de programação (em blocos ou em código) depende das características dos indivíduos que compõem os grupos de trabalho, que podem ser relacionadas à maturidade em idade ou em experiência/formação.

Para avaliar o impacto do programa, são registrados relatos de experiência, por meio de questionários, dos estudantes de educação básica e superior e de docentes da educação básica. Na **Figura 11.2**, é exibido um infográfico que ilustra o funcionamento do programa. Esse infográfico mostra que diversos itens ou ações devem ser abordados ao implementar o programa #Inovareaprender.

É importante observar que não existe um processo com início ou fim para a execução do programa. As ações poderão ocorrer simultanea-

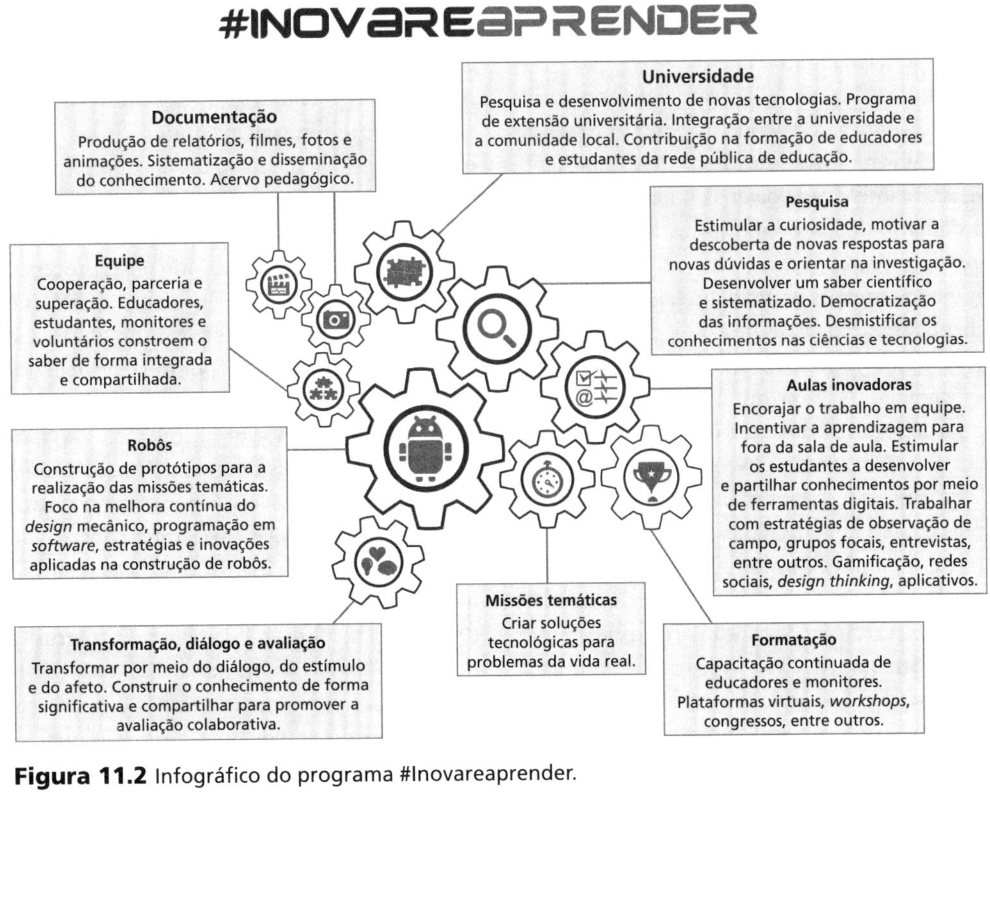

#INOVAREAPRENDER

Documentação
Produção de relatórios, filmes, fotos e animações. Sistematização e disseminação do conhecimento. Acervo pedagógico.

Universidade
Pesquisa e desenvolvimento de novas tecnologias. Programa de extensão universitária. Integração entre a universidade e a comunidade local. Contribuição na formação de educadores e estudantes da rede pública de educação.

Pesquisa
Estimular a curiosidade, motivar a descoberta de novas respostas para novas dúvidas e orientar na investigação. Desenvolver um saber científico e sistematizado. Democratização das informações. Desmistificar os conhecimentos nas ciências e tecnologias.

Equipe
Cooperação, parceria e superação. Educadores, estudantes, monitores e voluntários constroem o saber de forma integrada e compartilhada.

Aulas inovadoras
Encorajar o trabalho em equipe. Incentivar a aprendizagem para fora da sala de aula. Estimular os estudantes a desenvolver e partilhar conhecimentos por meio de ferramentas digitais. Trabalhar com estratégias de observação de campo, grupos focais, entrevistas, entre outros. Gamificação, redes sociais, *design thinking*, aplicativos.

Robôs
Construção de protótipos para a realização das missões temáticas. Foco na melhora contínua do *design* mecânico, programação em *software*, estratégias e inovações aplicadas na construção de robôs.

Transformação, diálogo e avaliação
Transformar por meio do diálogo, do estímulo e do afeto. Construir o conhecimento de forma significativa e compartilhar para promover a avaliação colaborativa.

Missões temáticas
Criar soluções tecnológicas para problemas da vida real.

Formatação
Capacitação continuada de educadores e monitores. Plataformas virtuais, *workshops*, congressos, entre outros.

Figura 11.2 Infográfico do programa #Inovareaprender.

mente, com a missão de formar autores (desenvolvedores) de (novas) tecnologias. A ação Aulas inovadoras objetiva encorajar os participantes da atividade a trabalhar em equipe. Há um incentivo à aprendizagem tanto dentro quanto fora da sala de aula, e um estímulo para os estudantes desenvolverem e partilharem o conhecimento por meio de ferramentas digitais, como redes sociais (Facebook, Edmodo, entre outras) ou ferramentas de comunicação virtual (WhatsApp, Telegram, entre outras). Nessa ação, todas as atividades são voltadas para a solução de problemas; por isso, a equipe em geral trabalha com estratégias de observação de campo, entrevistas, entre outras.

A metodologia prática envolve o uso de *design thinking*, pois não se espera que o professor seja o único detentor do conhecimento a ser trabalhado, mas sim que este seja construído de forma colaborativa, com vistas à produção de protótipos, *games* e aplicativos, entre outros. As demais ações apresentadas no infográfico são todas voltadas para as aulas inovadoras, e são descritas a seguir.

A ação Pesquisa objetiva estimular a curiosidade, motivar a descoberta de novas respostas e orientar na investigação. O mais importante dessa ação é desenvolver o poder científico e sistematizado. No entanto, as informações e conhecimentos descobertos devem ser disseminados entre os participantes, garantindo sua democratização. Esse processo é fundamental para desmistificar os conhecimentos nas ciências e tecnologia. A ação Universidade visa incentivar a participação de discentes de cursos de nível superior para integrar a universidade à comunidade local. Em geral, é implementada na universidade por meio de um programa de extensão universitária, que engloba a monitoria dos discentes de nível superior para os discentes de educação básica. Outra função dessa ação é contribuir para a ação Formação, que visa a formação continuada de educadores da educação básica.

Nesse processo, podem ser utilizadas plataformas virtuais, como Edmodo, e encontros, tanto os clássicos (congressos e oficinas) quanto os do tipo coopetição. A coopetição difere da competição por objetivar a superação de cada equipe em relação a si mesma, além de oportunizar a avaliação da gestão do grupo e viabilizar o intercâmbio de ideias entre jovens de diversas regiões e culturas em um mesmo ambiente e com uma mesma meta. Está relacionada à ação Missões temáticas, cujo objetivo é criar soluções tecnológicas para simulações de problemas da vida real.

A ação Robôs envolve a construção de protótipos para a realização das missões temáticas, com foco na melhora contínua do *design* mecânico do robô, na programação em *software* para autonomia do robô e em estratégias e inovações aplicadas em sua construção. Nesse processo, é praticada a aprendizagem do pensamento computacional para solução dos problemas. Os problemas são apresentados nas coopetições, da ação Missões temáticas, que fortalece o desenvolvimento do processo de construção das equipes para planejamento e ações para o coletivo (ação Equipe). A ação Documentação, realizada pelas equipes de trabalho formadas, envolve a produção de relatórios, filmes, fotos e animações. Há sistematização e disseminação do conhecimento, que são definidas pela própria equipe por meio da holacracia. Assim, um acervo pedagógico é construído nesse processo.

Por fim, a ação Transformação, diálogo e avaliação visa transformar os indivíduos que fazem parte do programa por meio de diálogo, estímulo e afeto. Nesse aspecto, é muito importante trabalhar a seguinte questão: a cooperação entre os pares do grupo é mais importante que a vitória nas coopetições ou outros aspectos. Assim, deve haver uma consciência de que cada participante tem o seu tempo no processo de aprendizagem, apesar de cada um ter sua responsabilidade perante o grupo. Portanto, falhas da equipe precisam ser resolvidas em conjunto, trabalhando a consciência individual e do grupo para a melhoria coletiva. O compartilhamento do conhecimento, das falhas e dos problemas promove uma avaliação colaborativa do grupo. Em paralelo, o conhecimento deve ser construído de forma significativa para cada participante, ou seja, cada um tem que entender o significado de sua participação de maneira consciente.

Modelo de gestão baseado em holacracia

Na **Figura 11.3**, é apresentado um infográfico que ilustra a implementação da holacracia para gestão do programa #Inovareaprender. O supercírculo, nomeado #Inovareaprender, representa de maneira abrangente todas as atividades que são executadas no contexto do programa, conforme descrito anteriormente. São quatro os subcírculos que englobam ações específicas. Deve ser observado que tais atividades não são necessariamente isoladas, podendo haver intersecções entre esses subcírculos. O subcírculo Núcleo gestor criativo possui como propósito ou eixo de ação a função de ser um local de encontro de todos os participantes do programa #Inovareaprender. Ele serve como um norteador das ações a serem realizadas nas estações, descritas adiante. As responsabilidades desse subcírculo englobam a troca de experiências e informações entre as estações, incluindo as atividades de cursos, oficinas, visitas técnicas e coopetições. Também podem ser utilizadas como ponto de interação entre os membros das universidades, da educação básica e dos parceiros externos, que podem ser membros da iniciativa privada interessados em investir no programa. Esse é um dos mais importantes subcírculos do programa #Inovareaprender, que pode garantir seu sucesso, pois todos os participantes, ou seja, todo o seu domínio, interagem nesse subcírculo. Em geral, o momento de avaliação do programa ocorre nesse subcírculo, após as coopetições, quando há uma reunião entre os monitores do ensino superior, os educadores da educação básica, outros interessados e organizadores do programa.

O propósito do subcírculo Estação é a realização das atividades por parte dos discentes da educação básica, monitorados pelos educadores da educação básica e pelos monitores extensionistas. A estação pode ser replicada em diferentes espaços físicos. A responsabilidade dos participantes nesse subcírculo é motivar a participação das equipes de uma extensão para dar andamento em suas atividades, voltadas para coopetições. A avaliação desse subcírculo também se dá após as coopetições, quando são realizadas reflexões sobre os pontos fortes e fracos das equipes nas suas participações e sobre a autoevolução de cada equipe. Além disso, as experiências consideradas de sucesso podem ser levadas para serem trocadas com os membros pertencentes ao subcírculo Núcleo gestor criativo.

O propósito do subcírculo Cursos, oficinas e visitas técnicas é promover oportunidades de capacitação utilizando tecnologia, inovações no processo de aprendizagem e aplicabilidade dos conceitos aprendidos. A responsabi-

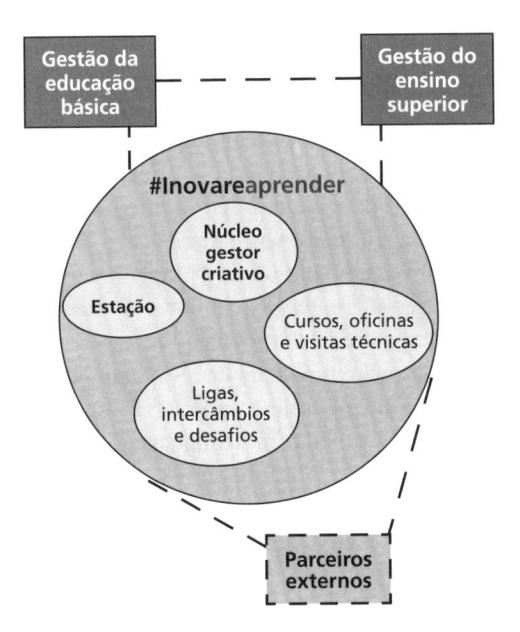

Figura 11.3 Infográfico da holacracia no programa #Inovareaprender.

dade desse subcírculo é manter a formação continuada e a atualização para os desafios da contemporaneidade. Cada proposta pode ser composta por encontros semanais, quinzenais ou mensais, presenciais ou em alguma plataforma de educação a distância. Algumas dinâmicas são apresentadas por técnicos; outras, por estudantes ou dinamizadores. Ao final da atividade, o compartilhamento do que foi aprendido é uma etapa importante do desafio para aprendizagem.

O propósito do subcírculo Ligas, intercâmbios e desafios é difundir a ciência e a tecnologia entre os jovens a fim de solucionar problemas e desafios do mundo real, pois o processo de aprendizagem se torna significativo e há aplicação dos conceitos construídos. A responsabilidade desse subcírculo é trabalhar os conteúdos na utilização das tecnologias para desenvolvimento de soluções e no processo de aprendizagem, por meio do trabalho em equipe e do intercâmbio de ideias. Para isso, há também um processo de planejamento para produção de protótipos, utilizando linguagens e códigos para solucionar uma demanda de necessidade coletiva. Há uma avaliação interna entre os membros desse subcírculo para análise de procedimentos, critérios, trabalho em conjunto de apoiadores, juízes, regras e alinhamentos dos desafios.

A holacracia se dá somente no contexto do supercírculo. Porém, a participação de entes externos, denominados gestão da educação básica, gestão do ensino superior e parceiros externos, pode interferir em todas as ações do programa de maneira enriquecedora. O papel do primeiro ente (gestão da educação básica) é incentivar que escolas possam ser estações de trabalho. O papel do segundo (gestão do ensino superior) é oportunizar a aproximação dos dois setores da educação (educação básica e ensino superior) por meio da ação extensionista. Esse segundo ente também pode vir a ser uma estação de trabalho, conforme a relação de parceria for estabelecida. O papel do terceiro ente (parceiros externos) é fomentar as atividades por meio de apoio, suporte e disponibilização de recursos financeiros, viabilizando as ações no contexto do mercado de trabalho e analisando, com as equipes, a aplicabilidade dos conceitos construídos.

A EXPERIÊNCIA DO #INOVAREAPRENDER

A experiência em Macaé

Natureza da experiência

Integram o programa, em execução desde fevereiro de 2014, estudantes e professores da rede pública da educação básica de Macaé e discentes da Universidade Federal do Rio de Janeiro (UFRJ) *Campus* Macaé. O programa foi implementado em fases distintas. Inicialmente, foi coordenado por Luemy Ávila, especialista em robótica educativa e coautora deste capítulo.

Na primeira fase (Fase 1x10), o programa foi executado nos meses de março e abril de 2014, em uma escola da rede pública municipal que já havia vivenciado uma experiência com pesquisa para sanar um problema de seu bairro. Foi ofertada a oportunidade de releitura da solução proposta anteriormente para o bairro, puramente mecânica, a fim de transformar essa solução com programação em robô. Nessa fase, participaram dez estudantes da educação básica. Após a equipe apresentar sua solução em uma feira de responsabilidade social na cidade, outras escolas se interessaram em trabalhar com a linguagem. Assim, surgiu a oportunidade de executar uma segunda fase do programa no município. É importante observar que não houve imposição por parte da Secretaria Municipal de Educação de Macaé, mas sim a adesão voluntária dos profissionais e dos estudantes da rede de educação básica do município.

Na segunda fase (Fase 10x10), realizada de maio a dezembro de 2014, participaram dez escolas. Para a execução dessa fase, foi criado um grupo de trabalho, composto pela especialista em robótica educativa e por dez educadores da rede municipal de educação básica que se mostraram interessados na iniciativa. Esses educadores participaram de uma formação da metodologia utilizada no projeto-piloto, incluindo valores do programa, como equipes colaborativas e coopetição, atividades de pesquisa, tecnologias utilizadas, noções básicas da linguagem de robótica e metodologia para formação de outros profissionais. Cada uma das escolas indicou dez alunos, que formaram uma equipe de trabalho. As escolas foram incentivadas a não restringir a participação de alunos em função de idade e/ou série.

Nessa fase, houve apoio da Lego Education (parceiro externo), com a doação de dez *kits* reiniciados, previamente utilizados em outros projetos e que haviam sido descartados. Isso restringiu a faixa etária dos estudantes das escolas, que deveria ser condizente com as adotadas nos torneios da First LEGO League (FLL), ou seja, de 9 a 15 anos. Ainda assim, houve a participação de discentes de até 17 anos. Então, a coordenação do programa percebeu que a eficácia seria maior com a participação dos monitores. Assim, discentes do ensino superior da UFRJ *Campus* Macaé foram convidados a integrar o projeto como monitores de programa de extensão nas dez escolas. Os monitores auxiliaram na formação dos docentes e no acompanhamento das atividades nas escolas, que passaram a ser denominadas estações de trabalho.

Para incentivar a participação das escolas e aproximar equipes da região para trocas de experiências, o programa entrou em sua terceira fase. Foi realizada a I Feira Educacional de Robótica de Macaé, em 26 de agosto de 2014, na Cidade Universitária de Macaé, com a participação de todas as equipes. Essa feira permitiu que as equipes tornassem concreto tudo que foi vivenciado durante o processo de aprendizagem nas estações. O prêmio para as quatro equipes com maior pontuação na competição foi participar de um torneio oficial da FLL em Vitória, no Estado do Espírito Santo.

Após o retorno das equipes da FLL, o programa entrou em sua quarta fase, denominada fase de avaliação. Foram realizados encontros para avaliação e coleta de informações sobre o processo vivenciado em cada uma das estações de trabalho por cada um dos grupos – universitários, professores de apoio à pesquisa e alunos da rede, com a presença da coordenadora do programa e de especialista em robótica educativa. A avaliação objetivou revelar as dificuldades e possibilidades que foram percebidas por cada um dos atores, levando em conta as variáveis já mencionadas, a continuidade do projeto-piloto e as perspectivas futuras de implementação do Programa de Robótica Educativa de Macaé.

Após a etapa de implantação, o programa entrou na etapa de execução sistemática. Em 2015, as dez estações foram mantidas, porém houve aumento do número de estudantes da rede básica. Também foi realizada a primeira competição da Olimpíada Brasileira de Robótica regional em Macaé, que permitiu a participação de outras equipes.

Caracterização do ambiente escolar

Em cada estação de trabalho (escola), há uma sala destinada para atividades ligadas ao programa. Nessas atividades, estão incluídas as ações descritas em "Visão geral do funcionamento do programa", ou seja, pesquisa e metodologia científica, com planejamento e documentação; montagem e programação dos protótipos; criação de mídia educativa; formação dos docentes e monitores; e intercâmbio de ações e coopetições/missões temáticas. Na primeira ação, os estudantes da escola, com apoio e orientação do professor e/ou monitor, realizam a pesquisa sobre a temática que selecionaram para produção de uma nova tecnologia e/ou aperfeiçoamento de algo já em funcionamento. As fontes de pesquisa podem ser variadas, e a veracidade das informações é investigada entre os pares para uso responsável da informação. Assim, também são consideradas fontes de pesquisa os trabalhos de campo, como visitações, entrevistas e experimentos. O registro e a documentação do processo são atividades importantes para melhor desempenho no trabalho em todas as ações. O registro pode ser textual ou por meio de outras mídias, como fotos e vídeos de curta duração, entre outros.

Na segunda ação, os grupos de estudantes (que podem ser do ensino fundamental e médio) montam estruturas e trabalham utilizando alguma linguagem de programação para robótica e *kits* para montagem dos robôs. Os protótipos podem ser construídos com sucatas ou blocos de montagem, e podem ser inseridos em cenários que possibilitam a expressão textual em roteiro e em curta-metragem, de acordo com a pesquisa realizada previamente para contextualização da produção, identificando-a como forma inovadora de solução de problemas e/ou facilitadora da vida cotidiana.

Na terceira ação, toda proposta para solução do problema tratado deve levar à produção de mídias educativas. Para isso, devem ser construídos roteiros que possibilitem a educomunicação (mídias que promovem a comunicação sobre a ação educativa) e permitam a autoria coletiva do material de acervo pedagógico. Essas produções de técnicas variadas incentivam a produção textual de forma inovadora. Elas também garantem o registro de cada projeto de criação, ou seja, o processo de pesquisa realizado pelos grupos de robótica. Assim, o processo criativo poderá ser divulgado e compartilhado por meio da produção de curtas-metragens. Essa prática ainda estimula o uso dos recursos tecnológicos na ação pedagógica, de forma a atingir o desafio de inserir a tecnologia de maneira significativa na sala de aula. Além disso, os diálogos fomentados por meio da expressão em curtas de animação explicam os protótipos e executam suas aplicabilidades. Por fim, as linguagens de programação de *games* e aplicativos permitem a interação da comunidade com a solução inovadora produzida.

Na quarta ação, os educadores que aderem ao projeto participam de uma capacitação inicial de dois meses em robótica e programação e recebem formação contínua, a fim de aprofundar os conhecimentos, tirar dúvidas e trocar experiências. No dia a dia, quem ministra a formação é a coordenadora do projeto, além de docentes da UFRJ, convidados para contribuir na capacitação dos professores e alunos do projeto em seminários e/ou ações diretivas, utilizando plataforma gratuita de estudos para registro e arquivo das ações realizadas. Já os universitários (monitores) são capacitados durante encontros junto aos educadores e/ou com a coordenação do programa. A apresentação dos desafios se dá durante o alinhamento das propostas e pesquisas temáticas. Há, ainda, uma discussão coletiva das estratégias que podem ser utilizadas para construção com os monitores participantes e organização do planejamento das ações nas estações.

Na quinta ação, há a participação das equipes em torneios, olimpíadas e mostras científicas. Essas atividades estabelecem um norteamento para sequenciar os desafios e as pesquisas coletivas. Tais oportunidades permitem a troca de experiências de jovens de todo o mundo em busca de avanços tecnológicos e do uso responsável das inovações, que hoje perpassam pela nossa vida cotidiana. É importante ressaltar que nem todas as equipes e nem todas as estações participam das competições.

Foi criado também o Lab Inovar, para implementar o subcírculo Núcleo gestor criativo. As estações de Macaé participaram, entre 2014 e 2017, das seguintes competições:

- **Olimpíada Brasileira de Robótica:** é uma das olimpíadas científicas brasileiras apoiadas pelo Conselho Nacional de De-

senvolvimento Científico e Tecnológico (CNPq), e utiliza a robótica para a abordagem do problema de resgate de pessoas em situações de risco. Esse torneio possui duas modalidades, que procuram adequar-se tanto ao público que nunca trabalhou com robótica quanto ao público de escolas que já têm contato com a robótica educacional. Destina-se a todos os alunos de qualquer escola pública ou privada dos ensinos fundamental, médio ou técnico, em todo o território nacional, e é uma iniciativa pública, gratuita e sem fins lucrativos.
- **Torneio Juvenil de Robótica:** é um evento gratuito de abrangência nacional que ocorre desde 2009 para difusão da robótica no ambiente escolar, da educação básica até o ensino superior. A competição patrocinada pelo evento tem inúmeros desafios, planejados para estudo e desenvolvimento da robótica para robôs autônomos, à disposição para aqueles que queiram participar. A inscrição de uma equipe em um desafio não impede sua inscrição nos demais.
- *FIRST* **LEGO League:** faz parte de um programa internacional, voltado para crianças e adolescentes de 9 a 16 anos, criado para despertar o interesse dos alunos em temas como ciência e tecnologia dentro do ambiente escolar. A iniciativa também fortalece a capacidade de inovação, criatividade e raciocínio lógico, inspirando jovens a seguir carreira nas áreas de engenharia, matemática e tecnologia. Por meio de uma experiência criativa, os competidores são desafiados a investigar problemas e buscar soluções inovadoras para situações da vida real, bem como programar robôs autônomos, utilizando *kits* Lego Mindstorms para cumprir as missões da mesa de competições em 2 minutos e 30 segundos.

Com o amadurecimento de todos os participantes, foi possível sediar uma etapa regional de cada uma dessas competições. Essas atividades foram importantes para fortalecer a presença do Estado do Rio de Janeiro no cenário nacional de inovação pedagógica por meio da robótica educacional, além de ter apresentado a maior taxa de crescimento de participação de escolas municipais no País.

A experiência em números

Na **Tabela 11.1**, são mostrados os números de participantes do programa #Inovareaprender nos anos em que este foi executado no município. Pode-se observar um grande crescimento no número de participantes, com um total de 1.595 estudantes em 2017.

A experiência #Inovareaprender em Rio das Ostras

Avila, Bernardini e Moratori (2016) descrevem a experiência do programa em execução em Rio das Ostras. A diferença dessa experiência em relação à de Macaé é que

TABELA 11.1 Número de participantes do programa #Inovareaprender no município de Macaé

Público	2014	2015	2016	2017
Ensino fundamental	152	382	673	955
Ensino médio	73	138	292	318
Ensino superior	18	34	89	322
Educadores	15	45	107	159

houve uma única estação de trabalho nos anos de 2015 e 2016, sediada no *campus* de Rio das Ostras da Universidade Federal Fluminense (UFF), e não houve a participação do parceiro externo gestão da educação básica. Todo o programa foi executado no âmbito da universidade. Assim, houve uma sobreposição da estação de trabalho com o Núcleo gestor criativo. Essa experiência mostra que o programa pode ser implementado em um contexto muito menor, específico e customizado para cada necessidade e oportunidade.

Na **Tabela 11.2**, são mostrados os números de participantes do programa nos anos em que este foi executado no município. Pode-se observar que os números absolutos dessa experiência são bem menores. Um dos motivos é o fato de o programa ser executado na universidade, o que dificulta a logística de transporte dos estudantes para muitos responsáveis. Além disso, a UFF em Rio das Ostras consegue oferecer um espaço reduzido para a execução do programa, o que impede que ele seja executado em muitos horários distintos. No entanto, apesar de os números absolutos serem bem menores que os de Macaé, também se pode observar que o número de participantes aumentou a cada ano.

A experiência #Inovareaprender no Rio de Janeiro

O programa #Inovareaprender foi implementado em 2016, em apenas uma escola da rede municipal (uma estação de trabalho), sendo utilizada a robótica educativa. Ao final do período letivo, o grupo participante apresentou oficinas durante quatro dias em um grande *shopping center* do município, compartilhando e disseminando seu aprendizado e estimulando outros jovens a desenvolver soluções inovadoras. Nessa ocasião, crianças apresentavam a linguagem de programação e seus protótipos robóticos para a comunidade, oportunizando que todos pudessem sentir-se autores de códigos de comando, democratizando o idioma e apresentando uma nova forma de aprendizagem.

Em 2017, a experiência foi ampliada para duas escolas e também culminou com uma oficina em um grande *shopping center*. Além de oferecer à comunidade a oportunidade de acesso à linguagem de programação e à prototipagem, foi promovida uma *hackathon* (maratona de soluções tecnológicas) de economia colaborativa para a comunidade e o público acadêmico, a fim de atender às demandas definidas pela rede privada, que incentivou a prática de novas possibilidades de consumo consciente.

CONSIDERAÇÕES FINAIS

Em busca de formar autores desenvolvedores de novas tecnologias digitais, há urgência na fluência de estudantes em alguma linguagem de programação, em todos os ciclos de aprendizagem, para o uso responsável das

TABELA 11.2 Número de participantes do programa #Inovareaprender no município de Rio das Ostras

Público	2015	2016	2017
Ensino fundamental	21	19	47
Ensino médio	6	8	13
Ensino superior	7	12	16
Educadores	4	6	8

tecnologias digitais, que estão presentes na rotina contemporânea. Assim, é fundamental provocar uma transformação nos processos de aprendizagem significativa. Neste capítulo, apresentamos o programa #Inovareaprender, que envolve a participação de estudantes dos ensinos fundamental, médio e superior, bem como de educadores de todos esses níveis. Nessas experiências, foi possível observar uma transformação em todos os participantes, na interação com o ambiente escolar e universitário, uma vez que o projeto contribuiu para tornar o processo de aprendizagem mais significativo para os estudantes da educação básica.

Em relação à participação dos estudantes de nível superior, é importante observar que, na experiência em Macaé, os estudantes do ensino superior estavam matriculados em cursos de graduação em Engenharias Civil, Mecânica e de Produção, e na experiência em Rio das Ostras, os estudantes do ensino superior estavam matriculados no curso de graduação em Ciência da Computação. Isso indica que o mais importante é a participação de estudantes do ensino superior que tenham contato com lógica de programação, não sendo obrigatório que sejam oriundos de cursos da área de computação. Além disso, não há restrição de percentual de conclusão do curso de graduação para que os estudantes do ensino superior participem do programa. Nas nossas experiências, temos estudantes desde o primeiro até o último período em seus respectivos cursos.

Pudemos observar, inclusive, que alguns estudantes do ensino superior se sentiram mais engajados em seus próprios cursos por poderem executar as atividades com os estudantes de níveis fundamental e médio, tendo sentimento de ganho e satisfação. Acreditamos ser esse um ganho secundário do programa, de forte cunho social. Além disso, a escolha do modelo de gestão baseado em holacracia, que leva uma gestão colaborativa e de definição de papéis para os participantes, sem que haja uma hierarquia nas tomadas de decisões, faz os participantes terem maior responsabilidade, por entenderem que o grupo funciona de maneira adequada apenas se seus papéis forem devidamente executados. Esse aspecto fica ainda mais evidente ao observar as equipes participando de competições.

Em relação à participação dos estudantes da educação básica, a busca de uma parceria entre escolas de níveis fundamental e/ou médio e de ensino superior é muito importante. Em nossa experiência, quando a parceria não se mostrou viável com a Secretaria de Educação de Rio das Ostras, a universidade internalizou o programa, levando os estudantes da educação básica para dentro da instituição; por isso, o número de participantes foi menor, se comparado ao de Macaé. Nesse caso, foi muito importante realizar conversas prévias com os responsáveis pelos estudantes no início de cada ano, para conscientizá-los de que o ambiente universitário é diferente do da escola, pois não há um inspetor ou educador que cuida dos aspectos de segurança de crianças e adolescentes. Esse foi um dos motivos de evasão do programa por parte dos estudantes da educação básica.

Por sua vez, os estudantes que continuaram participando até o final de cada ano se mostraram muito interessados, e houve evolução em seu desempenho escolar, conforme relatado por muitos responsáveis. Ainda assim, é notável o aumento da procura pelo programa em Rio das Ostras, bem como a continuidade da participação dos estudantes no programa. Já na cidade de Macaé, foi firmada parceria entre a universidade e a Secretaria de Educação; então, os encontros ocorreram nas escolas. Além disso, a iniciativa privada também garante seu apoio, entendendo que o programa tem forte cunho social. Por isso, o programa cresceu muito mais que em Rio das Ostras em números absolutos, o que mostra que parcerias público-privadas podem ser bem interessantes e importantes nesse contexto.

Para que o programa seja replicável em outros cenários, no caso da falta de possibilidade de participação de estudantes universitários, é possível buscar parcerias com universidades em cidades vizinhas. Além disso, como foi apontado na experiência do programa no Rio de Janeiro, também podem ser realizadas iniciativas que envolvam oficinas para participação de estudantes da educação básica de maneira pontual. Para que o programa #Inovareaprender seja executado, são necessários: o exercício da criatividade dos executores, em um time que pode ser formado por educadores da educação básica e/ou do ensino superior; a clara noção de que, nesse processo, o educador tem muito mais um papel de intermediador do processo de aprendizagem do que de professor; e o entendimento de que o programa #Inovareaprender é um processo de aprendizagem, que não envolve aulas teóricas e práticas, mas sim a proposta de atividades (como a participação dos estudantes em competições), com a busca por solução dos problemas na internet, o que permite discussões relacionadas à responsabilidade na rede. Assim, a literacia digital pode ser trabalhada por meio desse processo, que se torna muito mais lúdico e muito menos formal, se comparado com outras metodologias utilizadas na educação tradicional. Deve ser observado que o programa não é uma metodologia de ensino, mas pode ser utilizado para complementar as metodologias empregadas, oferecendo novas possibilidades para melhorar a qualidade da educação em todos os níveis.

REFERÊNCIAS

AGUIAR, Y. Q. et al. Introdução à robótica e estímulo à lógica de programação no ensino básico utilizando o kit educativo LEGO® Mindstorms. In: CONGRESSO BRASILEIRO DE INFORMÁTICA NA EDUCAÇÃO, 4., 2015, Maceió. Anais [...] Porto Alegre: SBC, 2015. p. 1418-1424.

AVILA, L.; BERNARDINI, F. C.; MORATORI, P. O uso de robótica para aprendizado de programação integrando alunos de educação básica e ensino superior. In: WORKSHOP SOBRE EDUCAÇÃO EM COMPUTAÇÃO, 24.; CONGRESSO DA SOCIEDADE BRASILEIRA DE COMPUTAÇÃO, 36., 2016, Porto Alegre. Anais [...] Porto Alegre: SBC, 2016. p. 2275-2283.

BENITTI, F. B. V. et al. Experimentação com robótica educativa no ensino médio: ambiente, atividades e resultados. In: Workshop de Informática na Educação In: WORKSHOP DE INFORMÁTICA NA ESCOLA, 15.; CONGRESSO DA SOCIEDADE BRASILEIRA DE COMPUTAÇÃO, 29., 2009, Bento Gonçalves. Anais [...] Porto Alegre: SBC, 2009. p. 1811-1820.

BRASSCOM. Relatório setorial de TIC 2018: inteligência e informação BRI2-2019-003 (compacto). 2019. Disponível em: https://brasscom.org.br/wp-content/uploads/2019/05/BRI-2-2019-003a-Relat%C3%B3rio-Setorial-Compacto-v13.pdf. Acesso em: 25 out. 2019.

CASTILHO, M. I. Robótica na educação: com que objetivos? 2002. Monografia (Especialização em Informática na Educação) – Universidade Federal do Rio Grande do Sul, Porto Alegre, 2002.

CODE.ORG. c2019. Disponível em: https://code.org/. Acesso em: 29 maio 2019.

CODECADEMY. c2019. Disponível em: http://www.codecademy.com/. Acesso em: 29 maio 2019.

DEMO, P. Educar pela pesquisa. 3. ed. Campinas: Autores Associados, 1998.

EUPOSSOPROGRAMAR. c2017. Disponível em: https://www.eupossoprogramar.com/. Acesso em: 29 maio 2019.

FRANÇA, R. S.; SILVA, W. C.; AMARAL, H. J. C. Ensino de ciência da computação na educação básica: Experiências, desafios e possibilidades. In: XX WORKSHOP SOBRE EDUCAÇÃO EM COMPUTAÇÃO, 20.; CONGRESSO DA SOCIEDADE BRASILEIRA DE COMPUTAÇÃO, 32., 2012, Curitiba. Anais [...] Porto Alegre: SBC, 2012.

FRANCO, S. R. K. O construtivismo e a educação. 7. ed. Porto Alegre: Mediação, 1998.

FRAWLEY, W. Vygotsky e a ciência cognitiva: linguagem e integração das mentes social e computacional. Porto Alegre: Artmed, 2000.

HOLACRACIA BRASIL. [2018]. Disponível em: http://www.holacraciabrasil.com/. Acesso em: 29 maio 2019.

KHAN ACADEMY. Computer programming. c2019. Disponível em https://www.khanacademy.org/computing/computer-programming. Acesso em: 29 maio 2019.

MAISONNETTE, R. A utilização dos recursos informatizados a partir de uma relação inventiva com a máquina: a robótica educativa. 1999. Disponível em http://www.proinfo.gov.br/upload/biblioteca.cgd/192.pdf. Acesso em: 5 abr. 2015.

MARINS, L. Robôs enriquecem o currículo escolar e estimulam o cérebro. 2013. Disponível em https://www.gazetadopovo.com.br/educacao/robos-enriquecem-o-curriculo-escolar-e-estimulam-o-cerebro-bnd8djnvrs8ibuzibi47so11q/. Acesso em: 29 maio 2019.

MIT MEDIA LAB. Scratch. [c2019]. Disponível em: https://scratch.mit.edu/. Acesso em: 29 maio 2019.

MORIN, E. O problema epistemológico da complexidade. 2. ed. [Lisboa]: Europa-América, 1996.

NUNES, D. J. Ciência da computação na educação básica. Jornal da Ciência, 9 set. 2011.

PAPERT, S. A. A máquina das crianças: repensando a escola na era da informática. Porto Alegre: Artes Médicas, 1994.

PAPERT, S. A. Logo, computadores e educação. São Paulo: Brasiliense, 1985.

PIAGET, J. Lógica e conhecimento científico. Porto: Civilização, 1981. 2 v.

PEREIRA, G. Q. O uso da robótica educacional no ensino fundamental: relatos de um experimento. 2010. Monografia (Bacharelado em Ciência da Computação) - Universidade Federal de Goiás, Catalão, 2010. Disponível em: http://dcc.catalao.ufg.br/up/498/o/Gabriela2010.pdf. Acesso em: 29 maio 2019.

RIBEIRO, P. C.; MARTINS, C. B.; BERNARDINI, F. C. A Robótica como Ferramenta de Apoio ao Ensino de Disciplinas de

Programação em Cursos de Computação e Engenharia. *In*: WORKSHOP DE INFORMÁTICA NA ESCOLA, 17.; SIMPÓSIO BRASILEIRO DE INFORMÁTICA NA EDUCAÇÃO, 22., 2011, Aracaju. *Anais* [...] Porto Alegre: SBC, 2011. p. 1108-1117.

SILVA, D. G. *Geekie*: a história de um dos primeiros casos de Holacracia no Brasil. 2016. Disponível em: http://targetteal.com/pt/blog/geekie-a-historia-de-um-dos-primeiros-casos-de-holacracia-no-brasil/. Acesso em: 29 maio 2019.

SILVA, H. M. *et al*. Uma reflexão sobre o crescente desinteresse e a constante evasão em cursos de Computação e Informática. *In*: INTERNATIONAL CONFERENCE ON ENGINEERING AND TECHNOLOGY EDUCATION, 12., 2012, Dili. *Proceedings* [...] [S. l.]: Science and Education Research Council, 2012. p. 166–170.

SOARES, D. M.; RAMOS, A. P. L. V. Holocracia: estudo de caso da Zappos empresa de varejo da Amazon.com. *In*: CONGRESSO MINEIRO DE EMPREENDEDORISMO, 12., 2015, Patos de Minas. *Anais* [...] Patos de Minas: UNIPAM, 2015.

SOFTEX NACIONAL. *Brasil mais TI oferece vagas de trabalho*. 2018. Disponível em: http://softex.br/brasil-mais-ti-oferece-vagas-de-trabalho/. Acesso em: 3 jun. 2019.

VEGA, A. P.; NASCIMENTO, E. P. *O pensar complexo*: Edgar Morin e a crise da modernidade. Rio de Janeiro: Garamond, 1999.

VYGOTSKY, L. S. *Pensamento e linguagem*. São Paulo: Martins Fontes, 1993.

WING, J. M. Computational thinking. *Communications of ACM*, v. 49, n. 3, p. 33-36, 2006.

ZANDONÁ, L. A. B.; BEZERRA, A. Z. Evolução e tendências para o futuro da administração. *Empreendedorismo, Gestão e Negócios*, v. 5, n. 5, p. 335-352, 2016.

Agradecimentos

Agradecemos aos nossos queridos e eternos parceiros Dangelo Moreira, Matheus Epifânio, Rodrigo Caride, Tales Mello Paiva, Alfeu Rocha, Thalles Braga, Gabriel Martins Lobo, Thiago Rangel e Tulio Sanches, que acreditaram e acreditam no programa, tornando possível a sua execução em todas as nossas experiências. Agradecemos também aos professores Patrick Barbosa Moratori, Carlos Bazilio Martins, Edwin Benito Mitacc Meza, Marcio Medeiros, Roberto Mamud, Gilmara Santos, Regina Junqueira, Laureliane Salles, Carlos Jorge, Cristiane Almeida, Ana Cristina Madalena, Sol Grey, Liomar Ouverney, Eder Peçanha, Cleonice Furtado, Erica Shieffer, Junior Nacif, Peterson Cardoso, Fabiana Guerhard, Carlos José Mattos, Debora Souza e muitos outros que nos apoiaram e nos acompanharam em muitos passos das nossas experiências. Por fim, agradecemos a Monica Couto e Domiciano de Souza por terem acreditado que o programa #Inovareaprender pode trazer mudanças reais para a sociedade e, assim, terem incentivado e tornado possíveis muitas das atividades realizadas para iniciar as inovações pedagógicas.

JOGAR PARA APRENDER, CONSTRUIR PARA JOGAR:
oficinas de construção de jogos digitais para o desenvolvimento do pensamento computacional

Thiago Schumacher Barcelos | Roberto Muñoz
Rodolfo Villarroel | Ismar Frango Silveira

Em uma rápida consulta aos alunos de uma turma de ensino fundamental ou médio, é provável que encontremos muitos alunos que gostam de se divertir com jogos digitais em um computador, no console ou em um celular. Essa percepção pode ser embasada por dados oriundos do mercado nacional de jogos digitais; por exemplo, uma pesquisa do Centro de Estudos sobre as Tecnologias da Informação e da Comunicação, abrangendo todas as regiões do Brasil e variados estratos sociais, verificou que 35% dos jovens de 11 a 16 anos afirmam utilizar a internet para jogar com outras pessoas todos os dias ou quase todos os dias; 45% dos entrevistados da mesma faixa etária afirmam realizar essa atividade uma ou duas vezes por semana; 19% dos entrevistados realizam a atividade esporadicamente, uma ou duas vezes por mês; e apenas 1% não souberam responder (CENTRO REGIONAL DE ESTUDOS PARA O DESENVOLVIMENTO DA SOCIEDADE DA INFORMAÇÃO, 2012).

Por sua vez, uma pesquisa de mercado realizada em 2012 indicou que 51% dos consumidores de jogos digitais no Brasil têm mais de 19 anos (SERVIÇO BRASILEIRO DE APOIO ÀS MICRO E PEQUENAS EMPRESAS, 2012). Isso indica que os atuais alunos da educação básica muito provavelmente fazem parte da segunda geração de jogadores em seu grupo familiar. Esses dados vão ao encontro da percepção das pesquisadoras norte-americanas Kylie Peppler e Yasmin Kafai, que discutem que os jogos digitais se configuram como uma "mídia cultural" – ou seja, já são parte integrante do nosso cotidiano e da nossa cultura (PEPPLER; KAFAI, 2009). Ainda, segundo as autoras, compreender os mecanismos de criação e as características inerentes aos jogos é uma competência que, atualmente, faz parte de uma educação crítica. No ano de 2006, Wing já havia definido o termo pensamento computacional para se referir às competências e às habilidades relacionadas à análise e à resolução de problemas de forma que um computador possa resolvê-los (WING, 2006). Assim, pode-se considerar que compreender o funcionamento de programas de computador, incluindo os jogos digitais, é uma das competências do pensamento computacional que deveriam ser estimuladas em crianças e adolescentes.

Mais do que meramente compreender o funcionamento do computador e dos seus programas, a ideia do pensamento computacional se relaciona a capacitar os estudantes a produzir seus próprios artefatos digitais, tenham esses artefatos o formato de apresentações, tabelas, programas ou jogos digitais. Há uma crescente percepção de que boa parte de uma educação crítica, no que tange à relação dos alunos com a tecnologia, envolve capacitá-los para serem criadores e não apenas consumidores de mídias digitais (WALTER-HERRMANN; BÜCHING, 2014).

Diante do exposto, neste capítulo é apresentado o processo de criação e aplicação de uma oficina de produção de jogos digitais voltada, inicialmente, a alunos do ensino médio. A oficina foi criada e aplicada pela primeira vez em 2013 no Instituto Federal de Educação, Ciência e Tecnologia de São Paulo (IFSP), no Brasil, e na Universidade de Valparaíso, no Chile, tendo sido posteriormente estendida e adaptada para outros públicos-alvo.

COMO APRENDER CONSTRUINDO: ALGUMAS DIRETRIZES

As atividades de construção de jogos digitais que serão apresentadas neste capítulo foram resultantes da experiência prática dos autores ao longo de alguns anos atuando diretamente com alunos dos ensinos médio e superior do Brasil e do Chile. Algumas constatações surgiram a partir dessa experiência: a primeira delas é relacionada à motivação dos alunos para aprender aspectos do pensamento computacional, em especial aqueles associados à programação de computadores. Em cursos com viés profissionalizante, é comum que os primeiros exercícios de lógica de programação estejam associados a cálculos numéricos diretos e descontextualizados, como "calcular o índice de massa corporal de uma pessoa dado seu peso e altura" ou "calcular as raízes de uma equação do segundo grau". Diante dessa realidade, vemos que cada vez menos os alunos aceitam se engajar no esforço intelectual necessário – e que não é pequeno – para resolver esses problemas por meio da programação. Assim, acreditamos que identificar um contexto adequado e compatível com a realidade das crianças e dos adolescentes tornou-se uma tarefa prioritária.

E por que optamos pelos jogos digitais? Além de o jogo se constituir como uma "mídia cultural" (PEPPLER; KAFAI, 2009), inserido de forma natural na vida cotidiana dos estudantes, como mencionado anteriormente, entendemos que o aspecto interativo dos jogos traz uma associação fundamental com os artefatos computacionais utilizados pelos jovens. Ao observar a interface de um celular, *tablet*, computador pessoal – e também a de um jogo digital –, verifica-se que está presente o aspecto da interatividade por meio de toque, teclado, *mouse* e diversos tipos de *joystick*. Existe grande dificuldade em convencer um aluno de que operar com uma tela preta com um *prompt* piscando poderá, em algum momento futuro, contribuir para que ele construa um artefato interativo similar aos que ele já tem disponíveis na palma da mão.

Se, por um lado, temos a questão do engajamento, por outro, existe o desafio de guiar um aluno que participa de uma atividade de construção de um artefato digital de forma que os desafios sejam apresentados de maneira crescente e compatível com o nível de competências e habilidades presentes a cada momento. Muitos autores de língua inglesa utilizam um interessante termo para essa estratégia de ensino: *scaffolding learning*. Um dos significados de *scaffold* é plataforma ou andaime montado em vários estágios para dar sustentação aos operários de uma obra. É fácil entender a analogia com o menor esforço necessário para guiar um aluno, "subindo" pequenos passos por vez, por um caminho de construção de competências e habilidades. Basawapatna *et al.* (2013) apresentam uma ideia semelhante ao *scaffolding learning* criando uma analogia com a teoria do fluxo proposta pelo psicólogo húngaro Mihaly Csikszentmihályi. A teoria do fluxo refere-se a um estado prolongado de concentração e imersão que equilibra a habilidade de superar desafios com a complexidade dos desafios propostos. Quando o desafio supera largamente as habilidades do indivíduo, advém um estado de ansiedade; porém, quando o desafio é inferior às habilidades do indivíduo, os resultados são tédio e desmotivação. Essa teoria pode ser aplicada a várias áreas da atividade humana e vem sendo empregada para embasar princípios de *game design*. Na **Figura 12.1** é apresentado um diagrama esquemático da teoria do fluxo.

A partir das duas ideias abordadas anteriormente – (1) a necessidade de motivar os alunos com a construção de um artefato digital que seja significativo para eles e (2) a necessidade de motivar o desenvolvimento das novas competências e habilidades necessárias para construir os artefatos –, foram propostas algumas diretrizes para a criação das atividades. Essas diretrizes surgiram da experiência dos autores com a criação de atividades e, no processo de sua criação e aplicação, foram validadas por meio de uma revisão bibliográfica em articulação com autores-pesquisadores das áreas de pensamento computacional e informática na educação. A seguir, serão apresentadas e discutidas essas diretrizes.

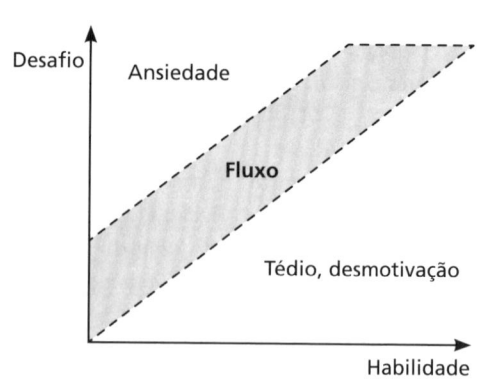

Figura 12.1 Diagrama esquemático da teoria do fluxo.
Fonte: Basawapatna *et al.* (2013).

à altura do uso dessas habilidades – ou seja, o quadrante correspondente ao tédio, apresentado na **Figura 12.1**.

Como exemplo, podemos observar que na oficina a ser descrita a seguir, a primeira atividade refere-se à movimentação de personagens e à detecção da colisão entre eles. Apesar de essa construção não ser propriamente um jogo, esse objetivo fica claro para o participante desde o primeiro encontro.

Diretriz 1: A construção de jogos deve motivar o desenvolvimento de todas as atividades da oficina

Não faria muito sentido que uma oficina de construção de jogos digitais utilizasse uma parcela considerável do tempo inicial das atividades para apresentar conceitos de programação segundo uma abordagem "clássica"; ou seja: primeiro, o conceito de variáveis, entrada e saída, condicionais, e assim por diante. Concordamos com a visão de Basawapatna *et al.* (2013), que discutem a importância de manter o aprendiz o mais próximo possível do estado de fluxo. Ainda segundo esses autores, apresentar uma quantidade considerável de conceitos antes de sua aplicação seria o equivalente a introduzir novas habilidades sem um desafio

Diretriz 2: As atividades devem levar progressivamente à construção de um jogo completo

Em trabalhos anteriores que discutem o desenvolvimento e a condução de atividades práticas com o objetivo de fomentar o pensamento computacional, Lee *et al.* (2011) propõem o arcabouço usar – modificar – criar. A proposta é que os alunos sejam apresentados a pequenos programas prontos com os quais possam interagir a fim de compreender seu funcionamento. A partir da compreensão obtida nessa primeira etapa, os alunos são convidados a introduzir modificações no funcionamento e na aparência dos programas. Por fim, à medida que os alunos adquirem maior confiança, eles passam a criar seus próprios jogos, aplicando os conhecimentos adquiridos nas etapas anteriores. Vale ressaltar que essa estratégia não se aplica de forma estritamente linear: um aluno pode atuar como criador em uma determinada etapa do processo de aprendizagem e em uma etapa seguinte voltar a atuar como usuário para compreender um novo conceito. Porém, a estrutura das atividades e os conhecimentos e habilidades a serem mobilizados induzem o aluno a atuar cada vez mais como criador ao longo da oficina.

Em nossa oficina, os participantes atuam como usuários quando, em cada atividade proposta, o professor traz uma versão funcional do jogo a ser construído e permite que os alunos joguem e compreendam as mecânicas do jogo antes de efetivamente construí-lo. Em outros momentos, torna-se conveniente apresentar códigos pré-construídos aos alunos para que eles possam experimentar o efeito de executar pequenas modificações no código. A estratégia ainda tem impacto na manutenção de um nível adequado de desafio, como veremos na próxima diretriz.

Diretriz 3: Deve-se demandar que novos conceitos sejam explorados pelos alunos e, ao mesmo tempo, solicitar o uso de conceitos explorados anteriormente

A introdução de novos conceitos de forma paulatina nas atividades, por meio do arcabouço usar – modificar – criar, tem como objetivo criar continuamente novos desafios que induzam o aluno a buscar novos conhecimentos. Conforme mencionado anteriormente, ao propor novos desafios ao mesmo tempo em que conceitos já explorados são requisitados novamente, espera-se manter os alunos em um estado de fluxo no que se refere ao seu trabalho autônomo na construção dos jogos. Da mesma forma, o professor atua como um facilitador nos momentos em que os alunos apresentam dificuldades pontuais, relacionadas, por exemplo, com a falta de um conceito específico. Quando determinado conceito ainda não dominado pelos alunos se faz necessário, o professor entra em cena, apresentando o conceito. Nas experiências anteriores, no oferecimento da oficina, é notável a diferença da motivação dos alunos quando um novo conceito é apresentado no momento em que é realmente necessário, ao menos do ponto de vista do desafio que foi previamente proposto.

Diretriz 4: A mecânica dos jogos deve trazer referências ao universo dos jogos "reais" que sejam significativas para os alunos

Inicialmente, de forma empírica, consideramos que não basta propor a construção de um jogo qualquer. Quanto mais inserido no contexto cotidiano do aluno, ou quanto mais famoso for o jogo, melhor. Dessa forma, estará presente o primeiro passo da fluência em jogo proposta por Peppler e Kafai (2009). É relevante mencionar que essa mesma estratégia acabou sendo adotada algum tempo depois da criação dessa oficina nas atividades *on-line* do projeto Code.org, que se baseiam em jogos como Angry Birds e Plants vs. Zombies. Ainda vale ressaltar que jogos casuais são naturalmente mais adequados para aplicar essa diretriz, já que sua mecânica será mais simples de emular em uma atividade no ambiente Scratch.

OFICINA DE CONSTRUÇÃO DE JOGOS DIGITAIS

A oficina de construção de jogos digitais é formada por um conjunto de atividades organizadas seguindo as quatro diretrizes apresentadas anteriormente. Seu objetivo é apresentar aos alunos os princípios básicos de programação de computadores utilizando o paradigma estruturado, por meio do ambiente Scratch. Esse objetivo está presente nas diretrizes curriculares da Computer Science Teachers Association (CSTA) para o ensino do pensamento computacional na educação básica norte-americana, no objetivo 2-5 da categoria *Computing practice and programming*: "[...] implementar soluções para problemas utilizando uma linguagem de programação incluindo: execução de laços, estruturas condicionais, lógica, expressões, variáveis e funções" (COMPUTER SCIENCE TEACHERS ASSOCIATION, 2011, tradução nossa). A referência da CSTA foi utilizada por não haver até agora um currículo de referência equivalente para a educação brasileira.

As atividades da oficina são distribuídas ao longo de 12 semanas, e cada encontro semanal é planejado para durar aproximadamente 2 horas e 30 minutos. Em cada encontro, o professor propõe a construção de um ou mais mecanismos de interação relacionados à construção de um jogo digital. Para tal, os alunos são convidados a explorar conceitos relacionados ao desenvolvimento de jogos (animação de *sprites*, colisão, controles por teclado e *mouse*) e a fundamentos de programação (variáveis, estruturas condicionais, laços e mensagens). Em consonância com a Diretriz 3, apresentada anteriormente, a cada atividade o desafio proposto para os alunos envolve o aprendizado de um novo conceito, que é sempre discutido pelo professor após a exploração autônoma e a discussão sobre o problema entre os participantes.

Apesar de as atividades terem sido originalmente concebidas para serem aplicadas em cursos direcionados à formação profissional em computação, a sua estrutura e as atividades escolhidas não trazem nenhum impedimento para que a oficina seja oferecida a estudantes do ensino regular. De fato, como veremos na seção "Construção de jogos com alunos dos ensinos médio e superior (2013)", a oficina já foi aplicada no Chile como atividade de extensão com o objetivo de atrair alunos para carreiras em computação.

Ao longo da oficina, são construídos sete jogos. A seguir, descrevemos brevemente cada uma das atividades propostas na oficina e os principais conteúdos relacionados ao pensamento computacional que devem ser mobilizados e desenvolvidos em cada uma delas.

Atividade 1: Encontro do gato com o rato

A atividade proposta na primeira semana consiste inicialmente em manipular um programa pronto, no qual apenas um *sprite* está presente. Os desenvolvedores do ambiente Scratch optaram por utilizar essa terminologia, própria do domínio da construção de jogos, para se referir a cada objeto apresentado na tela (chamada pelo ambiente de palco). Cada *sprite* pode ter várias representações gráficas intercambiáveis (chamadas de trajes) e comandos vinculados a ele, cuja execução está em geral vinculada à ocorrência de eventos no ambiente do jogo.

Dessa forma, o objetivo dessa primeira atividade é familiarizar o aluno com todos esses novos conceitos por meio de um exemplo muito simples: o *sprite* com a representação gráfica do gato, mascote do ambiente Scratch, traz dois blocos de comandos, que permitem o deslocamento horizontal do *sprite* no palco quando as setas direcionais esquerda ou direita do teclado são pressionadas. Um dos comandos apresenta uma estrutura condicional, vinculada à colisão do *sprite* que representa o gato com o segundo *sprite*, que representa o rato. Quando essa situação é identificada durante o pressionamento da tecla, é exibida uma mensagem em um balão (**Fig. 12.2**).

Algumas intencionalidades estão presentes na configuração desse primeiro programa distribuído para os alunos. Primeiramente, espera-se que o aluno identifique que é possível alterar a representação gráfica do palco (já que a representação-padrão, que é um fundo branco, foi previamente trocada pela imagem de uma sala de aula). Também se espera que o aluno identifique desde o início que um programa pode ser composto por vários *sprites* e pode haver um código vinculado a cada um

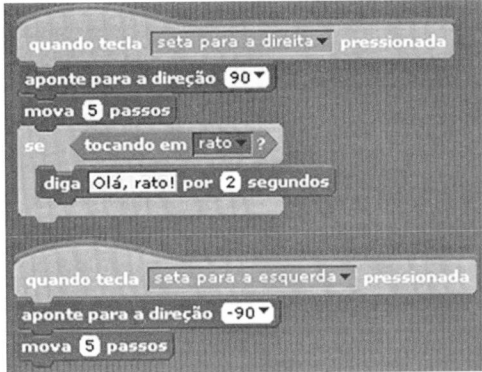

Figura 12.2 Configuração inicial do primeiro programa manipulado pelos alunos e código vinculado ao *sprite* do gato.

deles. Seguindo essa mesma intenção, a primeira atividade de alteração (LEE *et al.*, 2011) solicitada aos alunos consiste em reproduzir o código presente no *sprite* do gato para que o rato também possa se movimentar de forma análoga, porém sendo controlado por teclas diferentes do teclado, e que também o rato "diga" uma mensagem quando houver uma colisão com o gato.

Atividade 2: Pescaria

A segunda atividade consiste em um jogo de pescaria. É fornecida aos alunos uma implementação inicial na qual um peixe aparece sucessivamente em posições da tela sorteadas de forma aleatória. Quando um clique do *mouse* é efetuado no peixe, isso ocasiona o incremento de uma variável, cujo valor é apresentado no canto superior esquerdo da tela (**Fig. 12.3**). Assim, a manipulação inicial do jogo pelos alunos abre para o professor a oportunidade de discutir e apresentar o conceito de variável como área de armazenamento de dados em um programa, bem como a repetição da execução de comandos em laços, presente na estrutura de bloco Sempre.

O posicionamento do peixe em posições aleatórias da tela traz pela primeira vez o conceito matemático da representação do palco como um plano cartesiano. É possível notar que o posicionamento do peixe, por meio do comando "vá para", é definido pelo sorteio de dois valores aleatórios, correspondentes ao posicionamento nos eixos x e y. No ambiente do Scratch, o posicionamento dos *sprites* no plano é dado por coordenadas inteiras, variando entre -240 e 240 no eixo x e entre -180 e 180 no eixo y.

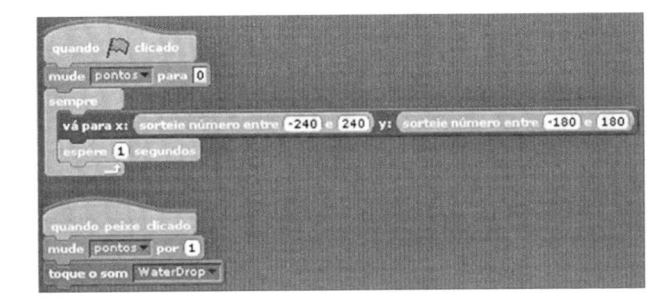

Figura 12.3 Configuração inicial do jogo Pescaria e código vinculado ao *sprite* do peixe.

Nessa atividade, os alunos devem ampliar a funcionalidade do jogo (**Fig. 12.4**) incluindo mais um peixe, que adiciona dois pontos à pontuação do jogo quando for clicado. Em uma segunda etapa, o jogo deve ficar mais "difícil" quando o jogador atingir 20 pontos: nesse momento, o intervalo de exibição dos peixes deve ser reduzido. Essa é uma oportunidade para mobilizar o conceito de execução condicional de comandos, apresentada na atividade anterior. A terceira etapa de alteração exige a mobilização do conceito matemático de proporcionalidade: é solicitado aos alunos que definam uma quantidade limitada de exibições de cada peixe e que, ao final do jogo, seja exibido o percentual de aparições de cada peixe que foram clicadas com sucesso pelo jogador. Além disso, é necessário o uso de mais variáveis para armazenar a quantidade de cliques efetuada em cada peixe, bem como a quantidade de aparições de cada peixe.

Atividade 3: Jogo de adivinhação

A terceira atividade é o primeiro jogo que deve ser produzido desde o início inteiramente pelos alunos. O mecanismo de geração de números aleatórios pelo Scratch deve ser utilizado para armazenar em uma variável um número entre 1 e 100. Um *sprite*, representando um personagem de livre escolha, deve perguntar ao jogador qual foi o número "pensado" por ele. Quando o jogador informa sua tentativa, o personagem informa se o número sorteado é menor ou maior do que a aposta do jogador, e permite uma nova tentativa (**Fig. 12.5**). Além de retomar os conceitos de geração de números aleatórios e de execução de comandos em laços de repetição, a atividade introduz a entrada de dados via teclado, pouco comum no contexto de jogos, mas fundamental para as aplicações convencionais que possivelmente serão desenvolvidas pelos alunos no futuro.

Em um segundo momento, os alunos são solicitados a limitar a quantidade possível de tentativas a serem feitas pelo jogador para adivinhar o número. Essa restrição adicional

Figura 12.4 Versão final do jogo Pescaria: exibição do percentual de peixes de cada tipo que foram clicados pelo jogador.

Figura 12.5 Jogo de adivinhação: entrada de dados via teclado e resposta do personagem.

abre a possibilidade de discutir qual é a melhor estratégia para acertar o número sorteado, em termos da quantidade mínima de tentativas necessárias; essa é uma questão que fomenta o raciocínio relacionado a aspectos de algoritmos de divisão e conquista para ganhar o jogo mais rapidamente.

Atividade 4: Pedra, papel, tesoura

A quarta atividade é uma implementação do clássico jogo de pedra, papel, tesoura (**Fig. 12.6**). Devem ser criados dois *sprites*, correspondentes a cada um dos jogadores. Cada *sprite* deve ser acionado por um conjunto de três teclas; cada uma dessas teclas muda o traje para o gesto de pedra, papel ou tesoura. As imagens que representam os gestos são previamente fornecidas para os alunos.

Assim que ambos os jogadores pressionam uma tecla, o jogo deve informar de alguma forma qual jogador venceu ou se houve empate. Essa funcionalidade exige que o aluno identifique corretamente as nove possíveis configurações finais de jogo, tarefa que exige a mobilização do raciocínio combinatório. Do ponto de vista do pensamento computacional, existe ainda a necessidade de lidar com a sincronização de eventos que ocorrem de forma paralela: o resultado do jogo somente pode ser verificado quando ambos os jogadores pressionam suas teclas.

Em uma segunda etapa, a questão de sincronização de eventos é mobilizada novamente: os alunos são solicitados a construir uma segunda versão do jogo, na qual um dos jogadores é o computador. Uma jogada aleatória é sorteada pelo computador assim que o jogador humano escolhe sua jogada, e então o resultado do jogo é exibido.

Atividade 5: Simulação de guerra

Na quinta atividade, os alunos desenvolvem uma simulação de guerra, com dois *sprites* representando tanques. Um dos tanques fica estático no canto inferior esquerdo da tela e pode apenas ser rotacionado no sentido horário ou anti-horário. Quando a barra de espaços é pressionada, esse tanque deve disparar um projétil, representado por um terceiro *sprite* (**Fig. 12.7**). Os alunos devem construir um algoritmo que define a trajetória linear do projétil. Para tanto, a execução de comandos em laços de repetição deve ser mobilizada novamente pelos alunos. Nesse caso, o problema induz a definição explícita da condição de parada para o laço que define a trajetória do projétil – a colisão contra o inimigo ou contra os limites da tela.

O tanque inimigo inicialmente parte de uma posição fixa na tela e deve deslocar-se em direção ao tanque fixo, que se defende disparando o projétil. Se o projétil atinge o

Figura 12.6 Indicação de vitória e derrota no jogo Pedra, papel, tesoura.

Figura 12.7 Resultado esperado para o jogo Simulação de guerra.

tanque inimigo, ele explode. No entanto, se o tanque inimigo atinge o tanque fixo, é o fim do jogo. Em uma segunda etapa, é solicitado que o tanque inimigo surja na tela em uma posição aleatória ao longo do eixo x ou do eixo y, de forma a criar uma dificuldade adicional. Para a solução desse problema em particular, os alunos devem aplicar corretamente conceitos relacionados ao posicionamento do *sprite* do tanque no plano cartesiano tradicional.

Atividade 6: Paredão

O Breakout, apresentado na **Figura 12.8**, é um jogo clássico desenvolvido inicialmente em 1976 pela Atari para máquinas de fliperama e que deu origem a várias versões e adaptações nos anos seguintes (GOLDBERG, 2007). No Brasil, clones do Breakout disponíveis para máquinas de fliperama e adaptados para computadores de 8 bits foram popularmente chamados de jogos de paredão, nome dado a essa atividade. A mecânica a ser construída pelos alunos na atividade consiste em uma plataforma que se desloca apenas ao longo do eixo horizontal e se posiciona na parte inferior da tela. A plataforma pode rebater uma bola que se desloca linearmente pela tela e atinge blocos que se posicionam na parte superior da tela. A bola sofre uma reflexão na sua trajetória quando atinge qualquer um dos três blocos, mas cada um deles tem um comportamento diferente quando atingido: o bloco amarelo desaparece imediatamente, o bloco verde só desaparece ao ser atingido três vezes pela bola e o bloco vermelho desaparece imediatamente, mas libera uma cápsula que, se atingida pela barra, fornece mais uma vida ao jogador.

Se a bola ultrapassar o limite vertical em que pode ser alcançada pela plataforma, o jogador perde uma vida e a bola deve ser lançada novamente. Além do deslocamento de *sprites* por meio de laços de repetição, nessa atividade também é mobilizado novamente o uso de variáveis (para indicar a pontuação do jogo e o estado dos blocos) e de estruturas condicionais. Do ponto de vista matemático, a reflexão da bola quando atinge a plataforma ou um bloco consiste na identificação do ângulo suplementar ao ângulo direcional do *sprite* da bola. Cabe ressaltar que o Scratch permite a manipulação direta das coordenadas x e y de um *sprite* para sua movimentação, mas também disponibiliza uma forma alternativa de manipulação, com base na definição de um ângulo direcional e de uma quantidade de passos de deslocamento. Essa alternativa se assemelha à definição de coordenadas polares ou à sintaxe para deslocamento da tartaruga de desenho na linguagem Logo.

Atividade 7: Pacman

A última atividade da oficina consiste na construção parcial da mecânica do jogo Pacman. Devido à maior complexidade dessa tarefa, optou-se por dividi-la em várias tarefas que ocupam as quatro últimas semanas da programação da oficina. As suas últimas etapas são desenvolvidas como o projeto final da oficina, utilizado para fins de consolidação do aprendizado e avaliação dos alunos.

Inicialmente, os alunos devem fazer o personagem se movimentar somente sobre as li-

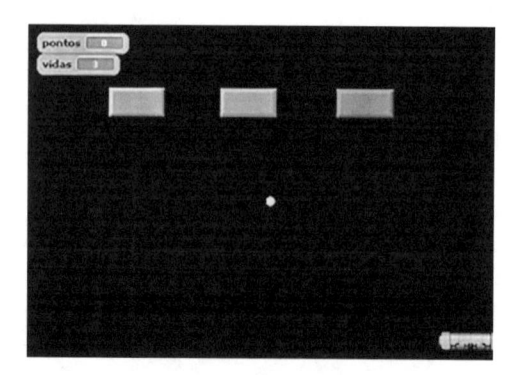

Figura 12.8 Resultado esperado para o jogo Paredão.

nhas de uma grade predefinida com quadrados de 16 *pixels* de lado (**Fig. 12.9**). Essa estratégia tem como objetivo permitir um deslocamento controlado do personagem dentro do labirinto do jogo, que posteriormente substituirá a imagem da grade (**Fig. 12.10**). Essa atividade foi definida após algumas experiências nas quais se verificou que o mecanismo de colisão do Scratch não se mostrava adequado para emular a movimentação restrita dentro de um labirinto, presente no jogo original.

Na segunda semana da atividade, os alunos são orientados a usar um mecanismo para impedir que o Pacman mude de direção quando há uma parede do labirinto que impossibilita. Cria-se um novo *sprite* indicador (**Fig. 12.11**), que acompanha o *sprite* do Pacman de forma a permitir a identificação da colisão entre as cores do indicador e a cor azul das paredes do labirinto.

A partir da definição desse novo *sprite*, é possível, por meio da verificação da colisão en-

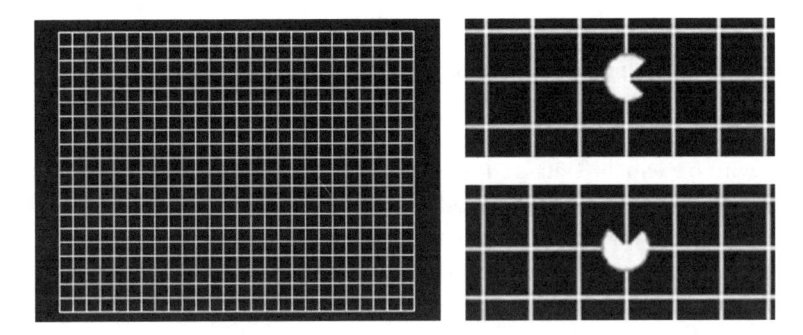

Figura 12.9 Pacman: movimentação do personagem sobre as linhas da grade.

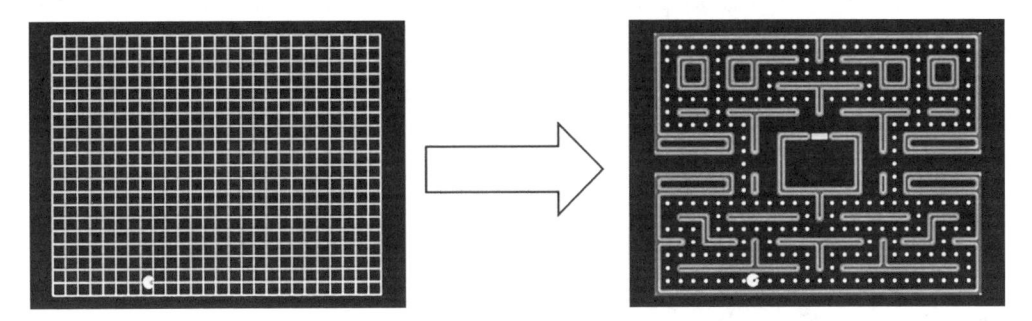

Figura 12.10 Pacman: substituição da imagem da grade pela imagem do labirinto.

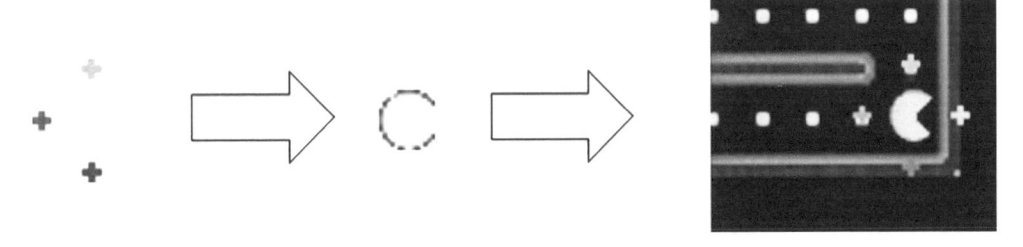

Figura 12.11 Pacman: funcionamento do *sprite* indicador de colisão com uma parede do labirinto.

tre cores, verificar se o Pacman está próximo de colidir com uma parede em alguma das quatro direções (em cima, embaixo, direita ou esquerda). Essa implementação, guiada pelo professor, abre a oportunidade de discutir com os alunos quais condições devem ser satisfeitas para que o Pacman continue se movimentando.

Após fazer o Pacman se movimentar corretamente dentro do labirinto, os alunos ingressam na terceira e última etapa da atividade, que consiste na mecânica do jogo propriamente dita: implementar a coleta dos pontos amarelos pelo Pacman e a consequente pontuação e incorporar inimigos ao jogo. No segundo caso, solicita-se que os alunos implementem dois inimigos (os fantasmas). Um deles deve patrulhar uma região fixa do labirinto e o outro deve perseguir o Pacman. Trata-se de duas tarefas com diferentes níveis de complexidade: no primeiro caso, a movimentação do fantasma é análoga àquela que os alunos já terão implementado para movimentar o tanque na Simulação de guerra ou a bola no Paredão. Na **Figura 12.12** é indicada uma possível trajetória nesse caso. Já no segundo caso, seguindo a mecânica original do jogo (PITTMAN, 2011), é necessário calcular a distância do fantasma vermelho para o Pacman (**Fig. 12.12**) de forma a orientar a tomada de decisão quando houver mais de uma possibilidade de direção para o deslocamento do fantasma. Para tanto, é necessário o cálculo da distância euclidiana entre dois pontos no plano, conceito matemático que se pretende que os alunos mobilizem.

RESULTADOS OBTIDOS

A oficina de produção de jogos digitais tem sido oferecida desde 2013 para alunos de diferentes níveis e com diferentes necessidades educacionais, sempre com resultados promissores em termos do desenvolvimento de competências relacionadas ao pensamento computacional. Verificamos que um ponto em comum entre as experiências realizadas é a presença de evidências que correlacionam a motivação dos participantes, devido ao fato de o domínio da oficina estar relacionado à construção de jogos, e os resultados de aprendizagem que se apresentaram nos artefatos produzidos pelos participantes.

A seguir, descrevemos brevemente três experiências: uma desenvolvida simultaneamente no Brasil e no Chile em 2013 com alunos de ensino médio e ingressantes na universidade (MUÑOZ *et al.*, 2015); a adaptação da oficina para alunos com transtorno do espectro autista (TEA) no Chile entre dezembro de 2015 e janeiro de 2016 (MUÑOZ *et al.*, 2016); e o oferecimento no formato *on-line* para professores de matemática no Brasil em 2015 (BARCELOS; BORTOLETTO; ANDRIOLI, 2016).

Construção de jogos com alunos dos ensinos médio e superior (2013)

Durante o primeiro semestre de 2013, a oficina foi oferecida para os alunos ingressantes no curso técnico em informática (nível médio) do IFSP, *campus* Guarulhos (Brasil), e para os ingressantes em Engenharia de Informática, na Universidade de Valparaíso (Chile). Ambas

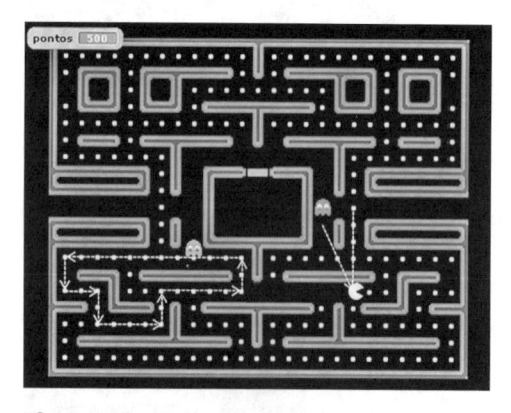

Figura 12.12 Pacman: diagrama do funcionamento esperado dos fantasmas inimigos.

as instituições apresentam problemas em comum no que se refere a altas taxas de evasão e repetência em disciplinas de introdução à programação de computadores. Além disso, um histórico de cooperação prévia entre as duas instituições facilitou a realização quase simultânea das atividades – o que não se realizou por completo devido a uma longa paralisação estudantil que afetou todas as universidades do Chile em 2013, dessincronizando as agendas.

Para o primeiro grupo, a oficina integrava as atividades da disciplina de lógica de programação, enquanto, para o segundo grupo, configurava uma atividade complementar. A identificação do perfil dos participantes da oficina foi feita por meio de um questionário, ao qual responderam 30 alunos do primeiro grupo e 26 do segundo.

A organização dessa oficina, baseada nas atividades descritas na seção "Oficina de construção de jogos digitais", pode ser vista na **Tabela 12.1**.

Nas **Figura 12.13** e **12.14** são apresentadas, respectivamente, as sequências de tarefas que envolveram a utilização de estruturas de repetição e condicionais.

A **Figura 12.15** exibe o número de instâncias de jogos desenvolvidos pelos dois grupos, coletados para análise posterior.

A primeira análise refere-se às estratégias empregadas pelos alunos para resolver cada uma das tarefas propostas em cada atividade. Pretendeu-se evidenciar estratégias esperadas ou novas para resolução dos problemas propostos. Já a segunda análise dizia respeito aos aspectos motivacionais relacionados à jogabilidade dos jogos construídos. Além disso, cabe

TABELA 12.1 Programação da oficina de produção de jogos digitais nos ensinos médio e superior em Guarulhos (Brasil) e Valparaíso (Chile)

Semana	Atividade	Conteúdo principal
1	Encontro do gato com o rato	Familiarização com o ambiente do Scratch Conceito de algoritmo Conceitos de *sprite* e colisão entre *sprites*
2	Pescaria	Variáveis e laços de repetição
3	Jogo de adivinhação	Laços de repetição e estruturas condicionais
4	Pedra, papel, tesoura	Raciocínio combinatório
5-6	Simulação de guerra	Sincronização
7-8*	Paredão	Estruturas de repetição complexas Condicionais com operadores booleanos
9**	Pacman (projeto final): criar a mecânica básica de movimentação do personagem	Condicionais com diversas variáveis Detecção de colisão com sincronização Distância cartesiana entre objetos
10-11	Pacman (projeto final): implementar as demais características do jogo	
12	Apresentação dos projetos finais	

*Devido à paralisação estudantil no Chile, em 2013, a atividade da semana 8 não foi realizada por completo. As oficinas foram retomadas na 9ª semana, após um lapso de quatro meses.
**No Brasil, uma semana adicional mostrou-se necessária a partir da definição do projeto final, totalizando 13 semanas. No Chile, a quantidade de encontros inicialmente prevista foi mantida.

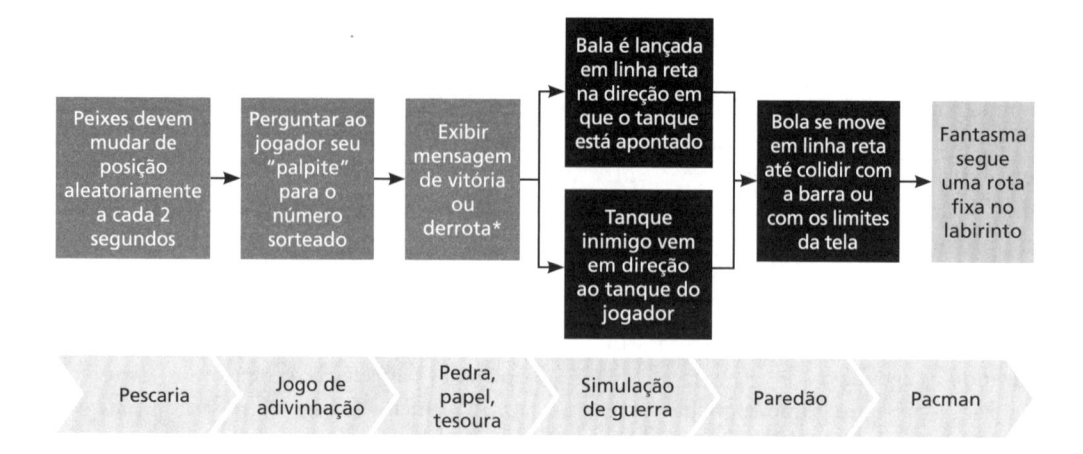

Figura 12.13 Jogos em que era esperado o uso de estruturas de repetição.
*A utilização de estruturas de repetição é opcional nesta tarefa.
Fonte: Barcelos (2014).

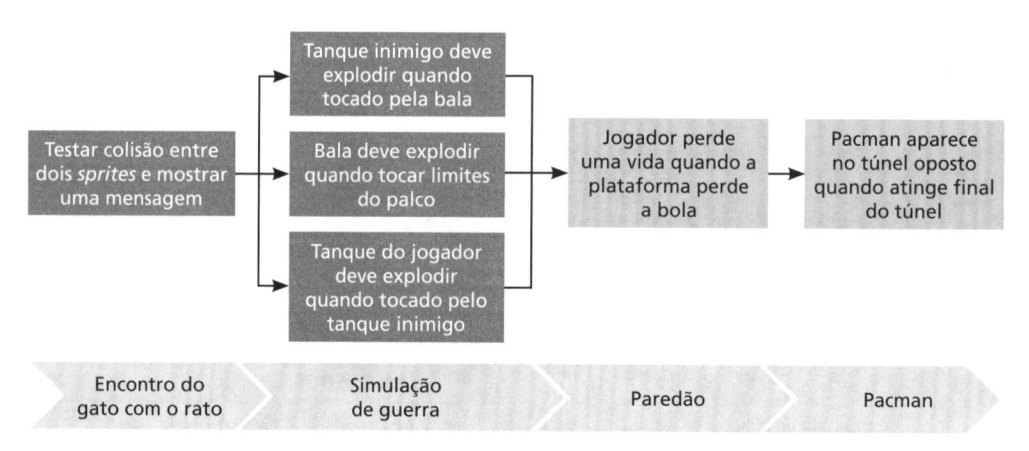

Figura 12.14 Jogos em que era esperado o uso de estruturas condicionais.
Fonte: Barcelos (2014).

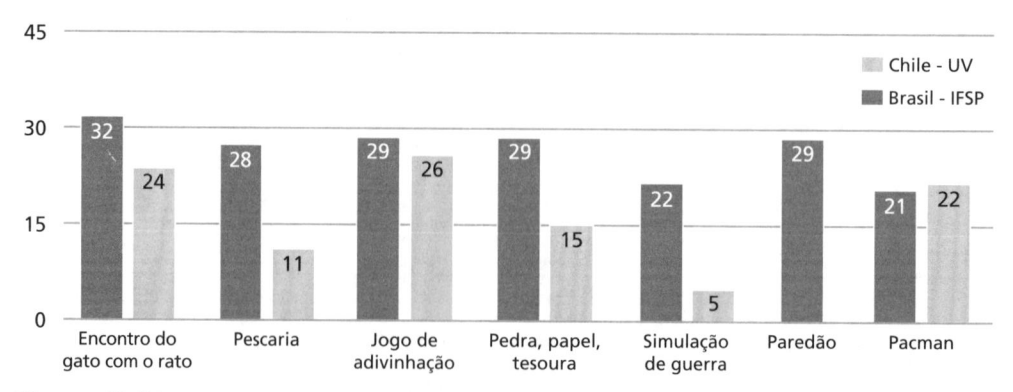

Figura 12.15 Jogos criados no Brasil e no Chile.

ressaltar que os resultados foram parcialmente influenciados pela modalidade de oferecimento da oficina: a presença dos alunos nas atividades no grupo brasileiro foi mais constante, uma vez que a oficina já era parte de uma disciplina regular do curso; no Chile, uma vez que se tratava de atividade extracurricular, a participação não foi tão regular por parte dos alunos, o que se agravou com a paralisação estudantil na oitava semana.

As atividades foram estruturadas de maneira a organizar os conceitos de programação em uma sequência progressiva, dando, ao mesmo tempo, oportunidade aos participantes de mobilizarem um mesmo conceito em situações distintas. Em alguns casos, as decisões tomadas pelos alunos ao longo das tarefas levaram a uma mobilização espontânea de um conceito, como o uso de estruturas de repetição para movimentar o fantasma patrulheiro no Pacman. Em alguns casos, a intervenção do professor mostrou-se necessária, como na elucidação do uso de uma estrutura de repetição no jogo Simulação de guerra.

É digno de nota que os alunos puderam, de maneira relativamente natural, construir conceitos do pensamento computacional considerados sofisticados, como paralelismo e sincronização, facilitados pela ferramenta, que possui o conceito de *threads* presente de maneira direta. A importância do suporte do professor para o desenvolvimento de competências e habilidades mais refinadas do pensamento computacional se mostrou determinante no Jogo de adivinhação: de forma a minimizar o número de passos necessários, dois alunos de nível técnico do grupo brasileiro, bem como três alunos chilenos, foram capazes de esboçar uma solução com base nos conceitos de divisão e conquista.

Além disso, na observação etnográfica registrada por Barcelos (2014), foi possível observar, em vários momentos, que as situações-problema enfrentadas pelos alunos são, sobretudo, descritas na "linguagem do jogo" antes de ser formalizadas, quando chegam a sê-lo.

Construção de jogos como estratégia auxiliar para adolescentes com transtorno do espectro autista (2015-2016)

Entre dezembro de 2015 e janeiro de 2016 (inclusive) foram aplicadas as diretrizes para a construção de jogos digitais para potencializar o pensamento computacional em adolescentes com transtorno do espectro autista (TEA). Dadas as particularidades desse grupo, foi necessário complementá-los com as orientações associadas ao trabalho com pessoas com TEA. Em particular, trabalhou-se com a abordagem tratamento e educação de crianças com autismo e outros transtornos de comunicação (TEACCH, do inglês *treatment and education of autistic and related communication handicapped children*) (MESIBOV; SHEA; SCHOPLER, 2004). Sua particularização para o trabalho na construção de jogos digitais é apresentada a seguir.

- **Diretriz 1. Entender a cultura do autismo.** Para entender de maneira profunda as dificuldades e o potencial das pessoas com essa condição, foi realizado, durante seis meses, o acompanhamento semanal de uma escola de comunicação na região de Valparaíso (Chile) por um dos autores deste capítulo. O acompanhamento teve o formato de uma observação participante das atividades realizadas pelas crianças e adolescentes com TEA, com a finalidade de posteriormente produzir uma oficina, de acordo com suas necessidades.
- **Diretriz 2. Estruturar o ambiente físico.** A existência de ruídos visuais no ambiente pode se constituir como um fator de distração e confusão para adolescentes com TEA (GRANDIN; PANEK, 2014). Dessa forma, o laboratório de informática a ser utilizado deve ter uma organização física com áreas claramente separadas para cada atividade (p. ex., computadores, guarda de

materiais, apresentação). A organização lógica dos arquivos relacionados à oficina também deve ser levada em consideração – as pastas de arquivos, por exemplo, devem ser organizadas de acordo com as sessões e, por sua vez, subdivididas em pastas para cada atividade que compõe a sessão.

- **Diretriz 3. Utilizar suportes visuais para tornar previsível e compreensível a sequência cotidiana de atividades.** É recomendável que a estrutura das atividades seja apresentada de forma clara desde o início da oficina para evitar que os participantes tenham ansiedade por lidar com eventos inesperados ao longo do processo. Para tanto, recomenda-se o uso de um formato organizado de apresentação (p. ex., tabelas ou mapas conceituais) para exibir aos participantes a estrutura global da oficina e de cada uma das sessões a serem realizadas.
- **Diretriz 4. Utilizar suportes visuais para que as tarefas individuais sejam compreensíveis.** Para cada atividade, devem ser apresentados os conteúdos que serão desenvolvidos e como avançarão. Novamente, essa recomendação visa reduzir o potencial de estresse provocado pela incerteza sobre como a atividade continuará. Esse aspecto é de suma importância devido ao déficit da função executiva apresentado pelos indivíduos com essa condição (OZONOFF; PENNINGTON; ROGERS, 1991); (HILL, 2004).

A oficina foi estruturada em dez sessões, cada uma com duração de 90 minutos, com um descanso intermediário de 15 minutos. O conteúdo de cada uma das dez atividades é apresentado na **Tabela 12.2**.

Em relação à estrutura de atividades descrita no tópico "Oficina de construção de jogos digitais", algumas alterações foram efetuadas, levando em consideração o tempo disponível e algumas características do público-alvo. O jogo Caminhante infinito, desenvolvido nas semanas 5 e 6, consiste em um controle simples do *scroll* de tela, mantendo um personagem no centro da tela e movimentando o fundo para criar a impressão de movimento em um plano contínuo.

TABELA 12.2 Programação da oficina de produção de jogos digitais para adolescentes com transtorno do espectro autista

Semana	Atividade	Conteúdo principal
1	Encontro do gato com o rato	Introdução ao ambiente Scratch, *sprites* e colisão entre *sprites*
2	Colisão entre morcegos	Estruturas condicionais simples, colisão entre objetos e uso da bandeira verde
3	Pescaria	Coordenadas cartesianas e variáveis
4	Pescaria	Estruturas condicionais e de repetição, uso de sons
5	Caminhante infinito	Uso de variáveis, mudança da imagem dos *sprites*, uso do teclado
6	Caminhante infinito	*Scroll* do fundo da tela, eventos, mensagens
7-8	Super Mario Bros	Adaptações do jogo (definição do fundo da tela, visual dos personagens, música) Definição de movimentos do jogador
9	Super Mario Bros	*Scroll* do fundo da tela, colisão entre objetos (p. ex., moedas, Goomba), contador de vidas
10	Super Mario Bros	Seleção de tipo de jogo e personagens

Dadas as características dos adolescentes e o caráter exploratório que teve a oficina, trabalhou-se com quatro adolescentes com idade média de 12,5 anos (desvio-padrão σ = 1,29). Todos os participantes eram do sexo masculino, com alto interesse em jogos digitais. Por meio de uma entrevista prévia, verificou-se que os participantes jogavam, em média, cinco horas por dia e que os gêneros de jogos preferidos por eles eram plataforma e tiro. Um aspecto importante a evidenciar é que os participantes não se conheciam entre si e não possuíam conhecimentos prévios de programação de computadores. De acordo com as recomendações de ética em pesquisa definidas pela Organização Mundial da Saúde, os pais assinaram um termo de consentimento informado para estudos qualitativos, e os adolescentes, um termo de consentimento informado.

A **Tabela 12.3** apresenta a rubrica para avaliação de competências do pensamento computacional (MORENO-LEÓN; ROBLES, 2015) e, a partir dela, a **Tabela 12.4** mostra a pontuação média obtida pelos artefatos produzidos nas sessões 2, 6 e 10. Na **Figura 12.16**, é apresentado um gráfico com a visualização das áreas de competência avaliadas pela rubrica mencionada.

A análise dos artefatos produzidos pelos participantes revela que as estruturas de programação mais avançadas são utilizadas à medida que passa o tempo (i.e., nos artefatos produzidos nas sessões finais). Uma possível explicação para isso é a estrutura da oficina, que utiliza os princípios propostos. A sequência de atividades produzida demanda que os estudantes tenham que recordar conceitos previamente utilizados enquanto exploram novos conceitos (Diretriz 2, apresentada anteriormente).

TABELA 12.3 Rubrica para avaliação de competências do pensamento computacional

Categoria	Básico – BAS (1 ponto)	Desenvolvendo – DEV (2 pontos)	Proficiente – PRO (3 pontos)
Abstração e decomposição de problemas	Mais de um *script* e mais de um *sprite*	Definição de blocos	Uso de clones
Paralelismo	Dois *scripts* relacionados à bandeira verde	Dois *scripts* relacionados ao pressionamento de teclas ou clique no *sprite* associados ao mesmo *sprite*	Dois *scripts* "quando receber mensagem", criação de clones, dois *scripts* "quando %s > %s", dois *scripts* "quando o pano de fundo mudar"
Raciocínio lógico	Uso do "se"	Uso do "se... senão"	Uso de operações lógicas
Sincronização	Uso do "espere"	Uso do "envie mensagem a todos, quando receber mensagem, pare todos, pare programa, pare *script*"	Uso do "espere até, quando o pano de fundo mudar, envie mensagem a todos e espere"
Controle de fluxo	Sequência de blocos	Uso do "repita" e "sempre"	Uso do "repita até que"
Interação com usuário	Uso da bandeira verde	Verificação de tecla pressionada, *sprite* clicado, pergunte e espere, sensores do *mouse*	Estrutura "quando %s > %s", vídeo, áudio
Representação de dados	Modificadores de propriedades dos *sprites*	Operações em variáveis	Operações em listas

TABELA 12.4 Aquisição de competências do pensamento computacional – sessões regulares da oficina

Conceito do pensamento computacional	Sessão 2	Sessão 6	Sessão 10
Abstração e decomposição de problemas	1,0	2,0	2,0
Paralelismo	1,0	1,5	1,0
Raciocínio lógico	1,0	3,0	3,0
Sincronização	0,5	1,5	2,3
Controle de fluxo	2,0	2,0	2,3
Interação com usuário	2,0	2,0	2,0
Representação de dados	1,0	2,0	2,0
Total e classificação	8,5	14,0	14,6
	(DEV)	(DEV)	(PRO)

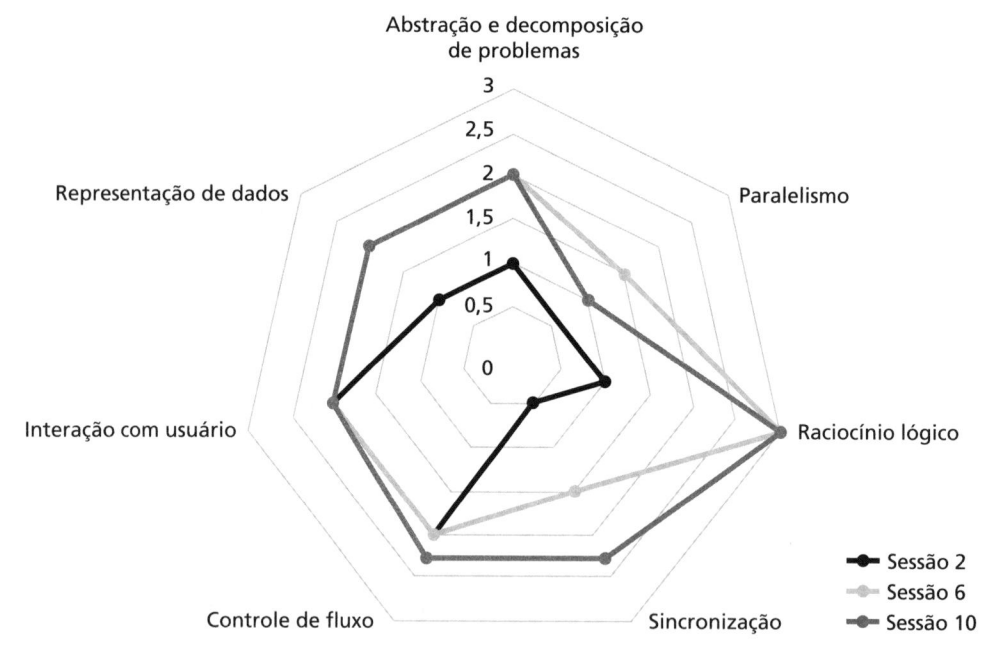

Figura 12.16 Evolução das áreas de competências do pensamento computacional em três sessões da oficina.

Para ilustrar a relação entre essa hipótese e a estrutura da oficina, analisaremos o critério "sincronização" da rubrica. No esquema da **Figura 12.17** são apresentados, em sequência, os mecanismos de cada jogo que exigiam conceitos de sincronização. É possível identificar que os participantes estiveram expostos a conceitos de sincronização mais simples desde a sessão 2 até a sessão 6 e que as tarefas mais complexas demandavam a aquisição de novas competências em cada sessão.

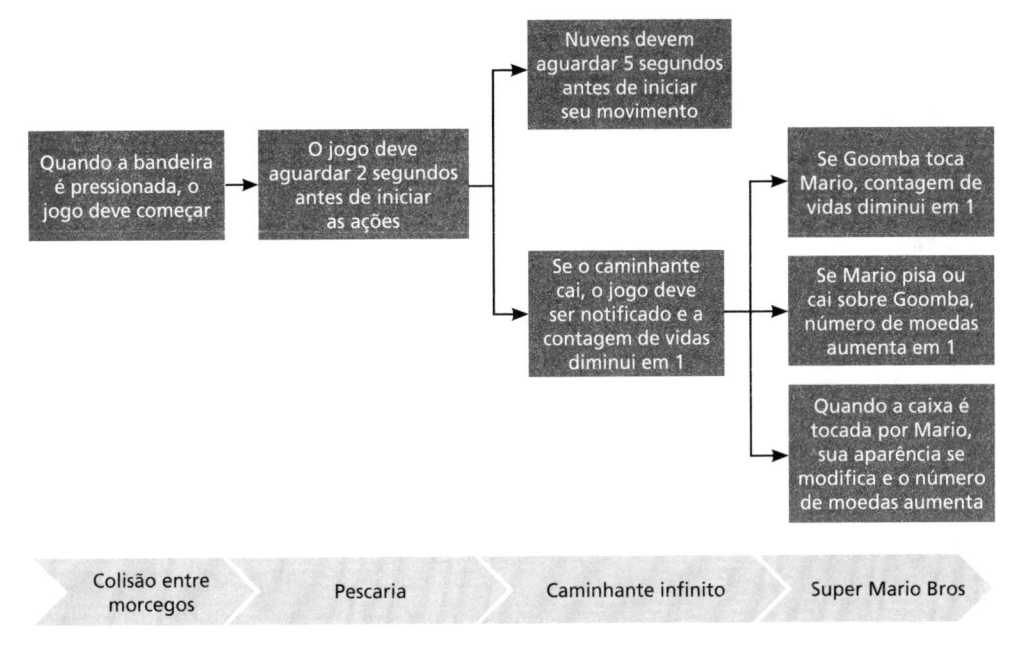

Figura 12.17 Diagrama temporal de funcionalidades dos jogos que exigem o uso de estruturas de sincronização.

Por sua vez, as competências menos desenvolvidas durante a oficina foram as relacionadas ao paralelismo. Ao analisar a rubrica apresentada na **Tabela 12.3**, verifica-se que, por convenção, o maior desenvolvimento dessa competência se dá quando a atividade envolve o uso de "clones", que consistem em um mecanismo de cópia de um *sprite* juntamente com todo o código e imagens associadas a ele, de forma similar à criação de instâncias por cópia em linguagens orientadas ao objeto. No entanto, as atividades previstas para a oficina não envolviam o uso de clones em nenhum momento. Essa é uma funcionalidade específica incluída no ambiente Scratch em sua versão 2.0 que exige maior fluidez e experiência no uso do ambiente, enquanto no projeto da oficina optou-se intencionalmente por enfatizar o uso de estruturas de programação mais elementares presentes em outras linguagens e ambientes.

Também foram avaliados o número de funcionalidades adicionais – ou seja, não previstas nos problemas apresentados inicialmente para os alunos – e o número de blocos utilizados em cada programa (BRENNAN; RESNICK, 2012). Os resultados são apresentados na **Tabela 12.5**.

É possível visualizar que os participantes foram elaborando gradualmente problemas com maior complexidade. Os alunos também adicionaram funcionalidades a seus códigos. O fato de os participantes terem desenvolvido funcionalidades não solicitadas é um potencial indício de aquisição de fluência no uso da plataforma, de motivação no desenvolvimento das atividades propostas e de aquisição de competências relacionadas ao pensamento computacional.

O esquema de colaboração definido durante a oficina permitiu facilitar a comunicação entre os participantes. As observações realizadas durante a oficina indicam que essa estratégia foi relevante para os resultados obtidos com a oficina, já que os participantes, ao trabalhar em uma atividade altamente motivadora, sentiam confiança em interagir com seus pares, pois seus interesses eram similares. Por essa

TABELA 12.5 Funcionalidades adicionais e número de blocos utilizados

Sessão	Número de blocos		Ocorrência de funcionalidades adicionais*
	Média	Desvio-padrão	
Sessão 2 (Colisão entre morcegos)	32,3	6,4	Mensagem de fim de jogo (2) Música de fundo (2)
Sessão 6 (Caminhante infinito)	69,5	12,5	Música de fundo (3) Vida extra (2) Mensagem de fim de jogo (2)
Sessão 10 (Super Mario Bros)	240,3	84,4	Música de fundo (4) Mensagem de fim de jogo (3) Seleção do jogador (2) Vida extra (2)

*O número entre parênteses indica a quantidade de participantes que implementaram a funcionalidade descrita.

razão, um ganho secundário foi um desenvolvimento da interação social, característica que se encontra reduzida nas pessoas com TEA.

Oficina on-line para professores de matemática em formação (2015)

Relata-se agora uma experiência em educação a distância (EAD), com uso da plataforma Moodle, de uma oficina que teve como público-alvo docentes que lecionam matemática na rede pública de ensino do Estado de São Paulo, envolvendo também discentes de licenciatura em Matemática. A oficina ocorreu como uma ação oferecida pela Coordenadoria de Extensão do *campus* Guarulhos do IFSP, no segundo semestre de 2015, envolvendo 20 participantes (5 professores da rede pública, 14 alunos de cursos de licenciatura em Matemática ou Pedagogia e 1 aluno de curso superior na área de Informática).

De modo semelhante às experiências anteriores, a estrutura da oficina foi planejada em dez módulos semanais, como pode ser visto na **Tabela 12.6**. Nas cinco primeiras semanas, foram trabalhados, em Scratch, conceitos básicos relacionados a pensamento computacional, mais especificamente o tópico de desenvolvimento de algoritmos. Esses conceitos foram trabalhados como nas demais experiências, girando em torno da implementação de mecânicas de jogos (MUÑOZ *et al.*, 2015). As quatro semanas seguintes foram dedicadas ao aprofundamento de diversos aspectos conceituais que deveriam ser observados no projeto final da oficina.

Em relação à estrutura original das atividades descritas no tópico "Oficina de construção de jogos digitais", foram adicionadas a atividade de construção da mecânica de *scroll* de tela do jogo Super Mario Bros, também testada na oficina para adolescentes com TEA, além da criação de um clone do famoso jogo Angry Birds. Ainda, levando em consideração o público-alvo diferenciado dessa oficina, foram criados módulos de embasamento dos participantes em princípios pedagógicos para a criação de atividades de construção de artefatos digitais (módulos 6, 7 e 9), e mais um módulo que ilustra as possibilidades de interconexão do Scratch com dispositivos como o Makey Makey e o Kinect.

Por se tratar de uma oficina *on-line*, vídeos com duração entre 15 e 20 minutos foram produzidos de maneira a orientar os participantes quanto aos objetivos e às atividades previstas em cada módulo. O *design* instrucional aplicado aos vídeos organizou-os em três segmentos: "Objetivo", que pretendia contextualizar brevemente a atividade

TABELA 12.6 Programação da oficina *on-line* de formação de professores

Módulo	Conteúdo
1	Utilização do ambiente Scratch: ambientação, comandos básicos, uso de *sprites* e detecção de colisão entre *sprites* (Jogo: Encontro do gato com o rato)
2	Variáveis: conceito, operações, utilização para controle de pontuação; plano cartesiano no Scratch, geração de números aleatórios, estrutura condicional (Jogo: Pescaria)
3	Testando condições e o estado do jogo: operadores lógicos E e OU, estrutura condicional aninhada (Jogo: Pedra, papel, tesoura)
4	Movimentação do personagem: controle por teclas e *scroll* de tela (Jogo: Super Mario Bros)
5	Programando um lançamento oblíquo de forma iterativa no Scratch (Jogo: Angry Birds)
6	Abordagens pedagógicas
7	*Design* universal para aprendizagem
8	Conectando o Scratch com dispositivos externos Makey Makey e Kinect: configuração e possibilidades
9	*Design* instrucional: fundamentos e práticas
10	Desenvolvimento do projeto final

e apresentar de maneira clara quais eram os objetivos esperados ao final desta, bem como as estruturas de programação necessárias para a construção passo a passo das funcionalidades pretendidas; "Minuto da matemática", em que se discutia a formalização entre o objetivo do jogo e os conceitos matemáticos envolvidos; e "Agora é a sua vez", uma proposta de aprofundamento do estudo feita aos participantes. Na **Figura 12.18** são apresentadas essa organização e um exemplo do segundo segmento de um vídeo relativo ao quinto módulo, em que se propõe a construção da mecânica principal do jogo Angry Birds, que utiliza os conceitos de lançamento oblíquo e sua modelagem por meio do cálculo vetorial.

Apenas cinco participantes (25% dos inicialmente inscritos) entregaram o projeto final. A evasão, ainda que alta, encontra-se dentro do esperado no contexto da EAD (BAWA, 2016). Foi feita uma análise dos projetos finais de-

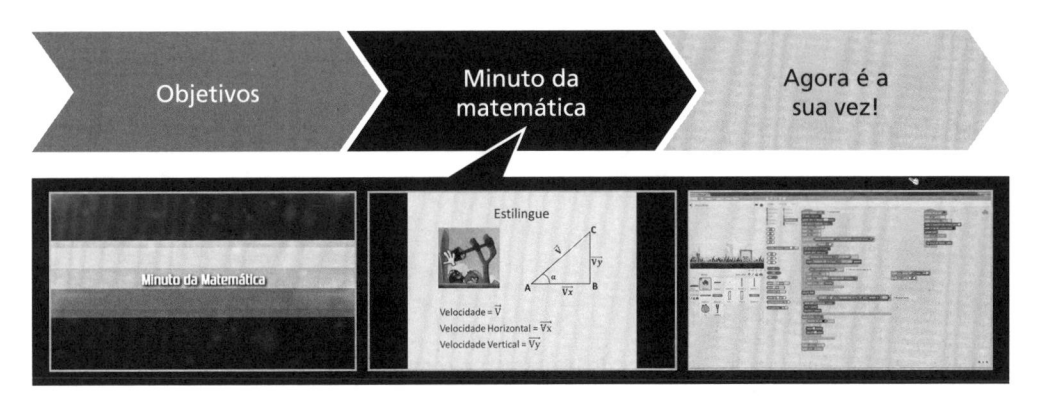

Figura 12.18 *Design* instrucional do vídeo e exemplo do segmento Minuto da matemática.

senvolvidos pelos participantes (BRENNAN; RESNICK, 2012) para evidenciar o desenvolvimento de competências e habilidades do pensamento computacional. Ao contrário das oficinas anteriores, o projeto final teve temática livre, desde que os participantes utilizassem *sprites* em movimento e pelo menos três das estruturas de programação aprendidas. A análise foi feita à luz da rubrica de Moreno-León e Robles (2015), como na experiência anterior. No contexto dessa experiência, percebeu-se que os participantes desenvolveram um nível de proficiência próximo ao máximo nas categorias paralelismo (2,4), raciocínio lógico (3,0), sincronização (2,6) e controle de fluxo (2,6), como pode ser visto na **Figura 12.19**.

Esses resultados preliminares, unidos a uma análise minuciosa dos acessos aos módulos, indicam que o envolvimento dos participantes foi maior em atividades da oficina que implicavam diretamente a construção de jogos. Em relação ao subconjunto de participantes que entregou o projeto final, estes demonstraram um domínio intermediário ou avançado de aspectos do pensamento computacional, nos aspectos específicos relacionados à programação de computadores.

CONSIDERAÇÕES FINAIS

A construção de artefatos digitais interativos, como os jogos digitais, pode constituir uma estratégia didática efetiva para o desenvolvimento de aspectos do pensamento computacional em crianças e adolescentes, dada a motivação intrínseca desse tipo de atividade. Neste capítulo, apresentamos o desenvolvimento da oficina de produção de jogos digitais, uma sequência de atividades organizadas de forma a permitir a exploração autônoma pelos participantes de funcionalidades e conceitos presentes no ambiente de programação Scratch com o suporte de um professor.

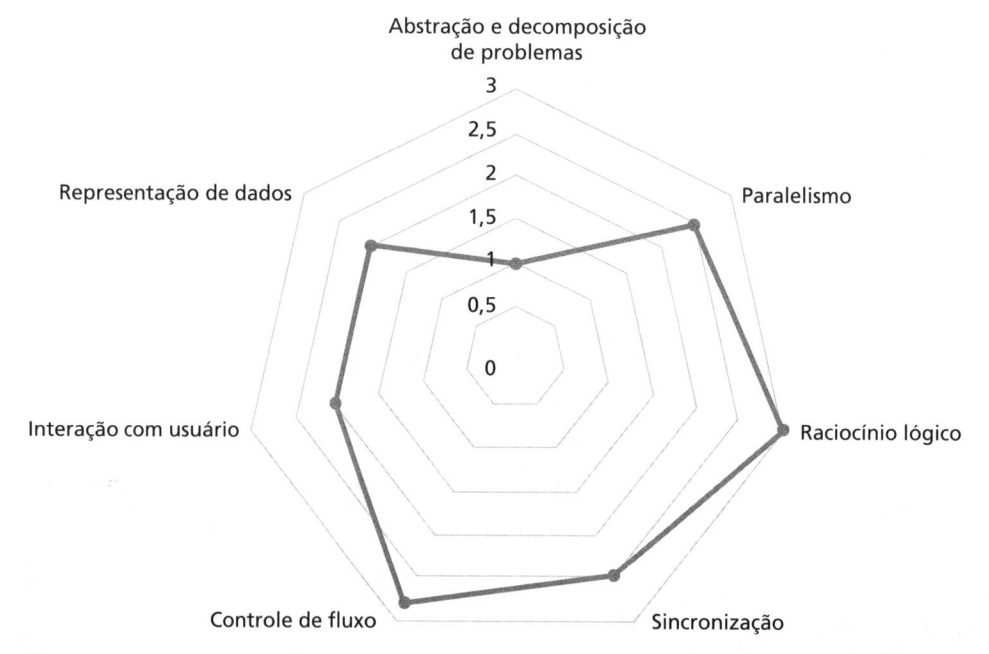

Figura 12.19 Cobertura dos conceitos do pensamento computacional nos projetos finais desenvolvidos pelos participantes da oficina *on-line* de formação de professores.
Fonte: Barcelos, Bortoletto e Andrioli (2016).

A partir das diretrizes apresentadas anteriormente, as quais nortearam a criação das atividades da oficina, espera-se que o leitor tenha uma fonte de referência para a criação ou adaptação de suas próprias atividades com resultados semelhantes. Nossa expectativa se embasa nas experiências relatadas na seção "Resultados obtidos"; a análise de seus resultados indica que adaptações da oficina para públicos com necessidades especiais (TEA) e mesmo para outras faixas etárias (estudantes de licenciatura em Matemática e professores) também apresentaram bons resultados no que se refere à aquisição de competências do pensamento computacional.

Deve-se destacar que a iniciativa dos participantes em incorporar novas funcionalidades nos jogos desenvolvidos, não previstas inicialmente no planejamento das atividades, teve impacto relevante na aquisição de competências tanto no oferecimento original da oficina (seção "Construção de jogos com alunos do ensino médio e superior [2013]") quanto na sua adaptação para adolescentes com TEA (seção "Construção de jogos como estratégia auxiliar para adolescentes com transtorno do espectro autista [2015-2016]"). No caso da oficina *on-line* para professores (tópico "Oficina *on-line* para professores de matemática em formação [2015]"), na qual o projeto final teve temática livre, apesar da alta evasão, também foi possível constatar nos projetos entregues a presença de estruturas de sincronização, paralelismo, controle de fluxo e raciocínio lógico, características esperadas em jogos de maior complexidade. Entendemos que a motivação dos participantes para construir jogos tem superado largamente um planejamento inicial mais "conservador" para a aplicação das atividades.

Atualmente, a oficina está sendo incorporada ao currículo oficial da disciplina lógica de programação no curso técnico em Informática no IFSP. O interesse do corpo docente pelas atividades tem fomentado a interdisciplinaridade com as áreas de matemática e até mesmo com a educação física. No contexto da oficina para adolescentes com TEA no Chile, os ganhos relacionados à interação social e à motivação dos participantes têm inspirado novas adaptações e oferecimento para novas turmas, dado o apoio das instituições locais de suporte aos indivíduos com TEA. Entendemos que a incorporação de novas técnicas para evidenciar a aprendizagem, como a rubrica proposta por Moreno-León e Robles (2015), pode auxiliar no refinamento das atividades. Assim, estamos desenvolvendo novos estudos para a incorporação de técnicas de análise multimodal da aprendizagem na avaliação dos ganhos educacionais relacionados ao oferecimento das atividades.

REFERÊNCIAS

BARCELOS, T. S. *Relações entre o pensamento computacional e a matemática em atividades didáticas de construção de jogos digitais*. 2014. Tese (Doutorado em Ensino de Ciências e Matemática) - Universidade Cruzeiro do Sul, São Paulo, 2014.

BARCELOS, T.; BORTOLETTO, R.; ANDRIOLI, M. Formação online para o desenvolvimento do Pensamento Computacional em professores de Matemática. In: CONGRESSO BRASILEIRO DE INFORMÁTICA NA EDUCAÇÃO, 5., 2016, Uberlândia. Anais [...] Porto Alegre: SBC, 2016. p. 1228-1237.

BASAWAPATNA, A. R. et al. The zones of proximal flow: guiding students through a space of computational thinking skills and challenges. In: INTERNATIONAL ACM CONFERENCE ON INTERNATIONAL COMPUTING EDUCATION RESEARCH, 9., 2013, San Diego. Proceedings [...] New York: ACM, 2013.

BAWA, P. Retention in online courses: exploring issues and solutions: a literature review. *SAGE Open*, v. 6, n. 1, p. 1-11, 2016.

BRENNAN, K.; RESNICK, M. *New frameworks for studying and assessing the development of computational thinking*. 2012. Disponível em: https://web.media.mit.edu/~kbrennan/files/Brennan_Resnick_AERA2012_CT.pdf. Acesso em: 29 maio 2019.

CENTRO REGIONAL DE ESTUDOS PARA O DESENVOLVIMENTO DA SOCIEDADE DA INFORMAÇÃO. *TIC kids online Brasil*. 2012. Disponível em: https://www.cetic.br/pesquisa/kids-online/. Acesso em: 29 maio 2019.

COMPUTER SCIENCE TEACHERS ASSOCIATION. *K-12 computer science standards*. Chicago: CSTA, 2011.

GOLDBERG, M. *A complete history of Breakout*. 2007. Disponível em: http://classicgaming.gamespy.com/View.php?view=Articles.Detail&id=395. Acesso em: 10 out. 2013.

GRANDIN, T.; PANEK, R. *The autistic brain*: helping different kinds of minds succeed. Boston: Mariner Books, 2014.

HILL, E. L. Executive dysfunction in autism. *Trends in Cognitive Sciences*, v. 8, n. 1, p. 26-32, 2004.

LEE, I. et al. Computational thinking for youth in practice. *ACM Inroads*, v. 2, n. 1, p. 32-37, 2011.

MESIBOV, G.; SHEA, V.; SCHOPLER, E. *The TEACCH approach to autism spectrum disorders*. New York: Springer, 2004.

MORENO-LEÓN, J.; ROBLES, G. Dr. Scratch: a web tool to automatically evaluate Scratch projects. *In:* WORKSHOP IN PRIMARY AND SECONDARY COMPUTING EDUCATION, 10., 2015, London. *Proceedings* [...] New York: ACM, 2015. p. 132-133.

MUÑOZ, R. *et al*. Diseño e Implementación de un Taller de Programación de Juegos Digitales con Scratch como Apoyo a Fundamentos de Programación. *In:* CONGRESSO BRASILEIRO DE INFORMÁTICA NA EDUCAÇÃO, 4., 2015, Maceió. *Anais* [...] Porto Alegre: SBC, 2015. p. 1495-1504.

MUÑOZ, R. *et al*. Game design workshop to develop computational thinking skills in teenagers with Autism Spectrum Disorders. *In:* IBERIAN CONFERENCE ON INFORMATION SYSTEMS AND TECHNOLOGIES, 11., 2016, Las Palmas. *Proceedings* [...] Piscataway: IEEE, 2016.

OZONOFF, S.; PENNINGTON, B. F.; ROGERS, S. J. Executive Function Deficits in High-Functioning Autistic Individuals: Relationship to Theory of Mind. *Journal of Child Psychology and Psychiatry*, v. 32, n. 7, p. 1081–1105, 1991.

PEPPLER, K.; KAFAI, Y. Gaming fluencies: pathways into participatory culture in a community design studio. *International Journal of Learning and Media*, v. 1, n. 4, p. 45—58, 2009.

PITTMAN, J. *The Pac-Man dossier*. 2011. Disponível em: http://tralvex.com/download/forum/The%20Pac-Man%20Dossier.pdf. Acesso em: 29 maio 2019.

SERVIÇO BRASILEIRO DE APOIO ÀS MICRO E PEQUENAS EMPRESAS. O panorama e a evolução do mercado de "games" no Brasil. *Oportunidades e Negócios*, jul. 2012. Disponível em: http://www.bibliotecas.sebrae.com.br/chronus/ARQUIVOS_CHRONUS/bds/bds.nsf/9d1a01803afb08188249685444987b01/$File/4287.pdf. Acesso em: 29 maio 2019.

WALTER-HERRMANN, J.; BÜCHING, C. (ed.). *FabLab:* of machines, makers and inventors. Bielefeld: transcript -Verlag, 2014.

WING, J. M. Computational thinking. *Communications of ACM*, v. 49, n. 3, p. 33-36, 2006.

PARTE III

RELATOS DE EXPERIÊNCIAS

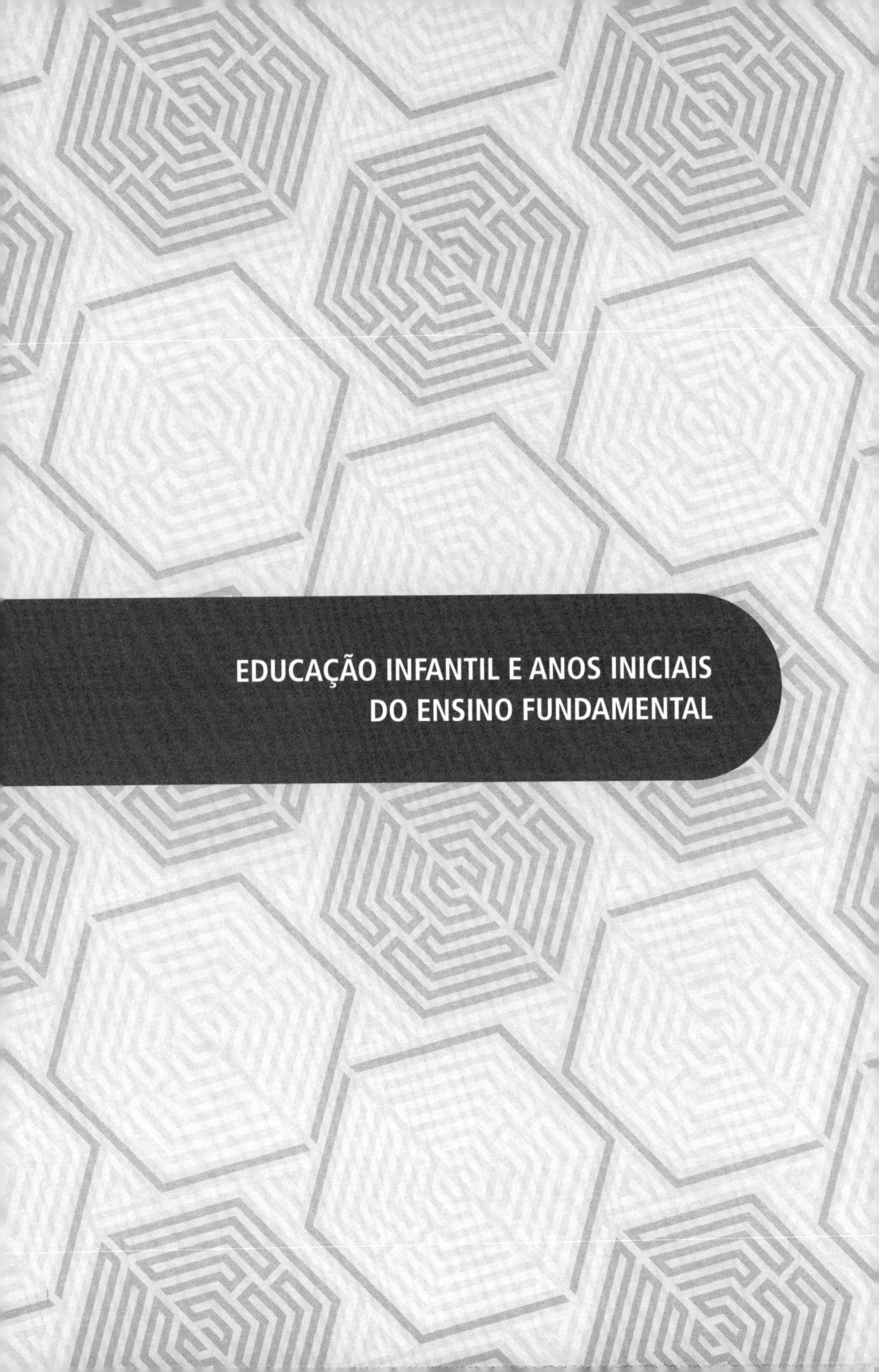

EDUCAÇÃO INFANTIL E ANOS INICIAIS
DO ENSINO FUNDAMENTAL

BRINCAR DE PROGRAMAR COM O BEE-BOT NA EDUCAÇÃO INFANTIL

Tatiane Aparecida Martins do Rosário | Marli Fátima Vick Vieira | André Raabe

O contexto atual de nossa sociedade apresenta a necessidade de integrarmos, desde a primeira infância, experiências que também insiram as crianças no uso das tecnologias no cotidiano escolar. Diante dessa necessidade, será apresentado um relato de experiência que objetiva identificar as formas de aprendizagem de crianças com idades de 5 e 6 anos proporcionadas pelo brinquedo de programar Bee-Bot, em um centro de educação infantil público do município de Itapema, no Estado de Santa Catarina. Com o intuito de apresentar um brinquedo programável e explorar habilidades do pensamento computacional com as crianças, foi elaborado um plano de ensino contendo experiências a serem aplicadas com o uso do Bee-Bot, que pode ser programado por meio de botões contidos em sua interface que executam sequências de instruções definidas, oportunizando à criança aprender e jogar brincando, apropriando-se de recursos ou de aparelhos com ferramentas tecnológicas (RAABE *et al.*, 2015).

Pautada em elementos objetivos, para a Computer Science Teachers Association (CSTA) (COMPUTER SCIENCE TEACHERS ASSOCIATION, c2011), o pensamento computacional é um processo de resolução de problemas que inclui, entre outras, as seguintes características:

- Formulação de problemas, de modo que computadores e outras ferramentas possam ajudar a resolvê-los.
- Organização lógica e análise de dados.
- Representação de dados por meio de abstrações como modelos e simulações.
- Automatização de soluções por meio do pensamento algorítmico.
- Identificação, análise e implementação de soluções visando a combinação mais eficiente e eficaz de etapas e recursos.
- Generalização e transferência de soluções para uma ampla gama de problemas.

O pensamento computacional, segundo Bers *et al.* (2014), permite compreender ideias poderosas de engenharia, tecnologia e programação ao mesmo tempo em que estimula habilidades de coordenação, engajamento, colaboração, trabalho em equipe, resolução de problemas e planejamento. As crianças, ao envolverem-se nesse tipo de experiência, jogam para aprender, ao mesmo tempo em que a aprendizagem ocorre em um contexto criativo.

Interagindo com o brinquedo programável, a criança desenvolve a criatividade, a investigação, a curiosidade e a interação, desbloqueando seu potencial criativo. Papert (1994) ressalta que, quando a criança pode escolher como vai brincar, ela programa o brinquedo conforme sua criatividade, à sua própria maneira. Nessas brincadeiras, ela escolhe como brincar e com quem brincar – sozinha ou em grupo – e, assim, estabelece as regras do jogo.

PROCEDIMENTOS METODOLÓGICOS

O Centro Municipal de Educação Infantil (CMEI) no qual foi realizado esse estudo de caso está situado no município de Itapema, no bairro Ilhota, afastado do centro da cidade e localizado em uma região com classe social de baixa renda. O CMEI atende 167 crianças de 6 meses a 6 anos de idade. O espaço é amplo, contém três parques (um deles coberto), uma biblioteca, um refeitório com alimentação supervisionada por uma nutricionista, espaço apropriado para escovação dentária e banheiros próprios para essa faixa etária. Apesar de haver espaço físico, as salas de aulas foram construídas em tamanhos pequenos. Todas as salas são equipadas com ar-condicionado e aparelho de televisão. Os móveis são adaptados, e as salas com crianças de 4 a 6 anos de idade (jardim e pré-escola) têm quadro branco, além de brinquedos e material didático.

A turma que participou das atividades frequentava o período vespertino. As experiências realizadas com o brinquedo de programar Bee-Bot foram aplicadas em quatro encontros, em diferentes semanas, com duração de 1 hora e 30 minutos a 2 horas. As atividades foram planejadas para serem executadas em pequenos e em grandes grupos. Ao elaborá-las, teve-se o cuidado de observar a realidade na qual as crianças estavam inseridas.

O Bee-Bot pode executar sequências de instruções simples para sua movimentação e rotação, com o princípio de ser controlado, e seus comandos podem ser predefinidos pelas crianças. O *design* do Bee-Bot foi criado e adaptado para ser utilizado por crianças como um carro de brinquedo e tem o formato de uma abelha amarela com riscas pretas (**Fig. 13.1**).

O Bee-Bot pode ser controlado por alguns botões coloridos. Pressionando os botões para baixo a criança entra em contato com uma sequência de instruções simples para o movimento e a rotação do brinquedo. Existem quatro botões laranja em cima do Bee-Bot que servem para movimentá-lo para a frente e para trás e fazer a rotação para a direita e para a esquerda. O controle central é um botão verde (em inglês, *GO* [ir]), que executa a interpretação da sequência dos botões acionados e fica situado no meio das setas de direção (**Fig. 13.2**).

Na parte superior do Bee-Bot, existem dois botões azuis: um que apaga a memória (em inglês, *CLEAR* [limpar]) e outro que dá uma pequena pausa na execução dos comandos (em inglês, *PAUSE* [pausar]). A interface com o usuário apresenta um projeto amigável para a criança.

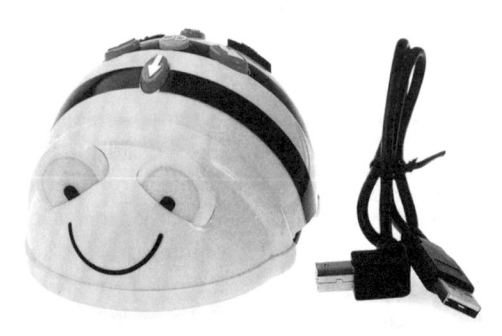

Figura 13.1 Bee-Bot.

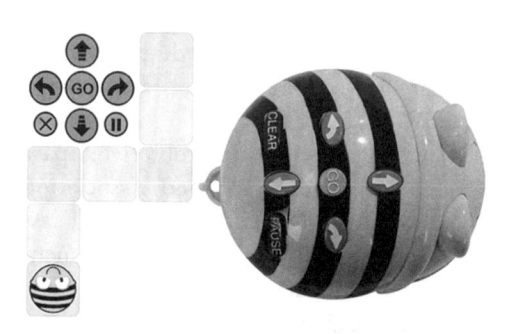

Figura 13.2 Interface das funções.

O usuário pode inserir até 40 instruções em uma sequência programada, mas não pode modificar o comprimento do passo ou o tamanho do ângulo de rotação, que são únicos. Esses parâmetros são constantes, e o brinquedo se move 15 centímetros em uma única etapa. Quando são acionados os botões de rotação, significa que a rotação acontecerá em ângulo direto, sem alterar a posição do brinquedo.

Com base nas características do Bee-Bot e no conhecimento prévio das crianças, foi elaborado o planejamento das sessões para esse estudo. Ao propor as atividades para que as crianças realizassem as experiências, cuidou-se para que elas as executassem com autonomia. Assim, foram realizadas indagações que mediavam e despertavam a iniciativa de cada participante. Foi respeitado o tempo necessário para realização das atividades e teve-se o cuidado de considerar o tempo de concentração de cada criança.

Em todos os encontros, o ambiente foi preparado para a aplicação das atividades. Por exemplo: as cadeiras e carteiras foram afastadas quando as crianças precisavam sentar no chão e estavam no grande grupo; quando as atividades foram realizadas em pequenos grupos, o tapete foi posicionado ou, ainda, caminhos com fita adesiva foram criados para as crianças realizarem as atividades propostas.

O planejamento foi elaborado em sessões distintas:

- **Primeira sessão:** a apresentação das pesquisadoras e do brinquedo de programar Bee-Bot foi realizada no mês de março de 2016, com duração de 1 hora e 30 minutos. O conteúdo explorado foi o brinquedo programável, com o objetivo de apresentá-lo e nomeá-lo. Os materiais utilizados nessa experiência foram uma caixa-surpresa para apresentar o brinquedo, motivando as crianças a adivinhar qual objeto estava dentro da caixa, e o Bee-Bot. Dessa forma, foram apresentados o brinquedo de programar e suas funções.

- **Segunda sessão:** no segundo encontro, a atividade teve a duração de 1 hora e 30 minutos. O conteúdo foi o Bee-Bot, e o objetivo foi programá-lo. Foram utilizados a caixa-surpresa, o Bee-Bot e os crachás contendo os nomes das crianças. Essa experiência objetivou que os participantes conhecessem as funções do brinquedo e pudessem manuseá-lo.

- **Terceira sessão:** no terceiro encontro, a experiência elaborada teve duração de 2 horas e foram trabalhadas questões de movimento, direção e lógica. O objetivo, no primeiro momento, foi observar e estruturar o caminho e, no segundo momento, mapear o caminho a ser percorrido. Os materiais utilizados foram uma caixa-surpresa, o Bee-Bot, um tapete criado pelas pesquisadoras para ser utilizado com o brinquedo e fichas quadradas criadas em EVA nas cores azul, amarelo e vermelho. Nessa experiência, as crianças sortearam uma ficha da caixa e levaram o brinquedo até a cor correspondente à da ficha no tapete. Na sequência, mapearam o mesmo percurso em uma folha de papel A4.

- **Quarta sessão:** no quarto encontro, a experiência elaborada teve duração de 1 hora e 30 minutos e trabalhou questões sobre movimento, direção e lógica, objetivando que a criança realizasse com autonomia o caminho de sua escolha com o brinquedo, a partir da forma geométrica sorteada. Foram utilizados um saco-surpresa, formas geométricas em papel-cartão, fichas contendo a representação das mesmas formas, o brinquedo Bee-Bot e um tapete contendo as formas desenhadas em sua superfície.

Para acompanhar as atividades planejadas, foi elaborado um roteiro de observação, que serviu como suporte para as anotações de informações que, muitas vezes, parecem irrelevantes, mas têm um papel muito importante, pois permitem ajudar a lembrar e relembrar dados a serem depurados no processo de análise (BOGDAN; BIKLEN, 1991).

Ao elaborar o roteiro de observação, utilizaram-se dois critérios distintos. O primeiro se refere à interação com o brinquedo, no qual se busca identificar se as crianças estabelecem com o brinquedo uma relação de afeto ou surpresa. O segundo se relaciona ao pensamento computacional e busca identificar se as crianças demonstram ou executam sequências de instruções. A **Tabela 13.1** apresenta o roteiro planejado.

Em todas as sessões foram utilizadas as câmeras dos telefones celulares para gravar a realização de cada atividade e obter fotografias para registrar as experiências vivenciadas pelas crianças e pelas pesquisadoras. Esses recursos são importantes, pois permitem lembrar e relembrar os dados a serem analisados.

DESCRIÇÃO DETALHADA DA EXPERIÊNCIA

Na primeira sessão, participaram da experiência 20 crianças, que completaram ou completariam 6 anos de idade até 31 de março de 2016 – data de corte para serem matriculadas na pré-escola. O primeiro encontro aconteceu no dia 7 de março. Inicialmente, a professora regente explicou para as crianças que elas teriam uma visita com uma surpresa especial. A participação da professora regente aconteceu somente nesse momento.

As pesquisadoras se apresentaram ao grupo, criando aos poucos uma relação mais afetiva e abrindo espaço para sua inserção. Com essa aproximação, foi explicado o estudo que faríamos, valorizando e respeitando sua faixa etária. Foi solicitada às crianças permissão para podermos aplicar a experiência planejada, e todas concordaram.

O Bee-Bot foi apresentado dentro de uma caixa-surpresa, e as crianças foram instigadas a responder o que havia na caixa. Várias foram as respostas, como livro, brinquedo, boneco do Homem-Aranha, entre outros.

Ao retirar o brinquedo da caixa-surpresa, verificou-se o entusiasmo estampado nos rostos das crianças. Quando instigadas a responder o que era, surgiram algumas indicações: "É uma abelha", "Ela tem pilha", "Nossa! Ela tem rodinha". Após essa interação, foi necessário realizar algumas combinações, para garantir o bom andamento das atividades: tomar cuidado para não derrubar o brinquedo programável, esperar a sua vez para pegá-lo e respeitar o tempo de cada criança.

TABELA 13.1 Roteiro de observação

(A) Interação com o brinquedo	(B) Pensamento computacional
As crianças estabelecem com o brinquedo uma relação de afeto ou surpresa?	As crianças demonstram ou executam sequências de instruções?
Compreensão sobre o comportamento do brinquedo	Compreensão do conceito de programar
Constituição do brinquedo (É um robô? Por quê?)	Compreensão de trajetórias entre dois pontos A e B
Interface do brinquedo (compreensão das funções dos botões)	Estratégias utilizadas pelas crianças para realizar as experiências
Compreensão sobre o movimento do giro (Será que ele anda de lado?)	Evolução da complexidade dos comandos, números de passos, giros, girar para um lado e para outro em um mesmo programa
Relação com apertar o botão CLEAR (faz sentido limpar a memória)	Compreensão das grandezas, números envolvidos (quantidade de passos)

O brinquedo passou de mão em mão para que as crianças pudessem explorá-lo. Nessa exploração, a curiosidade foi demonstrada por meio de alguns questionamentos, como "A gente vai ligar ela?", "Ela anda sozinha?". Nos primeiros contatos com o Bee-Bot, as crianças já observaram a existência de botões, cores, rodinhas, o local onde se localiza o botão de ligar, os olhos; enfim, puderam, cada uma à sua maneira, observar as características do Bee-Bot. Esse primeiro contato com o brinquedo foi importante para aproximar o objeto de estudo do contexto pesquisado. Após vários momentos de experimentação, foi explicada às crianças a função de cada botão do Bee-Bot, e então elas iniciaram novo processo de exploração, utilizando os botões para a frente, para trás, os giros, o botão *GO*, o botão *CLEAR* e o botão *PAUSE*.

Foi possível verificar a empolgação das crianças ao querer tocar e descobrir como funcionava o Bee-Bot. Já no primeiro momento da experiência, observou-se que um dos meninos conseguia programar o brinquedo para andar para a frente, porém, ao pensar como fazer a rotação de 90°, ele realizou o giro com a mão para posicioná-lo no local desejado, não tendo a compreensão de como programá-lo para realizar a rotação.

Na sequência dessa exploração inicial, com o objetivo de conhecer o brinquedo, iniciou-se o processo de nomeá-lo. As crianças, sentadas em círculo, foram motivadas a sugerir nomes para o Bee-Bot. Os nomes sugeridos foram anotados no quadro. Após receber todas as sugestões, a pesquisadora organizou um processo democrático de votação, e o escolhido foi Luna. Foi descoberto posteriormente que esse é o nome de uma personagem de um desenho animado de um canal de televisão por assinatura. Luna, que tem 6 anos de idade, incentiva seus telespectadores a descobrir curiosidades sobre a Terra (nessa faixa etária, as crianças costumam fazer relações com o seu cotidiano).

No segundo encontro, com o objetivo de programar os passos da Luna, as crianças ficaram distribuídas em semicírculo, sentadas em suas cadeiras. Todas as crianças estavam presentes nesse dia.

Os crachás utilizados nessa experiência fazem parte do material pedagógico do professor regente dessa turma. Cada criança possui um crachá em que está escrito seu nome completo. Os crachás foram distribuídos em círculo com uma abertura. O ponto inicial de partida da Luna nessa dinâmica foi sempre o mesmo, na abertura do círculo no qual estavam distribuídos os crachás. Cada criança deveria programar o caminho a ser percorrido pelo brinquedo. O trajeto iniciava na abertura do círculo e finalizava no local onde se encontrava o crachá com o nome da criança. O fato de termos apenas um brinquedo fez a atenção das crianças se dispersar, pois demorava muito tempo para executarem cada trajeto.

Na terceira sessão, 17 crianças participaram da experiência, pois três faltaram. Para melhor realizar a dinâmica, foram formados grupos de cinco participantes, que saíam para outro espaço do CMEI. Foi usado um saco-surpresa contendo 20 fichas de EVA nas cores azul, amarelo e vermelho. Também foram utilizados um tapete e outras 20 fichas com os nomes das crianças, viradas para baixo e distribuídas nas mesmas cores das fichas que estavam no saco-surpresa, posicionadas nas laterais do tapete.

A criança tirava uma ficha do saco-surpresa e, a partir da cor sorteada, planejava o trajeto a ser seguido, objetivando chegar até uma das fichas dispostas na lateral do tapete. Ao chegar com a Luna ao local traçado, a criança teria que identificar o nome do(a) colega, que estava escrito embaixo da ficha. Este seria o próximo a realizar a atividade.

As crianças mapearam o percurso, marcando o caminho que seguiriam com a Luna, usando somente as fichas e o mapa.

Nessa atividade, os participantes deveriam obrigatoriamente, além de andar com a Luna para a frente, fazer um movimento de rotação para a direita ou para a esquerda, aumentando a complexidade da realização do percurso.

Nesse mesmo encontro, após realizar a atividade com o brinquedo, os pequenos grupos retornavam para a sala de aula e deveriam mapear o mesmo percurso realizado com a Luna na folha de papel sulfite, que já continha o tapete e as fichas traçadas.

Para encerrar esse momento, as crianças compartilharam os relatos de como cada uma realizou o seu percurso, bem como seu nome e a cor identificada na ficha no final do trajeto.

Na terceira e na quarta sessões, as atividades com a Luna foram realizadas em grupos de cinco crianças, para não haver distração. Na quarta e última sessão, participaram da dinâmica as 20 crianças, distribuídas em quatro grupos de cinco participantes. Os grupos pequenos foram levados para outro ambiente, fora da sala de aula, para a realização da atividade com a Luna. Para realizar o caminho a partir das formas geométricas, foi sorteada do saco-surpresa a ficha contendo a figura da forma e da cor. Porém, antes de serem separadas em grupos pequenos, as crianças realizaram a primeira parte da atividade todas juntas. Um papel-cartão continha impressos os desenhos das formas geométricas e também outra figura, que indicava o local onde Luna deveria ser posicionada para iniciar o trajeto a ser percorrido. A criança deveria desenhar com lápis, no papel-cartão, o caminho de sua preferência até chegar à forma geométrica sorteada.

Na última atividade da quarta sessão, os grupos foram separados para realizar a mesma tarefa, porém agora programando no tapete o trajeto que Luna deveria realizar. De posse dos desenhos com o caminho já traçado, as crianças observaram o trajeto a ser seguido e programaram o brinquedo para chegar ao ponto desejado.

CONSIDERAÇÕES FINAIS

Após a apresentação inicial da Luna, nenhuma das crianças relacionou-a com objetos tecnológicos, como *smartphones*, *tablets* ou brinquedos eletrônicos – indício de que esse tipo de recurso tecnológico não faz parte de seu contexto social. Foi necessário estabelecer acordos claros para a realização das experiências, pois as crianças demonstraram curiosidade e ansiedade de participar e manusear o Bee-Bot. Assim, o êxito das atividades também foi decorrente das regras estabelecidas.

O fato de uma das pesquisadoras integrar o grupo de professores do CMEI facilitou o entendimento e a maior interação das crianças com as experiências realizadas. A aceitação das pesquisadoras pelas crianças foi um aspecto importante no resultado de todo o processo de pesquisa, pois ficaram à vontade, sem o sentimento de invasão. Ao observar a interação das crianças com o brinquedo, percebeu-se que elas estabeleceram uma relação de afeto e surpresa com ele, pois nos encontros seguintes já o chamavam pelo nome que haviam escolhido para ele – Luna.

No que se refere à compreensão do comportamento do brinquedo, as crianças demonstraram compreender que Luna precisava ser programada por meio das teclas das funções para poder andar sozinha. Porém, somente duas crianças que participaram das experiências expressaram verbalmente que o brinquedo era como um robô que andava sozinho para a frente e para trás, inclusive representando com o corpo o andar de um robô.

Foi de fácil entendimento a função das setas que indicavam para a frente e para trás na interface da Luna. Uma minoria conseguiu entender a função de rotação para a direita e para a esquerda. Muitas tentaram fazer esse movimento, indicando com a mão a rotação correta, porém não conseguiam explicar que era para girar para a esquerda ou para a direita. Esse conhecimento integra o currículo da educação infantil, mas essas crianças estavam no processo de desenvolvimento dessa habilidade.

Foi explicado para as crianças que o botão *CLEAR* limpa a memória e, caso não fosse acionado, o brinquedo iria repetir as ações programadas anteriormente. Essa função não fez sentido para a maioria das crianças, pois elas se esqueciam de acioná-lo, causando confusão no entendimento dos passos programados. Essa ação, por ser muito abstrata, confundiu o processo de criação dos participantes.

Ao observar os aspectos que se relacionam ao pensamento computacional, de forma geral, as crianças demonstraram ou executaram sequências de instruções para resolução dos problemas; porém a compreensão do conceito de programar ocorreu com algoritmos em passos simples – isto é, passo a passo. Todas as crianças conseguiram compreender como traçar trajetórias entre dois pontos A e B. Entre as estratégias utilizadas para realizar as experiências, temos algumas indicações do raciocínio lógico utilizado por elas: contavam os passos apontando com o dedo; realizavam o caminho mais curto; faziam o giro pegando o brinquedo com a mão; realizavam várias tentativas; realizavam o caminho mais longo; e planejavam o caminho mentalmente.

A maioria das crianças não conseguiu evoluir em relação à complexidade de programação dos comandos em sequência. Poucas conseguiram realizar uma sequência de programação complexa. A abstração de sequências de comandos programáveis, em especial, foi de difícil compreensão para essa turma, e as crianças não conseguiram assimilar comandos mais complexos. Talvez a continuidade do trabalho, com novas sessões e um maior número de experiências, pudesse ajudar a evoluir a compreensão da programação sequencial, com novos resultados.

Em relação à complexidade dos comandos, de maneira geral, não se obteve uma evolução homogênea; porém, a maioria das crianças conseguiu compreender as grandezas – números envolvidos, quantidade de passos. Isso pôde ser observado quando, antes de programar os comandos no brinquedo, as crianças contavam no tapete os passos que precisariam dar para alcançar o ponto final, apontando com o dedo. Na rotina da educação infantil, trabalha-se, na prática, a compreensão de sequência, números e quantidades.

O foco desse trabalho não foi o uso do brinquedo programável, mas sim usá-lo como um instrumento de aprendizado, permitindo que as crianças experimentassem conceitos lógicos como se fossem objetos, explorando-os de forma tátil, testando suas propriedades. Levar o pensamento computacional à educação infantil relaciona-se a promover um desenvolvimento amplo das capacidades das crianças, tornando-as mais aptas para aprender. As crianças precisam ter noção de conhecimentos distintos para poder se empoderar e se relacionar com conceitos de formas diferentes.

Aproximar as crianças do contexto social e tecnológico é uma das funções da escola. Inserir no cotidiano da educação infantil tecnologias que estimulam o desenvolvimento do raciocínio lógico das crianças contribui, de forma dinâmica e diferenciada, tanto para a prática pedagógica quanto para a aprendizagem. Planejar atividades com novos recursos tecnológicos exige um novo perfil do professor, e é preciso tempo, criatividade e estudo para que as experiências possam realmente contribuir para a evolução das crianças.

As crianças que participaram dessas experiências não tiveram, anteriormente, contato no contexto escolar com algum tipo de brinquedo programável. Isso provavelmente contribuiu para os resultados dessa pesquisa, e a inserção dessa prática com maior frequência possivelmente proporcionaria resultados mais efetivos. Tínhamos disponível somente um brinquedo programável, o que dificultou a realização das atividades e comprometeu os resultados. Foram necessários sempre dois pesquisadores para realizar as sessões devido ao número de crianças e ao tipo de atividades planejadas, aspecto a ser considerado no uso de um brinquedo programável.

A cooperação, o interesse e o envolvimento foram características apresentadas pelas crianças no decorrer das atividades. Os aspectos físicos e as funções programáveis do brinquedo contribuíram para a participação efetiva das crianças nas atividades desenvolvidas.

REFERÊNCIAS

BERS, M. U. *et al*. Computational thinking and tinkering: exploration of an early childhood robotics curriculum. *Computers & Education*, v. 72, p. 145-157, 2014.

BOGDAN, R.; BIKLEN, S. *Investigação qualitativa em educação:* uma introdução à teoria e aos métodos. Porto: Porto, 1991.

COMPUTER SCIENCE TEACHERS ASSOCIATION. *Operational definition of computation:* for K-12. c2011. Computational Thinking Task Force, Computational Think Flyer. Disponível em:https://c.ymcdn.com/sites/www.csteachers.org/resource/resmgr/CompThinkingFlyer.pdf. Acesso em: 23 abr. 2019.

PAPERT, S. A. *A máquina das crianças:* repensando a escola na era da informática. Porto Alegre: Artes Médicas 1994.

RAABE, A. *et al*. Brinquedos de programar na educação infantil: um estudo de caso. *In:* WORKSHOP DE INFORMÁTICA NA ESCOLA, 21.; CONGRESSO BRASILEIRO DE INFORMÁTICA NA EDUCAÇÃO, 4., 2015, Maceió. *Anais* [...] Porto Alegre: SBC, 2015. p. 42-51.

EXPERIÊNCIAS DE ENSINO E APRENDIZAGEM DE CONCEITOS DE PROGRAMAÇÃO NA EDUCAÇÃO INFANTIL E NOS ANOS INICIAIS DO ENSINO FUNDAMENTAL

Tancicleide Gomes | Patricia Azevedo Tedesco

No decorrer dos últimos anos, o pensamento computacional tem sido apresentado como uma habilidade necessária não apenas para cientistas da computação, mas para toda a sociedade, sendo estimado como imprescindível aos profissionais do século XXI (INSTITUTE FOR THE FUTURE, c2009; STEPHENSON et al., 2012; WING, 2006). O desenvolvimento do pensamento computacional desde a educação básica desponta como uma possibilidade para fornecer a formação necessária para que os cidadãos resolvam problemas, entendam e projetem sistemas, bem como compreendam o comportamento humano a partir de conceitos fundamentais de computação (STEPHENSON et al., 2012; WING, 2006, 2008).

Nesse sentido, algumas abordagens têm sido propostas, como a apresentação do pensamento computacional de maneira interdisciplinar, ou mesmo a inclusão dos fundamentos de ciência da computação como disciplina do currículo básico desde a educação infantil (COMPUTING AT SCHOOL WORKING GROUP, 2012; INSTITUTE FOR THE FUTURE, c2009; STEPHENSON et al., 2012). Existem, ainda, estratégias que incorporam jogos digitais ao longo do processo de ensino e aprendizagem de programação (KARADENIZ; SAMUR; OZDEN, 2014). Observando-se o mercado de jogos digitais, nota-se uma quantidade crescente de aplicativos voltados ao ensino de programação para crianças (FALCÃO; GOMES; ALBUQUERQUE, 2015; GIBSON; BELL, 2013). Esses jogos envolvem sequenciamento de instruções, repetição, condicionais, funções, parâmetros e depuração, englobando quase todos os tópicos de programação propostos por currículos como Computer Science Teachers Association (CSTA)/Association for Computing Machinery (ACM) e Computing at School (CAS) para essa faixa etária (GIBSON; BELL, 2013; GOMES; ALENCAR, 2015).

Este capítulo emerge desse contexto e relata uma experiência de ensino de conceitos de programação para crianças com idades entre 3 e 7 anos utilizando jogos digitais e artefatos gamificados.

CONTEXTO E PROCEDIMENTOS METODOLÓGICOS

Esse estudo foi realizado em uma escola de educação infantil da rede particular de Recife, no Estado de Pernambuco. A escola oferece atividades extracurriculares durante o turno escolar, entre as quais estão as aulas de informática, em que foi desenvolvido o trabalho. As aulas são oferecidas apenas para as turmas escolares a partir dos 4 anos completos, contemplando alunos do infantil II (4-5 anos), infantil III (5-6 anos) e 1º ano do ensino fundamental (6-7 anos). Semanalmente, cada turma tem uma aula de 40 minutos de duração em uma sala equipada com dez computadores de mesa conectados à internet.

Quando a primeira autora deste capítulo assumiu a disciplina, em 2015, não havia objetivos de aprendizagem traçados. As aulas eram utilizadas apenas com o objetivo de revisar os componentes curriculares por meio de jogos digitais educativos e/ou programas simples para a edição de imagens, como Microsoft Paint. A coordenação pedagógica estabeleceu que as aulas deveriam ser realizadas apenas na sala de informática. Por esse motivo, e sem a possibilidade de investir em novos equipamentos e dispositivos, optamos por realizar uma abordagem com base em jogos digitais.

Algumas atividades foram realizadas em sala de aula e outras em espaços de lazer da escola. No intuito de nortear a apresentação dos conceitos, buscou-se desenvolver as habilidades e as competências elencadas no currículo Computing at School (COMPUTING AT SCHOOL WORKING GROUP, 2012). Essas habilidades e competências foram trabalhadas visando a compreensão dos seguintes conceitos, considerando os cenários de jogos em que eles estavam inseridos:

- **Sequências de instruções:** o aluno deveria ser capaz de compreender que a realização de uma determinada atividade envolve uma sequência de instruções bem-definida.
- **Repetição:** o aluno deveria ser capaz de compreender que um conjunto de ações pode se repetir e que conjuntos de ações podem ser agrupados.

JOGOS DIGITAIS SELECIONADOS

Os jogos digitais utilizados no estudo foram selecionados considerando os seguintes aspectos: linguagem utilizada (visual ou textual), gratuidade e possibilidade de serem utilizados em computadores de mesa, independentemente de o jogo ser *on-line* ou não. Os jogos selecionados podem ser classificados a partir de duas categorias: com base em linguagem visual ou linguagem textual.

Os jogos com base em linguagem visual têm como principal característica o uso de blocos cujos símbolos representam instruções de código, comumente associadas às ações de controle sobre um personagem e/ou objeto, como os jogos Code Baymax[1] (**Fig. 14.1A**), Code.org,[2] LightBot[3] (**Fig. 14.1B**) e The Foos[4] (**Fig. 14.1C**). Os jogos com base em linguagem textual exigem que os jogadores sejam capazes de ler e/ou escrever. Assim, foram selecionados dois jogos que permitissem aos alunos ler e escrever, ainda que de maneira limitada. Nessa categoria, encontram-se os jogos CodeMonkey e a atividade Laboratório do *site* Code.org, pois ambos utilizam linguagem textual e envolvem conceitos de sequências de instruções e repetição.

RESULTADOS E DISCUSSÃO

Sequências de instruções

Em um primeiro momento, os alunos experimentaram o jogo The Foos (níveis 1-8, versão *web*) sem a intervenção docente, ou seja, foi proposto que os alunos tentassem

---

[1] Disponível em: http://lol.disney.com/big-hero-6-code-baymax
[2] Disponível em: https://code.org/
[3] Disponível em: http://lightbot.com/
[4] Disponível em: https://codespark.com/webgl/

Figura 14.1 Alguns dos jogos digitais utilizados no estudo. **(A)** Code Baymax. **(B)** LightBot. **(C)** The Foos.

resolver as fases do jogo sem pedir a ajuda da professora, podendo consultar os colegas. Os alunos haviam experimentado em 2015 uma versão anterior do The Foos (versão *web*). No experimento atual, usando uma versão com elementos de usabilidade melhorados, buscou-se observar impactos no desempenho e na autonomia dos alunos na resolução dos desafios. Ao longo da sessão, 50% dos alunos resolveram todos os níveis (1-8) e os demais alcançaram pelo menos o nível 5. Todos alcançaram pontuação máxima (3 estrelas) em todos os níveis, o que sugere que, apesar dos ritmos diferentes de aprendizagem, os desafios propostos foram compreendidos, embora o jogo não ofereça elementos de ajuda.

Na sessão subsequente, os alunos foram convidados a jogar Code Baymax. Não houve uma explanação preliminar sobre o conteúdo abordado, nem mesmo sobre as regras e os objetivos do jogo. Esperava-se observar o quão longe eles conseguiriam avançar sem a intervenção da professora, sobretudo considerando a vivência anterior com o jogo The Foos. Um dos primeiros aspectos observados foi o envolvimento dos alunos, visto que o Code Baymax incorpora personagens do filme de animação Operação Big Hero.

A narrativa é outro diferencial desse jogo, apresentada por CodeMonkey e The Foos, porém de maneira menos imersiva. Os alunos resolvem desafios com níveis de dificuldade crescentes e devem capturar objetos que fornecem novas habilidades e recursos e que auxiliam a derrotar os inimigos ao longo do jogo. A linguagem utilizada no jogo é predominantemente visual, e os símbolos escolhidos para representar as ações que controlam o personagem demonstraram ser de fácil compreensão para os alunos. Além disso, os elementos de ajuda oferecidos pela interface tornaram a intervenção docente pouco requisitada, e os alunos mantiveram-se engajados, jogando até o fim da sessão.

Os elementos de ajuda do Code Baymax são um dos seus grandes diferenciais, entre os quais se pode destacar:

- Quando o jogador insere uma instrução (seta direcional) no painel de controle, a instrução é projetada no tabuleiro, indicando para qual direção o personagem se moverá.
- O ícone de uma lâmpada permite que o jogador "peça uma dica", que resolve parcialmente o desafio proposto e pode ser acionada após um tempo-limite.
- Um botão de ajuda simbolizado pela silhueta de um olho permite visualizar o trajeto a qualquer momento. O jogo não possui um sistema de pontuação por níveis, como o jogo The Foos, mas todos os alunos conseguiram resolver os desafios propostos (níveis 1-6). Além disso, os alunos classificaram o jogo como muito divertido, afirmando que gostariam de jogá-lo novamente.

Repetição

No intuito de apresentar o conceito de repetição, foi utilizado o jogo LightBot. Os gráficos do LightBot são isométricos (comumente chamados de falso 3D ou 2.5D) e demonstraram ser uma das principais fontes de dificuldade para os alunos, que nessa idade ainda estão desenvolvendo a orientação espacial. Apesar do apelo de controlar um robô, pelo que os alunos demonstraram entusiasmo, os símbolos escolhidos para representar as ações, como girar à esquerda, girar à direita e pular, não foram bem compreendidos por eles.

Os alunos demonstraram dificuldade em reconhecer para qual direção as setas direcionais girariam o personagem e erraram diversas vezes, mesmo compreendendo qual o desafio proposto pelo nível, o que os deixava frustrados. Os resultados obtidos sugerem que a combinação entre os gráficos isométricos e a simbologia designada para representar o controle do robô foram limitantes para a experiência de aprendizado, pois os alunos despendiam mais tempo tentando compreender os elementos de interação do que o desafio em si. Entre os assuntos abordados, observaram-se dificuldades na compreensão de como utilizar os elementos de interação para resolver o problema proposto, devido, em parte, à representação simbólica do conceito de repetição adotado no jogo. O LightBot não possui um símbolo específico que represente esse conceito, utilizando o conceito de procedimento para a resolução de problemas que necessitem de *loops*.

O painel principal, em que o jogador insere instruções para controlar o robô, delimita a quantidade de blocos de código a ser utilizada. Aparentemente, o objetivo é apresentar ao jogador a possibilidade de economizar código por meio da "chamada" de um "procedimento" (PROC1) no painel principal utilizando um único bloco de código (P1) que engloba todas as ações que necessitam ser repetidas, inclusive a chamada recursiva ao procedimento. No entanto, essa representação demonstrou ser inadequada para o público-alvo, possivelmente por ser uma concepção abstrata demais para a maturidade cognitiva dos participantes. Isso ocasionou desinteresse, demonstrado por falas como: "Ah, tia, não tô entendendo nada não", "Tia, muda esse jogo, não tô entendendo não". Quando questionados sobre o quão divertido eles acharam o jogo, os alunos afirmaram que achavam o robô "legal", mas que controlá-lo era "muito difícil". Dada a experiência pouco proveitosa no uso do jogo LightBot, o conceito repetição foi retomado em mais uma sessão.

O conceito foi apresentado por meio de uma conversa dirigida, em que os alunos foram levados a refletir sobre a equivalência de usar três blocos "para a frente" ou de usar um "bloco mágico" "repetir" que pudesse fazer o personagem controlado repetir uma determinada ação tantas vezes quantas fossem necessárias. Para prover uma experimentação, foi proposta uma brincadeira em sala de aula em que os alunos deveriam auxiliar um "colega-robô" a atravessar a sala. Este deveria atender somente às instruções "anda", "pega o objeto", "empurra a cadeira", e apenas um aluno por vez poderia controlar o robô. Objetos foram distribuídos no chão da sala e cadeiras foram colocadas como obstáculos. Os alunos se voluntariaram para serem programadores e robôs, e houve três rodadas de "programação".

Os discursos dos alunos indicam a compreensão do conceito: em uma das rodadas, por exemplo, um aluno interrompeu o outro que insistia em dizer a palavra "anda" repetidas vezes em vez de usar o comando "repetir": "Não, para de dizer anda. Diz logo repete 12 vezes anda que ele vai logo tudo e chega lá na porta". Por fim, objetivando a aplicação dos conceitos recém-ensinados, foi proposto que os alunos resolvessem os níveis 9 a 16 do jogo The Foos, pois ele contém um bloco de repetição cujo controle é dado por parâmetros (1-4 vezes). O bloco de repetição foi explicado e associado à atividade recém-realizada. Um terço dos alunos alcançou o nível 16, e os dois terços restantes, ficaram pelo menos entre os níveis 12 e 15. Alguns alunos demonstraram dificuldade em utilizar o bloco de repetição, mesmo após a atividade e as explicações.

DESAFIOS E LIÇÕES APRENDIDAS

No decorrer do desenvolvimento do trabalho, despontaram alguns desafios. Entre eles, podemos citar a qualidade, a disponibilidade e a variedade de abordagens dos principais artefatos educacionais disponíveis. Embora exista uma ampla variedade de jogos educacionais e plataformas gamificadas envolvendo conceitos de programação, há pouca variedade na maneira como os conceitos são abordados por meio das diferentes plataformas e jogos. Se considerarmos, por exemplo, a apresentação do conceito de laços de repetição simples, diversos jogos abordam esse conceito utilizando elementos de interação muito similares e em abordagens muito parecidas, mas que não têm se mostrado exitosas para prover essa representação conceitual para crianças mais novas, como as participantes das experiências relatadas neste capítulo.

Em nosso entendimento, as necessidades educacionais de crianças de 4 a 7 anos são muito específicas, de modo que uma abordagem com base em jogos digitais não se mostrou suficientemente adequada para abordá-las. No entanto, essa foi a abordagem que se mostrou mais adequada às limitações condicionantes do contexto em que esse estudo foi desenvolvido, tornando eminente a necessidade de ressignificação das aulas e da sua compreensão como parte das atividades escolares sob uma nova perspectiva.

Nessa escola, assim como em muitas outras, as aulas de informática ou similares são comumente destinadas ao uso de *softwares* educacionais abrangendo os componentes curriculares tradicionais. No entanto, esse ambiente poderia servir para a exploração criativa e para o aprendizado de conceitos de programação, assim como para práticas inter e transdisciplinares. Nesse contexto, compreendemos que ressignificar a disciplina envolve lidar com pelo menos três importantes atores: a coordenação escolar, os pais e os(as) demais professores(as).

Assim, o primeiro passo consistiria em ampliar a compreensão desses atores sobre as habilidades, as competências e os conteúdos envolvidos. A compreensão equivocada dos conteúdos abordados, assim como as habilidades e as competências desenvolvidas, pode culminar no desmerecimento das práticas realizadas, como foi evidenciado pelos discursos de algumas professoras, pais e até mesmo da coordenação escolar.

O próximo passo consistiria em outro aspecto importante: a dissociação das aulas do uso de computadores ou dispositivos eletrônicos e, por conseguinte, a compreensão de que as aulas podem ser ministradas por meio de atividades desplugadas e em ambientes distintos do contexto escolar. Nessa perspectiva, compreendemos que outro desafio relacionado consiste em proporcionar oportunidades inter e transdisciplinares de aprendizagem, de maneira a apresentar o pensamento computacional não apenas como uma disciplina de ciência da computação inserida na educação infantil.

CONSIDERAÇÕES FINAIS

O pensamento computacional tem sido considerado uma habilidade relevante para toda a sociedade e para os profissionais das próximas décadas. Nesse sentido, muito se discute sobre quando e como o pensamento computacional deve ser apresentado na educação. A sua inclusão como componente curricular em escolas ao redor do mundo reacendeu as discussões sobre quais conceitos devem ser ensinados ou quais as melhores abordagens e meios para ensiná-los.

No Brasil, essas iniciativas ainda são incipientes. O presente capítulo relata uma experiência de ensino de conceitos de programação a partir de uma abordagem com base em jogos digitais para crianças pequenas (4-7 anos). O estudo foi realizado no contexto de uma disciplina extracurricular ofertada em uma escola de educação infantil da rede particular de ensino em Recife.

Os resultados obtidos sugerem que as crianças participantes desenvolveram as habilidades e as competências esperadas e aprenderam os conceitos apresentados. No entanto, as análises exploratórias iniciais indicam que alguns elementos de interface dos jogos utilizados parecem não considerar as especificidades do público ao qual se destinam e nem sempre proveem uma adequada apresentação dos conteúdos de programação, usando tanto linguagens visuais e simbólicas quanto linguagens textuais.

A apresentação do conceito de repetição, por exemplo, demonstrou ser uma dificuldade em especial, visto que os elementos de interação utilizados nos jogos incorporados às práticas pedagógicas não foram bem compreendidos pelos alunos. Desse modo, o entendimento do conceito foi prejudicado, exigindo a utilização de abordagens diferenciadas que combinaram atividades desplugadas, atividades em sala de aula e exercícios extras. No que se refere a problemas de interface, os *feedbacks* oferecidos por alguns jogos não são suficientemente claros e não atendem ao propósito a que foram destinados, gerando frustração na criança por não compreendê-los. Outros jogos, mesmo destinados a crianças ainda em fase de letramento, utilizam construções textuais complexas e longas, de difícil compreensão para o público-alvo escolhido, conforme observado ao longo deste capítulo.

Finalmente, um dos aspectos mais impactantes diz respeito às abordagens didáticas utilizadas para apresentação dos conceitos de programação, que são amplamente repetitivas e parecem desconsiderar o público a que se destinam, abrangendo poucas possibilidades de exploração criativa e narrativas pouco envolventes. Outros aspectos referem-se, ainda, à falta de recursos que permitam um acompanhamento individualizado do progresso dos estudantes, de modo que seja possível observar o tempo despendido em cada fase e a quantidade de erros cometidos, entre outras questões.

De modo geral, observa-se que os jogos digitais e os artefatos gamificados têm despontado como recursos relevantes para apoiar experiências de desenvolvimento do pensamento computacional na educação básica, especialmente em práticas de programação. No entanto, ainda há um longo percurso a ser percorrido a fim de que a experiência de ensino e aprendizagem desses conceitos com crianças mais novas possa ser mais eficaz na apropriação desses recursos.

REFERÊNCIAS

COMPUTING AT SCHOOL WORKING GROUP. Computer science: a curriculum for schools. [S. l.]: Microsoft, 2012. Disponível em: http://bit.ly/1MNe9Mi. Acesso em: 27 maio 2019.

FALCÃO, T. P.; GOMES, T.; ALBUQUERQUE, I. R. Computational thinking through children's games: an analysis of interaction elements. *In*: Brazilian Symposium on Human Factors in Computer Systems, 14., 2015, Salvador. *Proceedings* [...] New York: ACM, 2015.

GIBSON, B.; BELL, T. Evaluation of games for teaching computer science. *In*: WORKSHOP IN PRIMARY AND SECONDARY COMPUTING EDUCATION, 8., 2013, Aarhus. *Proceedings* [...] New York: ACM, 2013. p. 51-60.

GOMES, T.; ALENCAR, A. Análise empírica de jogos educativos para dispositivos móveis voltados a disseminação do pensamento computacional na educação básica. *In*: CONGRESSO BRASILEIRO DE INFORMÁTICA NA EDUCAÇÃO, 4., 2015. Maceió. *Anais dos Workshops do* [...] Maceió: CBIE, 2015. p. 731.

INSTITUTE FOR THE FUTURE. *Everyone is a programmer*: making the world a control system. c2009. Disponível em: http://www.iftf.org/fileadmin/user_upload/images/ourwork/Tech_Horizons/SR1265EisP_EveryoneProg_rdr_sm.pdf. Acesso em: 27 maio 2019.

KARADENIZ, S.; SAMUR, Y.; OZDEN, M. Y. Playing with algorithms to learn programming a study on 5 years old children. *In*: INTERNATIONAL CONFERENCE ON INFORMATION TECHNOLOGY AND APPLICATIONS, 9., 2014, Sydney. *Proceedings* [...] Sydney: ICITA, 2014.

STEPHENSON, C. *et al*. The new CSTA K-12 computer science standards. *In:* ACM ANNUAL CONFERENCE ON INNOVATION AND TECHNOLOGY IN COMPUTER SCIENCE EDUCATION, 17th., 2012, Aberdeen. *ITiCSE '12 Proceedings* [...] New York: ACM, 2012. p. 363-364.

WING, J. M. Computational thinking. *Communications of ACM*, v. 49, n. 3, p. 33-36, 2006.

WING, J. M. Computational thinking and thinking about computing. *Philosophical Transactions of the Royal Society of London A: mathematical, physical and engineering sciences*, v. 366, n. 1881, p. 3717–3725, 2008.

COMO AJUDAR ALUNOS DO ENSINO FUNDAMENTAL A DESVENDAR O INCRÍVEL MUNDO DOS CÓDIGOS

Joelene de Oliveira de Lima | Sandro José Rigo

Este capítulo relata um projeto que teve como objetivo ajudar estudantes do ensino fundamental a aprender a pensar de maneira criativa, refletir sobre o que estavam estudando e trabalhar de forma colaborativa. O processo teve início com o entendimento do que é um jogo, o que é um jogo digital, como pode ser construído e quais habilidades são necessárias a um grupo de pessoas que se propõem a fazer um jogo a partir da pesquisa de determinado tema. Para isso, tivemos a parceria do curso superior de tecnologia em Jogos Digitais, da Universidade do Vale do Rio dos Sinos (Unisinos) como fonte inspiradora e como espaço de troca de experiências.

O 4º ano do ensino fundamental do Colégio Anchieta, em Porto Alegre, no Estado do Rio Grande do Sul, tem seu foco centrado no processo de formação do povo sul-rio-grandense. Ao longo do ano, os alunos conhecem a história, a cultura e a herança dos diferentes povos que contribuíram para a formação do povo gaúcho. Por meio desse trabalho, procura-se desenvolver uma postura crítica dos alunos diante do conhecimento e da problematização do vivido, na perspectiva de um diálogo investigativo.

O projeto "Pelos caminhos do Rio Grande do Sul" desenvolve-se ao longo de todo o ano letivo e tem o objetivo de levar os alunos a conhecer os primeiros habitantes do Estado e os povos que o formaram, bem como sua história e as manifestações culturais que influenciaram e contribuíram para a formação da sociedade gaúcha.

A viagem realizada anualmente à região das Missões é uma vivência muito rica, na qual os alunos conhecem os fatos históricos do período missioneiro e aprofundam seus conhecimentos, tanto da primeira fase das reduções jesuíticas (Santuário do Caaró) quanto de sua segunda fase, da formação dos Sete Povos das Missões, por meio de visita ao Sítio Arqueológico de São Miguel das Missões e à cidade de Santo Ângelo, ao Museu de Arte Sacra Barroca Missioneira e ao Monumento a Sepé Tiaraju. Estuda-se toda a história, desde a chegada dos espanhóis ao território gaúcho até a Guerra Guaranítica e a chegada dos açorianos, decorrente do Tratado de Madri.

Os objetivos deste estudo são: reconhecer e respeitar as diferentes formas de manifestação cultural dos povos que formaram o Rio Grande do Sul; identificar os principais fatos históricos da segunda fase do período das Missões, reconhecendo sua importância na formação do Estado; e conhecer as principais características da primeira fase das missões jesuíticas.

PRINCÍPIOS BÁSICOS DA PROGRAMAÇÃO

No Colégio Anchieta, as aulas de tecnologia e arte digital, que ocorrem regularmente durante uma hora por semana, trazem contribuições para o enriquecimento dos ambientes de aprendizagem, possibilitando a integração dos recursos disponíveis com os assuntos curriculares. Essas aulas transcendem os muros da escola e possibilitam a construção coletiva do conhecimento, promovendo a criticidade e a autonomia no exercício da cidadania. Dessa forma, ajudam os jovens a aprender a pensar de maneira criativa, refletir sobre o que estão estudando e trabalhar de forma colaborativa por meio dos seguintes objetivos:

- Utilizar os recursos disponíveis para pesquisar e produzir histórias interativas, jogos e animações com os materiais de aula.
- Entender que existem diferentes habilidades nos integrantes de uma equipe de desenvolvedores de jogos digitais.
- Conhecer o universo dos códigos de programação que, combinados, geram animações e jogos.
- Promover o desenvolvimento do raciocínio lógico.
- Desenvolver a capacidade de planejar e executar um projeto em equipe.

Aos professores, cabe empreender esforços para dar os primeiros passos e iniciar os alunos no universo da programação, considerada como um recurso que envolve um conjunto de regras que os computadores podem receber para executar diferentes funções. Tais codificações podem ser utilizadas como uma forma de estimular o pensamento computacional, uma vez que as habilidades necessárias para aprender a codificação combinam lógica, conhecimento com criatividade e resolução de problemas.

Ao familiarizar-se com a linguagem de códigos que cria as aplicações que usamos no cotidiano, o estudante pode transformar-se em uma pessoa crítica, que não somente aceita as aplicações existentes, mas é capaz de analisá-las e – por que não? – propor melhorias ou gerar novas aplicações. Conforme Rushkoff (2010, p. 14, tradução nossa): "Familiarizar-se com a programação nos permitirá inovar e criar tecnologia que atende às necessidades específicas de muitos indivíduos, não apenas aqueles da elite que sabe como programar". Assim, o professor propõe o desafio aos alunos, conforme a faixa etária, de controlar o computador por meio dos códigos da programação.

Segundo Backes e Schlemmer, as tecnologias digitais (TDs) não são de uso restrito da escola – elas ocupam espaços não formais e fazem parte do cotidiano dos estudantes:

> [...] na contemporaneidade, o viver e o conviver ocorrem em espaços geográficos e em espaços digitais virtuais, consideravelmente ampliados na perspectiva do hibridismo tecnológico digital. Assim, pensar a educação na contemporaneidade implica considerar que os processos de ensinar e de aprender ocorrem na coexistência entre os espaços geográficos e os espaços digitais virtuais, e em compreender que as rápidas mudanças se dão dialeticamente entre educação e TDs, pois, ao mesmo tempo que as TDs provocam transformações no contexto da educação, elas provocam a criação de novas TDs (BACKES; SCHLEMMER, 2013, p. 45).

Levar para ambientes escolares discussões e vivências do mundo digital pode aproximar educando, família e educador, auxiliando este último a encontrar alternativas metodológicas para explorar as TDs de forma pedagógica, além de ampliar os conhecimentos de todas as partes envolvidas no processo. O professor, por exemplo, pode desafiar-se a trabalhar seus conteúdos utilizando a iniciação ao pensamento computacional por meio da gamificação:

[...] que consiste em utilizar elementos presentes na mecânica dos *games*, estilos de *games* e forma de pensar dos *games* em contextos não *game*, como forma de resolver problemas e engajar sujeitos. [...] funciona para despertar interesse, aumentar a participação, desenvolver criatividade e autonomia, promover diálogo e resolver situações-problema (SCHLEMMER, 2014 p. 77).

Nota-se que a gamificação é uma proposta de trabalho em equipe que promove habilidades muito valorizadas para a cidadania.

INTEGRAÇÃO COM A UNIVERSIDADE

A Associação Antônio Vieira é a mantenedora do Colégio Anchieta e da Unisinos. Localizados no mesmo espaço geográfico, o *campus* Unisinos Porto Alegre e o Colégio Anchieta interagem por meio da troca de experiências entre professores e alunos, em uma rica simbiose, na qual os alunos do curso de Jogos Digitais aplicam os jogos desenvolvidos com os alunos do 4º ano do ensino fundamental, e estes entendem o processo criativo de um jogo digital.

Em maio de 2016, professores e alunos do curso de Jogos Digitais realizaram palestras para as nove turmas do 4º ano do Colégio Anchieta (**Fig. 15.1**) e convidaram as turmas para visitar o Atomic Rocket Entertainment, laboratório de desenvolvimento de jogos digitais da Unisinos. Lá, além de conhecer o espaço e interagir com os recursos existentes, os alunos avaliaram o *game* para celular e computador criado pelos universitários Embarcando na aventura: o turismo e a história no jogo digital das Missões, cuja temática é a mesma estudada pelos alunos do 4º ano (**Fig. 15.2**).

Em aulas de uma hora semanal, na disciplina tecnologia e arte digital, os alunos do 4º ano são desafiados a produzir um jogo simples. Antes de eles iniciarem suas práticas como programadores, o Colégio Anchieta fez parceria com a Unisinos para que pudessem entender como funciona o processo de criação

Figura 15.2 Visita ao Atomick Rocket Entertainment. Alunas avaliam o Jogo das Missões.

Figura 15.1 Palestra sobre jogos digitais para os alunos do 4º ano do ensino fundamental do Colégio Anchieta.

de um jogo. Assim, no mês de maio de 2016, aconteceram palestras sobre jogos digitais com a equipe do professor Fernando Marson, do curso de Jogos Digitais da Unisinos Porto Alegre. Os universitários Joarez Santini e Nicolas Hoffmann explicaram aos alunos do 4º ano como funciona o trabalho em equipe para criar um jogo.

Figura 15.3 Prototipando em sala de aula.

DESENVOLVIMENTO E RESULTADOS

A inserção da programação de computadores no currículo escolar auxilia em diversos campos. O ensino de programação é importante porque estimula a criatividade e a autonomia, desenvolve o raciocínio lógico, a capacidade de resolução de problemas e desafia com a proposta de trabalho em equipe, habilidades muito valorizadas na nossa sociedade. No caso dos alunos do 4º ano do ensino fundamental, a programação de jogos é ensinada de forma contextualizada no estudo das Missões jesuíticas e se torna uma grande aliada, motivando as crianças a aprender cada vez mais sobre essa temática. Essa atividade vai ao encontro do objetivo de formar cidadãos conscientes de seu papel de usuários das tecnologias e, ao mesmo tempo, críticos quanto aos jogos que recebem do mercado.

As aulas contribuíram para formar a capacidade de análise de produtos tecnológicos, pensar em todas as etapas do processo de produção de jogos, sobre a efetiva produção de jogos, desde o planejamento e a produção dos desenhos, cenários (*backgrounds*), personagens e objetos (*sprites*) e todos os comandos para que o jogo funcione conforme planejado (**Fig. 15.3**). Como afirma Rushkoff (2010, p. 139, tradução nossa), uma solução para tirar proveito de toda a tecnologia digital nos desafia a nos tornarmos programadores de nós mesmos:

> Como a fluência digital da maioria da população é baixa em relação aos desenvolvedores de tecnologia, nós nos tornamos complacentes usuários ao invés de agentes das nossas atividades de computação próprios. O desenvolvimento do pensamento computacional nos tira da condição de usuários e nos permite tomar as rédeas do desenvolvimento tecnológico. Nos torna "programadores de nós mesmos", nos transformamos naqueles que podem ocupar o ponto mais alto de alavancagem em uma sociedade digital.

Pensar em criar um jogo para computador é uma oportunidade de aprender a trabalhar em equipe, em um grupo em que cada um desenvolve as suas habilidades, como escrever um roteiro ou guia do jogo planejado, desenhar os cenários (**Fig. 15.4**), os objetos e personagens, pensar nos efeitos sonoros e como tudo estará disposto na tela, bem como programar cada objeto, personagem ou *sprite* para que ele execute as ações escolhidas pelo grupo.

Figura 15.4 Crianças desenham os cenários no computador.

A ferramenta escolhida para o projeto foi o Scratch, uma linguagem criada no Massachusetts Institute of Technology (MIT) (**Fig. 15.5**). Usá-la é fácil e divertido, além de ser uma ótima maneira de começar a aprender sobre o pensamento computacional. Aliou-se tudo isso ao conhecimento sobre as Missões jesuíticas, eixo do trabalho do 4º ano do ensino fundamental, em que alunos estudam a origem do povo gaúcho a partir de pesquisas e de uma visita às reduções jesuíticas. Já os papéis exercidos por cada membro da equipe desenvolvedora de um jogo digital, como artista, *designer*, programador e roteirista, foram resumidos em sala de aula pela professora. Esta destacou que todos poderiam realizar todos os papéis, mas as preferências e as habilidades individuais deveriam ser respeitadas.

A culminância desse projeto foi uma mostra de trabalhos, realizada no salão do colégio, em que as turmas de 3º ano do ensino fundamental tiveram a oportunidade de conhecer o que os estudantes do 4º ano desenvolveram. Trata-se de uma mostra de trabalhos para as turmas de séries anteriores, realizada com uma exposição do Projeto da Universidade. A **Figura 15.6** apresenta o convite para a Mostra de Jogos Digitais.

A **Figura 15.7** ilustra o tipo de interação que a mostra de trabalhos possibilitou, envolvendo tanto os alunos do 4º ano, que participaram da criação dos jogos, como os alunos do 3º ano, que visitaram a mostra.

CONSIDERAÇÕES FINAIS

A aprendizagem é um processo contínuo na vida humana, e sua construção necessita de diferentes espaços para o desenvolvimento de habilidades e competências importantes para a formação integral do sujeito. Cabe ao espaço escolar oportunizar diferentes vivências pedagógicas ao educando. No campo da inovação e da tecnologia, as possibilidades são diversas e trazem desafios ligados ao raciocínio lógico, ao desenvolvimento do pensamento e ao uso de habilidades socioemocionais. Jogos são atividades desafiadoras, já que ser capaz de produzir um jogo exige um raciocínio mais complexo do que simplesmente jogar. Atividades que envolvem a metodologia *maker* estimulam a aprendizagem e favorecem o interesse da criança, uma vez que ela já tem uma proximidade natural com a tecnologia e aprende brincando.

Figura 15.5 Alunos utilizando o Scratch.

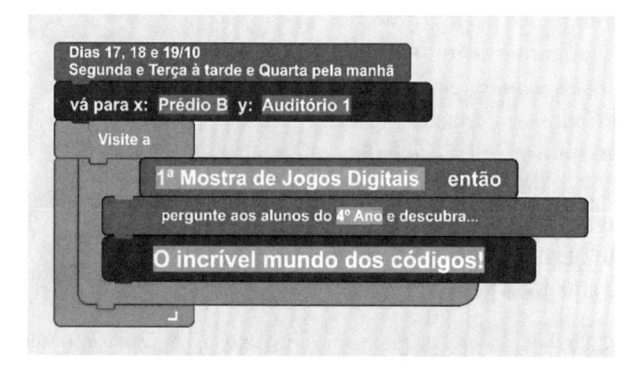

Figura 15.6 Convite para a Mostra de Jogos Digitais.

Figura 15.7 Mostra de resultados dos trabalhos desenvolvidos.

Criar um jogo envolve muitas habilidades simultâneas, entre as quais o entendimento de que um trabalho de programação tem etapas como planejamento, prototipação, trabalho em equipe, testagem e ajustes, em um processo contínuo de aprimoramento, que vai gerando novas versões do jogo. Nesse movimento, é possível a rotação dos papéis de prototipador, *designer*, programador, roteirista, *tester*, etc. A colaboração e a compreensão de que os papéis são complementares e fundamentais para atingir os objetivos levam a uma experiência efetiva de colaboração e cidadania. Isso ficou claro no contato com a equipe do Atomic Rocket Entertainment e com o trabalho desenvolvido na sala de aula do 4º ano do ensino fundamental.

A integração dos alunos em equipes, nas quais diferentes papéis são exercidos em sistema de rodízio, permitiu a vivência de cada aluno nos diferentes papéis e a identificação com aquele de que mais gostou. A criação do jogo em si gerou, ao mesmo tempo, satisfação, frustração pelo fato de o jogo não ficar exatamente como planejado e desejo de ter mais tempo para aperfeiçoar o que foi feito. Ademais, houve o especial envolvimento do jogo com um tema que veio ao encontro da temática do 4º ano, série que faz a visita às ruínas de São Miguel das Missões, espaços reais que foram tratados nos jogos criados.

Esse trabalho, como foi experimentado, auxiliou a consolidar o entendimento dos alunos sobre processos de criação, foi apoiado com exemplos de jogos desenvolvidos e aumentou muito o interesse pelo assunto estudado. Apresentar para os colegas de colégio algo que foi produzido pelos próprios alunos, implementado como ferramenta real de estudo, motiva os estudantes para atividades futuras, bem como permite uma experiência de troca, com a exibição dos resultados obtidos. Sem dúvida, essa é uma forma inaciana de aprender, analisando a realidade, realizando intervenções e partilhando ideias.

REFERÊNCIAS

BACKES, L.; SCHLEMMER, E. Práticas pedagógicas na perspectiva do hibridismo tecnológico digital. *Revista Diálogo Educacional*, v. 13, n. 38, p. 243-266, 2013.

RUSHKOFF, D. *Program or be programmed*: ten commands for a digital age. New York: OR Books, 2010. Disponível em: http://ds1416.risd.gd/wp-content/uploads/2014/10/ProgramOrBeProgrammed_intro.pdf. Acesso em: 27 maio 2019.

SCHLEMMER, E. Gamificação em espaços de convivência híbridos e multimodais: design e cognição em discussão. *Revista da FAEEBA – Educação e Contemporaneidade*, v. 23, n. 42, p. 73-89, 2014.

LEITURAS RECOMENDADAS

BRENNAN, K.; RESNICK, M. *New frameworks for studying and assessing the development of computational thinking*. 2012. Disponível em: https://web.media.mit.edu/~kbrennan/files/Brennan_Resnick_AERA2012_CT.pdf. Acesso em: 27 maio 2019.

CSIZMADIA, A. et al. *Computational thinking*: a guide for teachers. [London]: Hodder Education, 2015.

MARJI, M. *Aprenda a programar com Scratch*: uma introdução visual à programação com jogos, arte, ciência e matemática. São Paulo: Novatec, 2014.

MIT MEDIA LAB. *Scratch*. [201-?]. Disponível em: http://scratch.mit.edu. Acesso em: 27 maio 2019.

SCRACTH Brasil. [201-?]. Disponível em: http://www.scratchbrasil.net.br/. Acesso em: 27 maio 2019.

UNISINOS. *Missões jesuítas*: o jogo. 2016. Disponível em: http://www.unisinos.br/game-das-missoes/. Acesso em: 27 maio 2019.

16

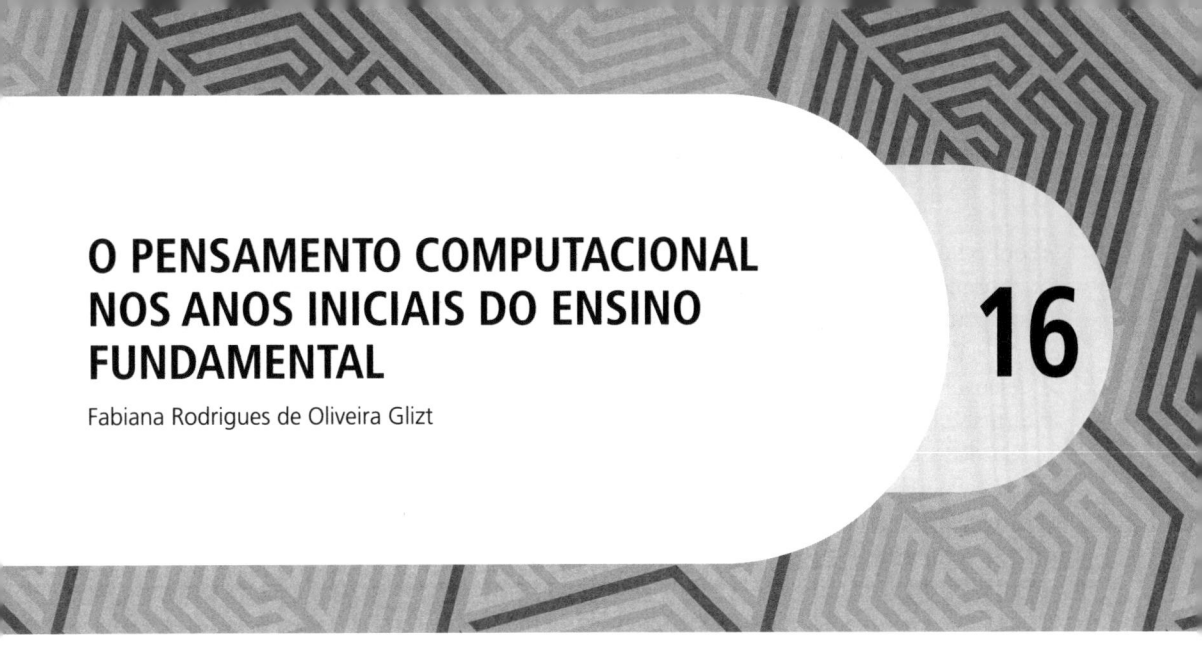

O PENSAMENTO COMPUTACIONAL NOS ANOS INICIAIS DO ENSINO FUNDAMENTAL

Fabiana Rodrigues de Oliveira Glizt

Este capítulo relata uma experiência realizada durante o mestrado desenvolvido no Programa de Pós-graduação em Ciência e Tecnologia da Universidade Tecnológica Federal do Paraná, *campus* Ponta Grossa, na linha de pesquisa Educação Tecnológica, sublinha Informática no Ensino de Ciências e Tecnologia. O objetivo é contribuir para a formação dos estudantes dos anos iniciais do ensino fundamental, tendo em vista a capacidade de desenvolver o raciocínio lógico por meio do pensamento computacional.

No processo de aprendizagem dos estudantes do ensino fundamental, percebe-se que muitos apresentam dificuldades na formação do raciocínio lógico. Isso dificulta o trabalho do professor e é queixa de vários profissionais em diferentes níveis de ensino. Diferentemente de matérias regulares do currículo escolar, como português e matemática, o ensino da lógica não é considerado uma disciplina específica dos anos iniciais.

É importante destacar que, apesar dos baixos índices nacionais, a dificuldade de desenvolver o raciocínio lógico não é um caso particular do Brasil. Dados do ano de 2012 do Programa Internacional de Avaliação de Estudantes (Pisa), mostram o Brasil na posição 38 entre 44 países que tiveram a habilidade de estudantes em resolver problemas de raciocínio lógico avaliada. O desenvolvimento do raciocínio lógico é um fator preocupante no processo de formação dos alunos; se não estimulada, essa dificuldade pode acompanhar o estudante até o ensino superior (KRAMER, 2007, p. 36-42). O pensamento computacional (em inglês, *computational thinking*) engloba métodos para solução de problemas com base nos fundamentos e técnicas da ciência da computação, e é visto como uma das formas de desenvolver o raciocínio lógico. Considerando os dados apresentados e as observações evidenciadas no processo de aprendizagem de estudantes, o objetivo desta pesquisa foi analisar as contribuições do pensamento computacional no desenvolvimento do raciocínio lógico dos alunos nos primeiros anos de escolarização. Uma vez que o raciocínio lógico é uma habilidade indispensável para os estudantes nos diferentes níveis de ensino, as aprendizagens e os avanços conquistados a partir da introdução do pensamento computacional contribuirão para as diferentes disciplinas do currículo escolar.

PROCESSO DE APRENDIZAGEM: CONTRIBUIÇÕES DE JEAN PIAGET E SEYMOUR PAPERT

Ao considerar a lógica como ciência que estuda as ideias e os processos da mente humana, compreende-se sua importância na construção de conhecimento (EVANS, 2003). Logo, é importante que seja estimulada desde os primeiros anos de estudos dos alunos. Jean Piaget, psicólogo e biólogo, desenvolveu pesquisas acerca do desenvolvimento biológico e dos processos de formação do raciocínio infantil. Apesar de ter estudado esse campo, curiosamente ele não desenvolveu uma "teoria pedagógica"; no entanto, suas contribuições auxiliam e fazem parte da compreensão do conhecimento e das habilidades cognitivas dos estudantes.

Piaget buscou mostrar que o conhecimento evolui progressivamente por meio de estruturas de raciocínio que substituem umas às outras em estágios de desenvolvimento. A teoria denominada epistemologia genética foi definida pelo próprio Piaget (1974, p. 20) como o "[...] estudo da passagem dos estados inferiores do conhecimento aos estados mais complexos ou rigorosos". Essa teoria baseou-se em observações do desenvolvimento natural infantil, dividindo esse processo em quatro estágios: sensório-motor (0 a 2 anos); pré-operatório (2 a 6-7 anos); operatório-concreto (7 a 11-12 anos); e operatório-formal (12 a 16 anos). Esse processo ocorre desde o nascimento da criança até a adolescência, quando a capacidade plena do raciocínio seria atingida. Os apontamentos da teoria de Piaget são muito significativos para que os professores possam entender os estudantes e, assim, selecionar e preparar atividades adequadas.

Tendo em vista a introdução de conceitos da ciência da computação no âmbito escolar, apontada por estudos recentes como um facilitador no desenvolvimento do raciocínio lógico dos estudantes, buscou-se contribuições do matemático e educador Seymour Papert, o qual introduziu a tecnologia como ferramenta modificadora de relações de aprendizagem. Ele demonstrou parte de suas ideias na prática, elaborando uma linguagem de programação de fácil compreensão, denominada Logo, que teve repercussão mundial.

Seguidor e aluno de Jean Piaget, Papert desenvolveu o conceito de construcionismo.

O construcionismo é uma reconstrução teórica a partir dos estudos desenvolvidos acerca do construtivismo de Piaget. Ambos concordam que a criança é um ser pensante e capaz de elaborar suas próprias estruturas cognitivas, mesmo que não intencionalmente. No entanto, Papert se interrogou sobre como criar condições para que o aluno pudesse adquirir conhecimento. O construcionismo de Papert adota uma estratégia que visa estimular o pensamento de forma criativa, possibilitando aprender por meio da curiosidade e do envolvimento na atividade que se está realizando.

Entre os referenciais de desenvolvimento elaborados por Piaget, Papert destaca principalmente as operações concretas. Segundo ele, a construção do conhecimento deve ser "[...] fortemente solidificada, desenvolvendo-se as entidades mentais relevantes, ampliando-se a capacidade do sujeito de operar no mundo, e uma das formas de fazer isso é experimentando e descobrindo seus caminhos" (PAPERT, 1986 apud MARTINS, 2012, p. 20).

Na perspectiva de Papert, o estudante torna-se o foco do processo de ensino e construtor de sua aprendizagem, e o professor, um orientador criativo desse conhecimento. Papert apresenta a tecnologia como um suporte para o fenômeno da aprendizagem e um meio capaz de preparar o aluno para exercer seu papel na sociedade. Para que isso ocorra, a escola deve alinhar-se a uma forma de intervir e estimular em cada aluno a busca pelo conhecimento.

RESOLUÇÃO DE PROBLEMAS

Como já citado, a baixa habilidade no processo de resolução de problemas pelos estudantes tem sido verificada em diferentes níveis de ensino. Para o aprimoramento do raciocínio lógico, é necessário estimular os alunos a pensarem desde cedo sobre determinadas situações. Isso inclui elementos como buscar caminhos que favoreçam testes por meio de desafios e problemas interessantes que possam ser explorados e não apenas resolvidos com operações padronizadas e utilizadas frequentemente.

Em sua consagrada obra *A arte de resolver problemas* (POLYA, 1995), o matemático Polya apresenta quatro passos para facilitar a resolução de uma dada questão: compreender o problema; estabelecer um plano; executar o plano; e fazer o retrospecto ou revisão. Polya detalha essas etapas, apresentando sugestões para realizar o trabalho em sala de aula. Como fizeram também Piaget e Papert, ele destaca a importância de dar autonomia ao aluno e reflete sobre o papel de mediador do professor para o sucesso da aprendizagem. "O professor que deseja desenvolver nos estudantes a capacidade de resolver problemas deve incutir nas suas mentes algum interesse por problemas e proporcionar-lhes muitas oportunidades de imitar e de praticar" (POLYA, 1995, p. 3).

A partir dos estudos de Piaget, Papert e Polya, compreende-se a importância da autonomia do aluno para que, de fato, ocorra seu desenvolvimento cognitivo. Destaca-se, assim, a necessidade de usar atividades e materiais que favoreçam o interesse e motivem o estudante a buscar estratégias e soluções que contribuam para o processo de aprimoramento do raciocínio lógico.

PENSAMENTO COMPUTACIONAL

A pesquisadora Jeannette Marie Wing, da Columbia University, nos Estados Unidos, é considerada uma das principais promotoras do pensamento computacional. Wing (2006) destaca a importância de ensinar essa habilidade nas escolas, e não apenas apresentá-la no nível superior. Mais uma vez, constata-se que, independentemente da carreira escolhida pelo estudante, o conhecimento e as habilidades em torno da computação serão úteis na sua formação como um todo. O pensamento computacional visa desenvolver o raciocínio lógico, na medida em que fornece subsídios para resolver um problema, dividindo-o em subproblemas, que tendem a facilitar e inovar em sua resolução. A habilidade-chave consiste em decompor logicamente um problema e criar sistematicamente um algoritmo adequado para solucioná-lo.

O pensamento computacional é visto como uma habilidade vital para hoje e para o futuro, e a sua importância equivale à de leitura, escrita e aritmética básica (WING, 2006). Encarado assim, torna-se clara a utilidade de introduzi-lo como conhecimento curricular.

O PROJETO

A pesquisa foi aplicada em uma escola pública municipal da cidade de Ponta Grossa, no Estado do Paraná. Para o desenvolvimento da pesquisa, partiu-se da observação dos sujeitos participantes, alunos de uma turma de 3º ano do ensino fundamental. A maior parte dos alunos apresentava dificuldades nas atividades de interpretação e resolução de problemas. A partir das observações, optou-se por registrar as dúvidas e dificuldades mais frequentemente apresentadas e planejar atividades que despertassem o interesse dos alunos e contribuíssem para o desenvolvimento do raciocínio lógico. Assim, foram introduzidos os conceitos da ciência da computação, com base no livro *Computer science unplugged*, disponível para *download* em vários idiomas.[1]

As atividades selecionadas para a pesquisa permitem a aprendizagem de conceitos ligados ao pensamento computacional de forma lúdica e condizente com a idade dos alunos participantes. Apesar de ser um termo relativamente novo, o pensamento computacional é visto como habilidade do século XXI, e diferentes áreas de conhecimento tendem a trazer esses fundamentos para seus núcleos de estudos.

---

[1] Disponível em: http://csunplugged.org

Nesse sentido, por meio do desenvolvimento de tais fundamentos, o aluno deverá ser capaz de aplicar técnicas como abstração, organização e execução do passo a passo para resolução de problemas, o que irá auxiliá-lo na elaboração do seu pensamento. Além disso, a partir desses conceitos, o estudante deixará de compreender o computador como mero artefato tecnológico e passará a vê-lo como um potencializador de suas atividades.

Nota-se que o universo das tecnologias se apresenta e se impõe dentro e fora do ambiente escolar e faz parte do cotidiano de professores e alunos, que, graças ao acesso facilitado, utilizam cada vez mais ferramentas tecnológicas, como computadores, *smartphones* e *tablets*. Esse fato torna o ensino da lógica computacional ainda mais interessante, uma vez que os alunos também podem ganhar conhecimento relacionado com o funcionamento dessas tecnologias.

Por meio de políticas públicas, a grande maioria das escolas foi equipada com laboratórios de informática, nos quais são ministradas aulas que têm por objetivo principal o ensino do uso de *softwares* livres, como o sistema operacional Linux, editores de texto e de imagens e jogos interativos. Dessa forma, o foco no letramento digital limita-se, em parte, ao aprendizado do uso do *hardware* e dos *softwares*. Nesse sentido, é importante diferenciar aulas de informática de aulas de introdução à ciência da computação nos anos iniciais. O primeiro caso está relacionado ao letramento computacional, já o segundo diz respeito ao pensamento computacional. Ambos se relacionam e se tornam importantes para o desenvolvimento cognitivo do estudante.

Para que o processo de inserção e utilização da tecnologia no espaço educativo seja realizado de forma a desenvolver habilidades cognitivas nos alunos, é fundamental que objetivos sejam estabelecidos. O letramento computacional já é realidade em muitas escolas brasileiras; contudo, o trabalho acerca do pensamento computacional é recente, e pode ser explorado por meio da compreensão de conceitos computacionais que estimulem a capacidade de pensar logicamente.

Uma vez que o raciocínio lógico é uma habilidade indispensável para os estudantes nos diferentes níveis de ensino, as aprendizagens e os avanços conquistados a partir do projeto poderão contribuir nas diferentes disciplinas do currículo escolar. Assim, a pesquisa teve como objetivo central analisar os benefícios da introdução do pensamento computacional para o desenvolvimento do raciocínio lógico em alunos dos anos iniciais do ensino fundamental.

TEMAS DESENVOLVIDOS

Ao longo da pesquisa, foram desenvolvidos, em cada aula, sete temas relacionados ao desenvolvimento do raciocínio lógico por meio do pensamento computacional, apresentados na **Tabela 16.1**.

Na descrição das atividades desenvolvidas com os alunos, utilizou-se a letra A (aluno) associada a um número para identificar os sujeitos, mantendo seu anonimato. A seguir, é apresentada uma breve descrição de três aulas desenvolvidas com os sujeitos participantes.

Tema 1: Números binários

A aula foi iniciada com uma explicação sobre o projeto que seria realizado, e os alunos foram informados de que seriam desenvolvidas atividades lúdicas que envolviam o pensamento computacional. Primeiramente, eles foram questionados sobre o que seria raciocínio lógico. Surgiram algumas respostas como: ser inteligente; ser normal; ser esperto. Em seguida, foi dito a eles que iriam aprender um código secreto, utilizado pelo computador, denominado números binários (**Fig. 16.1**).

Computação na Educação Básica

TABELA 16.1 Temáticas das aulas

Tema	Conteúdo	Atividades
Tema 1	Números binários	Apresentação do código Conversão de textos Conversão de números Compreensão do código (formação de palavras)
Tema 2	*Pixels*	Representação de imagens Elaboração de figuras Elaboração de códigos
Tema 3	Teoria da informação	Identificação de uma informação em um conjunto de dados
Tema 4	Interpretação e execução de algoritmos	Ordenação e seleção de elementos
Tema 5	Linguagem de programação	Elaboração de figura a partir de instruções Confecção de dobradura e descrição de passo a passo Apresentação de mágica e descrição de truque
Tema 6	Situações-problema	Elaboração de estratégias para resolução de situações predeterminadas
Tema 7	Lógica	Resolução de exercícios

Figura 16.1 Apresentação do código binário no 3º ano do ensino fundamental.

Os alunos foram informados de que, para compreender esse código, seria necessário confeccionar alguns cartões para que fosse possível decifrá-lo (**Fig. 16.2**). Na sequência, cada aluno montou seus cartões para a realização da atividade.

Então, pediu-se que as crianças observassem as cartas e dissessem o que haviam percebido nelas. A maioria reconheceu que se tratava de uma sequência crescente. A24 falou que era uma soma e A12 indicou que se tratava do dobro da carta anterior. No decorrer do ano, já havia trabalhado com a turma o conceito de dobro.

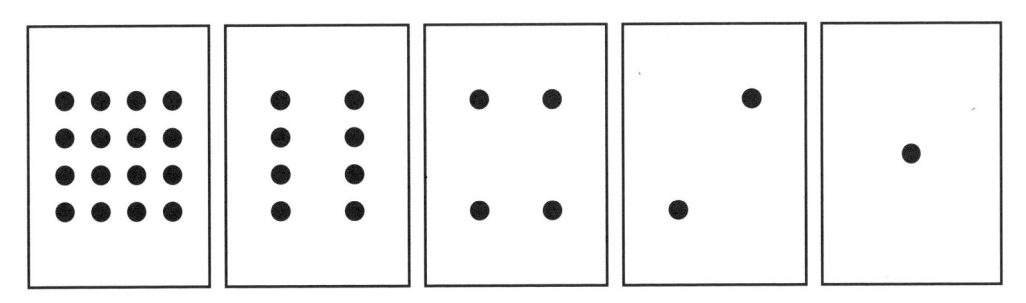

Figura 16.2 Modelos de cartões para conversão.
Fonte: Bell, Witten e Fellows (2011, p. 6).

A **Figura 16.3** apresenta a sequência para utilização dos cartões na atividade de conversão para base binária. A organização dos cartões deve ser da direita para a esquerda – obedecendo a ordem decrescente –; nesse caso, o dobro do número de pontos da carta anterior.

Após compreenderem a sequência de cartões, explicou-se a eles que, assim como existe a base decimal, que é utilizada normalmente, existem outras bases de números, e que a base binária é uma delas. Explicou-se, então, que o computador utiliza essa base para suas operações internas.

O sistema binário utiliza apenas os números 0 e 1 para a representação numérica. Por meio do uso dos cartões que compõem essa atividade, o número 0 refere-se à carta com a face exposta, e o 1 significa que os pontos do cartão são visíveis (**Fig. 16.4**).

Para que a criança consiga converter de número binário para a base decimal, ela deve somar o número de pontos que parecerem expostos nos cartões que estão virados (**Fig. 16.5**).

Com o auxílio dos cartões, foi feita, coletivamente, a conversão de três números binários para decimais (01001 = 9, 00011 = 3, 01100 = 12) para que os alunos compreendessem a atividade (**Fig. 16.6**).

Após tirar dúvidas e perceber que todos tinham compreendido, foi realizada a atividade "Enviar mensagem secreta". Nesse exercício, foi proposto decifrar uma mensagem a partir

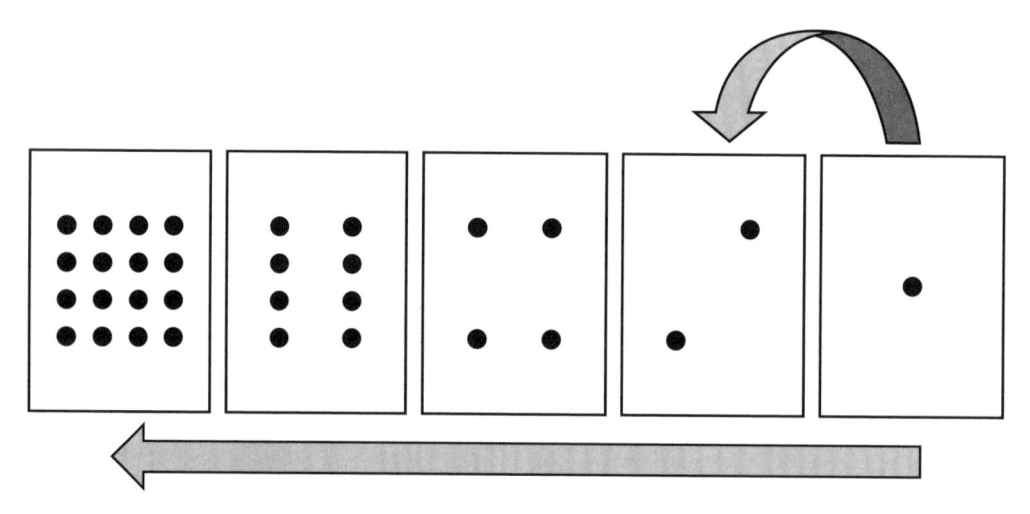

Figura 16.3 Sequência para conversão da base binária.

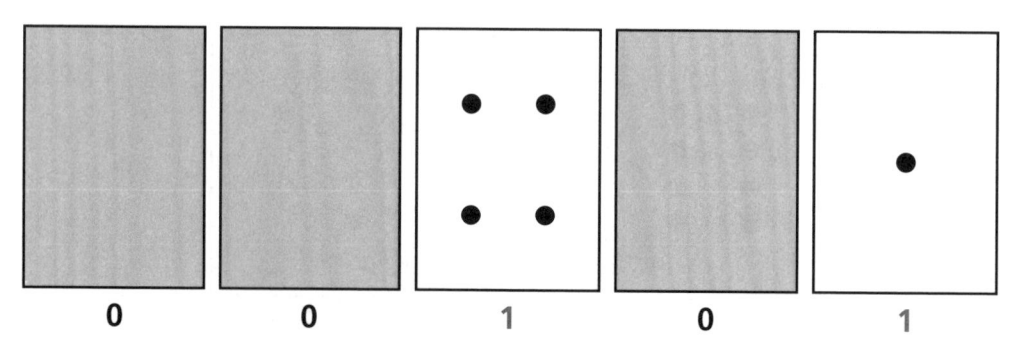

Figura 16.4 Composição de um número binário.

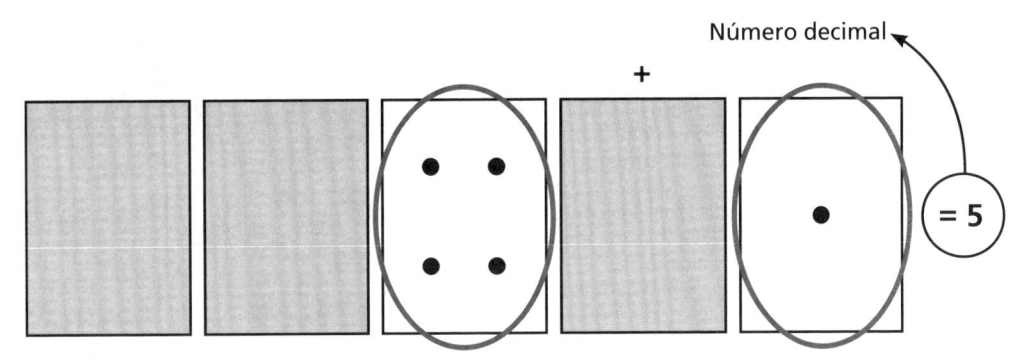

Figura 16.5 Conversão para a base decimal.

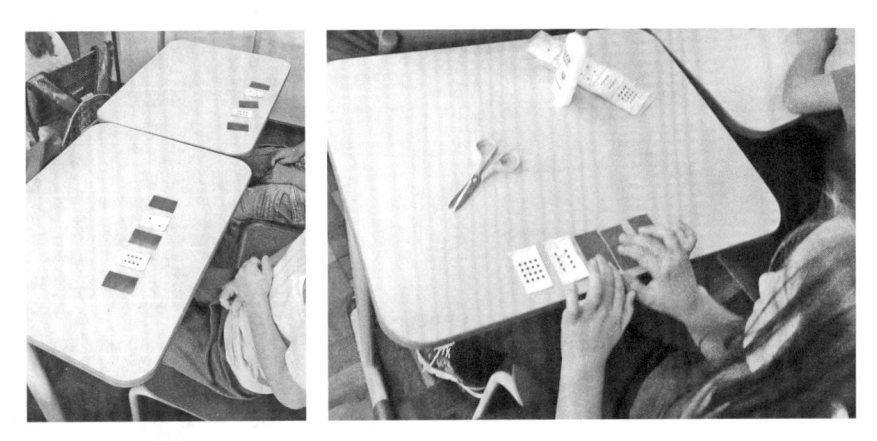

Figura 16.6 Alunos aprendendo a formar números binários.

da aprendizagem sobre números binários, de posse de uma tabela que relacionava números e letras. A mensagem teria sido elaborada por alguém que ficou preso no último andar de uma loja e, para pedir ajuda, utilizou lâmpadas de Natal para criar uma mensagem por meio de um código binário (**Fig. 16.7**).

Dos 26 alunos presentes, apenas três tiveram dificuldade para decifrar a mensagem. Os demais realizaram a atividade com êxito (**Fig. 16.8**).

As atividades 2 e 3 também envolveram números binários. Os alunos receberam folhas com exercícios e, a partir dos cartões, deveriam descobrir o número binário correspondente. Para que entendessem a atividade, foi necessário explicá-la três vezes. Na atividade 2, apenas uma aluna não preencheu o exercício corretamente. Já na atividade 3, foram escritas três questões no quadro, e cinco alunos não conseguiram concluí-la.

Tema 2: *Pixels*: convertendo números em imagens

Nessa atividade, os alunos compreenderam o conceito de *pixels* (**Fig. 16.9**). Estavam presentes 26 crianças. Inicialmente, foi explicado que a tela de um computador e as imagens digitais são formadas por vários quadradinhos minúsculos, que são chamados de *pixels*. Assim, quando se dá um *zoom* em uma imagem – ou seja, aproxima-se ou amplia-se uma imagem –, observam-se esses pontos.

Tom está preso no último andar de uma loja. É noite de Natal e ele quer ir para casa com seus presentes. O que ele pode fazer? Ele tentou chamar alguém, até mesmo gritar, mas não há ninguém por perto. Do outro lado da rua, ele pode ver uma pessoa ainda trabalhando em seu computador até tarde da noite. Como ele poderia atrair sua atenção? Tom olha em volta para ver o que poderia usar. Então, ele tem uma brilhante ideia: utilizar as lâmpadas da árvore de natal para enviar uma mensagem! Ele coletou todas as lâmpadas disponíveis e as conectou aos bocais de forma que pudesse acendê-las ou apagá-las. Ele usou um código binário simples, que ele sabia ser de conhecimento da mulher do outro lado da rua. Você pode identificar a mensagem enviada por Tom?

1	2	3	4	5	6	7	8	9
a	b	c	d	e	f	g	h	i
10	11	12	13	14	15	16	17	18
j	k	l	m	n	o	p	q	r
19	20	21	22	23	24	25	26	
s	t	u	v	w	x	y	z	

Figura 16.7 Atividade "enviar mensagem secreta".
Fonte: Bell, Witten e Fellows (2011, p. 6).

Figura 16.8 Decifrando o enigma por meio da conversão binária.

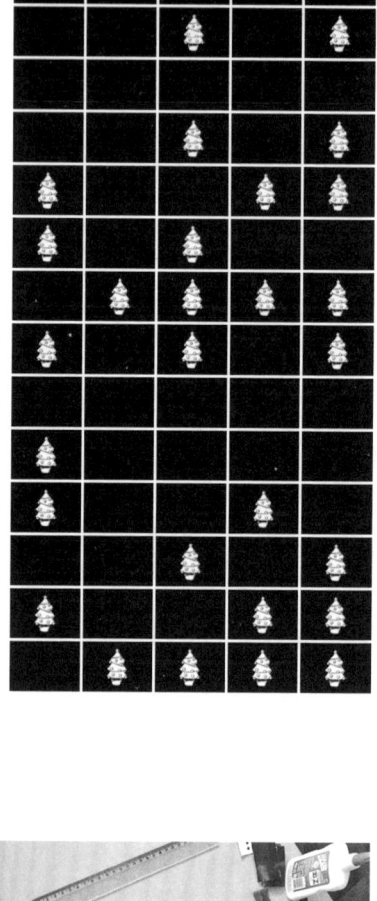

Figura 16.9 Aprendendo sobre números binários.

A imagem da borboleta na **Figura 16.10** mostra como é possível identificar os *pixels* a partir da ampliação de uma figura. Esse exemplo foi exposto às crianças antes de iniciar a apresentação do tema, visto que melhora a compreensão dos *pixels*.

Convertendo números em imagens, iniciou-se a primeira atividade, utilizando a representação de imagens em preto e branco. Para sistematizar o conceito de *pixel*, partiu-se da ideia de que uma imagem teria sido ampliada. Alguns alunos já haviam realizado a ampliação de figuras em um computador e já compreendiam melhor essa atividade. Esse exercício requer muita atenção do estudante, visto que a composição da imagem é realizada por meio de sequências de números na horizontal. O primeiro número sempre se refere à quantidade de *pixels* brancos. No entanto, quando se inicia pelo número 0, o *pixel* começa por preto. A **Figura 16.11** apresenta exemplos.

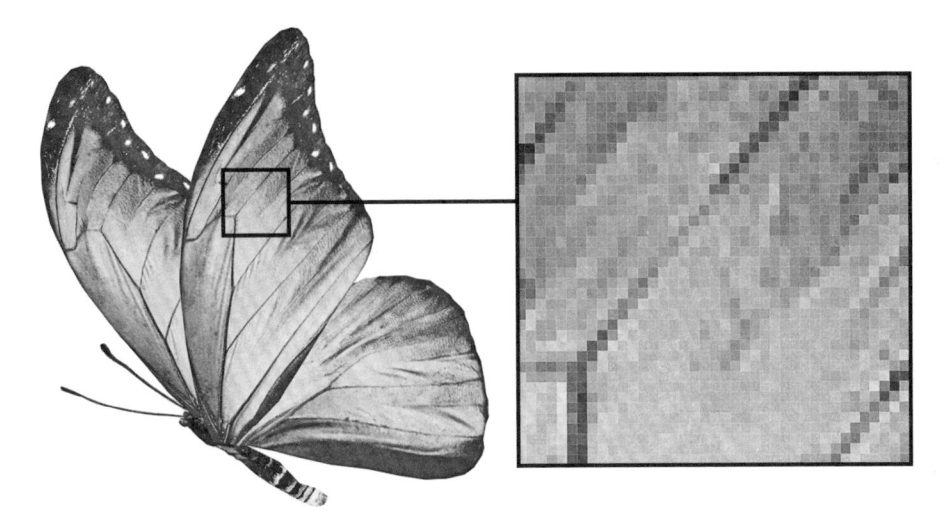

Figura 16.10 Representação de *zoom* em uma imagem para visualizar *pixels*.

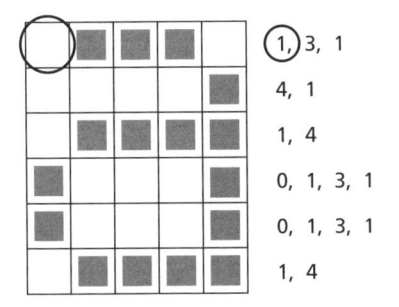

Quando a sequência começa por um número diferente de zero, deve ser deixado em branco o número de quadrados indicado antes da vírgula. Neste caso, apenas um.

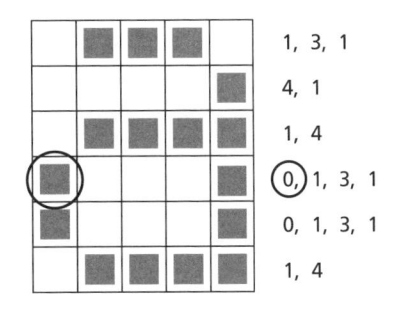

Quando a sequência começa por zero, deve ser pintado de preto o número de quadrados indicado antes da vírgula. Neste caso, apenas um.

Figura 16.11 Exemplos de como converter números em imagens.
Fonte: Bell, Witten e Fellows (2011, p. 16).

Nessa atividade, os alunos demonstraram muito interesse, pois não sabiam o que seria revelado após a interpretação dos números. Foram realizadas três atividades referentes a esse tema, correspondendo à representação da letra A, de uma xícara e do personagem Homer Simpson (**Fig. 16.12**).

Após a compreensão do conceito de *pixel* em imagens em preto e branco, os alunos foram desafiados a criar imagens coloridas. Em seguida, foi elaborado um código para cada cor. Por exemplo, para formar o código da cor amarela, era apresentado primeiro o número de elementos a serem pintados, seguidos da cor entre parênteses. A **Figura 16.13** exemplifica a atividade realizada para representar uma imagem colorida.

A imagem elaborada por um aluno da turma chamou a atenção dos colegas; por isso, a reprodução dessa imagem na tela quadriculada foi realizada coletivamente (**Fig. 16.14**).

Em seguida, cada criança elaborou a representação de um desenho. Nesse exercício, foi possível observar a compreensão dos conceitos referentes à conversão de números em imagens. Outro aspecto que chamou atenção foi a criatividade dos estudantes, pois as imagens por eles elaboradas continham muitos detalhes e apresentavam um conteúdo final de qualidade (**Fig. 16.15**).

Tema 5: Linguagem de programação

Nesta aula, estavam presentes 30 alunos. Para iniciar a atividade, houve uma conversa com as crianças sobre linguagem de programação. Foi explicado que os computadores são geralmente programados por meio de uma linguagem, que

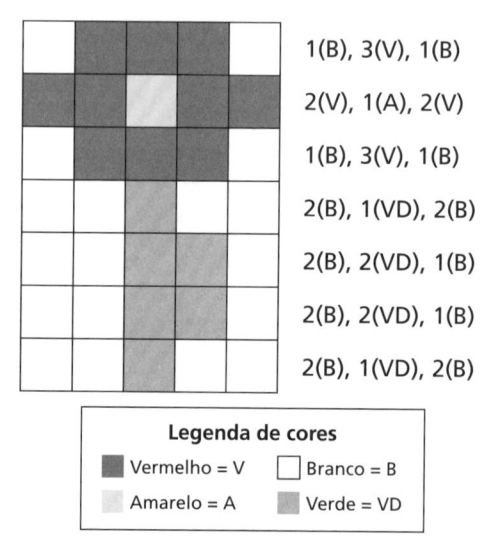

Figura 16.13 Exemplo do código de cores para conversão de figura colorida.

Esta imagem, em cores, está disponível para *download* no *site* da Editora (grupoa.com.br – buscar pelo título do livro).

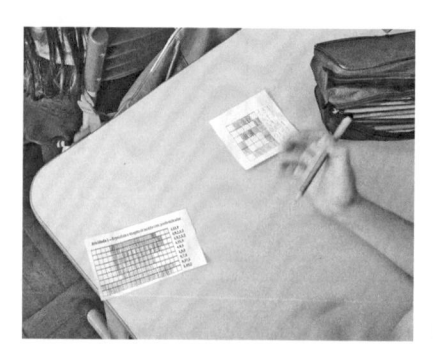

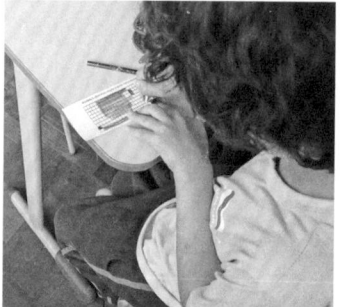

Figura 16.12 Realização de atividade de conversão de números para imagens.

Figura 16.14 Reprodução do personagem Minion elaborada por um aluno.

é um vocabulário limitado de instruções que devem ser obedecidas, e que essas máquinas sempre obedecem às instruções ao pé da letra, mesmo se as instruções levarem a um resultado errôneo.

Então, foi feita a seguinte pergunta aos alunos: "É adequado que as pessoas sigam instruções à risca?". Após algum tempo pensando, não houve um consenso. Alguns achavam que sim, remetendo-se à ideia de obediência. Outros acreditavam que não, que dependeria do contexto da situação. Então, foi lançada uma frase para pensarem a respeito: "Atravessem a porta!". Em seguida, eles foram questionados sobre se poderiam seguir essa instrução como lhe fora dada, então perceberam que, para realizar a ação, necessitariam de mais instruções. Assim, foi explicado a eles que, para que o computador compreenda e execute corretamente os comandos, é necessário que a sua linguagem de programação seja clara e precisa. Então, para que as crianças pudessem entender como isso se processa na máquina, foi desenvolvida a atividade de dobradura.

Inicialmente, foi feito, em conjunto, o passo a passo de uma dobradura. Essa atividade permitiu identificar a necessidade de compreensão e interpretação correta das instruções repassadas, visto que a execução incorreta na posição de dobrar ou recortar a folha de papel traria um resultado equivocado para a atividade (**Fig. 16.16**).

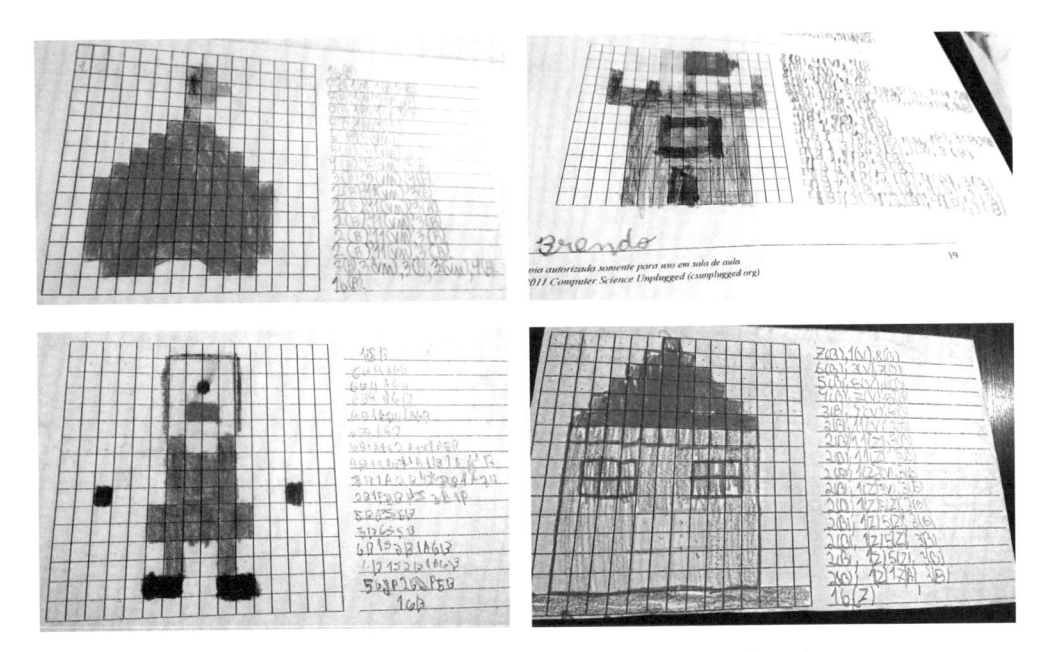

Figura 16.15 Imagens criadas pelos alunos e representação de seus códigos de cores.

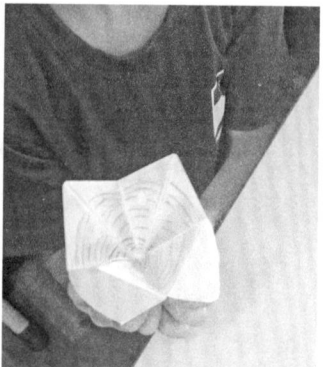

Figura 16.16 Execução de passo a passo de uma dobradura coletiva.

Em seguida, foi solicitado que cada aluno pensasse e escolhesse uma dobradura que soubesse realizar sozinho e após descrevesse o passo a passo, para que outra pessoa pudesse realizá-la sem sua ajuda, somente interpretando o que havia escrito no papel. Nessa atividade, foi possível verificar a dificuldade apresentada pelos alunos em esquematizar suas ideias, visto que sabiam como confeccionar a dobradura, no entanto, sentiam-se limitados em transcrever as instruções para sua reprodução.

Observando a situação, foi necessário intervir e apresentar exemplos de passo a passo. Nesse ponto, foram relembrados alguns conhecimentos prévios, anteriormente desenvolvidos em sala de aula. As atividades realizadas foram recordadas a partir do gênero textual: texto instrucional, no qual foi compreendida a estrutura contida em receitas culinárias, manuais de instruções de aparatos diversos, além do passo a passo para realização de uma mágica.

A partir da visualização dos exemplos descritos, os alunos iniciaram o trabalho de elaboração do passo a passo de suas dobraduras. Após finalizar, as instruções foram trocadas entre diferentes alunos. Nesse momento, mais uma vez, percebeu-se que nem todas as ideias foram escritas claramente para a interpretação do colega. Apenas cinco alunos conseguiram realizar a dobradura a partir da leitura e interpretação do texto (**Fig. 16.17**).

Para que os alunos conseguissem visualizar e compreender o objetivo da atividade, houve uma conversa sobre as falhas ocorridas

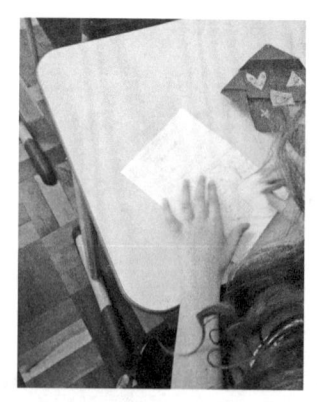

Figura 16.17 Confecção de dobradura elaborada por outro aluno.

na transcrição das ideias. Foi realizada a reestruturação dos textos, e os alunos retomaram a confecção das dobraduras. Explicou-se aos alunos que os computadores seguem, de maneira literal, as instruções repassadas, sem pensar se está certo ou errado. No entanto, quando não conseguem interpretar o que foi solicitado, retornam mensagens de erros ao usuário. Por isso, é necessário que as instruções utilizadas na programação de computadores sejam bem escritas.

OUTROS TEMAS DESENVOLVIDOS

As demais aulas referentes aos sete temas são descritas brevemente a seguir.

Tema 3: Teoria da informação

Para introduzir o tema da teoria da informação com os alunos, optou-se por utilizar o dicionário para exemplificar o conceito. Os alunos deveriam encontrar inicialmente a definição da palavra "casa" em seus dicionários, abrindo na página que acreditavam que estaria mais próxima da palavra procurada. A partir da página aberta, as crianças deveriam avaliar se a informação estava próxima ou distante da palavra que estavam procurando. Essa atividade permite identificar quantas tentativas são realizadas até que a criança consiga solucionar a atividade.

Em processamento de sinais, a quantidade de informação contida nas mensagens é mensurada pela dificuldade em adivinhá-la. Para a compreensão desse conceito, foram realizadas duas atividades com as crianças. A primeira chama-se jogo das 20 perguntas, na qual primeiramente escolhe-se uma criança, que deverá pensar em um número entre 0 e 100. As outras podem fazer perguntas à criança escolhida, que responde somente "sim" ou "não" até que se adivinhe a resposta. Qualquer pergunta pode ser feita, contanto que a resposta seja especificamente "sim" ou "não".

Foi apresentado também o conceito de árvore, bastante usado em ciência da computação para estruturar dados de forma a permitir a busca de informações de maneira mais eficiente. A aprendizagem desse conceito tornou-se importante para que as crianças pudessem compreender a importância da síntese de ideias e a funcionalidade desse recurso nos computadores, visto que alguns sistemas podem reduzir um arquivo de texto a até um quarto do seu tamanho original, proporcionando uma grande economia de espaço no armazenamento dos dados.

Tema 4: Interpretação e execução de algoritmos

O objetivo dessa aula foi apresentar aos alunos métodos utilizados pelo computador para ordenar elementos de maneira rápida e eficiente. A partir dos métodos de seleção e *quicksort*, as crianças entenderam que existem diferentes métodos, e que cada algoritmo é desenvolvido para determinado propósito, como ordenar uma lista de nomes que têm os seus registros cadastrados aleatoriamente, colocando-os em ordem alfabética.

Temas 6 e 7: Raciocínio lógico

Os conteúdos de situações-problema e lógica não serão descritos, visto que foram desenvolvidos ao longo dos anos letivos de 2015 e 2016 com a turma participante da pesquisa.

Considera-se importante que se desenvolva com os alunos o hábito de exercitar atividades desafiadoras, por meio de situações-problema, desafios, jogos e enigmas que favoreçam a sua aprendizagem de diferentes formas e seja possível verificar o conhecimento de conceitos que sejam de seu domínio. Para a realização dessas atividades, é importante não se deter somente nos procedimentos padronizados, deixando que a criança explore os dados e busque encontrar soluções da maneira que acredite ser melhor.

CRITÉRIOS DE AVALIAÇÃO E RESULTADOS

Como critério de avaliação, utilizaram-se os padrões definidos pela International Society for Technology in Education (INTERNATIONAL SOCIETY FOR TECHNOLOGY IN EDUCATION, c2019), com ênfase na competência de pensar computacionalmente. Essa habilidade permite aos alunos desenvolver e empregar estratégias para resolução e compreensão de problemas, utilizando a tecnologia para verificar e testar soluções. Além disso, o processo de definição dos critérios de avaliação também se fundamentou nos parâmetros da pesquisa de Lee *et al.* (2014).

A avaliação do trabalho foi realizada por meio de uma análise pautada na associação dos conteúdos elencados nos setes eixos de conteúdos com os critérios de avaliação. Isso foi feito de maneira a permitir observar a evolução individual e coletiva dos alunos participantes, bem como analisar as contribuições do pensamento computacional no desenvolvimento do raciocínio lógico.

Na terceira coluna da **Tabela 16.2**, apresenta-se uma análise global sobre os resultados obtidos acerca dos critérios de avaliação definidos. O interesse primordial dessa análise é pautar o trabalho de outros pesquisadores em relação a pontos que mereçam mais cuidado de planejamento. Destaque-se outra vez que as atividades em si, realizadas em sala de aula, devem ser definidas caso a caso, segundo o contexto (escola, sala de aula, alunos).

A partir das atividades desenvolvidas com o grupo de alunos percebe-se que a aprendizagem dos conceitos ligados à ciência da computação se deu de forma satisfatória. Proporcionar às crianças o conhecimento de temas ligados à área da ciência da computação desde os primeiros anos de escolarização torna-se fundamental na atual sociedade, considerando que a tecnologia avança, e computadores e soluções computacionais estão envolvidos cada vez mais em nossas vidas diárias. Portanto, todos os níveis de educação devem, em algum momento, propiciar que crianças e jovens se preparem para um mundo cada vez mais digital.

CONSIDERAÇÕES FINAIS

Foi possível observar que, com a introdução de conceitos da ciência da computação logo nos anos iniciais de escolarização, os estudantes desenvolveram habilidades que vão além de pensar logicamente, como a autonomia e a capacidade de transformar um problema geral em parcelas menores para sua resolução. Além disso, os participantes adquiriram conhecimentos antes delimitados a áreas específicas, como computação e engenharia.

Compreende-se também que, para maiores contribuições no desenvolvimento do raciocínio lógico dos alunos, é necessário dar continuidade às atividades aplicadas, de modo a nivelar os conhecimentos e propiciar maior grau de complexidade de aprendizagem. O estímulo ao raciocínio lógico e às habilidades ligadas ao pensamento computacional pode ser especialmente importante no atual contexto, no qual a tecnologia traz inovações constantes e a sociedade requer novas competências. Exigem-se cada vez mais do estudante capacidades como pensamento sistêmico, autonomia, comunicação, relacionamento interpessoal, eficácia em processos e solução de problemas.

A partir das atividades desenvolvidas acerca do pensamento computacional com o grupo de alunos participantes, foi possível observar a assimilação de novos conceitos ligados à ciência da computação, visto que os alunos passaram a dominar os principais termos trabalhados, os

TABELA 16.2 Critérios de avaliação e resultados

Conceito	Critérios de avaliação	Avaliação dos resultados
Conversão de bases numéricas	O aluno compreende que existem diferentes bases numéricas, sendo a decimal a convencional. Ele aprende que a base binária é formada por apenas dois algarismos – 0 e 1 –, e qualquer número natural pode ser representado pelo sistema binário. Por exemplo, "O número 11 também pode ser representado na base binária como 01011".	Observa-se que neste item 100% dos alunos conseguiram compreender a existência de diferentes bases numéricas. No processo de conversão para base binária, compreende-se que 96% das crianças conseguiram realizar a representação a partir de sua aprendizagem.
Representação de uma imagem por meio de *pixels*	O aluno compreende que imagens podem ser representadas por números, os quais definem a sequência dos *pixels*. Por exemplo, "Consigo representar uma imagem usando os números 0 e 1".	Todos os alunos que realizaram a atividade dominaram o processo de conversão de imagens, a partir da interpretação da sequência de *pixels*.
Questionamento sistêmico	O aluno compreende que é possível definir regras que melhorem a eficiência de seus questionamentos e proporcionem melhores resultados. Por exemplo, "Fazendo as perguntas seguindo uma lógica, posso conseguir o resultado de forma mais rápida".	Na primeira atividade proposta, verificou-se que apenas 23% dos alunos conseguiram atingir a proposta da atividade individualmente. No segundo exercício, a partir do trabalho coletivo e da discussão de ideias para concluir a decisão, avalia-se que 100% atingiram êxito na atividade.
Pensamento algorítmico	O aluno organiza o seu pensamento de forma a fornecer subsídios para resolver problemas, podendo estes ser subdivididos em subproblemas, que tendem a facilitar o seu processo de resolução. Por exemplo, "Consigo encontrar qualquer palavra em um dicionário se seguir um passo a passo e repeti-lo até encontrar a palavra".	No processo de transcrição do algoritmo da dobradura, apenas 17% das crianças conseguiram realizar a atividade proposta. Apesar disso, os alunos demonstraram a aprendizagem do conceito quando foram questionados e reportaram que no computador há a necessidade de passar informações precisas para que ocorra a interpretação correta, visto que, diferentemente dos seres humanos, a máquina só irá realizar as instruções repassadas literalmente.
Interpretação e execução de algoritmos	O aluno consegue interpretar instruções de forma correta, executando-as de maneira a alcançar uma solução. Por exemplo, "Se eu não seguir as instruções corretamente, o resultado ficará diferente do esperado".	Optou-se por desenvolver as atividades coletivamente, obtendo, assim, um resultado de 100% de aproveitamento nos grupos, verificado a partir das trocas de ideias e argumentos utilizados pelas crianças na compreensão do algoritmo.
Abstração de problemas	O aluno consegue identificar a origem do problema, extraindo as informações relevantes para solucioná-lo. Por exemplo, "Eu entendi o que devo fazer para resolver o problema e preciso calcular com esses números".	Neste processo, verificou-se, a partir do acompanhamento contínuo e nas situações-problema propostas, que 81% conseguiam abstrair as informações para buscar uma possível solução.
Solução de problemas	O aluno organiza as informações e analisa as variáveis, formando uma solução. Por exemplo, "A partir destas quantidades, consigo resolver de duas formas e ter o mesmo resultado".	A partir do acompanhamento das atividades, verificou-se que cerca de 70% dos alunos conseguiam encontrar as soluções propostas, seja por meio do uso padronizado de operações ou de acordo com seu raciocínio lógico.

Fonte: Elaborada com base em Denner, Werner e Ortiz (2012), Lee *et al.* (2014) e International Society for Technology In Education (2016).

quais foram abordados no projeto; além disso, apresentaram uma maior maturidade na resolução dos problemas, mostrando que já conseguem refletir de maneira mais criteriosa, visando encontrar soluções para as atividades propostas.

Dessa forma, conclui-se que a aprendizagem de conceitos computacionais da forma apresentada atrai a curiosidade das crianças, de modo a estimular que encontrem soluções rápidas para diferentes problemas. A pesquisa aqui apresentada permitiu que, além da aprendizagem de conceitos ligados à ciência da computação, as crianças compreendessem a possibilidade de desenvolver mecanismos de interação e descobertas por meio da máquina, permitindo que possam atuar sobre o computador e não somente utilizar os recursos previamente disponíveis no equipamento.

REFERÊNCIAS

BELL, T.; WITTEN, I. H.; FELLOWS, M. *Computer Science Unplugged*: an enrichment and extension programme for primary-aged students. [S. l.]: CS Unplugged, 2011.

DENNER, J.; WERNER, L.; ORTIZ, E. Computer games created by middle school girls: can they be used to measure understanding of computer science concepts? *Computers & Education*, n. 58. p. 240-249, 2012.

EVANS, J. S. In two minds: dual-process accounts of reasoning. *Trends in cognitive sciences*, v. 7, n. 10, p. 454-459, 2003.

INTERNATIONAL SOCIETY FOR TECHNOLOGY IN EDUCATION. ISTE standards for students. c2019. Disponível em: www.iste.org/standards/standards/for-students-2016. Acesso em: 28 maio 2019.

KRAMER, J. Is abstraction the key to computing?. *Communications of the ACM*, v. 50, n. 4, p. 36-42, 2007.

LEE, T. Y. *et al*. CTArcade: computational thinking with games in school age children. *International Journal of Child-Computer Interaction*, v. 2, n. 1, p. 26-33, 2014.

MARTINS, A. R. Q. *Usando o Scratch para potencializar o pensamento criativo de crianças do ensino fundamental*. 2012. Dissertação (Mestrado em Educação) - Universidade de Passo Fundo, Passo Fundo, 2012.

PIAGET, J. *A epistemologia genética e a pesquisa psicológica*. Rio de Janeiro: Freitas Bastos, 1974.

POLYA, G. *A arte de resolver problemas:* um novo aspecto do método matemático. Rio de Janeiro: Interciência, 1995.

WING, J. M. Computational thinking. *Communications of ACM*, v. 49, n. 3, p. 33-36, 2006.

LEITURAS RECOMENDADAS

VENTURA, M. A. *Resolução de imagens (bitmap)*. 2012. Disponível em: http://www.marceloaventura.art.br/blog/?p=59pixels. Acesso em: 28 maio 2019.

WING, J. M. *Computational thinking benefits society*. 2014. Social Issues in Computing blog. Disponível em: http://socialissues.cs.toronto.edu/index.html%3Fp=279.html. Acesso em: 28 maio 2019.

ANOS FINAIS DO ENSINO FUNDAMENTAL

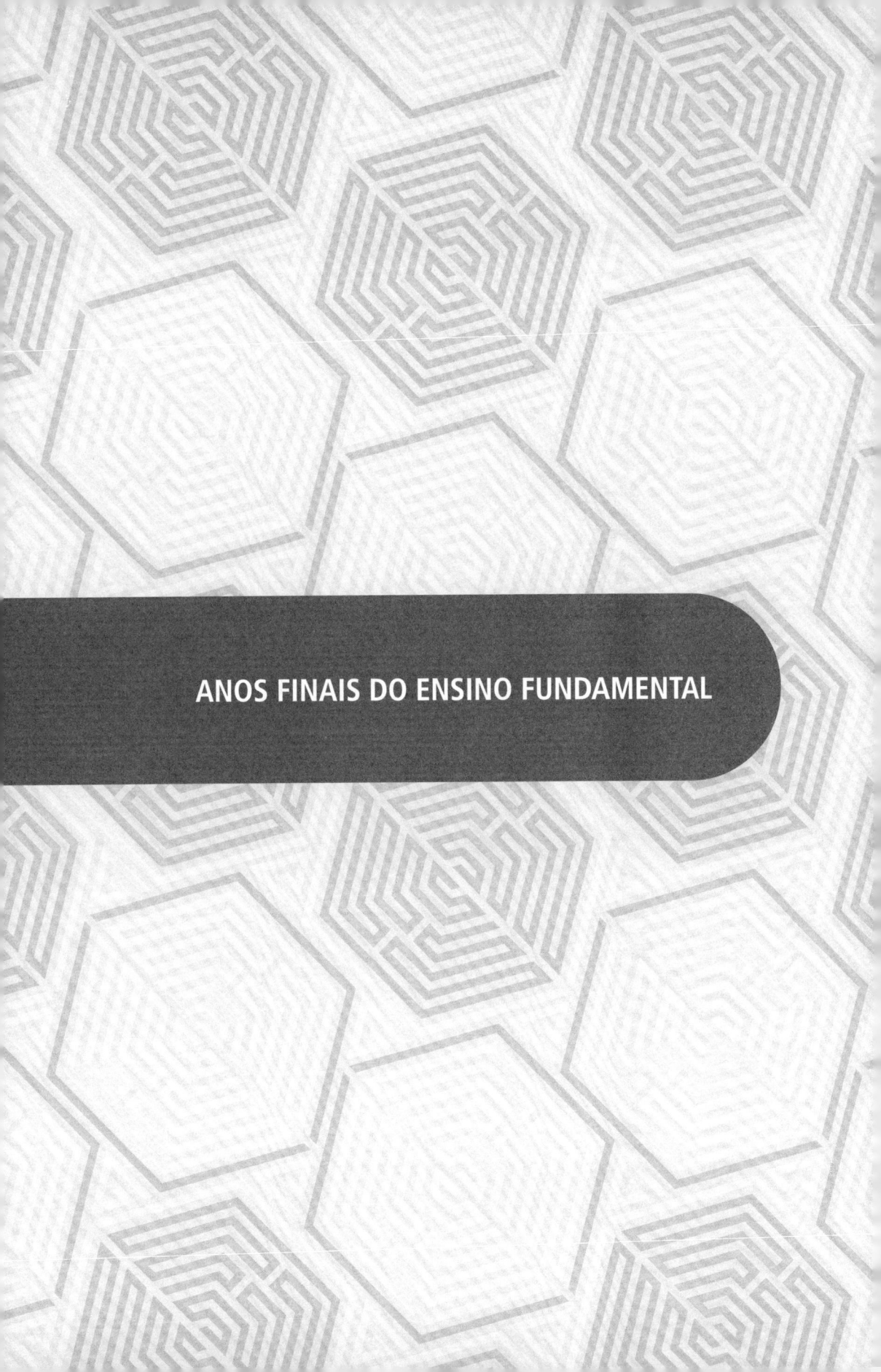

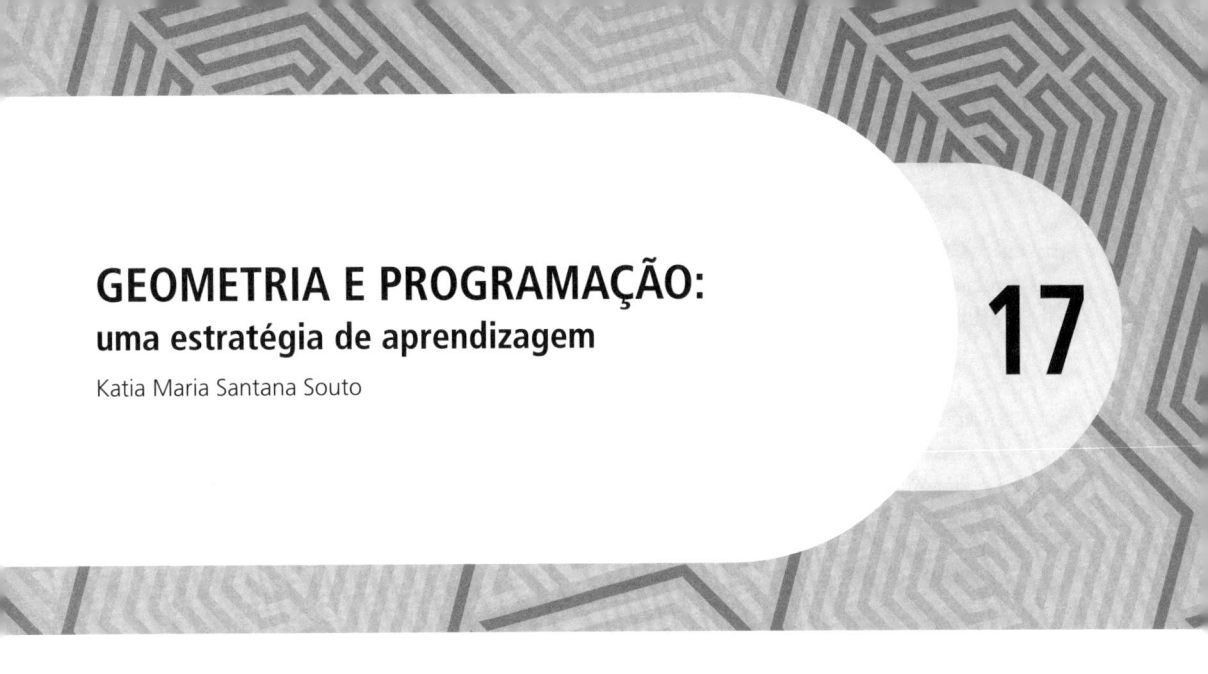

GEOMETRIA E PROGRAMAÇÃO:
uma estratégia de aprendizagem

Katia Maria Santana Souto

As tecnologias podem reforçar a contribuição dos trabalhos pedagógicos e didáticos contemporâneos, pois permitem que sejam criadas situações de aprendizagens ricas, complexas, diversificadas.

Perrenoud

Com o surgimento e o aprimoramento das tecnologias da informação e comunicação (TICs) e, nas últimas décadas, do hipertexto e de uma metalinguagem, pela primeira vez na história, integram-se no mesmo sistema as modalidades escrita, oral e audiovisual de comunicação humana, a chamada Infovia. Hoje, as TICs são responsáveis por uma grande transformação histórica e social, tanto no que diz respeito às formas de comunicação como à formação da cultura, pois, segundo Castells:

> [...] a cultura é mediada e determinada pela comunicação, as próprias culturas, isto é, nossos sistemas de crenças e códigos historicamente produzidos, são transformados de maneira fundamental pelo novo sistema tecnológico e o serão ainda mais com o passar do tempo (CASTELLS, 2011, p. 414).

Assim, existe o surgimento de um questionamento sobre as condições, as características e os efeitos reais dessa mudança. A educação como parte integrante da formação de cultura e a comunicação como forma de mediação de suas ações pedagógicas remetem a uma pergunta fundamental: quais são os benefícios que a tecnologia pode trazer para a vida profissional do professor e para o ensino e a aprendizagem? Remetem também a uma certeza: os educadores não podem se colocar distantes de toda essa mudança.

Entende-se, portanto, que o professor contemporâneo, que atua nessa sociedade que está em transformação cultural e histórica por meio das tecnologias, precisará fazer uso dos mais diversos recursos tecnológicos como meio de favorecimento dos processos de ensino e aprendizagem.

O primeiro esclarecimento que cabe ser feito refere-se ao fato de que não é o uso da tecnologia que irá modificar esse processo, visto que a tecnologia pode facilitar, otimizar, proporcionar outras relações, mas não direcionar o trabalho. As tecnologias, por si, não mudam a escola, mas trazem mil possibilidades de apoio ao professor e de interação com e entre os alunos (MORAN; MASETTO; BEHRENS, 2008). A qualidade do ensino sempre estará nas mãos dos protagonistas: professores, alunos e equipes, incluindo ferramentas que podem ser potencializadas para a configuração de um novo cenário.

Cabe ressaltar que o professor não precisará aprofundar-se nos conhecimentos técnicos específicos de cada equipamento tecnológico, mas precisará conhecê-los minimamente e, sobretudo, relacioná-los pedagogicamente com sua disciplina, de forma a integrá-los ao cotidiano de sua prática. A ideia não é fazer um uso técnico das ferramentas multimídia, mas trazer instrumentos que possibilitem uma relação pedagógica dialógica e reflexiva.

Este capítulo apresenta uma experiência de uso de tecnologias nas aulas de geometria com alunos do 5º ano do ensino fundamental. Sendo a geometria uma disciplina de conceitos abstratos, é necessário agregar elementos que auxiliem o aluno na construção de tais conceitos. Portanto, é fundamental o uso de *softwares* e *sites* por meio dos quais o aluno possa compreender e exercitar conceitos como plano cartesiano, ponto/localização/coordenadas, formas geométricas, segmento de reta, perímetro e área. Além da internalização desses conceitos, houve a promoção da transposição de aprendizagem, levando os alunos a observarem os conceitos matemáticos aprendidos e sua aplicabilidade prática por meio da programação simples de *games*.

AS INQUIETAÇÕES QUE LEVARAM AO OBJETO DO TRABALHO

O verdadeiro conhecimento vem de dentro.

Sócrates

O início das atividades pedagógicas de todo professor é o planejamento, pois, por meio dele, prevê suas ações durante o ano letivo, os bimestres e, de modo mais minucioso, suas aulas diárias. Dessa maneira, o trabalho pedagógico ganha corpo e, além de indicar as ações futuras, permite avaliá-las e replanejá-las.

Comumente, são encontradas aulas expositivas auxiliadas por giz e lousa. Os alunos reclamam do tédio de ficar ouvindo um professor falando por horas, da rigidez dos horários, da distância entre o conteúdo das aulas e a vida (MORAN; ROMANOWSKI, 2004). No entanto, não é o uso do recurso visual que imprime uma concepção inovadora à aula, mas, sim, a maneira como o professor planeja suas aulas e como utiliza as tecnologias disponíveis com criatividade, de modo a gerar motivação e interação e auxiliar no ensino e na aprendizagem. Ainda de acordo com Moran e Romanowski (2004), educar com qualidade implica ter acesso e competência para organizar e gerenciar as atividades didáticas em pelo menos quatro espaços: na sala de aula; no laboratório de informática conectado; em ambientes virtuais de aprendizagem; e em ambientes experimentais e profissionais (prática/teoria/prática).

Existem alguns problemas que dificultam a mudança da prática do professor. O maior deles é o sentimento de conforto e segurança da boa e velha prática pedagógica testada e conhecida. Para Moran e Romanowski (2004, p. 246), "[...] é preferível a velha aula com verniz de modernidade, a arriscar ter muito trabalho e correr o risco de fracassar ou ser criticado". Outro fator é a imagem que pais e alunos têm sobre a educação, geralmente ligada ao ensino tradicional. A distância entre o discurso e a prática também dificulta a mudança, pois muitas instituições têm belos discursos, que até mesmo fazem parte de planos de ensino e planos institucionais, mas, cotidianamente, percebe-se a grande lacuna entre o que está escrito e o que é dito em reuniões pedagógicas, nos corredores e na prática docente.

> Cabe ao professor iniciar esta mudança pela sua aula e aproveitar-se das tecnologias disponíveis para inovar, elaborar planejamentos flexíveis a atividades presenciais e virtuais, síncronas e assíncronas, de pesquisa orientada e até aulas expositivas que venham a sintetizar e organizar conceitos e conteúdos. Só assim avançaremos de verdade e poderemos falar de qualidade na educação e de uma nova didática. (MORAN; ROMANOWSKI, 2004, p. 252).

Para que esse planejamento envolvendo as TICs e seus diversos recursos seja efetivado, é necessário analisar alguns itens: a formação do professor para o uso das TICs; a cultura da instituição favorável ao uso das tecnologias, bem como de experiências virtuais; a concepção do professor a respeito do uso desses recursos; e a relação do professor com aulas virtuais, sejam semipresenciais e/ou totalmente a distância. A análise de todo esse conjunto refletirá a prática pedagógica do professor e o quanto este insere ou não recursos tecnológicos em sua metodologia de trabalho.

A partir dessas breves considerações, percebeu-se a necessidade de elaborar uma proposta pedagógica que buscasse na tecnologia o amparo para o ensino dos conceitos iniciais de geometria para os alunos de 5º ano do ensino fundamental. A necessidade de uma estratégia diferenciada para o ensino de geometria surgiu nos encontros do grupo de estudo em matemática realizado na escola com os professores dos diversos segmentos: educação infantil, anos iniciais e finais do ensino fundamental e ensino médio. Esse grupo tinha como objetivo promover a verticalização dos conteúdos na área de matemática.

Essa prática ocorreu em uma escola privada situada no bairro da Mooca, em São Paulo. A escola atende alunos desde a educação infantil até o ensino médio e, na época, houve um levantamento das principais dificuldades dos alunos em matemática a partir da análise dos resultados obtidos no Enem. Os resultados apontaram que as maiores dificuldades dos alunos estavam na aquisição dos conceitos de geometria.

Após esse levantamento, foram formados grupos de estudo semanais de cada área de conhecimento, integrados por professores representantes de todos os segmentos da escola a fim de refletir sobre a forma mais eficaz de garantir a aprendizagem dos alunos em cada área.

Durante os encontros, os pontos fortes e fracos do trabalho com matemática ficaram evidenciados e o ensino da geometria apareceu como um ponto a ser melhorado. Buscou-se, então, integrar os recursos tecnológicos disponíveis na escola ao planejamento das aulas de geometria. Com essa proposta, procurou-se responder ao seguinte questionamento: como usar as TICs com eficácia e qualidade para a aprendizagem dos alunos?

A FORMAÇÃO DOCENTE PARA A UTILIZAÇÃO DA TECNOLOGIA NO ENSINO E NA APRENDIZAGEM

Do ponto de vista da análise do trabalho, a pedagogia é a "tecnologia" utilizada pelos professores em relação ao seu objeto de trabalho (alunos), no processo de trabalho cotidiano, para obter um resultado (socialização e instrução).

Tardif

Sabe-se que o conhecimento não é algo estanque, mas ele nunca foi atualizado e revisitado com tamanha rapidez. Atualmente, a informação chega rapidamente e em grande quantidade a qualquer ponto do mundo. A questão que se formula é: como essa informação tem entrado nas instituições educacionais? Autores como Alonso (2008), Zuin (2010), Nóvoa (2009) e Castells (2011) apontam que os efeitos da globalização, da nova ordem econômica mundial e da evolução tecnológica, os quais são responsáveis pela quantidade e rapidez de processamento das informações, acabam por provocar nos professores sentimentos de instabilidade, pois as cobranças por atualização, aquisição de conhecimentos, competências e habilidades podem gerar desânimo ou resistência ao processo de formação em si, e não ao uso das tecnologias.

Outro fator importante sobre a velocidade em que a informação é veiculada é que se sabe que, para ocorrer a aprendizagem, é necessário um tempo para a acomodação do conhecimento.

> [...] a relação entre educação, memorização e fragmentação do conhecimento, tal como destacada no Documento-Referência da CONAE, tem que ser compreendida num contexto em que o atual uso instrumentalizado das TICs impele a fragmentação do conhecimento, na medida em que a capacidade de concentração é pulverizada. E, na mesma proporção em que a fragmentação do conhecimento é promovida pela atual indústria cultural, as concepções pedagógicas críticas precisam incentivar a permanência da memória, inclusive por meio do uso das TICs, como condição para que os conteúdos continuem historicamente presentes, de tal modo que haja o tempo necessário para que eles sejam tensionados entre si e auxiliem na produção de uma "refinada capacidade de se pensar conceitualmente e em sequência. (ZUIN, 2010, p. 977).

Os meios de comunicação e as tecnologias da informação significam para a escola um desafio cultural, que busca aproximar e minimizar a distância entre a cultura ensinada pelos professores nas salas de aula e a cultura aprendida pelos alunos por meio das mídias de massa. Conforme Alonso (2008, p. 748): "Há questões de fundo que implicam pensar TICs, escolas e formação de profissionais que atuem em contexto mutante e avizinhado por lógicas que não são as trabalhadas por instituições como a escola". A variedade dos meios descentraliza a forma de transmissão e circulação do saber. O movimento de revitalização da escola inclui, inevitavelmente, a interação com os recursos tecnológicos.

Essa interação – individual ou coletiva – é mediada pelas várias linguagens oferecidas pelas TICs, facilitando o conhecimento das demais culturas. "O surgimento de um novo sistema eletrônico de comunicação, caracterizado pelo seu alcance global, integração de todos os meios de comunicação e interatividade potencial, está mudando e mudará para sempre nossa cultura." (CASTELLS, 2011, p. 414).

No caso específico do uso do computador e da internet, tem-se a rica oportunidade de estabelecer, em uma única mídia, um processo de pensar que inicia o indivíduo nas etapas necessárias ao raciocínio científico: identificar problemas, levantar e testar hipóteses, organizar e manter a informação, interpretá-la e comunicá-la a terceiros (usando métodos orais, escritos, gráficos, imagéticos ou multimídia) e, finalmente, eleger a solução que melhor atende ao problema identificado.

Segundo Sancho e Hernández (2006), o trabalho com a incorporação das TICs apresenta três tipos de efeito: altera a estrutura do interesse (as coisas em que pensamos), muda o caráter dos símbolos (as coisas por meio das quais pensamos) e modifica a natureza da comunidade (a área em que se desenvolve o pensamento).

> As pessoas que vivem em lugares influenciados pelo desenvolvimento tecnológico não têm dificuldades para ver como a expansão e a generalização das TICs transformam numerosos aspectos da vida. Inclusive naqueles países em que muita gente não tem acesso a água potável, luz elétrica ou telefone, se fez notar a influência do fenômeno da globalização, propiciado pelas redes digitais de comunicação (SANCHO; HERNÁNDEZ, 2006, p. 17).

Cabe ao professor apropriar-se desses recursos e integrá-los à sua aula para garantir ao menos o estabelecimento de relações, por parte do aluno, entre o que se aprende na escola e o mundo extraescolar que o rodeia. Como afirma Almeida (2009, p. 167):

> Nessa aventura, o professor também é desafiado a assumir uma postura de aprendiz ativo, crítico e criativo, articulador do ensino com a pesquisa, investigador sobre o aluno, seu nível de desenvolvimento cognitivo, social e afetivo, sua forma de linguagem, expectativas e necessidades, seu estilo de escrita, contexto e cultura.

O alicerce para que o professor utilize os recursos tecnológicos como instrumento para a aprendizagem é a sua participação em projetos de formação e, principalmente, de formação continuada. Acredita-se que, quanto maior o conhecimento e letramento do professor em relação ao uso dos recursos tecnológicos, maiores seriam o sucesso e a eficácia de sua prática pedagógica mediada por tais recursos, caso estes fossem incorporados em sua prática pedagógica. Nóvoa (2009) traz a reflexão para a formação de professores "construída dentro da profissão", ou seja, a formação acadêmica aliada à formação na prática da vida pedagógica. Para que essa constituição formativa se efetive, o autor define algumas disposições que, no seu entender, caracterizam o trabalho de um "bom professor": o conhecimento, a cultura profissional, o tato pedagógico, o trabalho em equipe e o compromisso social.

> No essencial, advogo uma formação de professores construída dentro da profissão, isto é, baseada numa combinação complexa de contributos científicos, pedagógicos e técnicos, mas que tem como âncora os próprios professores, sobretudo os professores mais experientes e reconhecidos (NÓVOA, 2009, p. 44-45).

Verificamos, por conseguinte, que a formação do professor e a prática educativa são elementos indissociáveis e, de acordo com Tardif (2011), é essa prática concreta que se situa sempre em um ambiente de trabalho, que consiste em coordenar diferentes meios para produzir resultados educativos, isto é, socializar e instruir alunos em interação com eles, no interior de um determinado contexto, com vistas a atingir determinados objetivos e finalidades – em suma, determinados resultados.

Com essa compreensão, é importante perceber que o professor, no exercício da profissão, vivencia diversas formas de aprendizagem, incorporadas por diferentes tipos de saberes e baseadas, em grande medida, na sua experiência de vida. Para autores como Nóvoa (2009), Alonso (2008) e Tardif (2011), são o exercício da prática docente e a realização de seu trabalho, ao longo da carreira, os principais responsáveis pela aprendizagem do professor, condição que evidencia que a formação do professor acontece ao longo de sua vida profissional.

> As discussões sobre a formação de professores e sobre a relevância que estes assumem no contexto educativo têm posto em destaque a compreensão da natureza do trabalho do docente. Tenta-se, dessa maneira, estabelecer os requisitos mínimos do estatuto profissional da profissão do docente e, como consequência, os requisitos mínimos para a formação desses profissionais. Destaca-se na discussão a ideia da mediação, portanto, de profissionais que pudessem, competentemente, realizá-la (ALONSO, 2008, p. 759).

A formação precisa garantir aos professores atitude reflexiva e crítica (individual e coletiva), não somente do conhecimento obtido por meio das pesquisas, mas, necessariamente, do currículo presente em seu contexto educacional, levando-os a intervir em sua realidade. Alonso (2008) discute que o movimento para outras propostas de formação do professorado implica, nesse caso, trabalhar com conceitos como os de profissionalidade e autonomia.

> Profissionalidade entendida como processo de resgate de identidades profissionais, e autonomia entendida como processo de autoformação, de autogestão profissional e de constituição de espaços de trabalho reflexivos. Sobretudo porque o labor do docente pressuporia atividades de caráter teórico-prático, ou melhor, de compreensão das práticas estabelecidas por ele na escola (ALONSO, 2008, p. 760).

Isso permite ao professor compreender o próprio pensamento e sua maneira de agir na e sobre sua prática, tornando-o capaz de pesquisar sua realidade, como agente histórico, lendo o mundo e transformando-o quando necessário.

Assim, ao retomar o questionamento desse relato de experiência – Como incorporar as TICs com eficácia e qualidade na aprendizagem dos alunos? –, pode-se apontar, com base em Demo (2011), além dos elementos citados anteriormente: a elaboração de materiais didáticos criados pelo próprio grupo ou pelo professor para utilização em sala de aula; a construção de um projeto pedagógico próprio e adequado ao contexto social; e o estudo e a leitura sistemáticos de temas voltados ao currículo. Esses temas promovem o aprofundamento de conhecimento por parte do grupo e a análise e reflexão sobre a prática e levam à desconstrução de práticas arraigadas e à reconstrução de práticas mais atuais e inovadoras; tais propostas contribuem com eficácia e qualidade para uma formação continuada, seja em tecnologia educacional, seja em qualquer outra necessidade formativa.

O trabalho aqui relatado vai ao encontro dessas orientações, visto que surgiu da percepção e reflexão do grupo de professores em momentos de formação continuada, que culminaram em uma proposta diferenciada de atuação baseada no uso das mídias disponíveis na escola.

O DESENVOLVIMENTO DA PROPOSTA

*A primeira lei de Kranzberg diz:
a tecnologia não é nem boa, nem
ruim, e também não é neutra.*

Melvin Kranzberg

Conforme foi relatado anteriormente, durante as reuniões formativas do grupo de estudos em matemática foi observada pelos professores a necessidade de um trabalho diferenciado no ensino de geometria. Houve a parceria com a professora do laboratório de informática no sentido de buscar atividades, *sites* e programas que contribuíssem para essa finalidade. A sequência de atividades foi elaborada de forma a aliar as aulas de geometria às aulas de informática. Portanto, o conteúdo que era trabalhado em sala de aula era reforçado, revisado e sistematizado nas atividades das aulas de informática, e vice-versa. Os conceitos trabalhados com os alunos foram plano cartesiano, ponto/localização/coordenadas, formas geométricas, segmento de reta, perímetro e área. Os recursos midiáticos utilizados foram vídeos e atividades do *site* Khan Academy,[1] atividades de programação do *site* Code.org[2] e o *software* Geogebra.

Um mês antes de os conteúdos serem indicados em sala de aula, os alunos conheceram o *site* de programação Code.org e foi proposto que eles realizassem as atividades de programação do Curso 1 para que ao finalizar o curso aprendessem a programar um jogo. Nesse momento, nenhum conceito matemático foi trabalhado, apenas as questões relacionadas à programação de modo geral e aos *games*. Essa proposta foi um sucesso, pois a interface do *site* é extremamente amigável e projetada para atrair a atenção e o interesse de crianças e adultos. As atividades de programação do *site* não têm restrição de idade, e os cursos oferecem propostas que vão de 4 a 18 anos. Nesse *site*, foram trabalhados conceitos de lateralidade, com deslocamentos para norte, sul, leste e oeste, de posição e interpretação. Habilidades como atenção, raciocínio lógico e concentração também foram desenvolvidas durante as aulas.

Em seguida, passou-se ao trabalho com os conceitos de geometria e plano cartesiano. Iniciamos as aulas explicando aos alunos a sequência de atividades preparada e o objetivo do trabalho, que era tornar prático e lúdico o ensino da geometria. No *site* Khan Academy,

---

[1] Disponível em: https://pt.khanacademy.org
[2] Disponível em: https://code.org/

os alunos sistematizaram os conceitos de ponto, reta, semirreta e plano cartesiano por meio de exercícios propostos como situações-problema. Na aula seguinte, trabalhou-se novamente a programação, desta vez no Curso 2. Nesse momento, os conceitos trabalhados na aula anterior foram levados para as atividades propostas na programação.

Desse ponto em diante, as atividades foram alternadas entre os *sites*, sempre levando os conceitos matemáticos para as atividades de programação. Os alunos perceberam que para programar era necessário saber, além da linguagem de programação, conceitos de matemática e geometria, e que os termos matemáticos que eles utilizavam em sala de aula eram aplicados nos enunciados das atividades de programação. Assim, vivenciaram a aplicação da matemática em uma atividade prática de seu cotidiano, os *games*.

O *software* Geogebra contribuiu na concretização dos conceitos. Foram propostas atividades de construção de polígonos, bem como cálculos de área e perímetro, realizados no próprio programa. Nesse ponto, os alunos perceberam a precisão dos cálculos efetuados no *software* e a importância e necessidade de seguirem atentamente as orientações para a construção do polígono, pois, caso contrário, o cálculo ou o desenho sairiam errados. Também perceberam que, na maioria das vezes, os erros cometidos por eles ocorrem por falta de atenção ou de interpretação do enunciado das questões. Ao fim de cada aula no laboratório de informática, conversávamos sobre os conceitos aprendidos e sobre as dificuldades encontradas.

Por meio dessas observações, constatou-se que as TICs oferecem várias possibilidades como recurso didático. No entanto, para o professor utilizá-las, precisa de algumas competências vinculadas à informática educativa, além dos saberes necessários para o ensino do conteúdo curricular especificado em seu contexto educacional. Apenas para citar um exemplo sobre a importância das competências e habilidades, a reportagem da revista *Nova Escola* (Edição 236, outubro de 2010) intitulada O novo perfil do professor apresenta um perfil para o professor do século XXI, com as seguintes características: "ter boa formação, usar as novas tecnologias, atualizar-se nas novas didáticas, trabalhar em equipe, planejar e avaliar sempre e ter atitude e postura profissionais".

Estabelecer relações culturais entre a escola e o mundo extraescolar, promover a formação do professor no ambiente de trabalho, voltada às necessidades do contexto social e do currículo nos quais está inserido, incluir a escola na contemporaneidade, acompanhando as mudanças no mundo e os avanços tecnológicos, e favorecer o tempo para a acomodação do conhecimento são elementos necessários para uma formação continuada eficaz e de qualidade, pois, de acordo com Demo (2011):

> [...] Os professores em exercício e que precisam de formação permanente, a primeira providência é oferecer cursos mais longos, intensivos, todo semestre, de preferência no início, nos quais, sem aula, sejam levados a pesquisar e elaborar sistematicamente, com carga forte de leitura e estudo (DEMO, 2011, p. 119).

Assim, o trabalho realizado cumpre sua função formativa, tanto para os professores, como formação continuada, visto que as discussões realizadas no grupo de estudos desencadearam a reflexão sobre a prática pedagógica e consequentemente sobre a necessidade de uma prática diferenciada, como para os alunos, que demonstraram, por meio de seus comentários, da participação nas aulas e das notas obtidas em provas e atividades avaliadas, o quanto fez diferença a experiência vivida.

CONSIDERAÇÕES FINAIS

O presente capítulo apresentou o relato da aplicação de uma estratégia pedagógica para o ensino de geometria no 5º ano do ensino fundamental. A necessidade de um trabalho diferenciado para o ensino de conceitos de geometria surgiu após o trabalho no grupo de estudos em matemática realizado com os professores da escola, sendo uma proposta pedagógica que partiu da reflexão da prática em uma situação de formação continuada.

Para desenvolver as discussões apresentadas neste capítulo, utilizou-se o aporte teórico das teorias educacionais sobre integração de tecnologias ao cotidiano escolar e de formação de professores para o uso das tecnologias, bem como da legislação pertinente. Essa experiência possibilitou atentar para as necessidades formativas dos professores em tecnologias educacionais, com vistas a refletir sobre a prática pedagógica, modificando a cultura em relação ao uso das tecnologias em sala de aula e a ação reflexiva do professor sobre sua própria prática.

O desafio atual ultrapassa a introdução de determinada tecnologia na escola e caminha para a integração de diferentes tecnologias no cotidiano da sala de aula, o que requer tanto compreender as características inerentes às tecnologias disponíveis quanto aprender a integrá-las entre si, de acordo com as necessidades das práticas em desenvolvimento. Decorre daí a importância de analisar essa incorporação nas ações de formação dos educadores, criando situações e cenários que favoreçam vivências de integração das tecnologias, reflexão sobre elas e recontextualização em outras atividades de formação com outros aprendizes (professores e alunos) (ALMEIDA, 2009, p. 160).

Entende-se que a formação continuada em tecnologias deve acontecer na prática e proporcionar a mudança de atitude do professor diante do recurso tecnológico, fazendo-o valorizar a contribuição desse recurso para o ensino e a aprendizagem, bem como incorporando-o ao seu planejamento de maneira efetiva e não pontual. Neste trabalho, não houve a intenção de esgotar todas as questões que envolvem os problemas relacionados à formação continuada do professor para o uso da tecnologia, até porque ainda estamos realizando os encontros do grupo de estudos e temos muitas questões para refletir e encontrar soluções, inclusive para o ensino de outros conteúdos do currículo e da própria geometria. A ideia é construir um currículo verticalizado, que atenda às necessidades formativas dos alunos e que traga inovação e criatividade para as aulas. Espera-se ter colaborado com as discussões da área, bem como ter aberto um espaço de reflexão para outros desdobramentos.

REFERÊNCIAS

ALMEIDA, F. J. *Educação e informática*: os computadores na escola. 4. ed. São Paulo: Cortez, 2009.

ALONSO, K. M. Tecnologias da informação e comunicação e formação de professores: sobre rede e escolas. *Educação e Sociedade*, v. 29, n. 104, p. 747-768. 2008.

CASTELLS, M. *A sociedade em rede*. São Paulo: Paz e Terra, 2011.

DEMO, P. *Formação permanente e tecnologias educacionais*. 2. ed. Petrópolis: Vozes, 2011.

MORAN, J. M.; MASETTO, M. T.; BEHRENS, M. A. *Novas tecnologias e mediação pedagógica*. 14. ed. São Paulo: Papirus, 2008.

MORAN, J. M.; ROMANOWSKI, J. P. (org.) *Conhecimento local e conhecimento universal*. Curitiba: Champagnat, 2004. v. 2. Diversidade, mídias e tecnologias na educação.

NÓVOA, A. *Professores*: imagens do futuro presente. Lisboa: Educa, 2009.

SANCHO, J. M.; HERNÁNDEZ, F. (org.). *Tecnologias para transformar a educação*. Porto Alegre: Artmed, 2006.

TARDIF, M. *Saberes docentes e formação profissional*. 12. ed. Petrópolis: Vozes, 2011.

ZUIN, A. A. S. O plano nacional de educação e as tecnologias da informação e comunicação. *Educação e Sociedade*, v. 31, n. 112, p. 961-980. 2010.

LEITURAS RECOMENDADAS

SEVERINO, A. J. *Metodologia do trabalho científico*. 23. ed. rev. e atual. São Paulo: Cortez, 2007.

PROGRAMAÇÃO DE COMPUTADORES EM SCRATCH POR MEIO DE JOGOS

Leonardo Barichello

Este capítulo apresenta o relato de uma oficina, cujo foco era o desenvolvimento de jogos na linguagem Scratch (**Fig. 18.1**), oferecida para um grupo de estudantes do 8º e do 9º anos do ensino fundamental de uma escola particular do interior do Estado de São Paulo. Ao longo do texto, será relatado como as aulas foram planejadas e quais jogos foram desenvolvidos, e serão discutidos alguns aspectos que emergiram dessa experiência.

A oficina foi oferecida como atividade gratuita extracurricular para estudantes do 8º e 9º anos do ensino fundamental que manifestassem interesse. O grupo começou com 12 alunos e oscilou bastante ao longo do ano, chegando a um número mínimo de cinco participantes. As atividades se estenderam ao longo de todo o ano, totalizando 24 aulas semanais de 50 minutos em contraturno.

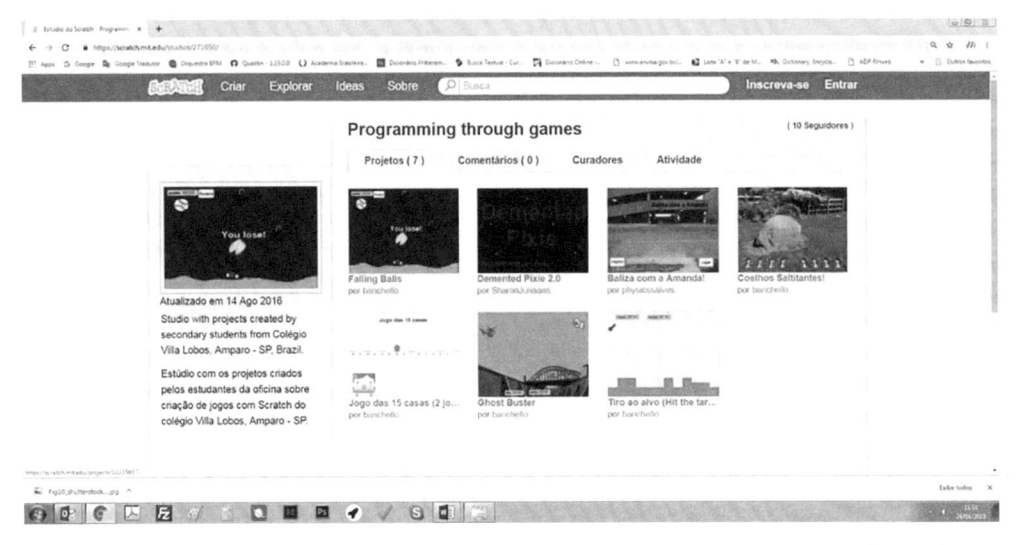

Figura 18.1 Os jogos desenvolvidos nas oficinas estão disponíveis em https://scratch.mit.edu/studios/271650/.

Fonte: Mit Media Lab (2016, documento on-line).

As aulas ocorriam em uma sala de aula convencional, equipada com projetor multimídia e parcialmente rearranjada, de modo que os estudantes pudessem formar grupos de 2 ou 3. Cada grupo tinha ao menos um membro que levava um *notebook* de casa.

É necessário esclarecer que essa oficina foi apenas uma das atividades oferecidas em um período de três anos, nesse mesmo colégio, como forma de explorar possibilidades para a incorporação de programação de computadores no currículo regular. Apesar de não serem centrais para este relato, as outras oficinas são relevantes porque serão usadas como comparação, especialmente durante as discussões finais.

A primeira delas foi sobre linguagem C e Arduino, para estudantes do ensino médio. Na primeira metade do ano, as aulas tinham como foco programação em linguagem C com base em questões da Olimpíada Brasileira de Informática. Apesar de serem muito específicas em alguns aspectos (como o formato de entrada e saída dos dados), essas questões se mostraram um bom meio para introduzir programação de computadores na medida em que foram motivadoras para os participantes, cobriram um amplo espectro de dificuldade e exploraram várias construções fundamentais para o pensamento algorítmico. Na segunda metade dessa oficina, as aulas focaram em construções com um *kit* de iniciação ao Arduino, e os projetos seguiram essencialmente os propostos por Banzi e Shiloh (2015).

A segunda oficina também utilizou Scratch, mas dessa vez o público-alvo foi formado por estudantes dos 6º e 7º anos do ensino fundamental, e os projetos foram criados no formato animação, adicionando, de maneira gradual, elementos automatizados e interativos.[1] Por fim, no ano que antecedeu essas experiências, o *software* Kturtle, um ambiente similar ao Logo, foi utilizado experimentalmente com um grupo bem-reduzido de estudantes do ensino médio para criar simulações para problemas envolvendo probabilidade inspirados em olimpíadas de matemática (BARICHELLO, 2014).

OBJETIVOS

Como mencionado anteriormente, o objetivo inicial dessas oficinas era explorar possibilidades para a incorporação de programação de computadores nas atividades regulares do colégio. Esse desejo vinha da percepção dos coordenadores pedagógicos de que esse tipo de atividade poderia ser motivador para diversos estudantes e de que há um movimento, em escala global, de incorporação de disciplinas dessa natureza ao currículo escolar.

Porém, essa é apenas a visão da coordenação pedagógica. Como responsável pelas oficinas, estabeleci objetivos mais específicos para cada uma delas, baseado na minha experiência como professor de matemática, na formação que tive em ciências da computação, em diversas experiências profissionais relacionadas à programação e nas minhas explorações de projetos em Scratch ao longo do ano anterior.

Falando especificamente da oficina sobre jogos, os objetivos gerais eram:

- Capacitar os participantes a utilizar o Scratch como forma de se expressar e assumir o papel de produtores de recursos digitais em vez de meros consumidores.
- Introduzir os participantes no universo da programação de computadores de modo que eles, caso desejassem, pudessem avançar para outras linguagens de programação.

Além desses, foram estabelecidos objetivos específicos, focados em estruturas e conceitos de programação presentes em qualquer linguagem, como estruturas condicionais, variáveis e seus diferentes usos, estruturas de repetição, funções, etc.

---

[1] Alguns dos projetos desenvolvidos ao longo desta oficina estão disponíveis em https://scratch.mit.edu/studios/436373.

Os jogos foram escolhidos como tema dos projetos que seriam desenvolvidos por conta da enorme diversidade de opções, tanto em termos de complexidade quanto de estilo, disponíveis no *site* do Scratch. Uma análise de alguns desses projetos é suficiente para mostrar que eles possibilitam a exploração dos objetivos gerais e específicos.

ESTRUTURA GERAL DAS AULAS

Em linhas gerais, a maior parte das aulas seguiu uma estrutura semelhante:

- Quando um novo jogo era iniciado, a aula começava com uma explicação sobre o jogo (em geral, alguma versão similar disponível no *site* do Scratch era utilizada pelos estudantes em seus *notebooks*). Quando a ideia estava clara para todos, era distribuído um arquivo com algumas construções já feitas (um trecho de código ou uma configuração de objetos no cenário), que serviria de base para cada grupo.
- A partir desse arquivo, discutia-se algum aspecto do código que seria fundamental para a construção daquele jogo, cobrindo, assim, algum item dos objetivos específicos. Essa parte era dialogada, mas dependia essencialmente da exposição do professor.
- Discutidos os aspectos considerados novos e fundamentais para o projeto, os estudantes continuavam o desenvolvimento do jogo em grupos. Às vezes, essa etapa se arrastava por 3 ou 4 aulas.
- Na maior parte dos projetos, de uma aula para a outra, alguma pequena característica era acrescentada ao jogo, ou era discutido algum trecho de código com que os alunos tiveram dificuldade na aula anterior. Isso era feito no início da aula e servia para tentar garantir um avanço mínimo para todos os grupos e uma certa homogeneidade entre os projetos.
- Depois de 3 ou 4 aulas, o projeto era encerrado. Normalmente, a solução de um dos grupos era compartilhada e discutiam-se pontos relevantes em termos dos objetivos específicos. Finalmente, um dos grupos ficava responsável por gerar uma "versão final" daquele jogo e disponibilizar no *site* do Scratch.

Seguindo essa dinâmica, foram desenvolvidos sete jogos ao longo das 24 aulas, apresentados na próxima seção.[2]

OS JOGOS DESENVOLVIDOS

Antes de ler cada um dos projetos a seguir, sugere-se que o leitor gaste alguns minutos brincando com o jogo, seguindo o *link* indicado. Se o leitor já tem familiaridade com o Scratch, sugere-se uma breve inspeção no código-fonte. Estes projetos não são adequados para um novato que queira conhecer o Scratch, pois mesmo o mais simples deles é fruto de cerca de três horas de dedicação, e o código pode não ser o mais enxuto e didático (algumas das versões podem até conter *bugs*, pois são as versões desenvolvidas pelos participantes da oficina).[3] Em geral, o nome dos projetos, bem como o visual, era definido pelos grupos.

Falling balls[4]

O objetivo inicial desse projeto era explorar movimentos básicos dos objetos no cenário e o uso de variáveis para contar pontos por meio de um jogo, seguindo a dinâmica clássica de um personagem que se move horizontalmente, coletando ou evitando objetos que caem do topo da tela. À medida que o projeto avançou, foram intro-

---

[2] Os projetos podem ser acessados em https://scratch.mit.edu/studios/271650.
[3] Sugiro começar com Barichello (2015).
[4] Disponível em: http://scratch.mit.edu/projects/13651759/

duzidos outros componentes, como números aleatórios (para a posição dos objetos que caíam no cenário) e uma tela introdutória. Em termos curriculares, o conceito de coordenadas cartesianas foi utilizado intensamente neste projeto.

Duende demente[5]

Esse jogo, inspirado em fases comuns em jogos clássicos de *Gameboy*, foi escolhido para introduzir um novo padrão de movimentação de objetos na tela, no qual os personagens (mostrados a partir de uma visão superior) se deslocam nas duas dimensões, como se estivessem deslizando, e só interrompem o movimento quando atingem um obstáculo e um diferente uso para variáveis (marcadores de estado de um objeto).

Os estudantes começaram com um arquivo que trazia o esqueleto básico do cenário (quadriculado) e o personagem principal. Primeiramente, os códigos responsáveis pela movimentação foram desenvolvidos. Depois, a tela introdutória, o código que permitia passar de uma fase para a outra (usando vetores) e, por fim, diversas fases diferentes, que foram comparadas para decidirmos qual seria a ordem na versão final do jogo.

Baliza com a Amanda[6]

Esse projeto também introduziu um novo padrão de deslocamento, agora com os conceitos de velocidade e aceleração sendo fundamentais para criar o comportamento esperado (o carro deveria ter um movimento mais suave do que o comportamento binário dos personagens dos jogos anteriores). Essa versão do jogo ficou bastante elaborada, com diversos elementos visuais e diferentes níveis, essencialmente porque um dos grupos (o que tinha a Amanda como um dos membros) se engajou muito com o projeto. Em termos curriculares, conceitos como velocidade e aceleração foram fundamentais ao longo deste projeto, mesmo que não tenham sido discutidos por meio de definições formais.

Coelhos saltitantes[7]

Esse jogo tem um componente de lógica bastante forte na sua solução. Foi o projeto com a mais longa etapa introdutória (fase em que os estudantes exploram como proceder para garantir a vitória). Após a conclusão da etapa introdutória, traduzir o comportamento dos coelhos em linguagem de programação (usando vetores de maneira diferente do que tinha sido feito anteriormente) foi bastante desafiador. Certamente foi o projeto em que os grupos menos conseguiram trabalhar sozinhos. Além disso, um aspecto inicialmente estético (o movimento de pulo dos coelhos) serviu como ponto de partida para a discussão de trajetórias parabólicas. Esse aspecto poderia ser explorado sob o ponto de vista das disciplinas física e matemática.

15 *steps*[8]

Nesse jogo, foi introduzida uma nova maneira de interagir com o usuário (por meio de perguntas). Além disso, o jogo tem uma solução bastante interessante do ponto de vista aritmético, que abre portas para discussões sobre progressões aritméticas, por exemplo. Antes de começar a desenvolver o jogo em si, os grupos exploraram uma versão em tabuleiro até encontrar uma estratégia que garantisse a vitória para um dos jogadores.

Ghost buster[9]

Dessa vez, a dinâmica proposta foi diferente: o jogo foi entregue quase pronto para os estudan-

---

[5]Disponível em: http://scratch.mit.edu/projects/10494256/
[6]Disponível em: http://scratch.mit.edu/projects/10797821/
[7]Disponível em: http://scratch.mit.edu/projects/10698500/
[8]Disponível em: http://scratch.mit.edu/projects/12788880/
[9]Disponível em: http://scratch.mit.edu/projects/12126162/

tes. O papel deles era corrigir alguns *bugs* intencionalmente inseridos no código e implementar algumas funcionalidades adicionais. A ideia veio de um *workshop on-line* sobre Scratch para professores e provou-se bastante produtiva. Esse tipo de proposta tem um potencial enorme para engajar os estudantes na análise de algoritmos, uma vez que eles não devem simplesmente procurar uma solução que funcione, mas entender como algo dado funciona e então corrigi-lo.

Tiro ao alvo[10]

Esse projeto foi escolhido para ser o último pelo seu enorme potencial de extensão. Como o fim do ano estava próximo, todos os estudantes já tinham aprendido conceitos básicos de trigonometria e cinemática; portanto, implementar o lançamento oblíquo não foi tão difícil para eles. Porém, o código por trás da barra de potência do tiro foi extremamente desafiador, mesmo tratando-se apenas de transformações lineares. Os estudantes realmente se empolgaram com esse projeto, como pode ser visto pela quantidade de detalhes nessa versão, como o cenário criado aleatoriamente. Refletindo retrospectivamente, o resultado final é impressionante, considerando que foi desenvolvido por estudantes de 13 a 15 anos.

APRENDIZAGENS E REFLEXÕES

Uma vez apresentadas as características mais pragmáticas da oficina, é relevante compartilhar duas reflexões advindas dessa experiência que podem ser interessantes para outros professores interessados em atividades de natureza similar. A primeira se refere às fontes de motivação para os participantes das oficinas, e a segunda, ao equilíbrio entre projetos mais abertos e projetos mais estruturados.

---

[10]Disponível em: http://scratch.mit.edu/projects/13291969/

Motivação

Quando comecei as oficinas, imaginei que dois aspectos do Scratch seriam muito motivadores para os participantes: o fato de os projetos serem jogos e a possibilidade de compartilhá-los *on-line*. Rapidamente percebi que estava errado. O primeiro aspecto é motivador, mas tem alcance limitado. O que aconteceu, na minha experiência, foi que logo os estudantes começaram a ter ideias cuja execução estava além de seu alcance naquele momento ou que, mesmo para um programador experiente, seriam muito complexas. Essa percepção não chegou a desmotivar os estudantes, mas limitou o impacto que os jogos foram capazes de provocar. Por sua vez, a grande gama de projetos disponíveis no *site* do Scratch permite ao professor encontrar opções interessantes e adequadas para qualquer nível de experiência. Depois de um tempo, mesmo projetos que apenas simulavam fenômenos físicos despertavam o interesse dos estudantes.

O segundo aspecto foi ainda mais surpreendente: os participantes da oficina não se sentiam motivados a compartilhar seus projetos em redes sociais e na internet em geral. Na verdade, a maioria deles mantinha seus projetos ocultos no *site* do Scratch e os tornava públicos apenas quando solicitado. Curiosamente, os estudantes de 6º e 7º anos que participaram da oficina sobre animações mencionada na introdução se mostraram muito mais motivados pela possibilidade de compartilhar seus projetos.

Apesar de soarem negativas, essas duas observações não significam que a escolha do Scratch não tenha sido boa. Na verdade, em comparação com as ferramentas utilizadas nas demais oficinas, o Scratch foi a mais bem-sucedida, especialmente no aspecto motivacional.

Atividades abertas *versus* atividades estruturadas

Os benefícios de atividades mais abertas (menos estruturadas) em qualquer campo do conhecimento são quase óbvios: o estudante precisa ter mais iniciativa ao longo do processo de resolução e isso é claramente melhor, do ponto de vista da aprendizagem, do que ser guiado ao longo de todo o caminho. No entanto, um processo mais aberto pode não levar a uma solução ou afastar o estudante dos objetivos por trás da atividade proposta.

Brennan (2013) discute qual seria o melhor balanço entre o nível de estruturação de uma atividade (*structure*) e o nível de iniciativa (*agency*) para usuários de Scratch que utilizam o *software* em ambientes escolares e não escolares. A autora conclui não apenas que a resposta certamente não está nos extremos, mas também que se trata de um balanço não óbvio.

Minha experiência com essa oficina mostra que se trata efetivamente de um dilema, ou seja, não há uma resposta correta. Hoje, creio que o ideal é um constante movimento de um extremo a outro sempre que as características deste ou daquele parecerem mais adequadas aos objetivos estabelecidos previamente.

Em termos da condução das aulas em si, algo que afetava bastante a minha atuação como professor nos momentos em que os estudantes estavam trabalhando de maneira mais aberta era a dificuldade para entender o código desenvolvido por eles e oferecer suporte adequado. Minha percepção é de que a facilidade para criação de blocos de código com o Scratch (basta arrastar e encaixar "peças coloridas" disponíveis diretamente na interface do *software*) faz os alunos tomarem iniciativa muito facilmente (**Fig. 18.2**). Porém, isso também permite que eles criem códigos muito diferentes daquilo que o professor

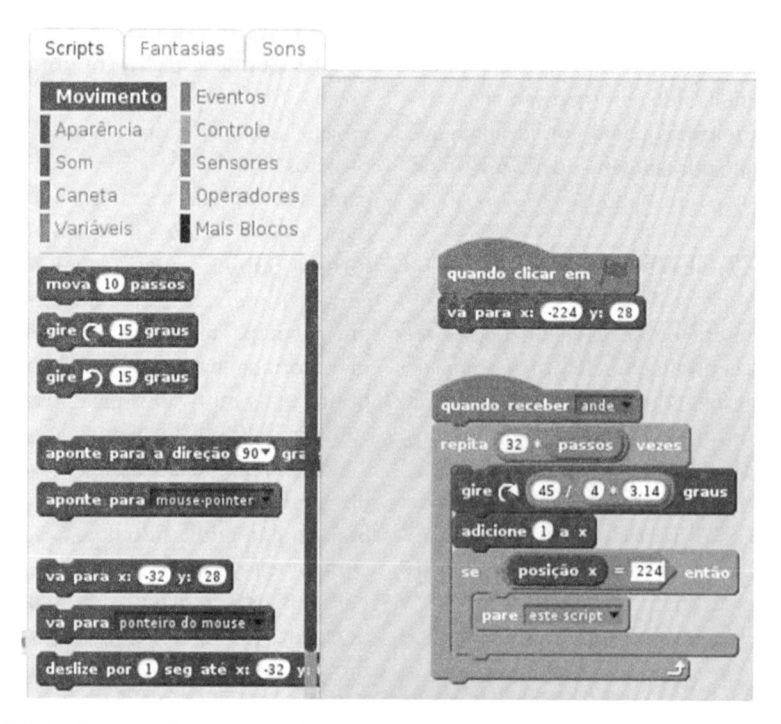

Figura 18.2 Trecho de código em Scratch com parte das peças encaixáveis que podem ser usadas.

estava esperando, o que aumenta o tempo para compreender o que está acontecendo e para pensar em uma forma adequada de oferecer ajuda ao estudante.

Essa percepção se baseia essencialmente na comparação dessa oficina com as demais mencionadas na introdução deste relato. Nelas, devido à dificuldade intrínseca de uma linguagem de programação convencional (o usuário precisa conhecer os comandos e saber exatamente como usá-los, sem nenhum tipo de suporte visual) e de uma plataforma de prototipagem como o Arduino (na qual uma conexão incorreta pode fazer a montagem toda simplesmente não funcionar), a iniciativa dos estudantes ficou limitada pelos conhecimentos específicos que eles já haviam adquirido (**Fig. 18.3**). Então, as soluções raramente fugiram das previstas pelo professor.

Isso também pode ser dito sobre as aulas com Kturtle: apesar do ambiente intuitivo e visual para as ações da tartaruga, o código ainda é montado de maneira convencional, ou seja, com comandos textuais que seguem uma sintaxe rígida (**Fig. 18.4**).

Já nas oficinas com Scratch, recordo-me de ter ficado diversas vezes desorientado tentando compreender um código "quase correto" (ele se comportava da maneira esperada, mas ainda tinha algum defeito pontual) que era diferente do que tinha sido antecipado. Esse tipo de situação pode deixar o professor menos experiente em uma situação incômoda ou provocar rupturas na dinâmica da aula que atrapalhem seu bom andamento.

CONSIDERAÇÕES FINAIS

O Scratch parece uma ótima plataforma para a introdução de estudantes no universo da programação de computadores por diversos motivos. Sua interface é muito intuitiva, permitindo que os estudantes tomem iniciativa e explorem o *software* com um bom índice de sucesso. A gama de projetos que podem ser desenvolvidos no *software* é muito ampla: de animações lineares ou interativas até jogos com interação limitada ou com interfaces bastante complexas. Por fim, apesar das suas caracte-

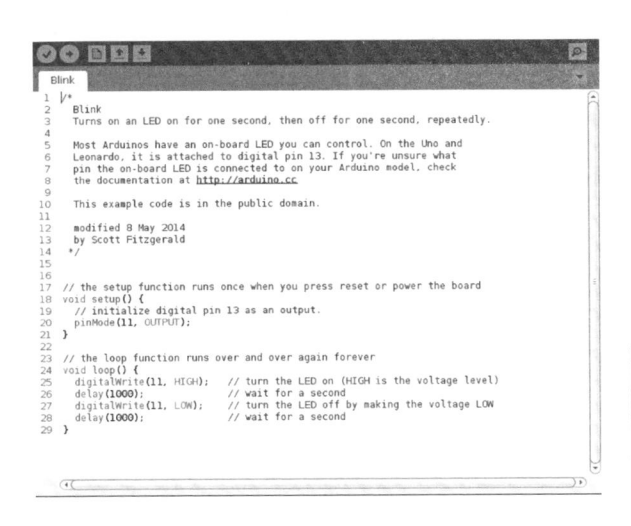

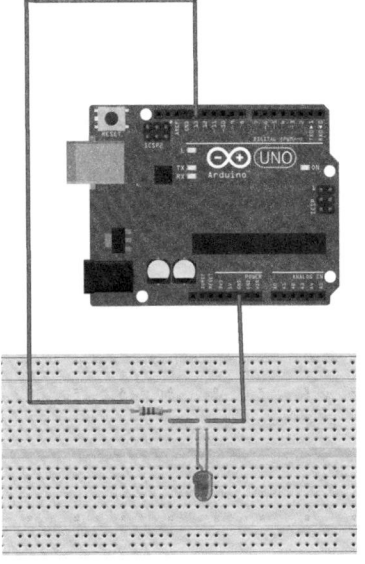

Figura 18.3 Exemplo de código e montagem para Arduino.

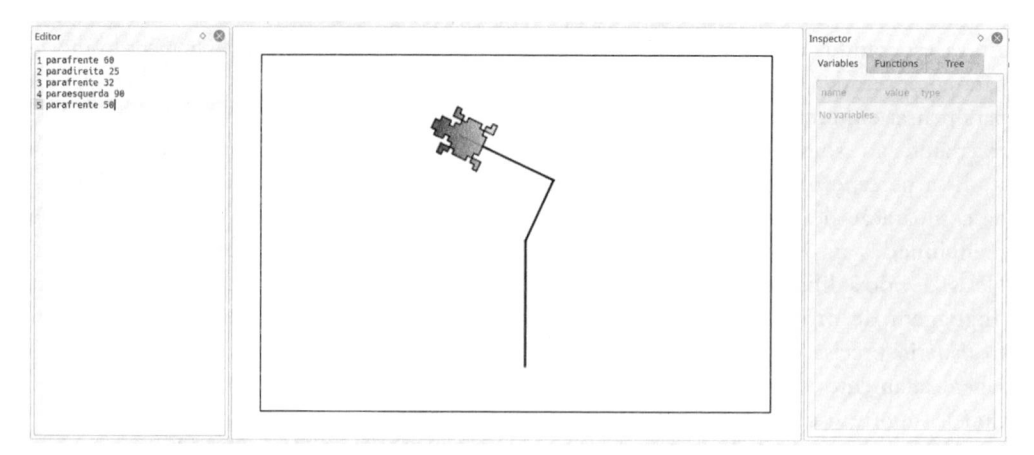

Figura 18.4 Exemplo de código e seu resultado no *software* Kturtle.

rísticas únicas, o Scratch ainda guarda uma semelhança grande com linguagens de programação convencionais, permitindo a transição para estas no futuro. Comparativamente, as oficinas com linguagem C, Arduino e Kturtle não foram tão bem-sucedidas nesses aspectos.

No que diz respeito ao balanço entre projetos mais abertos e projetos mais estruturados, trata-se de um equilíbrio bastante complicado e que depende muito do quanto o professor se sente confortável em situações em que o tempo de reação para responder a uma dúvida é alto. Particularmente, eu não me sentia confortável quando os grupos trabalhavam de maneira autônoma em um projeto por mais de uma aula, e o recurso que utilizei para evitar isso foram momentos expositivos no começo de cada aula. Esses momentos serviam para focar os grupos em algum trecho específico dos projetos e recuperar grupos que estivessem muito atrasados em relação aos demais.

Em suma, o Scratch é o recurso que recomendo para introduzir linguagem de programação a estudantes dos anos finais do ensino fundamental, e o tema jogos de fato é especialmente frutífero. Entretanto, o professor que quiser experimentar essa abordagem deve ficar atento ao difícil balanço entre projetos mais ou menos abertos, buscando um equilíbrio entre o alcance dos seus objetivos e o seu conforto como professor em sala de aula.

REFERÊNCIAS

BANZI, M.; SHILOH, M. *Getting started with Arduino*: the open source electronics prototyping platform. 3rd ed. Sebastopol: MakerMedia, 2015.

BARICHELLO, L. Programação de computadores via Scratch. *Revista do Professor de Matemática*, ano 26, n. 88, 2015.

BARICHELLO, L. Relato de uma experiência com o software kturtle na simulação de problemas envolvendo probabilidade. *Professor de Matemática Online*, v. 2, n. 1, p. 15-25, 2014. Disponível em: http://pmo.sbm.org.br/wp-content/uploads/sites/16/2016/02/pmo-sbm-v002-n001-barichello.pdf. Acesso em: 27 maio 2019.

BRENNAN, K. *Best of both worlds*: issues of structure and agency in computational creation, in and out of school. Cambridge: Massachusetts Institute of Technology, 2013.

MIT MEDIA LAB. *Programming through games*. 2016. Disponível em: https://scratch.mit.edu/studios/271650/. Acesso em: 27 maio 2019.

ABORDAGEM EXPLORATÓRIA EM PROCESSOS DE ENSINO E APRENDIZAGEM DE PROGRAMAÇÃO E COMPUTAÇÃO FÍSICA

Cassia Fernandez | Roseli de Deus Lopes

Este capítulo descreve a experiência de oferecimento de um curso de introdução à programação e computação física para estudantes dos anos finais do ensino fundamental, a partir de uma abordagem que privilegiou processos de exploração e experimentação (*tinkering*). As atividades realizadas ofereceram aos estudantes um contato inicial com a programação e com a computação física, tendo como foco o desenvolvimento da confiança criativa, a compreensão sobre o funcionamento de algumas das tecnologias presentes no cotidiano e o estímulo ao sentimento de confiança para a construção e a concretização de ideias.

Ao longo do relato, serão apresentados os princípios que fundamentaram a escolha das ferramentas e dos materiais utilizados e exemplos de atividades propostas e dos projetos criados pelos estudantes. Por fim, serão compartilhadas as estratégias pedagógicas adotadas que se mostraram úteis para a organização da dinâmica de sala de aula e para auxiliar os estudantes a atingirem os objetivos de aprendizagem desejados.

RELATO DE EXPERIÊNCIA

O curso aqui descrito teve como objetivo introduzir estudantes dos anos finais do ensino fundamental à programação e à computação física (ou programação no mundo físico), tendo como foco a exploração e a experimentação, oferecendo espaço para o aprendizado a partir do erro e para o desenvolvimento de ideias pessoais dos estudantes. As estratégias e as atividades aqui descritas foram testadas, analisadas e refinadas em três versões de aplicação sucessivas ao longo de dois anos.

O currículo elaborado, composto por 12 aulas de 1 hora e 30 minutos, foi aplicado com quatro turmas de estudantes do 7º ano, três de escola pública e uma de escola particular, como parte de uma pesquisa acadêmica (FERNANDEZ, 2017). As aulas ocorriam semanalmente, ao longo de um semestre, em contexto curricular, ou seja, como parte da grade regular das escolas, e não em projetos de contraturno ou eletivos. Na escola pública, cada turma era composta por cerca de 30 estudantes e, na escola particular, por apenas nove (os 18 alunos da classe foram divididos em duas turmas).

Objetivos do currículo

A proposta apresentada buscou aproximar os estudantes de conceitos e práticas de programação e computação física a partir de uma perspectiva favorável à criatividade. Assim, os materiais e as estratégias adotados buscaram:

- Despertar o interesse e a curiosidade em entender princípios de funcionamento de dispositivos eletrônicos cotidianos.
- Estimular a confiança criativa.
- Desenvolver o sentimento de ser capaz de construir objetos para dar vida a novas ideias.

As atividades foram concebidas como um passo inicial para que os estudantes desenvolvessem confiança no processo de construção e para que, em um segundo momento, a partir dos conhecimentos adquiridos e das motivações despertadas, se engajassem na criação de projetos relevantes, incluindo propostas de soluções para problemas reais.

Abordagem pedagógica adotada

A elaboração do curso fundamentou-se na teoria construcionista de Seymour Papert, que preconiza que o aprendizado ocorre de forma mais efetiva em um contexto em que o aprendiz está engajado na construção de algo compartilhável (PAPERT; HAREL, 1991). Apesar da importância do papel da construção nessa perspectiva, ela vai além de uma proposta de aprendizagem por meio de atividades práticas, já que considera a motivação dos estudantes para criar objetos pessoalmente significativos como um fator fundamental nesse processo.

A proposta pedagógica que pautou a escolha de materiais e atividades do currículo baseou-se também na abordagem *tinkering*. O termo *tinkering* não possui tradução direta na língua portuguesa, mas pode ser compreendido como um modo exploratório de interação com os materiais, no qual as atividades podem ser encaradas por caminhos diversos e evoluir em níveis de complexidade que dependem de objetivos e interesses pessoais (PETRICH; WILKINSON; BEVAN, 2013; VOSSOUGHI *et al.*, 2013). Essa abordagem também pode ser vista em oposição ao planejamento: em vez de definir claramente os passos a serem executados e depois proceder à construção, começa-se sem necessariamente ter um plano definido, e as criações se adaptam à medida que novas ideias emergem da interação com os materiais (RESNICK; ROSENBAUM, 2013). Dada a ausência de correspondente claro do termo *tinkering* na língua portuguesa, optou-se por descrever como exploração e exploratória, respectivamente, a prática e a abordagem relacionadas a essa concepção.

A perspectiva para o processo de introdução a conceitos de computação física, por sua vez, foi elaborada com base nas estratégias propostas por Rusk *et al.* (2008), que sugerem que, para promover uma maior participação de estudantes de interesses e estilos de aprendizagem diversos em atividades introdutórias de robótica, é importante privilegiar temas em vez de desafios, unir arte e engenharia, encorajar a criação de narrativas a respeito das construções e organizar exibições em vez de competições.

Plataformas e materiais utilizados

Para a aproximação dos estudantes de conceitos e práticas introdutórias de programação, foi adotada a Scratch, uma linguagem de programação gráfica criada pelo Lifelong Kindergarten Group do MIT Media Lab (RESNICK *et al.*, 2009). O formato dos blocos da Scratch simplifica a criação de programas, reduzindo os erros de sintaxe e possibilitando testes rápidos de ideias. A Scratch permite que sejam trabalhados diversos conceitos e práticas de programação (BRENNAN; RESNICK, 2012). No currículo proposto, os conceitos mais explorados foram repetição, estruturas condicionais e paralelismo.

Quanto aos materiais para as atividades de computação física, optou-se pela utilização do *kit* Beta (FERNANDEZ; RABINOVITCH; LOPES, 2017), constituído de pequenas caixas de madeira contendo sensores e atuadores, que se conectam por cabos de áudio a uma caixa central que abriga uma placa Arduino

(**Fig. 19.1**). Os materiais do *kit* foram desenvolvidos de forma a limitar possíveis erros de conexões e favorecer o processo iterativo, dado que, quanto mais rápido for esse processo, mais ideias podem ser geradas, testadas e refinadas.

Além dos módulos do *kit*, foram disponibilizados, para a construção dos projetos, materiais como placas de eucatex perfuradas, que serviam de estrutura para a fixação de módulos, e materiais facilmente encontrados, como parafusos, conduítes, pregadores de roupa, elásticos, arames encapados, bolinhas de gude, papelão e tecidos. Um importante fator para a seleção desses materiais foi a sua facilidade de encaixe: em abordagens exploratórias, é crucial que o intervalo de tempo entre realizar uma alteração no projeto e avaliar seu efeito seja curto, o que permite que vários experimentos rápidos sejam feitos e que não haja um apego excessivo a uma determinada ideia por conta da dificuldade de desfazer e refazer o projeto.

Para a programação dos blocos físicos, foi adotada a plataforma Scratch for Arduino, ou S4A (CITILAB, c2015), modificação do Scratch que permite que as instruções executadas pela placa Arduino sejam inseridas no programa por meio da junção de blocos como os do Scratch. Optou-se por essa plataforma dada a possibilidade de visualização em tempo real dos valores de entrada, o que oferece agilidade nos testes de hipóteses.

Estratégias pedagógicas e atividades propostas

As aulas semanais eram divididas em três momentos:

1. **Conversa coletiva:** momento inicial, no qual eram apresentados os objetivos da aula e exemplos de projetos que poderiam inspirar o desenvolvimento de projetos no tema proposto.
2. **Criação:** tempo para construção e criação de programas.
3. **Compartilhamento:** momento no qual os estudantes compartilhavam com os demais as ideias por trás dos projetos nos quais trabalharam.

As primeiras quatro aulas tiveram como foco o desenvolvimento da compreensão da lógica de programação e a familiarização com o ambiente Scratch. Na primeira versão do curso, foram utilizadas fichas para orientar o desenvolvimento de projetos a partir de determinados temas, que sugeriam a utilização de certos blocos de programação. Entretanto, observamos que diversas vezes os estudantes não liam com atenção as fichas e encontravam dificuldades em relação ao ambiente de programação, o que os impossibilitava de seguir adiante por conta própria. Assim, nas etapas seguintes, em vez de oferecer fichas, passamos a

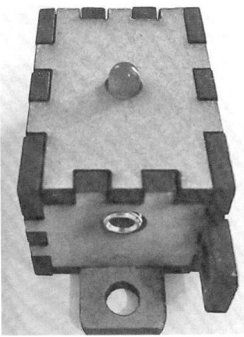

Figura 19.1 Módulos do *kit* utilizado.

utilizar micromundos[1] (**Fig. 19.2**) para facilitar a familiarização com determinados conceitos e práticas introdutórios de programação. Explorando os micromundos, os estudantes encontravam, por si, o conhecimento necessário para atingir seus objetivos, em um ambiente mais restrito, seguro e convidativo.

Na quinta aula, os estudantes exploraram os *kits* de computação física, inicialmente a partir do trabalho com os *kits* pré-programados, utilizados sem o computador, e, em seguida, programando os módulos para criar algum projeto que reproduzisse tecnologias vistas no dia a dia (alguns dos projetos desenvolvidos foram cancelas de estacionamento, alarmes de proximidade de carros e luzes noturnas automáticas).

As últimas sete aulas foram utilizadas para o desenvolvimento de projetos temáticos, que tiveram duração de 2 a 3 semanas cada. Os temas foram escolhidos de maneira a permitir que os projetos criados pudessem ser encarados de diversas formas pelos estudantes, sem a necessidade de atingir uma resposta correta ou um objetivo específico preestabelecido.

O primeiro projeto com computação física envolveu a criação de máquinas de Rube Goldberg – engenhocas que realizam atividades simples por meio de procedimentos complexos, utilizando mecanismos de reação em cadeia. A placa de eucatex serviu como suporte horizontal para construir um percurso que levava uma bolinha de gude de um ponto ao outro da estrutura, passando por interações com sensores e atuadores ao longo do caminho (**Fig. 19.3**). Ao fim do projeto, as partes construídas por todos os grupos foram integradas em uma máquina coletiva, na qual o ponto final de uma (botão) servia como gatilho para a seguinte (motor).

No segundo projeto, os estudantes construíram jogos do tipo *pinball*. A placa perfurada foi utilizada como base para anexação dos componentes do jogo (**Fig. 19.4**). Os estudantes começaram construindo a estrutura com obstáculos e lançadores, depois conectaram sensores, luzes e motores para criar diferentes tipos de interações em seus jogos, incluindo a marcação de pontos na tela do computador utilizando variáveis.

---

[1] Os micromundos do Scratch apresentam um número limitado de blocos, adequados para explorações iniciais seguras, ao mesmo tempo em que permitem o desenvolvimento de projetos diversos, uma vez que não possuem uma resposta "correta" a ser atingida. Mais informações sobre os micromundos do Scratch podem ser encontradas em Tsur e Rusk (2018).

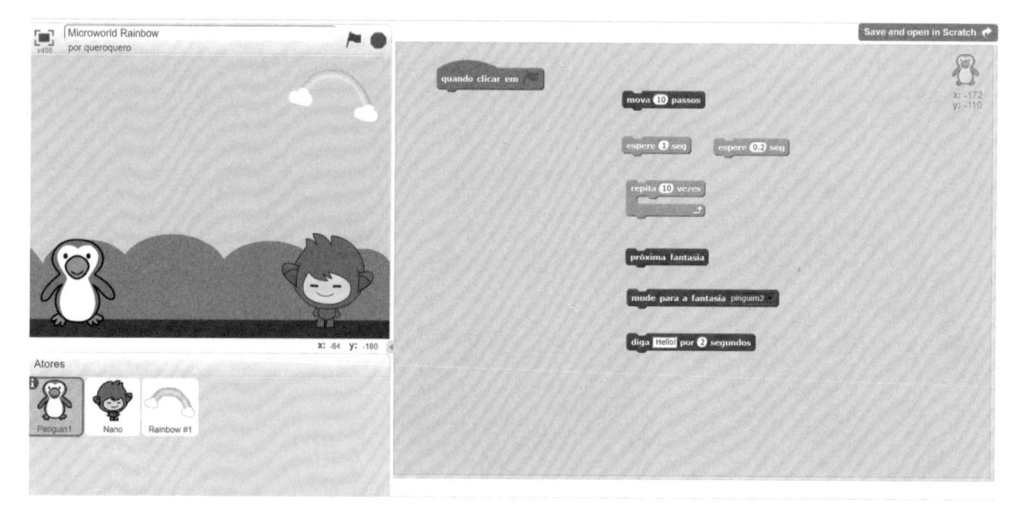

Figura 19.2 Exemplo de micromundo.

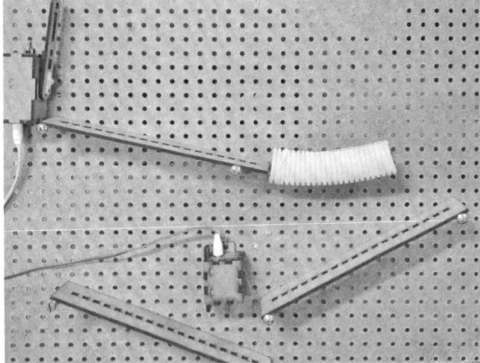

Figura 19.3 Exemplos de projetos criados.

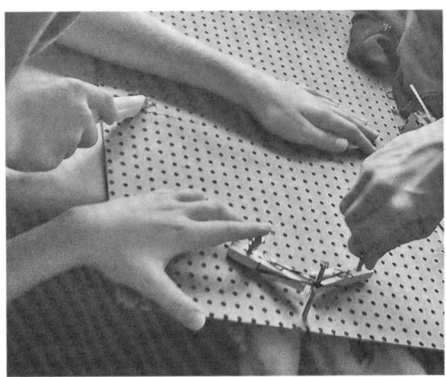

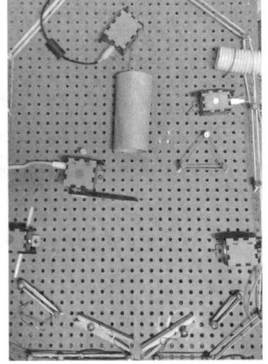

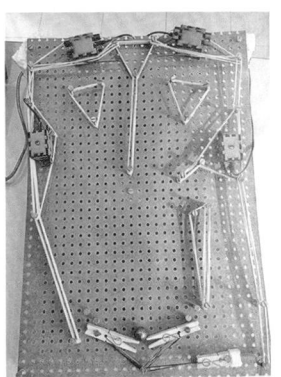

Figura 19.4 Exemplos de projetos em desenvolvimento.

Nas últimas três aulas, os estudantes trabalharam em projetos livres, utilizando os materiais disponibilizados no curso e outros trazidos de suas casas para criar jogos, personagens e instrumentos musicais (**Fig. 19.5**).

Nas atividades envolvendo computação física, apesar do interesse dos estudantes na exploração das ferramentas e do engajamento na construção, observou-se que muitos não se aprofundavam no desenvolvimento de ideias por meio da programação, contentando-se em explorar superficialmente algumas possibilidades e desistindo rapidamente quando algo não funcionava conforme o esperado. Uma hipótese levantada para explicar esse fato foi a ausência de recursos de aprendizagem adequados, que permitissem a exploração de forma menos dependente dos professores e não limitassem tanto a expressão pessoal. Assim, foram desenvolvidos cartões, com base nos Scratch Cards, com pequenos blocos de conhecimento que podiam ser consultados pelos estudantes para a criação de projetos pessoais. Esses cartões continham informações sobre como conectar cada tipo de componente e exemplos de blocos que poderiam ser utilizados para fazê-los funcionar da forma mais simples possível (**Fig. 19.6**).

Aprendizagens e reflexões

Durante as atividades, observou-se um forte envolvimento da maioria dos estudantes, que muitas vezes seguiram trabalhando mesmo após o término das aulas. Esse envolvimento foi significativamente maior quando foram in-

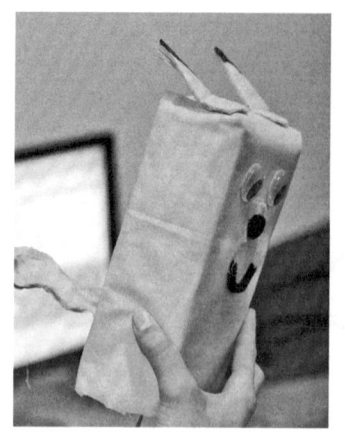

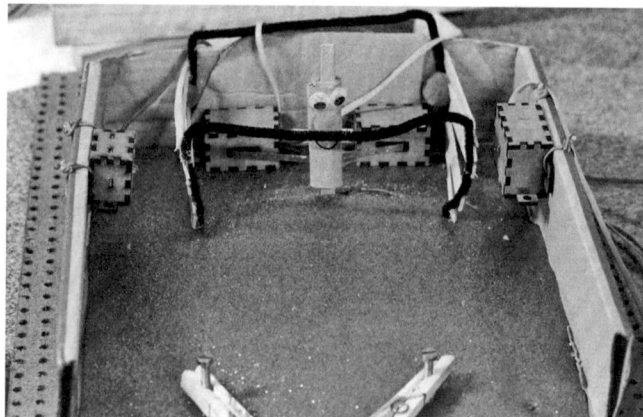

Figura 19.5 Criações da etapa de projeto livre.

troduzidos elementos de construção de projetos no mundo físico. Os estudantes relataram, em entrevistas, que se sentiram mais criativos e confiantes após a participação nas aulas e que as atividades despertaram novos interesses por processos de criação com os quais não tinham contato anteriormente.

Nas primeiras versões do curso, observamos pouca autonomia dos estudantes na busca de soluções para problemas, muitas vezes solicitando a ajuda dos professores sem antes buscar respostas por si. Um dos acordos que funcionou nesse sentido e estimulou a colaboração foi estabelecer que os estudan-

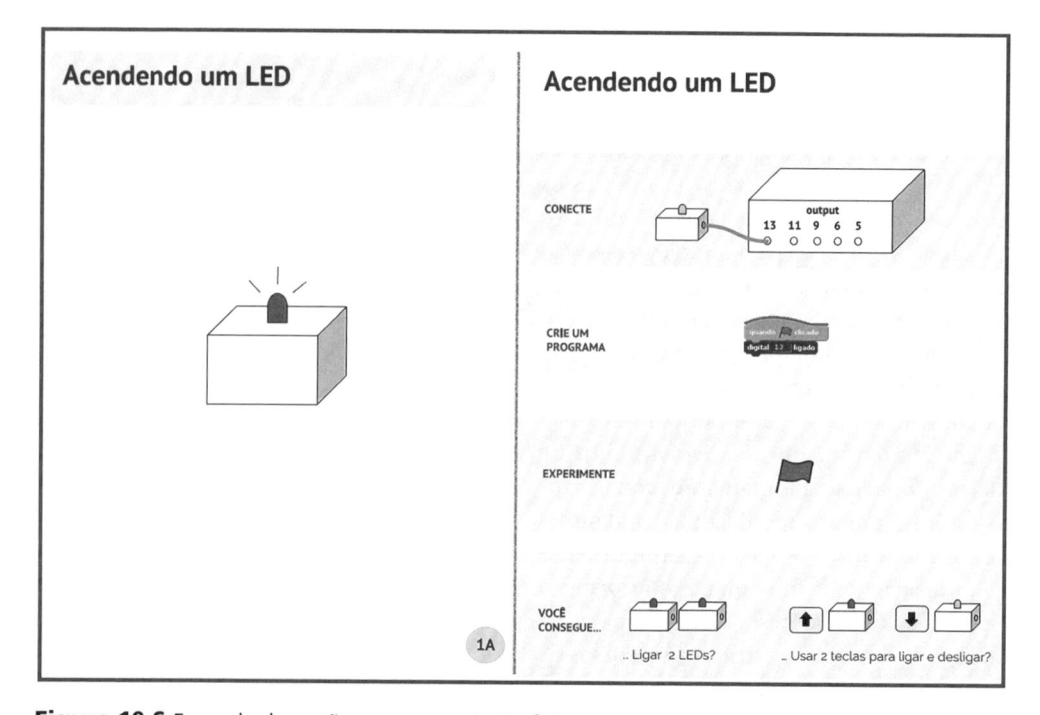

Figura 19.6 Exemplo de cartão para computação física.

tes deveriam sempre consultar dois colegas sobre suas dúvidas antes de pedir ajuda aos professores.

O contato inicial com o Scratch apresentou algumas dificuldades, principalmente por conta da complexidade do ambiente, que possui muitos blocos de programação e segmentações (palco, personagens, *scripts*). Uma estratégia que facilitou significativamente esse contato inicial foi a utilização de micromundos do Scratch, que apresentam apenas blocos predefinidos pelo professor para a criação de projetos dos alunos, sem possibilidades de alteração do palco ou dos personagens ou de adição de novos blocos. Esse tipo de recurso permitiu um primeiro contato com a programação mais amigável, ao mesmo tempo em que possibilitou o domínio de alguns conceitos computacionais básicos e a criação de projetos diversos pelos estudantes.

Da mesma forma, para a etapa de computação física, os cartões criados, que apresentavam pequenos "blocos de conhecimento" para consulta, mostraram-se importantes recursos para o desenvolvimento de projetos mais complexos e para um maior nível de autonomia e engajamento durante as aulas.

Estratégias sugeridas

Ao longo do processo de oferecimento do curso aqui descrito, identificamos estratégias úteis para envolver os estudantes em processos de criação com computação física, bem como para o desenvolvimento da sua criatividade e da confiança criativa (FERNANDEZ, 2017). Essas estratégias, baseadas em referenciais da literatura e exploradas ao longo das diversas aplicações desse curso, foram divididas em três grandes grupos e referem-se à facilitação de aspectos relevantes para atingir os objetivos definidos:

1. **Favorecer a motivação intrínseca:**
   - Conectar as atividades a interesses pessoais.
   - Incentivar os estudantes a acreditarem em suas ideias.
   - Privilegiar a colaboração em vez da competição.
   - Incentivar o compartilhamento das produções.
   - Fornecer um ponto de partida, mas não um ponto de chegada para as atividades propostas.
2. **Oferecer espaço para o erro:**
   - Criar micromundos para exploração.
   - Selecionar materiais convidativos à experimentação.
   - Permitir mudanças de rumo ao longo do processo.
   - Oferecer tempo adequado para o desenvolvimento de projetos.
3. **Dar suporte ao desenvolvimento de ideias:**
   - Oferecer recursos de aprendizagem que permitam trilhar diferentes caminhos.
   - Utilizar materiais familiares em novos contextos.
   - Incentivar os estudantes a inspirar-se nos materiais disponíveis.
   - Fazer perguntas em vez de fornecer respostas.

CONSIDERAÇÕES FINAIS

Este capítulo apresentou o relato da experiência de oferecimento de um curso voltado a introduzir estudantes dos anos finais do ensino fundamental a conceitos e práticas de programação e computação física, no qual o foco não foi a aquisição de habilidades avançadas de programação, mas sobretudo o estímulo para que se sentissem confortáveis para seguir explorando e aprendendo mais sobre esse domínio.

As estratégias adotadas e atividades propostas foram testadas, analisadas e refinadas sucessivamente, o que resultou em várias lições aprendidas. No início, partimos de atividades baseadas em estruturas demasiadamente restritas e, ao longo do processo, percebemos a necessidade de criar propostas mais abertas e convidativas à experimentação, de forma que os estudantes pudessem criar projetos a partir de interesses pessoais e desenvolver seu potencial criativo.

No entanto, notamos que uma abertura excessiva, com atividades pouco direcionadas, pode gerar sentimentos de frustração e de confusão, especialmente em turmas maiores, nas quais o grande número de alunos dificulta um acompanhamento mais próximo de cada estudante.

Uma estratégia importante para incentivar a expressão criativa e a apropriação dos conceitos de programação foi a criação de atividades estruturadas a partir de temas amplos, mas com materiais restritos e recursos de aprendizagem adequados (como os micromundos do Scratch e os cartões desenvolvidos para apoiar as atividades de computação física). Esses recursos permitiram que os estudantes se familiarizassem com os conceitos de programação necessários para a execução dos projetos, ao mesmo tempo em que desenvolviam seus próprios caminhos de experimentação e desenvolvimento de ideias.

REFERÊNCIAS

BRENNAN, K.; RESNICK, M. *New frameworks for studying and assessing the development of computational thinking*. 2012. Disponível em: https://web.media.mit.edu/~kbrennan/files/Brennan_Resnick_AERA2012_CT.pdf. Acesso em: 29 maio 2019.

CITILAB. *Scratch for Arduino*. c2015. Disponível em: http://s4a.cat. Acesso em: 29 maio 2019.

FERNANDEZ, C. O. *Programação física e criatividade: contribuições de uma abordagem exploratória para a introdução da programação física no ensino fundamental*. 2017. Dissertação (Mestrado em Ciências) – Escola Politécnica, Universidade de São Paulo, São Paulo, 2017.

FERNANDEZ, C.; RABINOVITCH, N.; LOPES, R. D. BetaKit: tinkering with physical programming. *In*: CONFERENCE ON INTERACTION DESIGN AND CHILDREN, 2017, Stanford. *Proceedings* [...] New York: ACM, 2017. p. 737-741.

PAPERT, S.; HAREL, I. Situating constructionism. *In*: PAPERT, S.; HAREL, I. (ed.). *Constructionism*. Norwood: Ablex, 1991. c. 1, p. 1-12.

PETRICH, M.; WILKINSON, K.; BEVAN, B. It looks like fun, but are they learning? *In*: HONEY, M.; KANTER, D. E. (ed.). *Design, make, play: growing the next generation of STEM innovators*. New York: Routledge, 2013. c. 5, p. 50-70.

RESNICK, M. et al. Scratch: programming for all. *Communications of the ACM*, v. 52, n. 11, p. 60-67. 2009.

RESNICK, M.; ROSENBAUM, E. Designing for tinkerability. *In*: HONEY, M.; KANTER, D. E. (ed.). *Design, make, play*: growing the next generation of STEM innovators. New York: Routledge, 2013. c. 10, 163-181.

RUSK, N. et al. New pathways into robotics: Strategies for broadening participation. *Journal of Science Education and Technology*, v. 17, n. 1, p. 59–69, 2008.

VOSSOUGHI, S. et al. Tinkering, learning & equity in the after--school setting. *In*: FABLEARN CONFERENCE, 2013, Palo Alto. *Proceedings* [...] Palo Alto: Stanford University, 2013.

LEITURA RECOMENDADA

TSUR, M.; RUSK, N. Scratch microworlds: designing project--based introductions to coding. *In*: ACM TECHNICAL SYMPOSIUM ON COMPUTER SCIENCE EDUCATION, 49., 2018, Baltimore. *Proceedings* [...] New York: ACM, 2018. p. 894-899.

Agradecimentos

Agradecemos às escolas que participaram deste projeto (Colégio Sidarta e Escola Municipal de Ensino Fundamental General Alcides Gonçalves Etchegoyen) e, especialmente, aos professores diretamente envolvidos, Rodrigo Nogueira e Cida Godinho. Agradecemos, ainda, à Coordenação de Aperfeiçoamento de Pessoal de Nível Superior (Capes) pela bolsa de mestrado que possibilitou a realização da pesquisa.

O PROJETO ESCOLA DE *HACKERS* E A PROGRAMAÇÃO DE COMPUTADORES

Neuza Terezinha Oro | Ariane Mileidi Pazinato
Amilton Rodrigo de Quadros Martins | Thaísa Leal da Silva

Escola de *Hackers* é um projeto que consiste em um conjunto de ações que oportunizam a alunos do ensino fundamental de escolas públicas de Passo Fundo, no Estado do Rio Grande do Sul, e região o aprendizado de técnicas de programação de computadores para crianças, utilizando o *software* Scratch. Esse projeto foi desenvolvido pela Secretaria Municipal de Educação de Passo Fundo e três instituições de ensino superior: Instituto Federal Sul-Rio-Grandense (IFSul), Faculdade Meridional (IMED) e Universidade de Passo Fundo (UPF).

No projeto, desde 2014, são realizadas atividades semanais em 22 escolas, com duração de seis meses, envolvendo em média 150 alunos por semestre. Estes são orientados por estudantes de graduação que atuam como monitores nas soluções de problemas, sendo desafiados a criar jogos interativos sobre temas que os interessem, desenvolvendo a criatividade e o raciocínio lógico. Nesse viés, acreditamos que a programação de computadores se apresenta como uma ferramenta potencializadora da aprendizagem quando possibilita a intensificação de relações multi ou interdisciplinares e o desenvolvimento do raciocínio lógico, da criatividade e da autonomia. Além disso, segundo Papert (2008), a programação pode privilegiar a utilização de conhecimentos informais das crianças na construção de algoritmos, uma vez que o movimento de um objeto na tela do computador é programado pela criança a partir de sua noção de movimento na vida real.

Optou-se por trabalhar com o ambiente de programação Scratch, criado por Mitchel Resnick, em virtude de sua interface dinâmica e intuitiva, na qual os comandos estão visíveis ao usuário na forma de blocos, bastando fazer a organização e o sequenciamento destes. Como a programação em blocos possui por trás outro tipo de linguagem, mais visual e menos textual, não exige que se saiba "escrever" os comandos na tela, pois estes já estão escritos. Também, segundo Resnick (2013), as crianças não só aprendem a programar, mas, sobretudo, programam para aprender, tanto conhecimentos de computação e de matemática como estratégias de resolução de problemas, e, com isso, desenvolvem a criatividade.

Papert (2008) e Resnick (2013) afirmam que na interação da criança com o computador delineia-se um processo em espiral, no qual a criança programa uma ideia inicial – a hipótese – e a testa no seu código. Assim, se algo não sai conforme previsto, a criança tem a possibilidade de refletir, propor novas hipóteses e testá-las novamente, em um processo cíclico que busca a melhoria contínua e intencional. Isso caracteriza o modelo de espiral, proposto pelos autores, no qual o "erro" surge como algo intrínseco ao processo, e não como algo ruim.

Ainda, Resnick e Rosenbaum (2013) afirmam que um projeto de construção criativa precisa partir do interesse do estudante, e não de um conteúdo escolar predeterminado. Os conteúdos específicos das áreas científicas podem ou não ser trabalhados dentro de um projeto com essas particularidades. Esse é um fato a ser destacado, pois o professor, ao determinar que ensinará certos conteúdos de diversas áreas do conhecimento por meio do Scratch, deverá ter cuidado para não tornar a atividade de programação desinteressante e sem sentido para os estudantes. É importante que eles queiram programar e que o projeto tenha relevância pessoal para eles.

Sabe-se que a programação de computadores utiliza conhecimentos de diversas áreas; no entanto, muitas vezes esses conhecimentos não aparecem da mesma maneira como são trabalhados na escola. O estudante, ao programar computadores, aplica seus conhecimentos prévios e aprende e desenvolve outros conhecimentos necessários à programação, mesmo sem saber que está fazendo isso. Nesse sentido, surge o interesse em analisar quais são os conhecimentos informais que estão na programação e quais conhecimentos científicos formais estão relacionados.

METODOLOGIA

Como metodologia, foi desenvolvido um material didático para as 24 oficinas semanais. Em cada encontro, o monitor apresentava um conceito, começando por lógica básica, repetição, seleção, variáveis, passando por conhecimento de plano cartesiano, movimentação, tamanho, até utilizar listas e manipulação de *strings*. Após aprender cada conceito, os estudantes eram desafiados a resolver um problema de forma individual, buscando utilizar os conceitos aprendidos até o momento.

O público-alvo das oficinas foram estudantes de 6º ou 7º anos do ensino fundamental, que, em um dia fixo da semana, engajavam-se durante duas horas nos desafios e projetos da Escola de *Hackers*, em um total de aproximadamente 190 jovens atendidos em 2014 e 150 em 2015.

RELATO DE EXPERIÊNCIA

Para exemplificar a experiência, será apresentado aqui o relato de um dos desafios finais de uma escola, realizado em 2014. Trata-se de uma animação de Natal realizada por dois grupos de alunos da Escola Municipal Notre Dame, de Passo Fundo. A atividade escolhida para análise envolveu sequenciamento e produção de histórias animadas, aliando conhecimentos de língua portuguesa, artes e lógica matemática, além de habilidades de comunicação, liderança e gerenciamento de conflitos, inerentes a uma atividade em grupo. Os grupos eram compostos por dois alunos, que serão denominados grupo A e grupo B. Cada grupo elaborou a sua história, desde a escolha dos personagens, do enredo, dos cenários e dos diálogos até a finalização na programação da animação.

O grupo A elaborou a história *O pedido que o boneco de neve Olaf fez ao Papai Noel: conhecer um lugar ensolarado*, pois, segundo os alunos, o boneco estava cansado de viver na neve. Ele foi atendido pelo Papai Noel, porém o seu pedido não deu muito certo, pois Olaf acabou virando uma poça d'água.

Nessa animação, o grupo escolheu os seguintes atores: três bonecos, representando o boneco de neve Olaf em diferentes posições, o Papai Noel, o trenó e a poça d'água. Esses personagens e os cenários estão mostrados na **Figura 20.1**. O grupo optou por criar três atores para o personagem Olaf, em vez de criar um único ator com três trajes diferentes para ele.

Os roteiros para cada um dos personagens que compõem a animação estão apresentados

Figura 20.1 Atores e cenários da animação do grupo A.

nas **Figuras 20.2** a **20.5**. A **Figura 20.2** apresenta as programações realizadas pelo grupo para os atores poça d'água e trenó.

A **Figura 20.3** apresenta a programação dos atores que representam o boneco de neve Olaf.

A programação do Papai Noel está mostrada na **Figura 20.4**.

O grupo B denominou sua animação de Natal como *O ajudante do Papai Noel que se perdeu na entrega dos presentes às crianças*. Foi

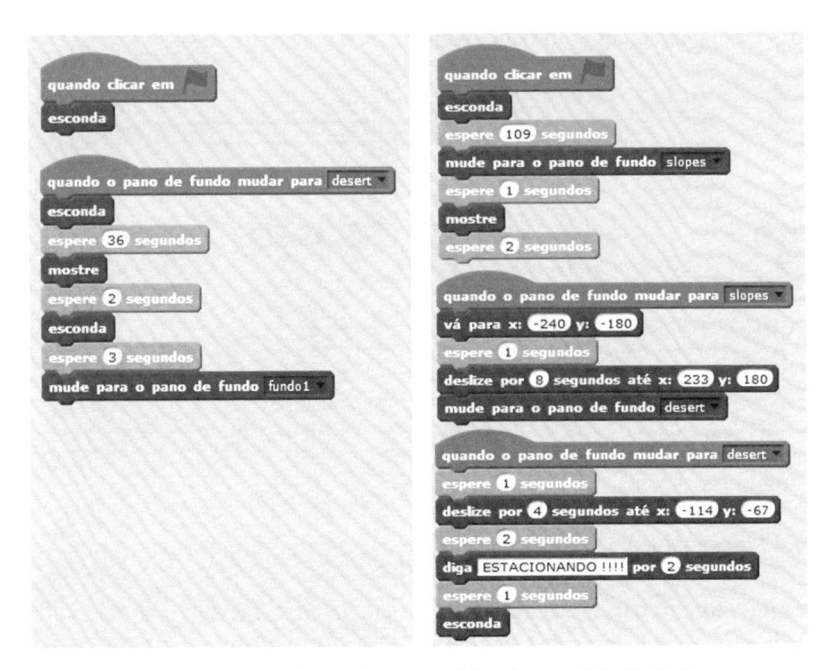

Figura 20.2 Programação da poça d'água (à esquerda) e do trenó (à direita).

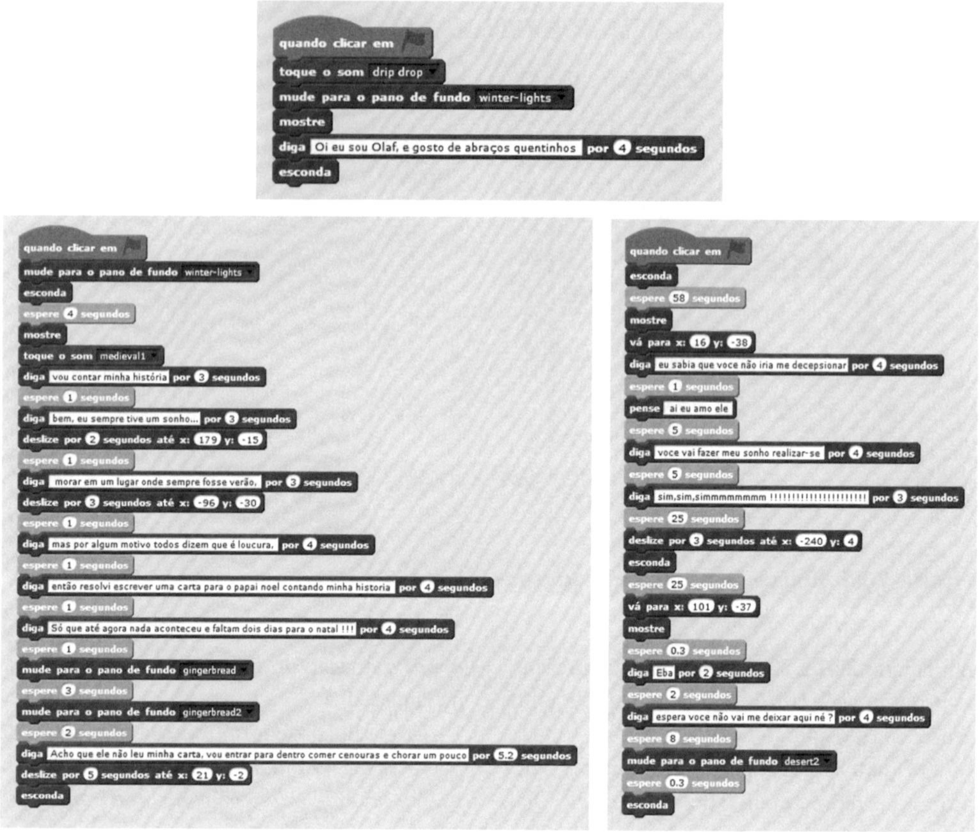

Figura 20.3 Programação dos atores que representam o boneco de neve.

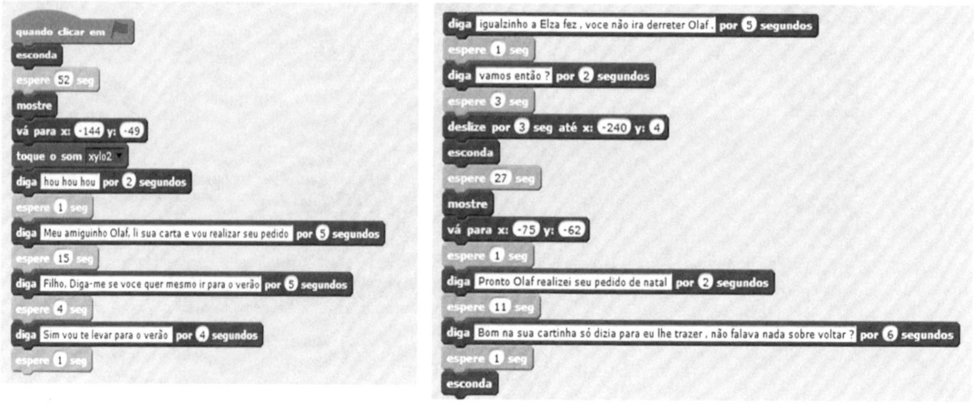

Figura 20.4 Programação do Papai Noel.

criado o seguinte roteiro para a programação: o narrador da história solicita que o espectador o ajude a encontrar o Papai Noel, o que não acontece, e ele volta para o Polo Norte. Os personagens representados pelos atores Natal, boneco de neve e morcego, bem como os cenários escolhidos para animação, estão mostrados na **Figura 20.5**.

Para fazer a animação do enredo da história de Natal, o grupo B construiu a programação de cada ator, conforme ilustrado pelas **Figuras 20.6 e 20.7**.

A partir dos projetos de construção de uma história de Natal elaborados pelos dois grupos escolhidos para esse relato, percebe-se que ambos utilizaram o bloco "espere ___ seg"

encontrado no *script* comando do Scratch 2.0 para sincronizar os diálogos entre os atores.

Cabe salientar que a mesma sincronização poderia ser realizada pelos blocos "enviar mensagens" e "receber mensagens", que se encontram no *script* eventos da mesma versão do Scratch. Esta não foi utilizada porque na Escola Notre Dame a versão 2.0 havia sido instalada poucos dias antes do término das atividades da Escola de *Hackers* para aquele

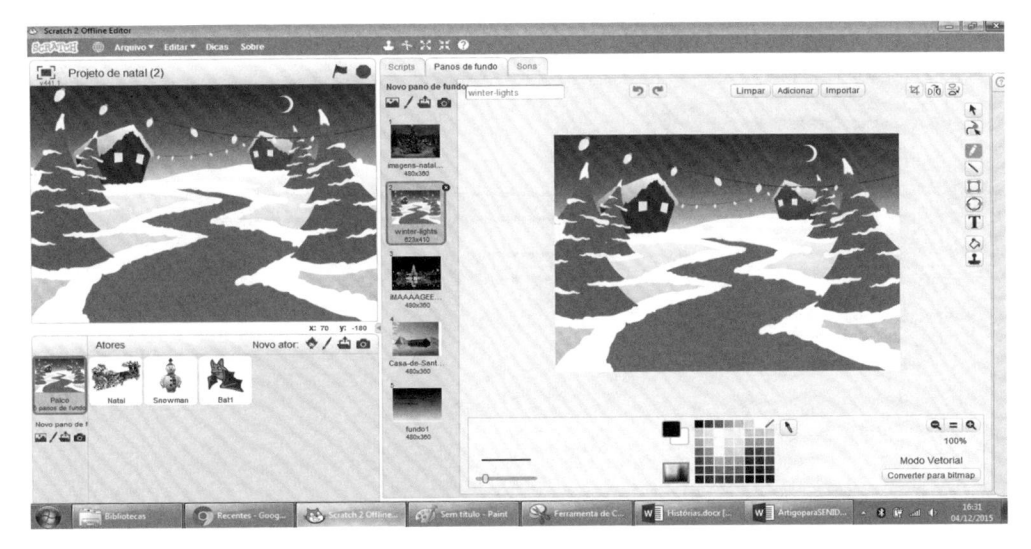

Figura 20.5 Cenários e atores da animação de Natal do grupo B.

Figura 20.6 Programação dos atores Natal e morcego.

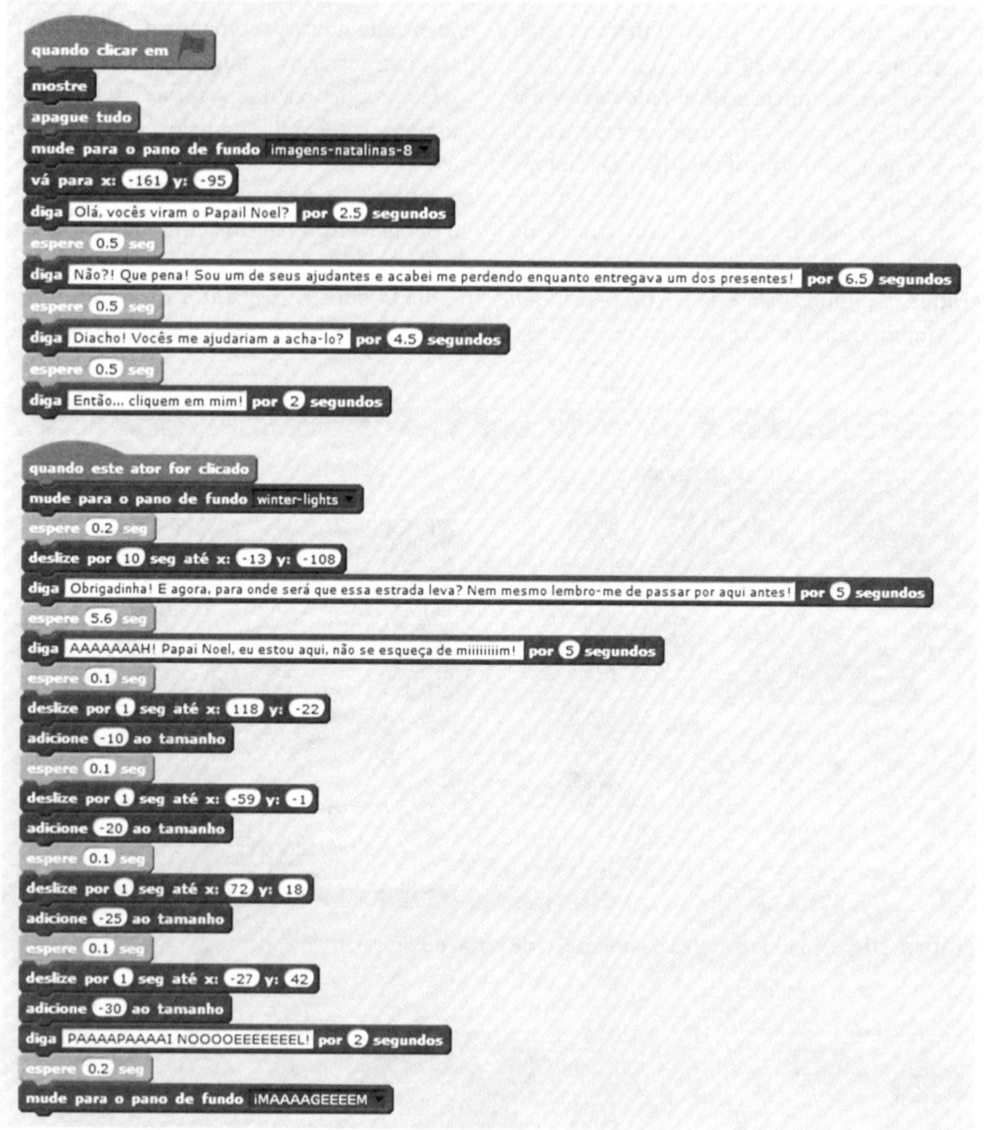

Figura 20.7 Programação do ator boneco de neve.

ano, e os alunos optaram por finalizar suas histórias com os conhecimentos de programação no Scratch que já haviam adquirido.

A transposição dos conhecimentos de sala de aula, em específico de redação, artes e matemática, foi realizada no momento em que os alunos organizaram as programações dos atores a partir das redações das histórias por eles elaboradas, construíram cenários que auxiliaram na sequência da história – início, meio e fim – e elaboraram sequenciamentos lógicos para a programação e a sincronização dos diálogos entre atores e entre atores e cenário. A programação permite consolidar conceitos de diversas áreas do conhecimento na idealização e na concretização de projetos multidisciplinares. Nesse caso, usando Scratch para a construção de histórias, ficou perceptível a relação entre as áreas de matemática e linguagens.

CONSIDERAÇÕES FINAIS

A Escola de *Hackers* apresenta-se como uma possibilidade para os estudantes de escolas municipais de Passo Fundo aprenderem programação e, consequentemente, desenvolverem atividades inter ou multidisciplinares. Nesse contexto, utilizando a programação de computadores como ferramenta educacional, o projeto viabilizou muitas aprendizagens informais e formais da escola, mediante um trabalho dinâmico realizado nos laboratórios de informática por cada grupo. Além disso, a programação de computadores pode permitir que os estudantes deixem de ser somente usuários de tecnologias e passem a ser produtores de conhecimento pela ação de programar. Tornam-se cidadãos com perspectivas para um futuro inovador.

Para tanto, o *software* de programação Scratch, usado nas oficinas, oferece aos alunos a possibilidade de programar por meio de blocos coloridos, sem a necessidade de lidar com códigos e linguagem de programação de difícil compreensão e em outra língua. Dessa forma, rapidamente aprendem a lidar com os recursos do *software*. Sobreira, Takinami e Santos (2013) destacam o potencial pedagógico e significativo do Scratch ao verificar que o contato com múltiplas linguagens favorece o desenvolvimento crítico na análise de mídias pelos alunos e que o incentivo ao pensamento criativo e à curiosidade na busca de soluções inovadoras para problemas inesperados exige, além de conhecimento, postura reflexiva, autônoma, crítica e colaborativa.

Essas potencialidades do uso do Scratch nos levam a afirmar que desenvolver atividades com essa linguagem, contextualizadas em relação ao currículo escolar, possibilita o desenvolvimento de competências e habilidades necessárias à formação do cidadão no século XXI. A autonomia para o aluno aprender, criar e inovar pode ser observada no desenvolvimento das histórias descritas neste capítulo.

Considerando as relações entre o pensamento computacional e as disciplinas já presentes no currículo escolar, Barcelos (2014) confirma que existem benefícios no desenvolvimento de estratégias didáticas conjuntas, na medida em que estas são necessárias à mobilização de conceitos ao programar com Scratch. Nesse contexto, Valente (1999) salienta que ao compreender uma nova linguagem os alunos dispõem de um recurso que, ao ser utilizado na realização de tarefas que podem envolver desde a criação de figuras e textos até a movimentação de personagens, permite-lhes construir seus conhecimentos por meio da resolução de situações-problema. Para isso, necessitam explicitar seu raciocínio em termos de uma linguagem precisa e formal.

O projeto Escola de *Hackers*, que vem sendo realizado desde 2014, possibilitou a concretização de estudos sobre programação de computadores realizados no Grupo de Estudo e Pesquisa em Inclusão Digital (Gepid), mobilizando estudantes em trabalhos de conclusão de curso de graduação, dissertações de mestrado e duas teses de doutorado do Programa de Pós-graduação em Educação da UPF. Em cinco anos, já participaram do projeto em torno de 850 alunos de 22 escolas da rede municipal de ensino de Passo Fundo e região.

A comunidade escolar participante do projeto avaliou de forma positiva as ações desenvolvidas e percebeu significativas mudanças na aprendizagem, nas atitudes e na criatividade e desenvoltura dos estudantes que participaram do projeto por meio da liberdade de aprender criando.

REFERÊNCIAS

BARCELOS, T. S. *Relações entre pensamento computacional e a matemática em atividades didáticas de construção de jogos digitais*. 2014. Tese (Doutorado em Ensino de Ciências e Matemática) – Universidade Cruzeiro do Sul, São Paulo, 2014.

PAPERT, S. A. *A máquina das crianças*: repensando a escola na era da informática. Porto Alegre: Penso, 2008.

RESNICK, M.; ROSENBAUM, E. Designing for tinkerability. *In*: HONEY, M; KANTER, D. (ed.). *Design, make, play*: growing the next generation of STEM innovators. New York: Routledge, 2013. c. 10, p. 163-181.

RESNICK, M. Learn to code, code to learn. *EdSurge*, 2013. Disponível em: https://www.edsurge.com/news/2013-05-08-learn-to-code-code-to-learn. Acesso em: 28 maio 2019.

SOBREIRA, E. S. R.; TAKINAMI O. K.; SANTOS, V. G. Programando, criando e inovando com o Scratch: em busca da formação do cidadão do século XXI. *In*: JORNADA DE ATUALIZAÇÃO EM INFORMÁTICA NA EDUCAÇÃO, 2.; CONGRESSO BRASILEIRO DE INFORMÁTICA NA EDUCAÇÃO, 2., 2013, Campinas. *Anais* [...] Porto Alegre: SBC, 2013. p. 126-152

VALENTE, J. A. Análise dos diferentes tipos de softwares usados na educação. *In*: VALENTE, J. A. (org.*)*. *O computador na sociedade do conhecimento*. Campinas: UNICAMP/NIED, 1999. c. 4, p. 89-99.

UMA EXPERIÊNCIA DE ENSINO DE PROGRAMAÇÃO CRIATIVA NA GRADE CURRICULAR

César Augusto Rangel Bastos | Giocondo Magalhães | Katia Oliveira

O presente capítulo descreve uma experiência de ensino de programação dentro da proposta do ensino de tecnologia na grade curricular da Escola Parque, localizada no Rio de Janeiro, no Estado do Rio de Janeiro. Essa proposta objetiva oferecer para os alunos e alunas um ambiente propício para múltiplas experiências desafiadoras, provocando neles a capacidade de pensar e refletir sobre a realidade.

Segundo Jean Piaget (1975), todo e qualquer desenvolvimento cognitivo se torna efetivo se for baseado em uma interação muito forte entre o sujeito e o objeto. Em ambientes de ensino considerados construtivistas, é importante que existam atitudes de objetos que perturbam as estruturas do sujeito, de modo a criar uma assimilação desses objetos. Assim, acontecem sucessivas adaptações do sujeito ao meio, propiciando o constante desenvolvimento de seu cognitivismo. Escolas que rejeitam um modo tradicionalista de transmissão de conhecimentos investem em ambientes que favorecem a aprendizagem, pois é na relação com o mundo, agindo sobre ele e recebendo sua ação que o conhecimento se constitui.

O conhecimento não está no ambiente, no sujeito nem no objeto, mas nas relações que existem entre eles. É nessa inter-relação entre sujeito e objeto que o conhecimento se constrói durante toda a vida dos seres humanos. Práticas pedagógicas devem partir do reconhecimento de que a inteligência não surge pronta nem vem no DNA do sujeito. Ela precisa ser desenvolvida, lapidada e estimulada. A qualidade e a variedade das experiências trocadas com o meio contribuem para determinar maior ou menor desenvolvimento das capacidades do sujeito.

A aprendizagem é um processo de construção de relações em que o aluno, como ser ativo na interação com o ambiente, também é responsável pela direção e pelo significado do aprendido. Nesse contexto, o processo de aprendizagem ocorre em virtude do fazer e do refletir sobre o fazer. Um ambiente com múltiplas experiências desafiadoras provoca a capacidade de pensar e refletir sobre a realidade, o que gera mais conhecimentos e relações entre eles. Só existe aprendizagem quando o sujeito se apropria do conhecimento por meio de uma interpretação própria.

A ESCOLA PARQUE

A Escola Parque foi fundada no bairro da Gávea, no Rio de Janeiro, em 1970, em um período turbulento da história do País e do mundo. Valores e comportamentos universalmente questionados à época provocaram mudanças nas escolas para que elas pudessem lidar com a formação de um cidadão para os novos tempos.

A Escola Parque busca nos grandes teóricos da educação, entre eles o educador brasileiro Anísio Teixeira, a base para sua proposta educacional. A escola se inaugura com uma postura de permanente reflexão, com estudos sobre as teorias educacionais clássicas e as teorias contemporâneas sobre aprendizagem, tendo em vista as necessidades futuras da sociedade em que viverão as novas gerações.

Dessa preocupação, veio a proposta de ser uma escola construtivista. Preparar para a vida em um mundo em permanente transformação foi o lema que norteou o trabalho pedagógico da escola em suas quatro décadas de existência, sempre pautada pelo construtivismo. A Escola Parque mantém uma postura de reflexão contínua, acompanhando os estudos sobre aprendizagem e incentivando que seus alunos se preparem para um mundo em vertiginosa transformação, voltando-se para atividades ligadas à cultura e à sustentabilidade.

NATUREZA DA EXPERIÊNCIA

Há mais de 10 anos, a Escola Parque possui, na sua grade curricular para alunos e alunas do 6º ao 9º ano do ensino fundamental, aulas de robótica, atualmente chamadas de arte, ciência e tecnologia. No ensino médio, a disciplina ciência e arte contempla vários projetos, entre eles o de robótica. O ensino de programação está inserido regularmente na proposta de arte, ciência e tecnologia nos últimos dois anos do ensino fundamental, atendendo aos princípios filosóficos da escola:

1. Inteligência se aprende e não é determinada apenas pela genética.
2. Todo ser humano é capaz de aprender e ter consciência sobre a própria aprendizagem.
3. A escola promove o desenvolvimento do raciocínio e estimula o pensamento criativo.
4. A escola incentiva a construção de autonomia intelectual e moral, inseparáveis e necessárias para constituir uma ética para a vida.
5. As pessoas constroem conhecimento na interação com o mundo.
6. O acesso às tecnologias contemporâneas é um direito e uma condição para a vida no século XXI.
7. Aprender é estabelecer relações entre saberes.
8. O conhecimento se constitui em grupo, na discussão e na crítica.
9. O respeito pelos outros, a empatia, a solidariedade e a aceitação das diferenças são valores fundamentais para a vida em sociedade.
10. Todas as pessoas têm o direito de viver bem e são responsáveis pela vida no planeta.

CARACTERIZAÇÃO DO AMBIENTE ESCOLAR

A escola possui dois laboratórios de tecnologia, um no ensino médio e outro no ensino fundamental. Cada laboratório possui diversos *kits* Lego Mindstorms e Arduino, ferramentas de marcenaria, ferramentas de eletrônica e eletricidade, oito computadores, projetor, impressora e materiais de baixo custo para o desenvolvimento de projetos.

As turmas têm, em média, 30 alunos(as), formando, no máximo, oito grupos com quatro componentes. No laboratório de tecnologia, conhecido como *makerspace*, cada grupo possui uma mesa com computador em rede e internet para o desenvolvimento de projetos colaborativos (**Fig. 21.1**).

Para cada turma, em média dois professores e um laboratorista atendem os oito grupos,

Figura 21.1 Laboratório de tecnologia (*makerspace*).

formados pelos próprios alunos e alunas no início de cada bimestre. Nesse laboratório de tecnologia, também conhecido como espaço de fazer, os estudantes desenvolvem projetos bimestrais a partir de orientações específicas para cada turma. Cada grupo possui uma caixa para guardar seu projeto e acessórios e trabalhar em aula durante o bimestre.

PROCEDIMENTOS METODOLÓGICOS OU PEDAGÓGICOS

As aulas de tecnologia acontecem, em sua maioria, nos laboratórios, e o ensino de programação é feito com os projetos dos grupos. No 8º ano, trabalha-se programação criativa baseada em projetos, utilizando a linguagem Scratch e a linguagem Processing por meio do ambiente de desenvolvimento integrado (IDE) do Arduino.

No 9º ano, o conteúdo programático da disciplina de tecnologia compreende arte e movimento, os alunos estudam a evolução das máquinas e criam máquinas programáveis com Lego Mindstorms ou Arduino. Nesse ano, os alunos conhecem um pouco de arte cinética e produzem projetos de arte e movimento. No ambiente virtual de aprendizagem da escola (Moodle), eles interagem com o material preparado pelos professores de tecnologia e de artes, que discutem previamente a proposta de arte cinética em reuniões preparatórias para esse projeto.

No ensino médio, há uma disciplina chamada ciência e arte, que oferece diversos tipos de oficinas: robótica, animação, projetos sustentáveis, genética e evolução, fotografia, cinema, teatro, entre outras. As turmas trabalham com programação criativa na disciplina ciência e arte: robótica utilizando os *kits* de Lego Mindstorms ou Arduino, além de materiais de baixo custo – papelão, isopor, pedaços de madeira e sucatas de eletrônica, informática e mecânica e material reciclado.

A proposta do ensino de programação na escola é apresentar as linguagens de programação como recurso necessário para o desenvolvimento de ideias e projetos de autoria dos alunos. O objetivo não é formar programadores; o principal foco é apresentar os conceitos computacionais, de modo que eles possam resolver problemas e explorar conceitos de pensamento computacional, como *loops*, execução em paralelo, variáveis, condições de controle, operadores lógicos, entre outros conceitos.

Os alunos da oficina de robótica da disciplina ciência e arte desenvolvem projetos interdisciplinares com outras oficinas, como programação de marionetes com bonecos, desenvolvidos na oficina de animação (**Fig. 21.2**); e programação de uma placa Arduino para monitorar temperatura e pH de um aquário desenvolvido na oficina de genética e evolução. Nesse aquário, os alunos estão desenvolvendo um sistema para enviar mensagens quando a temperatura da água atinge um certo valor. O sistema também deverá indicar o valor do pH da água.

Outro exemplo de uso de programação criativa no ensino médio é a programação de LEDs em vários projetos, como sinal de trânsito, luminárias multicoloridas, cubos de LEDs (**Fig. 21.3**) e casa controlada pelo celular (**Fig. 21.4**). Além de aprender novos conceitos, os alunos se divertem produzindo obras de arte com tecnologia.

DESCRIÇÃO DA EXPERIÊNCIA

Essa experiência com ensino de programação é diferente das aulas tradicionais, pois os alunos e alunas aprendem o que é preciso para seus projetos no momento adequado. Utiliza-se um ambiente virtual de aprendizagem para a apresentação da ementa do bimestre, como proposta de trabalho, orientações de como utilizar alguns

Figura 21.3 Programação criativa de cubos de LEDs.

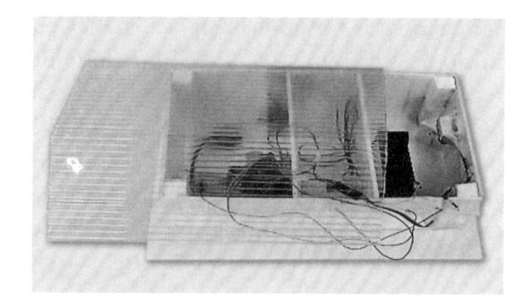

Figura 21.4 Programação criativa para controlar casa pelo celular.

Figura 21.2 Programação criativa de marionetes.

recursos de programação, desafios para os alunos em forma de atividades, vídeos e trocas de dúvidas entre alunos e entre alunos e professores.

O ambiente no laboratório de robótica é informal. Os alunos questionam, praticam com frequência suas ideias durante as aulas e testam os programas, refletindo sobre o fazer. Quando necessário, os professores atualizam o ambiente virtual com materiais específicos sobre as dúvidas dos alunos. A avaliação é qualitativa e são atribuídas notas no fim de cada bimestre. Os alunos são avaliados por meio de atitudes durante as aulas e de um relatório entregue no fim do bimestre. Também é feita uma autoavaliação, que compõe a nota bimestral. Valorizam-se participação, compromisso, responsabilidade e atitudes de cada grupo nas aulas.

É comum os grupos desenvolverem projetos interdisciplinares na escola, e nesse ambiente informal incentiva-se essa prática. Além de programação, os grupos utilizam a construção de modelos para representação nos trabalhos. É uma experiência eclética. No fim do ano, a escola realiza a Feira do Conhecimento, e os grupos apresentam os trabalhos desenvolvidos em robótica.

Alguns estudantes gostam de participar de olimpíadas e feiras de ciências. A escola possui títulos de campeã e vice-campeã em várias edições da Olimpíada Brasileira de Robótica (**Fig. 21.5**). Participar de competições e feiras é facultativo; as equipes se inscrevem quando desejam e os professores apoiam essa iniciativa. A escola oferece horários específicos para treinamento de equipes que desejam participar de eventos.

Figura 21.5 Participação na Olimpíada Brasileira de Robótica.

CONSIDERAÇÕES FINAIS

A diversidade de projetos é vista com bons olhos pela comunidade acadêmica e pelos pais de alunos da Escola Parque. O uso de tecnologia motiva os alunos e alunas menores a desenvolver projetos com programação criativa no ano seguinte. Percebe-se a satisfação dos grupos ao apresentar seus projetos de tecnologia e de programação. Esta está associada à solução de problemas e é vista como necessária para resolver questões do dia a dia.

O ensino de programação é contextualizado em cada projeto dos grupos; o conhecimento é desenvolvido nas relações entre os grupos, destes com os professores, objetos e o ambiente comum a eles. O ensino de programação na escola contribui para o reconhecimento de que a inteligência não surge pronta nos indivíduos: ela é desenvolvida em seu contexto.

REFERÊNCIA

PIAGET, J. *Gênese das estruturas lógicas elementares*. 3. ed. Rio de Janeiro: Zahar, 1975.

PROGRAMA LETRAMENTO EM PROGRAMAÇÃO:
o ensino do pensamento computacional em escolas públicas brasileiras

Adelmo Antonio da Silva Eloy | Amaral M. Oliveira
Luci Mara Gotardo | Maria de Fatima S. Polesi Lukjanenko

Este capítulo relata a experiência de construção do programa Letramento em Programação, voltado ao ensino e à aprendizagem do pensamento computacional na perspectiva da educação integral e desenvolvido em escolas públicas de ensino fundamental do município de Itatiba, no Estado de São Paulo, a partir de uma parceria entre o Instituto Ayrton Senna (IAS), a Prefeitura de Itatiba e a Universidade São Francisco (USF). O programa é baseado na formação de profissionais das escolas, de perfis e áreas de conhecimento variadas, para que eles integrem os conceitos e as práticas do pensamento computacional no contexto escolar, com atividades e projetos estruturados e desenvolvidos ao longo do ano letivo como meios para a promoção de outras habilidades e competências, como criatividade, resolução de problemas e colaboração. A seguir, detalharemos as ações realizadas e os aprendizados construídos no ano de 2015, os quais foram essenciais para direcionar o desenvolvimento de melhorias nos anos seguintes.

RELATO

No livro *Mindstorms: children, computers and powerful ideas*, o pesquisador Seymour Papert definiu a programação de computadores como a ação de comunicação entre usuário e máquina por meio de uma linguagem que ambos entendem (PAPERT, 1980). Mais que utilizar um *software* já existente com propósitos específicos, o ato de programar consiste em utilizar o computador como meio de criação de artefatos e expressão de ideias no mundo digital. Tão ou mais importante que a mudança de papel de usuário para produtor, o processo de criação de artefatos computacionais envolve etapas como identificação e fracionamento do problema a ser resolvido, implementação e validação da solução proposta. O entendimento e a prática desse processo de resolução de problemas, definido como pensamento computacional (WING, 2014), podem contribuir para o desenvolvimento de competências importantes para o aprendiz de hoje e de amanhã, como as capacidades de criar, colaborar e enxergar o mundo de forma mais crítica (BLIKSTEIN, 2008; BRENNAN; RESNICK, 2012).

Com base nesses objetivos, e alinhado com a visão de desenvolvimento integral do ser humano, preparado para a vida no século XXI em todas as suas dimensões, o IAS desenvolve, desde 2015, a iniciativa chamada Letramento em Programação, que promove atividades de iniciação a diversas linguagens de programação por meio de ações de formações de professores das redes públicas. O objetivo é proporcionar a vivência e a compreensão do pensamento computacional e oferecer recursos para que os educadores possam incorporar novos conceitos e práticas, relacionadas – mas não restritas – à computação, em sua atuação na escola. A implementação do programa foi iniciada em 2015, em parceria com a Prefeitura de Itatiba e a USF, em formato de piloto em seis escolas públicas dos anos finais do ensino fundamental, com adesão voluntária de escolas, educadores e estudantes envolvidos. As principais etapas para implementação são descritas na **Tabela 22.1**.

Em linhas gerais, as escolas participantes definiram educadores que participaram do percurso formativo proposto e que desenvolveram um conjunto de atividades com turmas de alunos no contraturno escolar. Detalhes sobre essas frentes, assim como resultados alcançados, são descritos a seguir.

Estrutura curricular

Para orientar o desenvolvimento das atividades em sala de aula, foram disponibilizadas sequências didáticas intituladas módulos. Seu objetivo não era limitar os percursos de aprendizagem e desenvolvimento do pensamento computacional; pelo contrário, por meio dessa estrutura, garantiu-se que educadores com diferentes habilidades e conhecimentos tivessem uma base para o desenvolvimento das atividades. No ano de 2015, dois módulos sequenciais foram construídos, conforme detalhado na **Tabela 22.2**. Enquanto o módulo Introdução ao Pensamento Computacional foi implementado no primeiro e no segundo semestres de 2015, com grupos diferentes de alunos, o módulo Desenvolvimento de Projetos foi implementado no segundo semestre, com os estudantes participantes no primeiro semestre.

Formação de educadores

A formação de educadores para o Letramento em Programação teve como objetivo capacitá-los para atuarem na condução das atividades propostas pelo programa e para se apropriarem do conteúdo trabalhado, impactando também as outras disciplinas em que atuam.

O percurso formativo foi dividido em sete encontros presenciais, cada um com duração de 3 a 4 horas. Três encontros foram realizados antes do início das atividades em sala de aula, e os demais, ao longo do ano, com intervalo médio de seis semanas entre eles. Além disso, atividades complementares foram realizadas via ambiente virtual de aprendizagem (plataforma Moodle). A carga horária total foi de 40 horas (22 horas presenciais e 18 horas a distância). Na **Tabela 22.3**, são apresentados mais detalhes sobre o conteúdo da formação.

APRENDIZADOS E REFLEXÕES

Os resultados de implementação do programa em 2015, assim como dados do início em 2016, são apresentados na **Tabela 22.4**.

TABELA 22.1 Ações de implementação do programa Letramento em Programação

Ações	Quando
Alinhamento de parceria entre os atores Definição de escolas participantes	Fevereiro de 2015
Início da formação de educadores	Março de 2015
Início das atividades em sala de aula com as primeiras turmas	Abril de 2015
Início das atividades em sala de aula com as novas turmas Encerramento da formação de educadores	Agosto de 2015
Retomada das atividades em sala de aula com as primeiras turmas	Setembro de 2015
Realização da feira de projetos	Novembro de 2015
Revisão e expansão da iniciativa	Fevereiro de 2016

TABELA 22.2 Módulos do programa Letramento em Programação em 2015

Características \ Módulos	Introdução ao pensamento computacional	Desenvolvimento de projetos
Objetivo	Promover o primeiro contato com o universo do pensamento computacional	Desenvolver conceitos e práticas de desenvolvimento de projetos em equipes
Materiais de referência	Curso Blocos do Programaê! (2015)	Construção interna
Carga horária	30 horas/aula	20 horas/aula
Plataformas de programação utilizadas	Code.org e Scratch	Scratch

Participaram do percurso formativo educadores de perfis diversos: três professores de matemática, dois de língua portuguesa, um de ciências, uma professora de inglês e seis monitores de informática (um por escola, o que é padrão do município). Para a realização das atividades em sala de aula, professores e monitores atuaram em parceria, formando duplas de trabalho responsáveis por conduzir as atividades. As atividades do módulo Introdução ao Pensamento Computacional ocorreram nos laboratórios de informática das próprias esco-

TABELA 22.3 Conteúdo da formação de professores do programa Letramento em Programação

Encontro	Conteúdo programático
1º encontro	Discussão: impacto da tecnologia na sociedade e na educação/o papel do professor nesse cenário O que é programar? Estrutura do Letramento em Programação
2º encontro	Atividade prática: aula do currículo do Letramento em Programação Práticas de sala de aula Apresentação: currículo do Letramento em Programação – módulo 1 Exploração do Code.org
3º encontro	Simulação de aulas Aspectos operacionais do Letramento em Programação Introdução ao Scratch
	Início das atividades em sala de aula
4º encontro	Simulação de aulas Compartilhamento de experiências e boas práticas Planejamento e construção de projeto no Scratch
5º encontro	Simulação de aulas Apresentação do módulo 2 do Letramento em Programação Integração de pensamento computacional ao currículo
6º encontro	Simulação de aulas Tecnologia e empreendedorismo Introdução ao App Inventor
7º encontro	Apresentação do módulo 3 do Letramento em Programação Compartilhamento de experiências e boas práticas *Feedback* final da formação

TABELA 22.4 Dados do Letramento em Programação em 2015 e início de 2016

Indicadores	2015	2016*
Escolas	6	13
Turmas	13	27
Educadores	13	30
Estudantes	170	490

*Valores no início do ano.

las, com acesso à internet (velocidade média de 2 Mbps) e com um computador por aluno ou para cada dois alunos, a depender da escola.

O número de estudantes em 2015 representa o total de concluintes de ao menos um dos módulos. As turmas foram multisseriadas, com alunos do 6º ao 9º ano que tinham interesse e disponibilidade em participar das atividades. A taxa de retenção (número de iniciantes/número de concluintes) para cada módulo é apresentada na **Tabela 22.5**.

Os dados reforçam que a retenção dos alunos em atividades do contraturno escolar é um dos principais desafios do programa. Para o primeiro módulo, a melhoria entre um semestre e outro indica que a aquisição de mais experiências pelos educadores ao longo do tempo pode contribuir para aumentar o engajamento dos alunos ao longo do ano.

Quanto ao segundo módulo, houve uma mudança de espaço de desenvolvimento das atividades: como as novas turmas de Introdução ao Pensamento Computacional do segundo semestre foram alocadas no mesmo local e horário que as do primeiro semestre, e a maior parte dos professores não tinha horário disponível para conduzir duas turmas, os alunos da turma de Desenvolvimento de Projetos foram reunidos em uma única turma na USF, conduzida por um dos professores formados. Questões de logística podem ter contribuído para a diferença entre alunos concluintes em 2015/1 e aqueles que continuaram em 2015/2. Além disso, a maior taxa de retenção corrobora a expectativa de que esse grupo de alunos tivesse mais interesse pelo tema.

Indo além dos números, foram construídos aprendizados a partir da experiência no primeiro ano de programa, os quais são compartilhados a seguir.

Perfil e papel do professor

No modelo implementado em Itatiba, não foi exigido dos educadores envolvidos conhecimento prévio sobre computação ou informática; pelo contrário, buscamos interessados em aprender mais sobre a temática e levá-la para a sala de aula. Nesse sentido, trabalhamos com professores de diferentes áreas (português, matemática e ciências, entre outras) e verificamos quais características eram mais importantes para o sucesso das atividades. Entre elas, destacamos interesse e tempo disponível para aprender novos conteúdos e o entendimento do papel de facilitador: alguém que não detém todo o conhecimento, mas que está disposto a facilitar o aprendizado dos alunos e aprender junto com eles. Além disso, a experiência influenciou também sua forma de ensinar: a

TABELA 22.5 Taxa de retenção média para cada módulo

Turmas	Iniciantes	Concluintes	Retenção
Introdução ao Pensamento Computacional (2015/1)	91	63	69%
Introdução ao Pensamento Computacional (2015/2)	79	60	76%
Desenvolvimento de Projetos (2015/3)	50	44	88%

professora Valéria Gozeloto, professora de matemática da rede municipal de Itatiba, conta que as práticas de sala de aula do Letramento em Programação a ajudaram em diversos sentidos, como melhorar sua dinâmica em sala de aula, com questões lúdicas e um linguajar mais aberto.

Outro aprendizado foi a relação de parceria entre professor e monitor de informática. No caso do município de Itatiba, os laboratórios de informática contam com monitores de informática, os quais não podem conduzir atividades pedagógicas com os alunos sem o acompanhamento de um professor. Por meio do programa, esses profissionais tiveram a oportunidade de atuar de forma integrada ao longo do ano letivo, em um contexto no qual as habilidades de cada parte da dupla eram valorizadas. Apesar de importante, o apoio dos monitores de informática não se mostrou como uma restrição para realização das atividades, como foi vivenciado na turma de Desenvolvimento de Projetos, em que não houve monitor de informática envolvido diretamente.

Infraestrutura

O principal espaço utilizado para execução das atividades foi o laboratório de informática. Apesar de isto ainda não ser realidade em todo o Brasil, dados do Censo Escolar 2014 apontam que quase metade (45%) das escolas de educação básica possuem um espaço equipado com computadores (INSTITUTO AYRTON SENNA, 2016). Ainda que o laboratório de informática contribua com a ideia de que a computação (e as tecnologias digitais) seja algo separado e não integrado às demais disciplinas, ele garante aos alunos acesso a recursos e ferramentas para a prática da programação.

Em alguns casos, foram vivenciadas limitações, como número de computadores disponíveis ou dificuldades com a velocidade da internet. De toda forma, com o suporte dos monitores de informática, esses desafios foram contornados de maneira a não afetar o desenvolvimento das atividades.

Trabalho em rede

Apesar de termos a formação de educadores como ação principal no projeto, disseminar a prática da programação em uma comunidade exige o envolvimento de vários outros atores. Além do alinhamento das atividades com as equipes das escolas e Secretaria de Educação, ações estratégicas foram realizadas para que públicos não envolvidos diretamente com as atividades fossem impactados pelo projeto. Entre elas, destacam-se a promoção da Hora do Código nas escolas em novembro de 2015, para que mais educadores fossem introduzidos ao tema, e uma parceria com a USF (com *campus* em Itatiba), aproximando a comunidade acadêmica tanto da educação básica quanto do pensamento computacional.

Vale destacar também o Scratch Oscar, feira em que os alunos apresentaram à comunidade de Itatiba suas criações com o Scratch e foram premiados pelos projetos desenvolvidos no Letramento em Programação. Vídeos com depoimentos do evento estão disponíveis no *site* do Instituto Ayrton Senna.[1]

Com a palavra, os alunos

Os alunos do século XXI têm interesse quase natural pela tecnologia; o desafio de não serem somente usuários – mas também criadores – de jogos, animações e aplicativos é algo que, ao mesmo tempo, os assusta e engaja. O fato de não ter sido imposta aos alunos a participação no projeto, mas sim permitida sua adesão voluntária, contribuiu para que vivenciássemos casos

---

[1] Disponível em https://www.institutoayrtonsenna.org.br/content/institutoayrtonsenna/pt-br/radar/Alunos_de_Itatiba_mostram_o_que_aprenderam_em_programao.html

de engajamento e desenvolvimento de habilidades além do esperado, e não apenas técnicas.

Para exemplificar o aprendizado, nada melhor que dar voz aos alunos participantes do programa. Por exemplo, Thomaz Neto, na época aluno do 6º ano da Escola Municipal de Educação Básica (Emeb) Coronel Francisco Rodrigues Barbosa, mostrou como a prática da programação vai além do desenvolvimento de competências técnicas, envolvendo também a habilidade de refletir sobre as próprias criações. Após seu primeiro projeto na plataforma Scratch, ele relatou em seu caderno de reflexões (um dos recursos previstos em nosso currículo): "Tenho muito orgulho de meu projeto. Claro que existem alguns muito melhores, mas mesmo assim sinto muito orgulho". De forma similar, Roberta Mourão, na época aluna do 8º ano da Emeb Professora Maria Mercedes de Araújo, relatou, após o evento Scratch Oscar: "Participar do Letramento possibilitou um melhor desenvolvimento na escola, porque quando há um erro eu não posso deixá-lo de lado, tenho que encontrá-lo e dar continuidade, assim também em minha trajetória escolar". O depoimento de Roberta evidencia outros ganhos que podem ser obtidos a partir da experiência com programação.

CONSIDERAÇÕES FINAIS

Os resultados e os aprendizados de 2015 descritos serviram de insumo para a continuidade e a melhoria das ações do Letramento em Programação. A seguir, são apresentados alguns exemplos do que já foi realizado:

- **Expansão do modelo para outros municípios e regiões:** em 2016, o modelo construído em Itatiba foi levado para municípios do Norte do Rio Grande do Sul, em parceria com a Faculdade Meridional (Imed) e Prefeituras de Marau, Sananduva e Passo Fundo, 11 escolas da região implementaram o programa a partir do segundo semestre de 2016. Esse modelo de parceria, envolvendo secretarias de Educação e universidades, tem se mostrado efetivo para a implementação e a sustentabilidade local do programa nos municípios.
- **Experimentação em anos anteriores:** no segundo semestre de 2016, foram iniciadas turmas-piloto do Letramento em Programação no 4º e 5º anos do ensino fundamental em três escolas, também com caráter introdutório ao universo do pensamento computacional e utilizando versões adaptadas do modelo de formação e currículo do módulo 1. A partir dessa aplicação, esperamos construir uma versão adaptada para o público descrito, a ser replicada em maior escala.
- **Melhorias na estrutura curricular:** além de revisão dos materiais dos módulos descritos nesse relato, está em teste um terceiro módulo do programa, que explora a construção de aplicativos *mobile* com o App Inventor. Além disso, está sendo desenhado o quarto módulo do programa, cuja temática deve envolver a computação física e a cultura *maker*.
- **Produção de conhecimento científico:** a parceria em torno do programa com as instituições de ensino superior (USF na região de Itatiba e Imed no norte do Rio Grande do Sul) demonstra a possibilidade de aproximar a comunidade acadêmica das ações do Letramento em Programação, desenvolvendo projetos de pesquisa com diferentes temáticas relacionadas à iniciativa, além de promover atividades de extensão para diferentes públicos. Esperamos que, ao longo dos próximos anos, as experiências desenvolvidas localmente sejam cenário de produção de conhecimento relevante ao tema e inspirem a realização de ações similares em outros contextos.

REFERÊNCIAS

BLIKSTEIN, P. *O pensamento computacional e a reinvenção do computador na educação*. 2008. Disponível em: http://bit.ly/1IXlbNn. Acesso em: 28 maio 2019.

BRENNAN, K.; RESNICK, M. *New frameworks for studying and assessing the development of computational thinking*. 2012. Disponível em: https://web.media.mit.edu/~kbrennan/files/Brennan_Resnick_AERA2012_CT.pdf. Acesso em: 28 maio 2019.

INSTITUTO AYRTON SENNA. *Desigualdades marcam acesso à tecnologia em escolas brasileiras*. 2016. Disponível em: http://bit.ly/2q9j4it. Acesso em: 28 maio 2019.

LETRAMENTO em programação. [S. l.: s. n.], 2015. 1 vídeo (4 min 40 seg). Publicado pelo canal Instituto Ayrton Senna. Disponível em: http://bit.ly/2HcJpnX. Acesso em: 28 maio 2019.

PAPERT, S. A. *Mindstorms*: children, computers, and powerful ideas. New York: Basic Books, 1980.

SCRATCH Oscar 2015 - Prêmio de Letramento em Programação. [S. l.: s. n.], 2015. 1 vídeo (3 min 40 seg). Publicado pelo canal Instituto Ayrton Senna. Disponível em: http://bit.ly/2GZ9U2p. Acesso em: 28 maio 2019.

WING, J. M. *Computational thinking benefits society*. 2014. Social Issues in Computing blog. Disponível em: http://socialissues.cs.toronto.edu/index.html%3Fp=279.html. Acesso em: 28 maio 2019.

LEITURA RECOMENDADA

PROGRAMAÊ!. *Curso blocos*. [201-?]. Disponível em: http://bit.ly/2blkZ4S. Acesso em: 28 maio 2019.

OFICINA DE INTRODUÇÃO À ROBÓTICA PEDAGÓGICA COM ALUNOS DO ENSINO FUNDAMENTAL NO PARÁ

David Gentil de Oliveira | Wellington Fonseca
Saulo Joel Oliveira Leite | Diorge de Souza Lima

Atualmente, a sociedade sofre profundas mudanças, as quais acontecem de maneira acelerada, inclusive no ensino. Uma proposta pedagógica é uma iniciativa que necessita de diversas decisões para alcançar todos os objetivos educacionais estabelecidos. Sendo um documento de referência, deve provocar a mudança do projeto político pedagógico, dos desenhos curriculares das escolas, assim como dos métodos educacionais qualitativos, considerando o ritmo de evolução e as necessidades da comunidade escolar.

Novas propostas pedagógicas para o ensino de física são necessárias para estimular os alunos para o mundo do trabalho e a prática social (BRASIL, [2019]). Com isso, as escolas são incentivadas a adotar novos recursos, como o Programa Mais Educação, que estimula atividades complementares no contraturno escolar. Entre essas atividades destaca-se a robótica pedagógica, denominada no programa aqui relatado robótica educacional, que objetiva proporcionar um ambiente de aprendizagem criativo e lúdico para auxiliar o ensino de física no ensino fundamental, envolvendo os estudantes na montagem de mecanismos robotizados simples, com base na utilização de *kits* de montagem, o que possibilita o desenvolvimento de habilidades em montagem e programação de robôs (BRASIL, 2014).

A robótica pedagógica deve interagir com o educando, haja vista que, segundo Piaget (1990), o sujeito tem uma ação ativa no seu desenvolvimento e na construção do seu conhecimento. Neste capítulo são apresentados os resultados obtidos com o desenvolvimento do projeto de oficinas de introdução à robótica pedagógica realizado na Escola Municipal de Ensino Fundamental Major Cornélio Peixoto, em Santo Antônio do Tauá, no Estado do Pará, município localizado na região amazônica, distante 56 km da capital paraense, Belém, em parceria com a Universidade Federal do Pará (UFPA) e com apoio do Laboratório de Engenhocas. Assim, tem-se como objetivo despertar nos alunos o desenvolvimento de práticas didáticas relacionadas à tecnologia, assim como tentar sair da pedagogia tradicionalista, buscando novas possibilidades de conhecimento (CAMPOS *et al.*, 2015).

PLANO PARA A OFICINA DE ROBÓTICA PEDAGÓGICA

A construção de um plano para a oficina de introdução à robótica pedagógica foi o primeiro passo para sua implantação. A estrutura do plano da oficina está dividida em três momentos. No primeiro, são apresentados aos alunos os materiais, componentes e equipamentos básicos utilizados em eletrônica, fomentando o ensino de física. No segundo momento, os discentes são estimulados a construir projetos básicos, usando LEDs, servomotores, motor de passo e resistores, com o auxílio de equipamentos como multímetro, ferro de solda, sugador de solda e *protoboard*, também chamada de matriz de contato ou placa de ensaio. No último momento, com o auxílio do computador, são feitas programações básicas da plataforma Arduino, a fim de robotizar tais projetos, usando o Ardublock.

Materiais, componentes e equipamentos

Os materiais, componentes e equipamentos mais utilizados até o momento foram placas Arduino UNO R3, LEDs (3 mm, 5 mm e 10 mm), resistores (100 Ω, 1 k Ω, 10 k Ω, etc.), *protoboard*, motor de passo, fios para *jamper*, multímetro, ferro de solda, sugador de solda e solda (**Fig. 23.1**).

Projetos básicos sem o uso do Arduino

O segundo momento é destinado à construção de projetos básicos sem o uso do Arduino. São feitos projetos básicos, como ligação de LED, ligação de motores, ligação de servomotores, ligação de motores de passo e ligação de resistores em série e paralelo, motivando o participante a interagir com a eletrônica, com os conceitos físicos presentes nos projetos e com os equipamentos, materiais e suas funções e finalidades. Em seguida, os alunos trabalham em projetos com o uso do Arduino: pisca-pisca com Arduino, semáforo com Arduino, controle de LED com potenciômetro, controle de servomotor, controle de motor de passos, carrinho seguidor de linha, aranha Arduino e outros projetos similares.

Programação usando a plataforma Arduino

Arduino é uma plataforma que utiliza código aberto (*hardware* e *software*) desenvolvida no intuito de colaborar para o ensino de eletrônica (**Fig. 23.2**). Tem como foco principal criar um equipamento de baixo custo com o qual os discentes possam desenvolver seus protótipos com o menor custo possível.

O Arduino é uma plataforma de prototipagem eletrônica *open-source* baseada em *hardwares* e *softwares* flexíveis e fáceis de usar. É destinado a artistas, *designers*, hobbistas e qualquer pessoa interessada em criar objetos ou ambientes interativos. O Arduino pode "sentir" o estado do ambiente que o cerca por meio da recepção de sinais de sensores e pode interagir com os seus arredores, controlando luzes,

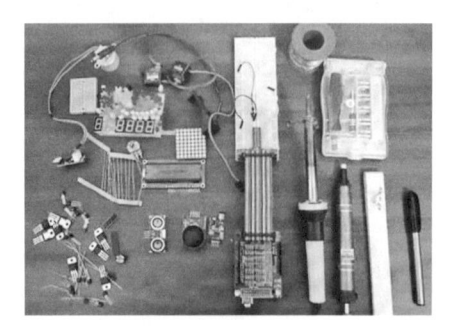

Figura 23.1 *Kit* montado para o desenvolvimento da oficina.

Figura 23.2 Placa de prototipação do Arduino Uno.
Fonte: Solarbotics.

motores e outros atuadores. O microcontrolador na placa é programado com a linguagem de programação Arduino, baseada na linguagem Wiring, e o ambiente de desenvolvimento Arduino, baseado no ambiente Processing. Os projetos desenvolvidos com o Arduino podem ser autônomos ou podem comunicar-se com um computador para a realização da tarefa, com uso de *software* específico, como Flash, Processing, MaxMSP (MCROBERTS, 2015).

A oficina de introdução à robótica pedagógica também utiliza uma versão traduzida do Ardublock, projeto aberto de uma plataforma de programação visual (**Fig. 23.3**). Com ela, pode-se programar por meio de blocos visuais que listam, de maneira intuitiva, os comandos disponíveis e mostram como eles devem ser usados. O Ardublock também elimina eventuais problemas de erros de sintaxe, muito comuns para iniciantes. O *software* foi baixado do projeto ROBO+EDU (UNIVERSIDADE FEDERAL DO RIO GRANDE DO SUL, [2015]).

Utilizou-se a plataforma Ardublock de forma expressiva para o ensino de programação. Assim, os alunos tiveram facilidade na compreensão do conteúdo, pois para muitos o conhecimento relacionado à computação e à programação era algo distante de sua realidade.

A **Figura 23.4** apresenta o uso do Ardublock como ferramenta pedagógica no laboratório de informática da Escola Major Cornélio Peixoto.

As oficinas estão organizadas por meio de experiências, e o aluno é motivado a montar e programar, usando o Arduino e o Ardublock. O ensino por meio do Ardublock foi fundamental para o projeto, pois observou-se que o aprendizado se deu de maneira atrativa aos alunos, o que pôde ser verificado na evolução dos conhecimentos por eles adquiridos.

ESTRATÉGIA DE ENSINO E DE APRENDIZAGEM

A metodologia aplicada na oficina de introdução à robótica pedagógica é a descoberta. O aluno, como protagonista de sua aprendizagem, por meio da curiosidade, tem a robótica pedagógica como ferramenta auxiliar no processo de ensino-aprendizagem dos conceitos de física, a fim de melhor conhecer os projetos e aproveitar os inúmeros recursos apresentados por ele. Assim, o conhecimento é construído por informações advindas da interação com o ambiente, conforme proposto por Vygotsky (MOREIRA, 1995).

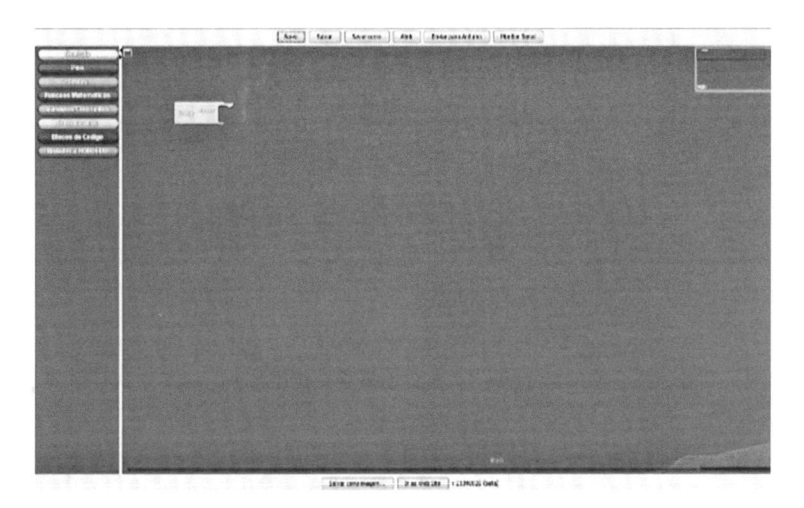

Figura 23.3 Plataforma de programação visual Ardublock.

Figura 23.4 Alunos utilizando a plataforma de programação visual Ardublock.

Inicialmente, foi abordado o conhecimento básico de eletrônica, com a construção de pequenos projetos e, posteriormente, o uso da plataforma Arduino para auxiliar no aprendizado de física. A **Figura 23.5** apresenta alguns alunos manipulando projetos da oficina.

Em parceria com o Laboratório de Engenhocas da UFPA, a oficina proporcionou diversas palestras, na tentativa de alertar os participantes para a importância das ciências, em especial dos conceitos relacionados ao conteúdo de física, fortalecendo as aulas de ciências na escola.

Figura 23.5 Alunos na oficina de robótica pedagógica.

A IMPORTÂNCIA DA ROBÓTICA PEDAGÓGICA

Nesse trabalho, foram utilizados os métodos de entrevista e estudos de caso. Inicialmente, foi realizada uma revisão bibliográfica para compreender o uso da robótica pedagógica e os principais conceitos da física nela envolvidos para posteriormente poder conciliar o conhecimento teórico e a prática realizada na oficina de introdução à robótica pedagógica. Em seguida, foi possível analisar o trabalho utilizando a metodologia do estudo de caso, em que foi verificado o desenvolvimento das atividades no ambiente escolar, constatando os possíveis pontos positivos e negativos, a fim de subsidiar os pontos que deviam receber um olhar diferenciado para a melhoria.

A amostra da pesquisa foi composta por 42 alunos do projeto de robótica pedagógica nos períodos diurno e vespertino. Foram aplicados dois questionários, um, no início do projeto, e o outro, no fim, com o objetivo de analisar a importância da robótica pedagógica como instrumento educacional na escola. Na pesquisa inicial, à pergunta "Você gosta de estudar?",

64% dos alunos responderam não, e apenas 36% afirmaram que gostavam. Posteriormente, ao término do projeto, 43% dos alunos responderam que não gostavam de estudar, e 57%, que gostavam de estudar (**Fig. 23.6**). Diante disso, pode-se verificar a contribuição positiva do projeto como incentivo para que os alunos se dedicassem aos estudos.

Também foi possível verificar que a maioria dos alunos concordam com o uso da robótica na sala de aula como contribuição para o aprendizado e para que as aulas sejam mais dinâmicas, conforme apresentado na **Figura 23.7**.

Em relação à pergunta "Quando você crescer, qual profissão pretende exercer?" a **Figura 23.8** apresenta as respostas dos alunos de acordo com a Classificação Brasileira de Ocupações (CBO) (**Tab. 23.1**), disponibilizada pelo Ministério do Trabalho e Emprego (BRASIL, c2017). Identifica-se que, após a execução do projeto de robótica pedagógica, houve uma tendência dos participantes à escolha de uma profissão ligada às áreas de engenharia, arquitetura e afins.

A análise dos dados da pesquisa realizada nos anos finais do ensino fundamental na Escola Major Cornélio Peixoto caracteriza a importância da aplicação de tecnologias digitais como instrumento para melhor atender às expectativas educacionais, como aumento do Índice de Desenvolvimento da Educação Básica, diminuição da evasão escolar e também para melhorar o desempenho dos alunos nas avaliações internas da escola e nas externas, como Olimpíada Brasileira de Matemática, Olimpíada Brasileira de Astronomia, Olimpíada de Língua Portuguesa, Olimpíada Brasileira de Robótica, Olimpíada Nacional em História do Brasil e Prova Brasil, entre outras.

Portanto, o uso da robótica como estratégia pedagógica para o ensino das ciências nas escolas de ensino fundamental tem aspectos multidisciplinares e auxilia, de maneira significativa, na construção de conhecimentos de diversas disciplinas, com destaque para o ensino de física, o que é extremamente estimulante ao desenvolvimento do raciocínio lógico (CASTILHO, 2002).

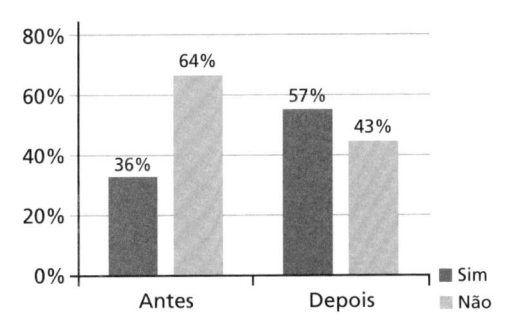

Figura 23.6 Percentual de alunos que gostavam de estudar antes e depois do projeto.

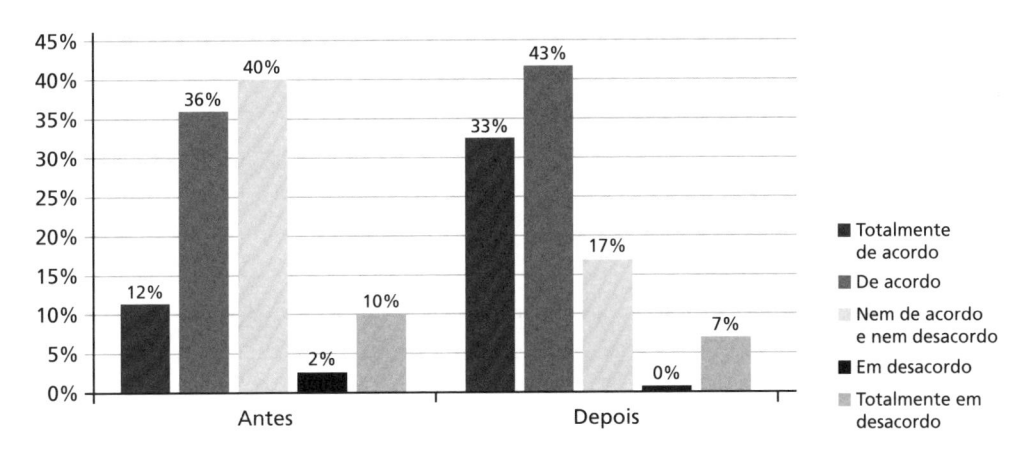

Figura 23.7 Opinião dos alunos sobre o papel da robótica na aprendizagem.

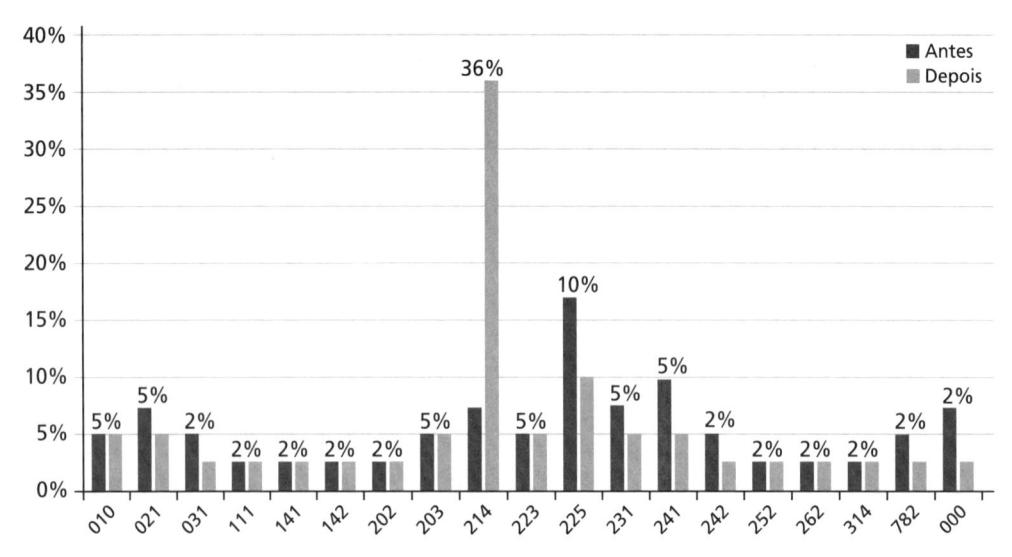

Figura 23.8 Quando você crescer, qual profissão pretende exercer?

TABELA 23.1 Classificação Brasileira de Ocupações

Código	Título
010	Membros das forças armadas
021	Praças de polícia militar
031	Praças de bombeiro militar
111	Membros superiores do poder legislativo, executivo e judiciário
141	Gerentes de produção e operações
142	Gerentes de áreas de apoio
202	Profissionais da eletromecânica
203	Pesquisadores
214	Engenheiros, arquitetos e afins
223	Profissionais da medicina, saúde e afins
225	Profissionais da medicina
231	Professores de nível superior na educação infantil e no ensino fundamental
241	Advogados, procuradores, tabeliães e afins
242	Advogados do poder judiciário e da segurança pública
252	Profissionais de organização e administração de empresas e afins
262	Profissionais de espetáculos e das artes
314	Técnicos em metalmecânica
782	Condutores de veículos e operadores de equipamentos de elevação e de movimentação de cargas
000	Não soube responder

Fonte: Brasil (c2017).

CONSIDERAÇÕES FINAIS

Neste capítulo, foram apresentados resultados de experiências com o desenvolvimento de um projeto de oficina de introdução à robótica pedagógica realizado no ano de 2015. Esse projeto continua sendo promovido em parceria com o Laboratório de Engenhocas da UFPA, e tem como principal objetivo dinamizar a educação na tentativa de transformar uma aula monótona em uma aula mais atrativa e dinâmica.

A robótica pedagógica desperta o desenvolvimento pleno do aluno, pois propicia uma atividade única e dinâmica, permitindo também a sua construção cultural, e contribui para torná-lo autônomo, independente e responsável como cidadão. O professor torna-se um facilitador dessa metodologia, sendo uma ferramenta auxiliar para a concretização do conhecimento do participante. A robótica pedagógica é uma opção interessante como instrumento didático-pedagógico nos processos de ensino e de aprendizagem para os conhecimentos de física. É uma proposta educativa que vai ao encontro das teorias e visões dos mais prestigiados educadores da atualidade.

Os resultados e as discussões que precederam os debates mostraram a importância de considerar a utilização de ferramentas tecnológicas para o ensino das ciências (física) com auxílio da programação (Ardublock), a exemplo da robótica pedagógica, utilizando-a não como um objeto lúdico de entretenimento ou estudo pouco significativo sobre as tecnologias em questão, mas como ferramenta com potencial capacidade de articular atividades de interação em sala de aula.

Uma observação mais crítica sobre os temas envolvidos nas aulas esteve concentrada na possibilidade de auxiliar o aluno a desenvolver a capacidade de utilizar os recursos robóticos como instrumentos de mediação das relações com outros indivíduos e com o mundo. Assim, ao longo das atividades e por meio da utilização das recentes tecnologias empregadas no contexto dos processos de ensino e de aprendizagem, observou-se a estreita relação entre os conteúdos abordados em sala de aula e os aspectos históricos, culturais, sociais, econômicos e políticos de grande relevância na realidade cotidiana.

REFERÊNCIAS

BRASIL. *Lei nº 9.394, de 20 de dezembro de 1996*. Estabelece as diretrizes e bases da educação nacional. Brasília: Presidência da República, 1996. Disponível em: http://www.planalto.gov.br/ccivil_03/leis/l9394.htm. Acesso em: 29 maio 2019.

BRASIL. *Manual operacional de educação integral*. Brasília: MEC, 2014. Disponível em: http://portal.mec.gov.br/index.php?option=com_docman&task=doc_download&gid=15842&Itemid=. Acesso em: 28 maio 2019.

BRASIL. *Classificação brasileira de ocupações*. c2017. Disponível em: http://www.mtecbo.gov.br/cbosite/pages/home.jsf. Acesso em: 28 maio 2019.

CAMPOS, A. D. S. et al. Introdução ao Arduino como forma de incentivo às ciências exatas e naturais. *In*: CONGRESSO BRASILEIRO DE EDUCAÇÃO EM ENGENHARIA, 43., 2015, São Paulo. Anais [...]. Brasília, DF: ABENGE, 2015.

CASTILHO, M. I. *Robótica na educação*: com que objetivos? 2002. Monografia (Especialização em Informática na Educação) - Universidade Federal do Rio Grande do Sul, Porto Alegre, 2002.

MCROBERTS, M. *Arduino básico*. 2. ed. São Paulo: Novatec, 2015.

MOREIRA, M. A. *Teorias de aprendizagens*. São Paulo: EPU, 1995.

PIAGET, J. *Epistemologia genética*. São Paulo: Martins Fontes, 1990.

UNIVERSIDADE FEDERAL DO RIO GRANDE DO SUL. ROBO+EDU. *Materiais educacionais*. [2015]. Disponível em: http://www.ufrgs.br/robomaisedu/materiais-educacionais/. Acesso em: 28 maio 2019.

SCRATCH DAY 2015:
uma experiência no ensino de programação para iniciantes no Instituto Federal de Goiás, *campus* Luziânia

Wendell Bento Geraldes

A computação é, sem dúvida, nos dias de hoje, uma área do conhecimento que permeia todas as atividades humanas, de forma que não se pode imaginar a sociedade atual sem computadores e suas tecnologias. Hoje, em qualquer atividade profissional, são utilizadas as tecnologias da informação e comunicação (TICs), atreladas a um raciocínio computacional (algorítmico). Nesse contexto, uma pessoa que não tem conhecimentos de computação encontra cada vez mais dificuldades em se relacionar com o mundo atual (FRANÇA et al., 2014).

Ainda existem inúmeros problemas das áreas de ciências exatas, humanas, das artes e da realidade cotidiana que poderiam ser resolvidos com auxílio da computação. Assim, os futuros profissionais das diversas áreas do conhecimento deverão interagir com profissionais da computação, por meio de um pensamento interdisciplinar, fazendo-se necessário, de forma natural, seu ensino e a aprendizagem na educação básica, o que já é uma realidade nos países desenvolvidos (FRANÇA et al., 2014; WING, 2006).

O ensino de conceitos básicos de computação, em especial da programação de computadores, tem sido foco de diversos espaços e eventos espalhados por todo o mundo, com intuito de ampliar a oferta de oportunidades de aprendizado dos fundamentos da computação (SANT'ANNA; NEVES, 2012). Entre as várias iniciativas, duas são de especial interesse para este capítulo:

1. O Code Club (em português, Clube do Código ou Clube de Programação), uma rede mundial de atividades extracurriculares gratuitas, gerenciada por voluntários, com objetivo de ensinar programação de computadores às crianças (CODE CLUB BRASIL, c2019).
2. O Code.org, uma organização sem fins lucrativos cujo objetivo é divulgar e ensinar programação a pessoas de todas as idades. A instituição tem parcerias com vários gigantes da tecnologia, e algumas das aulas são ministradas por personalidades da área, como Mark Zuckerberg e Bill Gates (COSTA, 2014).

Essas duas iniciativas têm em comum a possibilidade de o aprendiz estudar no seu ritmo, individualmente ou em grupos, além da utilização da linguagem Scratch (RESNICK et al., 2009), foco de interesse deste artigo.

O Scratch é um ambiente de desenvolvimento visual criado pelo Lifelong Kindergarten Group, grupo de pesquisa do MIT Media Lab, do Massachusetts Institute of Technology (MIT). O ambiente tem como objetivo apresentar a programação de computadores de maneira fácil e rápida àqueles que não possuem nenhum tipo de experiência no assunto. O Scratch utiliza uma linguagem visual, por meio da qual é possível criar jogos, animações e histórias interativas (SILVA *et al.*, 2014).

Os elementos primitivos da linguagem são blocos organizados conforme sua função, e os programas são escritos por meio do encaixe apropriado dos blocos que controlam os objetos na tela de saída ou palco (**Fig. 24.1**). As cores e os desenhos dos encaixes dos blocos (**Fig. 24.2**) sugerem as regras de combinação, facilitando o aprendizado das relações entre os elementos primitivos (SANT'ANNA; NEVES, 2012).

Figura 24.2 Programa escrito em blocos no Scratch.

SCRATCH DAY

O Scratch Day é um evento organizado pelo Lifelong Kindergarten Group, que proporciona um dia inteiro de aprendizado dos fundamentos da computação para iniciantes utilizando a linguagem Scratch. Ele teve suas origens nas *computer clubhouses* de Boston, nos Estados Unidos, e cresceu para tornar-se um evento global realizado anualmente em centenas de cidades por todo o mundo. Ao longo do dia, usuários mais experientes do Scratch (os *scratchers*) encontram-se com outros usuários para trocar experiências, compartilhar projetos e ajudar os iniciantes a se desenvolver (SANT'ANNA; NEVES, 2012).

As atividades são realizadas por meio de oficinas, que podem ter vários formatos, públicos, durações e temas. No entanto, alguns princípios são sugeridos para o planejamento

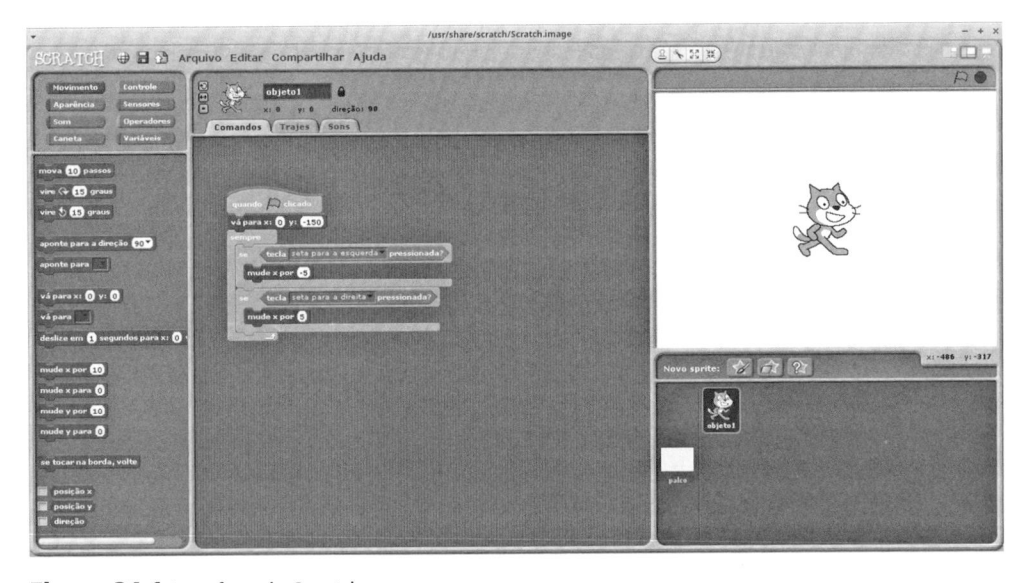

Figura 24.1 Interface do Scratch.

das oficinas, no sentido de oferecer aos participantes uma experiência significativa. Segundo o Scratch WorkShop Guide, os participantes devem ter oportunidades para:

- Participar de atividades de *design*.
- Buscar interesses pessoais.
- Interagir por meio de colaborações criativas.
- Refletir sobre experiências.

O guia também descreve os elementos que podem fazer parte de uma oficina de introdução ao Scratch:

- Definir os objetivos.
- Conhecer uns aos outros.
- Apresentar o Scratch.
- Criar projetos.
- Compartilhar experiências.
- Preparar as próximas etapas.

RELATO

Partindo de experiências já implementadas, como o Scratch Day UFES (Universidade Federal do Espírito Santo), foi elaborado um projeto de atividade complementar no sentido de oferecer a alunos, professores e servidores técnico-administrativos do Instituto Federal de Educação, Ciência e Tecnologia de Goiás (IFG), *campus* Luziânia, a possibilidade de aprender os conceitos básicos da programação de computadores por meio da linguagem Scratch. O objetivo principal da atividade foi oferecer aos alunos e à comunidade acadêmica a oportunidade de um aprendizado significativo e simples da programação de computadores e desmistificar a crença de que essa atividade é difícil e exclusiva para um determinado público.

O Scratch Day 2015 foi formatado como uma oficina com duração de quatro horas-aula, na qual foram apresentados conceitos básicos sobre alguns fundamentos da computação e da linguagem Scratch. A oficina foi realizada como uma atividade complementar e contou com a participação de alunos da própria instituição e de algumas pessoas da comunidade local. Os participantes da oficina eram pessoas que não tinham experiência com a programação de computadores ou tinham alguma experiência, mas apresentavam dificuldades de aprendizagem nessa área.

Segundo o artigo 1º da Resolução nº 20, de 26 de dezembro de 2011,[1] que regulamenta as atividades complementares dos cursos técnicos do IFG:

> São atividades complementares, para efeito deste regulamento, as atividades de caráter acadêmico, técnico, científico, artístico, cultural, esportivo, de inserção comunitária e as práticas profissionais vivenciadas pelo educando e que integram o currículo dos cursos da instituição (INSTITUTO FEDERAL DE EDUCAÇÃO CIÊNCIA E TECNOLOGIA DE GOIÁS, 2017).

Em seu artigo 3º, a resolução ainda descreve as atividades que compõem o grupo de atividades complementares. No item X deste artigo, aparecem as atividades de cursos e minicursos. Assim, a oficina Scratch Day foi elaborada como um projeto de atividade complementar e submetida à Coordenação Acadêmica, que aprovou o projeto. A Coordenação de Comunicação Social fez a divulgação para alunos e comunidade por meio do *site* da própria instituição e por uma página no Facebook.

A atividade teve início às 8 horas, com todos os participantes acomodados no laboratório de informática. Cada pessoa fez uma apresentação individual e também apresentou o colega que estava ao seu lado. Após as apresentações, todos assistiram a um vídeo sobre o Scratch Day 2015. A primeira atividade proposta foi a construção de um jogo sim-

---

[1] Disponível em: https://www.ifg.edu.br/index.php/component/content/article?id=1574.

ples, chamado Pong, um clássico lançado pela Atari em junho de 1972. Pong foi o primeiro *videogame* de sucesso comercial e se baseia na simples representação de um jogo de tênis. Os alunos foram convidados a reconstruir o jogo utilizando os blocos do Scratch e depois modificá-lo, incorporando novas funcionalidades (SCRATCH, [c2019]).

ESTRUTURA DA OFICINA

O projeto da atividade complementar foi concebido para, no primeiro momento, atender a um grupo de 30 participantes, pois essa é a capacidade do laboratório de informática. Não foram estabelecidos critérios para seleção dos participantes, o que possibilitou a participação de crianças, jovens e adultos com diferentes níveis de escolaridade e conhecimento acerca da programação de computadores. Para alguns participantes, esse foi o primeiro contato com uma linguagem de programação; para outros, foi uma oportunidade de aperfeiçoar o conhecimento já existente.

A equipe encarregada da execução da oficina incluía apenas um professor já familiarizado com a linguagem Scratch. Como não havia recursos para a produção e a impressão de material didático, o projeto procurou utilizar material já existente e disponível na internet no *site* Programaê!.[2] Nesse *site*, é possível encontrar um tutorial com todas as orientações necessárias para organizar o evento em cinco passos: imagine, planeje, organize, compartilhe e publique. O passo imagine começa com a seguinte pergunta: "Que tipo de Scratch Day você vai criar?". No passo planeje, podem ser obtidas ideias de atividades e exemplos de descrições para ajudar a planejar o roteiro do Scratch Day. No passo organize, há uma *Checklist*, que é um guia para ajudar a planejar as tarefas antes, durante e depois do evento. Nesse passo, existem quatro exemplos de roteiro para eventos:

- **Grupo pequeno:** 1 hora e 30 minutos, iniciante.
- **Grupo pequeno em um centro de eventos:** 3 horas, habilidades mistas.
- **Grupo grande em um centro de eventos:** 4 horas, habilidades mistas.
- **Scratch para educadores:** 3 horas, habilidades mistas.

O passo compartilhe disponibiliza material de divulgação como marcas e logotipos para que possam ser confeccionados folhetos, publicações em redes sociais e outros materiais (**Fig. 24.3**).

O compartilhamento em redes sociais de fotos, vídeos e notícias sobre o evento local é incentivado por meio das *hashtags* #Scratch-Day ou #Scratch. O passo publique conclui o tutorial informando ao organizador que ele já está pronto para realizar o evento. Nesse passo, é possível registrar o evento ou acessar uma conta de evento já registrada.

No caso do Scratch Day realizado no IFG, *campus* Luziânia, a opção da organização foi realizar um evento seguindo as orientações para grupos pequenos, já que a proposta do projeto era oferecer a oficina a no máximo 30 participantes. Esse exemplo de roteiro apresenta um cronograma de atividades que podem ser realizadas em um período de 1 hora e 30 minutos para que os iniciantes criem e compartilhem seus primeiros projetos no Scratch.

Segundo o exemplo, o tempo e as atividades estão assim distribuídos:

- **5 minutos:** boas-vindas aos participantes.
- **10 minutos:** atividade preparatória.

Figura 24.3 Logotipo do Scratch Day.

---

[2] Disponível em: http://programae.org.br

- **5 minutos:** criar uma conta no Scratch.
- **45 minutos:** criar um projeto no Scratch.
- **15 minutos:** compartilhar projetos.
- **10 minutos:** encerramento e próximos passos.

Esse exemplo foi utilizado como referência, alterando-se apenas o período das atividades, que foi ampliado de 1 hora e 30 minutos para 4 horas. Dessa forma, as atividades ficaram assim distribuídas:

- **5 minutos:** boas-vindas aos participantes.
- **10 minutos:** atividade preparatória.
- **5 minutos:** criar uma conta no Scratch.
- **3 horas:** criar um projeto no Scratch.
- **30 minutos:** compartilhar projetos.
- **10 minutos:** encerramento e próximos passos.

A oficina procurou trabalhar a proposta de o participante construir seu próprio jogo a partir do modelo inicial. Nesse contexto, procurou-se adotar o construcionismo, desenvolvido por Seymour Papert, que é uma variação do construtivismo de Piaget. O aluno constrói o conhecimento a partir de seus interesses, e Papert prega a construção de objetos reais (ou virtuais) para a aquisição do conhecimento com o auxílio do computador (BASTOS; BORGES; D'ABREU, 2010).

Segundo Passos (2014), o Scratch pode ser considerado um *software* construcionista, pois possui as características que facilitam a descrição, a execução e a depuração para resolução de problemas. A fase de resolução de um problema no Scratch é realizada por meio da junção de blocos gráficos, sem a necessidade de linguagens formais ou sinais de pontuação obscuros. Essa característica possibilita a aprendizagem de um público mais jovem e permite que a descrição de um problema longo seja dividida em partes menores e testadas de forma independente. O Scratch não apresenta distinção entre as fases de edição, compilação e execução, característica que facilita o acompanhamento da fase de execução. A fase de depuração no Scratch é facilitada por uma série de recursos do ambiente. Todas essas características fazem dele um ambiente no qual os alunos se sentem mais próximos da solução, e diminuir a frustração com o erro os leva a refletir sobre o que está errado e pensar em uma nova solução (PASSOS, 2014).

CONSIDERAÇÕES FINAIS

Hoje, é muito comum chamar os jovens de "nativos digitais" devido à sua grande facilidade com as TICs. O fato é que os jovens se sentem confortáveis em tarefas como enviar mensagens de texto, jogar jogos *on-line* e navegar na *web*. Mas isso realmente os torna fluentes em novas tecnologias? Embora muitos deles saibam interagir com a tecnologia existente, poucos são capazes de criar seus próprios jogos, animações ou simulações. É como se eles pudessem "ler", mas não "escrever".

Para ser fluente em TICs, não basta apenas saber "conversar", navegar e interagir com elas, mas também ter a capacidade de projetar, criar e inventar novas tecnologias. Para que isso seja possível, é preciso conhecer algum tipo de linguagem de programação. A capacidade de programar um computador possibilita não somente a competência para "dar instruções" a uma máquina, mas vai além, ela expande consideravelmente a capacidade do ser humano de aprender sobre qualquer outro assunto. O aprendizado desta e de outras habilidades relacionadas à ciência da computação é essencial para desenvolver o chamado pensamento computacional, que ajuda a encontrar novas formas de solucionar problemas e, até mesmo, oportunidades para refletir sobre o próprio pensamento (RESNICK *et al.*, 2009).

A atividade complementar Scratch Day, com base nessas premissas, procurou colocar em prática o princípio de que é possível ensinar pessoas de diferentes idades, níveis socioeconômicos e escolaridades a programar computadores de uma forma simples, lúdica e divertida. Os resultados obtidos por meio dessa experiência foram animadores. Apesar das limitações de cada participante, todos conseguiram criar um projeto com a linguagem Scratch e aprender os princípios básicos da linguagem em uma oficina de apenas quatro horas de duração. Os participantes foram questionados e todos mostraram interesse em participar de futuras oficinas sobre o aprendizado de programação usando a linguagem Scratch.

Como trabalhos futuros, pretende-se continuar a oferecer regularmente atividades complementares que tenham como foco oficinas com a linguagem Scratch, ampliando a capacidade de atendimento aos alunos e também à comunidade local. Atualmente, a Rede Brasileira de Aprendizagem Criativa organiza vários eventos dedicados ao ensino de programação utilizando a linguagem Scratch. No *site* da entidade, existe um fórum de discussões sobre aprendizagem criativa que, entre outras atividades, ajuda pessoas e entidades a organizar o Scratch Day em suas cidades.[3]

REFERÊNCIAS

BASTOS, B. L.; BORGES M.; D'ABREU J. Scratch, Arduino e o construcionismo: ferramentas para a educação. In: SEMINÁRIO DE TECNOLOGIA EDUCACIONAL DE ARAUCÁRIA, 1., 2010, Araucária, 2010.

CODE CLUB BRASIL. *Sobre o projeto*. c2019. Disponível em: https://www.codeclubbrasil.org.br/sobre-o-projeto/: Acesso em: 28 maio 2019.

COSTA, R. *Fundação Code.org ensina você a programar com conteúdo em português*. 2014. Disponível em: http://www.tecmundo.com.br/programacao/62979-fundacao-code-org-comeca-oferecer-conteudo-portugues.htm. Acesso em: 28 maio 2019.

FRANÇA, R. S. *et al*. A disseminação do pensamento computacional na educação básica: lições aprendidas com experiências de licenciados em computação". In: WORKSHOP SOBRE EDUCAÇÃO EM COMPUTAÇÃO, 22.; CONGRESSO DA SOCIEDADE BRASILEIRA DE COMPUTAÇÃO, 34., 2014, Brasília, DF. *Anais* [...] Porto Alegre: SBC, 2014.

INSTITUTO FEDERAL DE EDUCAÇÃO CIÊNCIA E TECNOLOGIA DE GOIÁS. *Resolução nº 20, de 26 de dezembro de 2011*. [S.l.]: IFG, 2017. Disponível em: https://www.ifg.edu.br/index.php/component/content/article?id=1574. Acesso em: 28 maio 2019.

PASSOS, M. L. S. Scratch: uma ferramenta construcionista no apoio a aprendizagem no século XXI. *Revista Eletrônica Debates em Educação Científica e Tecnológica*, v. 4, n. 2, p. 68-85, 2014.

RESNICK, M. *et al*. Scratch: programming for all. *Communications of the ACM*, v. 52, n. 11, p. 60-67, 2009.

SANT'ANNA, H. C.; NEVES, V. B. Scratch Day UFES: oficina itinerante de introdução à programação para professores. In: SIMPÓSIO HIPERTEXTO E TECNOLOGIAS NA EDUCAÇÃO, 4., 2012, Recife. *Anais eletrônicos* [...] Recife: UFPE, 2012.

SCRATCH. *Pong starter*. [c2019]. Disponível em: https://scratch.mit.edu/projects/10000036/. Acesso em: 28 maio 2019.

SILVA, E. G. *et al*. Análise de ferramentas para o ensino de computação na educação básica. In: CONGRESSO DA SOCIEDADE BRASILEIRA DE COMPUTAÇÃO, 34., 2014, Brasília. *Anais* [...]. Porto Alegre: SBC, 2014.

WING, J. M. Computational thinking. *Communications of ACM*, v. 49, n. 3, p. 33-36, 2006

---

[3]Disponível em: http://aprendizagemcriativa.org

ENSINO MÉDIO

25

DESIGN E MODELAGEM COM O COMPUTADOR:
lições aprendidas em uma aula de fabricação digital no currículo STEAM do ensino médio

Tiago J. B. Eugênio | Lina Lopes | Cristiana M. Assumpção

A experiência relatada neste capítulo foi realizada em uma instituição de ensino privada da cidade de São Paulo, no Estado de São Paulo. A escola atua do 6º ano do ensino fundamental até o ensino médio e opera com educação formal desde 1934. Em 2010, a direção decidiu desafiar o grupo de coordenadores a repensar a grade curricular. Assim, no início de 2015, 28 professores de biologia, física, química, artes e matemática foram organizados em grupos e iniciaram a modificação. O objetivo era transformar parte do currículo em modelos de projetos interdisciplinares, liderados pelos próprios alunos. Para tanto, foi proposto partir da integração das ciências, tecnologias, engenharias, artes e matemática (STEAM, do inglês *science, technology, engineering, art, and mathematics*) e modificar a maneira como os alunos aprendem. No início de 2016, o novo sistema foi implantado para 580 alunos do 1º ano do ensino médio. Nesse novo modelo, todos os alunos têm aulas STEAM de 100 minutos, duas vezes por semana. No primeiro ano, cada bimestre trabalhou um tema: movimento; cor e imagem; água e metáforas mecânicas. O principal objetivo foi apresentar aos alunos um amplo repertório de estratégias e ferramentas para aprender a trabalhar em grupo, manipular equipamentos de forma eficiente e segura, planejar e executar um projeto elaborado por eles mesmos, desenvolver uma visão sistêmica e pensamento crítico por meio da melhoria de modelos e protótipos.

No primeiro bimestre do currículo STEAM, no início do *open studio* (aulas em que os alunos desenvolvem seus próprios projetos), foram propostas duas aulas de 100 minutos para apresentar técnicas de prototipagem rápida, uma de natureza analógica e manual (empapelamento) e outra de natureza digital (modelagem 3D), com auxílio do computador associado ao manuseio da máquina cortadora de vinil, típica de FabLabs e *makerspaces*.

Neste breve relato, pretendemos compartilhar e discutir o percurso de aprendizagem trilhado durante essas aulas STEAM focadas na prototipagem digital, ministradas pelo menos 24 vezes para todos os alunos do 1º ano do ensino médio. Esperamos, assim, contribuir de maneira significativa e inspirar outros educadores que desejam realizar atividades semelhantes em suas instituições.

FUNDAMENTAÇÃO TEÓRICA

Entre as teorias de aprendizagem mais influentes na vertente de aprendizagem do STEAM está o construcionismo, proposto por Seymour Papert (1986), cuja essência está em desenvolver e implementar estratégias de trabalho em que cada um se torna responsável por sua aprendizagem à medida que experimenta e constrói algo. Nesse sentido, acredita-se que o conhecimento não é uma mera cópia da realidade vista e sentida pelo estudante, mas um constructo próprio, construído e desconstruído em cada estudante. Em consonância com essa ideia, as aulas devem deixar de ser apenas informativas e possibilitar um processo formativo mais amplo, com foco no desenvolvimento das habilidades e competências sociais e emocionais, além de integrar os alunos à presença massiva das tecnologias digitais. Certamente, a tecnologia que mais influenciou e motivou mudanças na educação foi o computador e sua lógica de funcionamento, também conhecida como pensamento computacional. Como destaca Blikstein (2008, documento *on-line*), "Pensamento computacional é saber usar o computador como um instrumento de aumento do poder cognitivo e operacional humano – em outras palavras, usar computadores e redes de computadores para aumentar nossa produtividade, inventividade e criatividade".

Uma das maneiras de explorar o potencial do computador é por meio dos processos de fabricação digital. A fabricação digital abarca todo um novo tipo de produção, que usa ferramentas controladas por computador para transformar projetos digitais em objetos físicos. É a exploração da fronteira entre a ciência da computação e a ciência física, como define o professor Neil Gershenfeld, diretor do Center for Bits and Atoms do Massachusetts Institute of Technology (MIT). Segundo Zeising, Katterfeldt e Schelhowe (2013), há diversos *softwares* disponíveis, como Tinkercad, Autodesk 123D Design, Maya e SketchUp, que podem ser utilizados na educação. Esses programas são baseados no conceito de desenho auxiliado por computador (CAD, do inglês *computer-aided design*) e, em geral, são utilizados em engenharia, arquitetura e *design* para facilitar o projeto e o desenho técnico. Nesses programas,
é possível construir linhas e planos, adicionar volumes a formas como cubos, cilindros e esferas, bem como modificá-las e combiná-las de inúmeras maneiras dentro do computador.

O processo de transformação do digital em analógico potencializa o significado do computador, especialmente para o aluno, que passa a entender como muitos produtos são criados. Isso ocorre primeiro porque acentua o uso do computador como uma ferramenta de ampliação do pensamento abstrato, da simulação e da visualização do projeto como um todo. Segundo, porque, ao se conectar a máquinas, o aluno tangibiliza os conceitos, tornando o aprendizado concreto. Além disso, esse processo permite uma mistura de emoções e experiências que refletem os reais desafios que uma equipe de professores deve enfrentar caso queira introduzir a fabricação digital no currículo escolar.

AULA STEAM

Para introduzir o conceito de prototipagem associado ao de fabricação digital, foi elaborada uma aula de 100 minutos com os seguintes objetivos:

- Conhecer o processo de representação de um objeto dentro de um *software* de modelagem 3D, tendo em vista o uso das ferramentas de navegação no espaço virtual e das ferramentas de criação das formas geométricas linha, plano e volume.
- Entender o processo de planificação de um objeto 3D.
- Conhecer o fluxo de trabalho do processo de fabricação digital.

Para a execução dessa aula, para cada subturma com 24 alunos, foram necessários oito computadores com SketchUp 2016 e *plugin* Unfold instalados; oito *tablets* com os tutoriais em vídeo salvos na memória do dispositivo; e uma cortadora de vinil Silhouette Cameo ligada via USB a um *notebook* (do professor) com o *software* Silhouette Studio instalado. Para o corte, foram utilizadas cerca de 15 folhas de papel triplex de 40 × 56 cm.

A aula foi iniciada com a apresentação do vídeo *Full printed*, para motivar e introduzir o conceito de fabricação digital. O vídeo apresenta os processos de fabricação de uma caneca (objeto físico) no presente e no futuro. Foram planejados 15 minutos de discussão e registros de ideias sobre os processos de fabricação de um objeto.

Sketchup

Na primeira atividade, planejada para durar 25 minutos, os alunos, em duplas, modelaram um cubo dentro do SketchUp instalado nos *notebooks*. Cada dupla recebeu um *tablet* com três vídeos tutoriais apenas com legenda e música instrumental, feitos pela própria equipe de professores e com duração aproximada de 3 a 5 minutos cada. Os tutoriais explicavam:

- A interface geral do SketchUp 2016 – navegação básica (câmeras de visualização, vistas 2D, 3D, livre movimentação e rotação).
- As principais ferramentas de desenho – linha, plano, extrusão, escalas e medidas.
- O processo de planificação de um sólido geométrico com o *plugin* externo Unfold e modo de exportar em DXF (extensão reconhecida pela cortadora de vinil).

Para a equipe de professores, os mesmos vídeos foram disponibilizados, além de outro com informações básicas sobre o uso do *software* Silhouette Studio e da cortadora de vinil Cameo.

O cubo pôde ser modelado de diversas formas. Para viabilizar o corte correto, foi sugerido aos alunos criar cubos com dimensões de 10 a 150 mm. Terminada a modelagem, a dupla teve que planificar o volume, isto é, desdobrar o sólido tridimensional. Diferentemente de uma impressora 3D, que traz à realidade o modelo tridimensional tal como ele é criado no computador, as cortadoras a *laser* e de vinil fabricam peças planificadas que podem ser, posteriormente, montadas e apreciadas como objetos tridimensionais. Para realizar isso, foi utilizado um *plugin* externo ao SketchUp chamado Unfold. Terminada essa etapa, cada dupla salvou o projeto em formato DXF, arquivo vetorizado e reconhecido por *softwares* CAD como o Silhouette Studio, nativo da cortadora de vinil. Finalmente, as duplas enviaram o arquivo para o professor, o qual foi o responsável por realizar o corte.

Corte

Após ter realizado o *download* do arquivo do projeto, o professor utilizou o *software* Silhouette Studio e adicionou linhas de corte e de picote para facilitar as dobraduras das faces do cubo. Nessa etapa, os professores procuravam compartilhar ao máximo com os estudantes o processo de configuração. A seguir, colocava-se uma folha triplex branca sobre uma base de corte e iniciava-se o processo de fabricação do cubo. Em cada subturma, foram impressos, em média, seis cubos.

Desafio

Foram planejados 60 minutos para realizar o corte, montar o cubo e colocá-lo em movimento em um plano inclinado previamente apresentado para os alunos. Na última etapa, os grupos tiveram que utilizar o cubo como um chassi e adicionar a ele rodas e eixos, com o auxílio de outros objetos, como palito de churrasco, limpadores de cachimbo e tampinhas de garrafa (**Fig. 25.1**).

LIÇÕES APRENDIDAS

Método de aprendizagem: que método escolher para ensinar a utilizar um determinado *software* de computador?

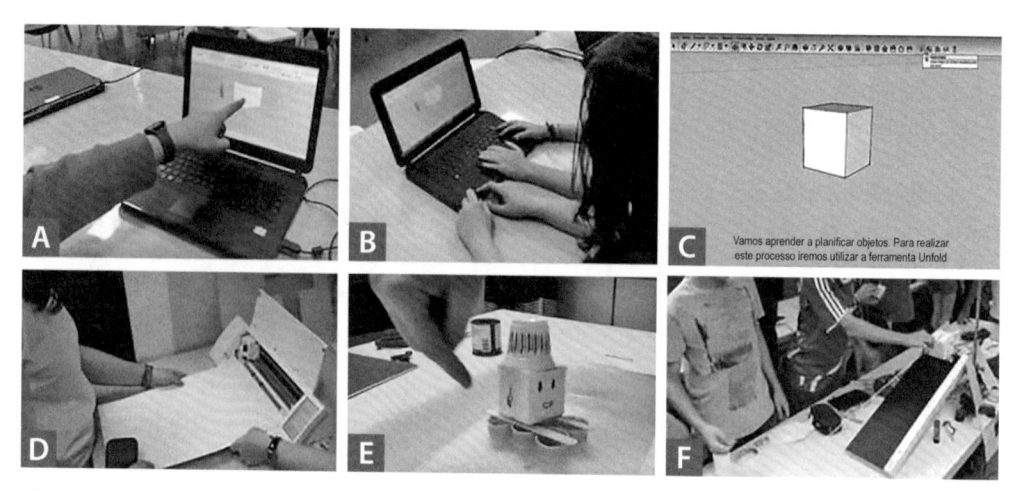

Figura 25.1 Fluxo de atividades de uma aula STEAM: modelagem do cubo dentro do SketchUp com auxílio do computador **(A-B)**; *printscreen* do tutorial disponibilizado para aprendizado das ferramentas básicas e uso do *software* **(C)**; processo de corte do papel realizado na cortadora de vinil: professora orienta aluna sobre como deve proceder para realizar o corte do cubo modelado com auxílio do computador **(D)**; projeto de um grupo de alunos, o qual associou objetos ao cubo fabricado para criar uma espécie de barco ou jangada **(E)**; alunos testam suas criações no plano inclinado na última etapa da atividade, o desafio **(F)**.

- **Vídeos tutoriais disponibilizados aos alunos.** Cada grupo realizou as atividades de acordo com o entendimento das informações dos vídeos. A vantagem dessa escolha é que esse método é personalizado e autônomo. O professor não conduz a aprendizagem dos alunos: o processo é focado na exploração e descoberta pelo próprio estudante. É válido destacar que é por meio de tutoriais em vídeo que aprendemos atualmente diversos procedimentos e técnicas. Como desvantagem, podemos citar problemas de entendimento do tutorial e desmotivação dos estudantes. Para evitar isso, é importante que o tutorial seja previamente testado. Outra desvantagem é a falta de controle de tempo. Da mesma forma que existem grupos que finalizam a atividade rapidamente, outros podem demorar mais do que o planejado.
- **Grupos que finalizam primeiro auxiliam os outros.** Essa atitude pode transformar a aparente desvantagem em uma vantagem.

Assim que um grupo finaliza os tutoriais, os alunos são convidados a ser monitores e auxiliar os colegas. Desse modo, criam-se mais oportunidades de a aprendizagem ocorrer entre os pares (estudante-estudante) e não exclusivamente entre professor e aluno. De acordo com Hadjerrouit (2015), há três possíveis métodos de aprendizagem mediada por computador na escola: behaviorista, construtivista e sociocultural.

Na aprendizagem behaviorista, o aluno é visto como um sujeito passivo que fica à espera das instruções e orientações escritas ou projetadas pelo professor. O professor demonstra, o aluno repete. Como vantagens desse método, podemos citar a facilidade de aplicação no currículo e maior controle do tempo das atividades pelo professor. No entanto, o método não desenvolve a autonomia do aluno, na medida em que não atende às diferenças individuais quanto ao conhecimento prévio, aos interesses pelas possibilidades disponibilizadas pelo *software* e potencial de entendimento mais acentuado e rápido das possibilidades do programa pelo aluno. Rejeitamos esse método e focamos na aprendizagem construtivista e sociocultural, as quais compreendem o estudante como um ser mais ativo e responsável pelo processo de aprendizagem. A perspectiva sociocultural incrementa o construtivismo, afirmando que a aprendizagem é mais eficaz quando o sujeito interage em um meio social. Logo, a aprendizagem ocorre quando há diálogo, comunicação, colaboração e compartilhamento da informação, propiciada especialmente quando os alunos auxiliam uns aos outros.

Planejamento e currículo: qual é o maior desafio ao planejar e inserir o uso de *software* de modelagem no currículo?

- **Tecnologia como um meio e não um fim.** O objetivo da nossa atividade foi apresentar técnicas de prototipagem, entre elas a digital, com auxílio do computador. O *software* SketchUp não foi a primeira opção de escolha, pois estão disponíveis no mercado *softwares* mais intuitivos e gratuitos, como TinkerCad da Autodesk, que certamente seria o mais adequado, caso o objetivo fosse trabalhar com modelagem e impressão 3D. No entanto, o processo de confecção de peças nesse equipamento é demorado e, a partir de nossos testes, percebemos que seria inviável utilizá-lo em aulas de 100 minutos. Assim, buscaram-se equipamentos de prototipagem rápida, como a cortadora de vinil. Essa máquina trabalha com arquivos planificados, sendo necessários recursos para planificar objetos criados tridimensionalmente. Por isso, o SketchUp foi escolhido, já que dispõe desse recurso. É importante destacar que essa reflexão se desdobrou sobretudo a partir do objetivo pedagógico que buscava mostrar as máquinas como um instrumento de tangibilização física de ideias desenhadas no ambiente computacional.

Outra característica que favoreceu o uso desse *software* foi o seu tipo de licença. A Trimble, proponente do *software*, disponibiliza para *download* uma versão demonstrativa, suficiente para a realização das atividades relatadas. O SketchUp ainda conta com uma ampla rede de colaboradores, permitindo aos usuários trocarem conhecimentos. Desse modo, potencializa-se o aprendizado do aluno para além da sala de aula, já que é possível instalar o programa facilmente em seus computadores particulares e continuar aprendendo a usar o *software* em casa. O objetivo pedagógico somado ao tempo de aula e à possibilidade de o aluno expandir seu aprendizado fora da escola foram os fatores mais decisivos na escolha do *software* e no desenho da atividade.

Infraestrutura: como deve ser a infraestrutura da instituição para realizar esse tipo de atividade?

- **Adaptação das salas existentes e equipe técnica de apoio.** Essa atividade foi ministrada nos laboratórios de química e física, com seis bancadas fixas (cada uma com capacidade para quatro alunos e dois *notebooks*), cadeiras e bancada do professor. Percebeu-se que não é necessário inventar um novo espaço para conciliar o computador às máquinas de fabricação digital. Foram adquiridas oito cortadoras de vinil, uma para cada laboratório. No entanto, é com a prática que as demandas surgem e as necessidades ficam mais claras e condizentes com a realidade local de cada instituição. Dessa forma, o colégio realizou uma significativa reforma estrutural para acomodar de maneira mais adequada a proposta do STEAM. A escola também conta com uma equipe técnica especializada em tecnologia, que foi responsável pela organização dos programas e *plugins* necessários nos computadores. Todos os equipamentos foram testados previamente com a presença de um professor.

Formação dos professores: como habilitar o professor para o uso de *softwares*?

- **Proporcionar o trabalho em equipe.** Antes de ministrar a aula para os alunos, os professores tiveram a oportunidade de interagir com os *softwares* e máquinas de fabricação digital. Como nenhum professor havia trabalhado com esse tipo de tecnologia antes, foi importante fornecer os tutoriais com antecedência para que pudessem treinar em casa, além de fazer uma oficina onde os professores experimentaram trabalhar o tópico antes dos alunos. Essa formação ocorreu tanto na fase de planejamento do currículo como durante o curso das aulas. Todos os dias, após ministrar as primeiras aulas no período da manhã, a equipe se reunia e discutia como a aula havia ocorrido. Nesse momento, os professores relatavam as maiores dificuldades e compartilhavam dicas também para otimizar as próximas aulas.
Mesmo assim, não são todos os professores que se sentem confortáveis o suficiente para lidar com o *software* ou a cortadora. Por isso, é importante ter equipes de professores com conhecimentos e habilidades diversas trabalhando com cada turma. Assim, é possível garantir que os professores que possuem mais afinidade com os computadores auxiliem os que possuem menos. No fim, o trabalho em grupo dos professores serve de exemplo no aprendizado dos alunos.

Potencial do computador na educação: qual é o real potencial do computador na educação?

- **Mais do que pesquisa e programação.** Parte dos currículos que incorporam o computador em sala de aula tem por objetivo ensinar programação e código. Contudo, o pensamento computacional contemporâneo abrange um fluxo de trabalho capaz de atuar fisicamente sobre o mundo, em uma integração cada vez mais intrincada entre o virtual e o real. O computador, nesse caso, passa a funcionar como uma interface, uma fronteira permeável entre códigos e objetos. Inserir a aula de fabricação digital no currículo é um modo de concretizar esse conceito. Além disso, expõe o aluno a outras máquinas computacionais que estão emergindo, as quais dialogam entre si e atuam concretamente sobre o meio em que vivemos.

CONSIDERAÇÕES FINAIS

Avaliamos como positiva a inserção de uma aula de fabricação digital no currículo. Acreditamos que a proposta certamente instrumentalizou os alunos acerca das possibilidades de criação com o computador, as quais extrapolam o ambiente nativo do equipamento e se mesclam à realidade analógica em uma via de mão dupla que implica um processo de fabricação de mundo e de diálogo entre o virtual e o real. O produto dessa conversa é uma expressão de ideias, sonhos, desejos ou frustrações. Com base nisso, acreditamos que o computador é um meio de externalizar e consolidar parte daquilo que o homem imagina, de potencializar o que se cria e fabricar o mundo em que se vive. Oferecer essas vivências de maneira escalonada no currículo é propiciar o ganho de repertório e oportunidades para que os estudantes se expressem de maneira individual ou coletiva. Dito de outro modo, são recursos adicionais para que eles desenvolvam suas próprias ideias e projetos.

A inserção de qualquer tecnologia no currículo requer experiência e paciência para superar e resolver desafios. Constatamos a necessidade de calcular, de maneira mais precisa, os tempos para as atividades, pois concordamos que seria mais interessante ter deixado mais tempo para o aluno explorar com mais calma cada etapa do processo. Observamos uma perda significativa de tempo, por exemplo, durante o processo de envio do arquivo do aluno para o professor – algo simples, mas que comprometeu o fluxo de trabalho em algumas turmas.

Uma das principais lições que aprendemos foi a importância de deixar tempo na aula para um fechamento, no qual o professor possa refletir com os alunos sobre o que estes aprenderam e como isso se aplica às futuras atividades, de forma a explicitar o ganho e a aplicabilidade do conhecimento e da técnica apresentada. Para melhorar o aproveitamento da aula, a sugestão é inseri-la de uma forma mais contextualizada dentro de um problema a ser resolvido, para deixar mais clara a sua importância, e os tempos serem recalculados, para o aluno executar cada etapa com mais profundidade e explorar e refletir mais sobre o que está fazendo.

REFERÊNCIAS

BLIKSTEIN, P. *O pensamento computacional e a reinvenção do computador na educação*. 2008. Disponível em:http://www.blikstein.com/paulo/documents/online/ol_pensamento_computacional.html. Acesso em: 20 maio 2019.

HADJERROUIT, S. Exploring the effect of teaching methods on students' learning of school informatics. *In*: INFORMING SCIENCE & IT EDUCATION CONFERENCE, 2015, Tampa. *Proceedings* [...] California: ISI, 2015. p. 201-219.

PAPERT, S. A. *Logo*: computadores e educação. 2. ed. São Paulo: Brasiliense, 1986.

ZEISING, A.; KATTERFELDT, E. S.; SCHELHOWE, H. Considering constructionism for digital fabrication software design. *In*: DIGITAL FABRICATION IN EDUCATION; INTERNATIONAL CONFERENCE ON INTERACTION DESIGN AND CHILDREN, 12., 2013, New York. *Proceedings* [...] Washington, DC: IDC, 2013.

LEITURA RECOMENDADA

FULL printed. Dirigido por Mariona Omedes e Carles Mora. [S. l.: s. n.], 2010. 1 vídeo (4 min 45 seg). Publicado pelo canal nueveojos. Disponível em: https://vimeo.com/12768578. Acesso em: 20 maio 2019.

O ENSINO DE PROGRAMAÇÃO POR MEIO DA ROBÓTICA EM UMA ESCOLA TÉCNICA DO RIO DE JANEIRO

César Augusto Rangel Bastos | Sean Siqueira
Maria Cristina Pfeiffer Fernandes

Como integrar as abordagens dos cursos técnicos de uma escola oportunizando a prática por meio da participação em projetos interdisciplinares com programação criativa? Como promover o aprendizado de linguagens de programação, de forma contextualizada e divertida, tornando os alunos produtores de soluções para os problemas? Como valorizar a autoria do aluno, além da interação e da utilização de recursos disponibilizados em um Espaço do Fazer?

A Escola Técnica Estadual Ferreira Viana (ETEFV), da rede Fundação de Apoio à Escola Técnica (Faetec), no Rio de Janeiro, oferece cursos técnicos de nível médio. Em 1998, foi criado, na escola, o Laboratório de Física para utilizar alguns recursos tecnológicos no desenvolvimento de experiências e projetos práticos. A partir de 2010, esse laboratório transformou-se em Laboratório de Robótica, quando o professor coordenador criou um Espaço do Fazer associado a uma disciplina extracurricular denominada robótica. Esse projeto é aberto à comunidade escolar da ETEFV e atende a alunos de diferentes classes sociais, promovendo a inclusão tecnológica.

O principal objetivo desse Espaço do Fazer é buscar uma integração dos cursos técnicos da escola, oportunizando a prática por meio da participação em projetos interdisciplinares com programação criativa. Na disciplina robótica, os alunos aprendem diversas linguagens de programação, de forma contextualizada e divertida, atuando como produtores de soluções para problemas propostos nos projetos de robótica. Nesse ambiente, é fundamental valorizar a autoria do aluno, além da interação e da utilização de recursos disponibilizados. O aprender fazendo e a reflexão sobre como fazer estão presentes durante as atividades desenvolvidas, estimulando os alunos a procurar outros professores parceiros. O Espaço do Fazer, além de contribuir para trabalhar os conceitos estudados nas demais disciplinas, introduz conceitos de computação criativa no currículo do ensino básico. Também tem motivado a equipe de robótica a participar de olimpíadas e competições escolares e eventos nacionais e internacionais.

CARACTERIZAÇÃO DO AMBIENTE ESCOLAR

As aulas de robótica aconteciam, inicialmente, no Laboratório de Física, e atualmente acontecem no Espaço do Fazer, conhecido como Laboratório de Robótica. Essa experiência integra a Escola de Projetos, um projeto da instituição que propõe parcerias entre as diversas áreas de conhecimento que apontem novas estratégias pedagógicas. Em 2014, o Espaço do Fazer recebeu o certificado de conformidade ISO 9001.[1]

As aulas no Espaço do Fazer acontecem semestralmente duas vezes por semana, no turno da noite, com carga horária de duas horas cada uma, oferecendo atividades em três níveis: iniciante, intermediário e avançado. O Laboratório de Robótica comporta no máximo 20 alunos sentados, possui pouquíssimos recursos financeiros e foi construído com doações e reutilização de sucata. Atualmente, possui três computadores antigos doados e um computador adquirido por meio de um projeto de pesquisa do professor coordenador, financiado pela Fundação de Amparo à Pesquisa do Estado do Rio de Janeiro (Faperj). Os alunos utilizam muita reciclagem de material e sucata de informática para a construção de robôs. Por meio dos projetos de pesquisa do professor, o espaço conta, ainda, com dois *kits* Lego MindStorms NXT 2.0, cinco *kits* Lego MindStorms EV3, seis *kits* de Arduino Diecimila e cinco *kits* Robotis Bioloid, além de ferramentas de marcenaria e mecânica.

PROCEDIMENTOS METODOLÓGICOS

Usando a filosofia do "aprender fazendo" (ORD, 2012), essa experiência extraclasse inovadora está fundamentada em uma proposta construtivista/sociointeracionista (SOUZA; DEPRESBITERIS; MACHADO, 2004), que utiliza a pedagogia de projetos (ALMEIDA; FONSECA JÚNIOR, 2000) de forma interdisciplinar. A inscrição na disciplina é realizada anualmente a partir de uma palestra inaugural para a comunidade escolar, e qualquer aluno pode candidatar-se a uma vaga. O processo seletivo é realizado por meio de uma ficha de inscrição na qual cada aluno deve enumerar os motivos pelos quais deseja participar da disciplina robótica. Em seguida, um grupo de professores da escola realiza a seleção dos 20 alunos que poderão participar da nova turma, ficando os demais em uma lista de espera. Quem tiver mais de duas faltas perde a vaga, e o próximo aluno da lista de espera é convidado. É importante relatar que até hoje nenhum aluno perdeu sua vaga por causa de faltas e todos se dedicam ao curso, o que mostra alto grau de motivação daqueles que participam do projeto. A seleção é feita com base no texto elaborado pelo aluno, por meio do qual são analisadas as razões de seu interesse em participar do projeto. Geralmente os professores selecionam aqueles que demonstram interesse em já desenvolver algum tipo de projeto. A seguir, são apresentados alguns comentários dos alunos que se inscreveram em 2016 e 2017:

> Fiz o meu primeiro projeto de robótica no Senai, e desde então me interessei em criar, montar e inovar. Durante a palestra da escola, percebi quantas coisas incríveis se pode fazer com a internet das coisas, e isso é simplesmente incrível. (V.M.A., 2016)

> O curso de robótica da ETEFV é muito elogiado, tanto por professores como por alunos, então resolvi vir à palestra que informava sobre ele e fiquei mais apaixonada ainda que quando ouvia pelos alunos. Gostaria muitíssimo de participar desse projeto, que muda tantas vidas e histórias, pois sei também que é uma oportunidade única. Sempre tive interesse nessa área e nunca imaginaria que a ETEFV me proporcionaria essa grande chance. Amei os projetos e invenções dos alunos (inclusive usei um) e adoraria fazer parte desse time. (C.N.S., 2017)

> Eu gostaria de praticar robótica, pois eu sempre me interessei pelo que conheci de robótica durante minha vida, e pela palestra ocorrida

---
[1] A ISO 9001 é uma norma que especifica requisitos para um sistema de gestão da qualidade quando uma organização precisa demonstrar sua capacidade de fornecer consistentemente produtos e serviços que atendam ao cliente e aos requisitos estatutários e regulamentares aplicáveis, e visa aumentar a satisfação do cliente por meio da aplicação efetiva do sistema, incluindo processos para melhoria do sistema e a garantia de conformidade com o cliente e os requisitos estatutários e regulamentares aplicáveis (Disponível em: www.iso.org).

na ETEFV, onde eu pude entender melhor o que é a robótica em si. Gosto de brincar com programação às vezes, tanto em linhas de código como em blocos Lego, por isso gostaria de conseguir uma vaga na turma de robótica de 2017. (C.R.B.R., 2017)

As atividades são organizadas de modo a desafiar os alunos e, consequentemente, provocar estudos específicos sobre recursos de programação para a solução de problemas. Quando necessário, o professor cria fichas com desafios, para que os alunos possam conhecer componentes de eletrônica, ferramentas e conceitos de outras áreas, principalmente física, marcenaria e eletrônica.

Na turma iniciante, os alunos desenvolvem atividades para explorar conceitos de pensamento computacional, como estrutura sequenciada, laços, execução em paralelo, variáveis, condições de controle, operadores lógicos e dados. O objetivo é estimular a autonomia e criatividade nos alunos, por meio de desafios de programação de robôs, para resolver problemas retratando situações práticas e que precisam de uma solução a partir de meios computacionais interativos. Para isso, eles recebem uma capacitação para se familiarizarem com as ferramentas e *softwares* disponibilizados no Espaço do Fazer, como *kits* Lego MindStorms e sua respectiva linguagem gráfica de programação. Nessa etapa, o objetivo não é formar programadores, mas, sim, capacitar os alunos para que possam recorrer a conceitos ou práticas computacionais, de modo que possam resolver problemas em suas vidas, em várias disciplinas e/ou contextos diversos.

Durante as sessões no nível iniciante, o professor discute algumas possibilidades de projetos, motivando-os a participar de campeonatos com seus robôs programados. Nesse momento, os alunos trabalham de maneira iterativa e continuada, testando, corrigindo, depurando, reutilizando e modulando de forma questionadora. A placa Arduino é apresentada para que possam pensar em criar seus próprios projetos usando *hardware* livre.

No nível intermediário, os alunos adquirem mais autonomia e passam a criar seus próprios projetos para resolver problemas de sua escolha. Dessa forma, participam de vários eventos e competições, como olimpíadas de robótica. Algumas entrevistas com os autores dos projetos e as histórias individuais dos alunos estão disponíveis no canal da Faetec[2] no YouTube.

No nível avançado, os alunos aprendem a linguagem C/C++ utilizando *kits* Bioloid, principalmente para criar robôs humanoides (**Fig. 26.1**) para as competições de corrida e de dança. Nesse nível, os alunos já produzem artefatos utilizando programação criativa – ou seja, exercem o papel de autores –, projetando, programando e criando soluções para os problemas por meio do trabalho colaborativo (**Fig. 26.2**).

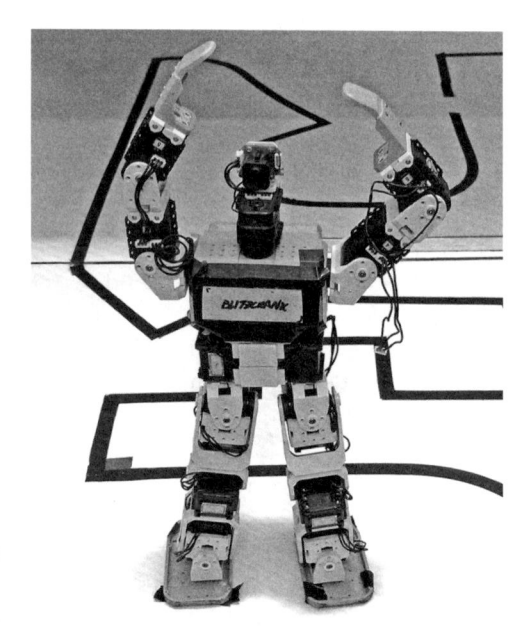

Figura 26.1 Humanoide para dança.

---

[2]Disponível em: https://www.youtube.com/results?search_query=FAETEC+Ferreira+Viana

Figura 26.2 Alunos criam soluções por meio do trabalho colaborativo.

IMPLEMENTAÇÃO DA EXPERIÊNCIA

Essa experiência tem sido muito gratificante para o professor coordenador do Laboratório de Robótica e os professores parceiros, pois seus alunos ficam cada vez mais motivados para desenvolver projetos, consultar referências em livros e na internet e criar soluções depois que participam do módulo de nível iniciante. Os alunos participam de diversas categorias nas competições de robótica, nas quais as equipes precisam planejar, construir e programar seus robôs para resolver o problema proposto.

O comprometimento dos alunos na busca por novos conhecimentos ocorre, principalmente, em função da troca de experiências entre os iniciantes e os que já estão em nível avançado. Isso está favorecendo a aquisição de conceitos em eletrônica e eletricidade, por meio de projetos que exigem o desenvolvimento de uma sequência de instruções para robôs. Segundo os professores parceiros de eletrônica e eletricidade, os alunos de robótica já apresentam os pré-requisitos necessários, implicando uma quebra de paradigma educacional. Esse fato foi comprovado em 2015, com o desempenho de quatro alunos de mecânica que ganharam uma medalha de ouro na Olimpíada Brasileira de Robótica.

As equipes são preparadas em função das modalidades em que os alunos desejam competir, e durante essa preparação os conceitos vão sendo consolidados de forma interdisciplinar, quando o professor gera questões em relação à experimentação dos robôs. Em seguida, os alunos discutem e praticam suas soluções na arena de treino. Uma das dificuldades era a falta de arenas adequadas para treinamento, sendo utilizadas arenas feitas de papel.

Algo que chama a atenção é o aumento da participação das alunas no Espaço do Fazer (**Fig. 26.3**), uma vez que nos cursos de ciências exatas a procura é predominantemente masculina.

Entre os projetos desenvolvidos nos últimos cursos destacam-se:

- Gduino (**Fig. 26.4**) – medidor de aceleração da gravidade (g).
- Casa inteligente controlada pelo celular (**Fig. 26.5**).
- Braço robótico (manipulador) (**Fig. 26.6**).
- Marionete programável ou controlada por botões (**Fig. 26.7**).

Um ex-aluno da disciplina robótica, que continua frequentando o Espaço do Fazer, motivado pela troca de experiências com os novos alunos e professores, lidera um proje-

Figura 26.3 Percebe-se o aumento da participação das alunas no Espaço do Fazer.

Figura 26.4 Medidor Gduino.

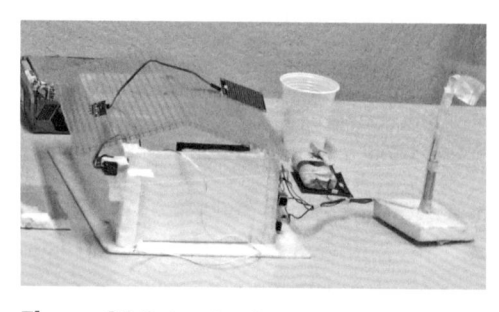

Figura 26.5 Casa inteligente com material reciclado.

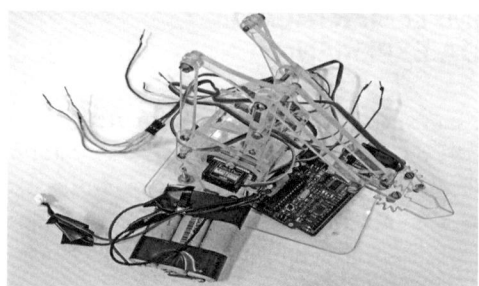

Figura 26.6 Braço robótico com *pack* de bateria feita de sucata de *notebook*.

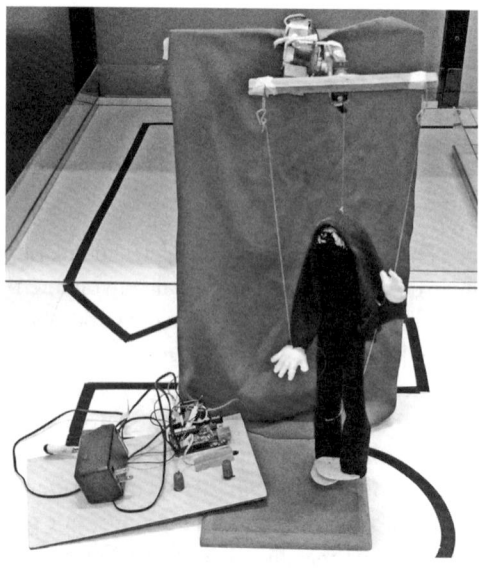

Figura 26.7 Marionete programável.

Figura 26.8 CNC feito com sucata.

to que consiste na construção de uma fresa CNC[3] com materiais reciclados de sucata (**Fig. 26.8**). Esse projeto era um sonho dos alunos, pois consiste em uma ferramenta para produzir as peças para os robôs que farão parte dos futuros projetos de sua autoria.

Outro projeto de nível avançado que vale citar é um projeto de automação de marionetes, que possibilitou o desenvolvimento de um experimento para as crianças começarem a programação criativa com Arduino. O professor criou um boneco com vários LEDs, um servomotor e um *buzzer* (**Fig. 26.9**). Esse boneco, feito de papelão e fixado nas entradas dos pinos no Arduino, vai propiciar a prática de programação e criação de códigos das crianças, de maneira interativa e remota, por meio de uma parceria como o projeto LabVad da Universidade Federal do Rio de Janeiro (UFRJ). Essa é uma experiência inovadora na escola e está sensibilizando outros professores parceiros, como os das disciplinas mecânica e telecomunicações.

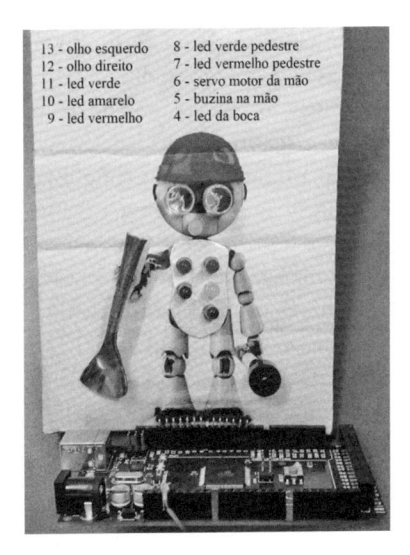

Figura 26.9 Boneco com LEDs para crianças.

RESULTADOS

A motivação da equipe de robótica é um indicativo que pode ser utilizado para avaliação da participação em olimpíadas e competições escolares com um bom desempenho dos alunos. A inscrição nas olimpíadas é facultativa, ou seja, inscrevem-se apenas as equipes que desejam participar. Os alunos novos se motivam a se inscrever em olimpíadas de robótica depois de saberem que alguns projetos desenvolvidos pelos alunos das

---

[3]Um roteador de madeira CNC (controle numérico computadorizado) ou fresa CNC é uma ferramenta que cria objetos 3D a partir de madeira ou materiais que possam ser trabalhados, como PVC, plástico e alumínio. A fresa CNC é utilizado em projetos de engenharia de protótipos, desenvolvimento de produtos, arte e trabalho de produção, entre outras aplicações.

turmas anteriores foram campeões em torneios nacionais e internacionais competindo com representantes das melhores escolas do Brasil. A avaliação nessa experiência é qualitativa e feita em função da participação do aluno nas aulas e no desenvolvimento de projetos; não existem provas, ao contrário das demais disciplinas da escola.

A aplicação de conceitos de física em projetos de robótica indica uma transferência de conhecimentos e/ou aplicação de conceitos na solução de problemas. Por exemplo: um grupo de alunos estava com dificuldades para fazer um robô humanoide para participar de uma competição de corrida, pois o robô do grupo caía a cada passo. Com a orientação do professor, o grupo resolveu desenvolver, durante dois anos, uma programação, que chamou de balanceada, para manter o centro de gravidade no centro do robô. Isso permitiu ao grupo conquistar o segundo lugar em uma competição sul-americana de corrida de humanoides. A participação em eventos e olimpíadas pode enriquecer o currículo das disciplinas escolares. A motivação dos alunos envolvidos nesses eventos é um fator importante para a validação e a avaliação da experiência com ensino de programação e robótica na escola, promovendo o desenvolvimento de habilidades e competências necessárias ao amadurecimento cognitivo. Em recente pesquisa, por meio de um formulário, os alunos indicaram que a disciplina robótica ajudará em sua carreira, e o ensino de programação é muito importante (**Fig. 26.10**).

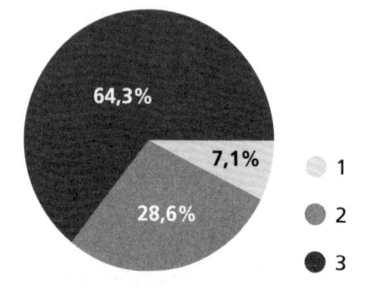

Entre os resultados alcançados, vale destacar o aumento do interesse pelos estudos de programação e robótica, indicando que o Espaço do Fazer é importante para a formação dos alunos. Outro resultado importante é a participação em olimpíadas de robótica, competições científicas internacionais e nacionais que motivam e melhoram a autoestima desses alunos. A preparação para a participação nos eventos estimula o interesse pela aprendizagem de programação e, consequentemente, esta se torna mais significativa. Quando os alunos se sentem desafiados, procuram estudar mais para vencer os desafios, e isso torna o ambiente de trabalho, o Espaço do Fazer, mais interessante para eles. Os alunos pedem para estudar no Espaço do Fazer durante as férias, o que nunca aconteceu com os outros laboratórios da escola.

A **Figura 26.11** mostra os troféus e medalhas conquistados pelas equipes da ETEFV em torneios nacionais e internacionais.

A divulgação dos projetos na mídia, por meio de programas de televisão e matérias em jornais, com entrevistas dos alunos, mostra o sucesso alcançado pelos trabalhos de robótica, estimulando os alunos da ETEFV a participar da Olimpíada Brasileira de Robótica, do

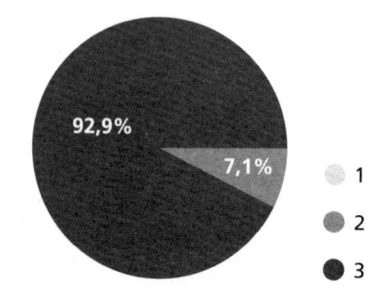

Figura 26.10 Opinião dos alunos sobre a disciplina robótica.

Figura 26.11 Troféus e medalhas da Escola Técnica Estadual Ferreira Viana em competições de robótica.

Torneio Juvenil de Robótica (TJR), da Robo-Cup Junior, de feiras de ciências e de outros eventos semelhantes. Alguns professores da escola já demonstram interesse em participar e desenvolver atividades relacionadas com essa área devido à motivação dos alunos.

A equipe de robótica foi campeã carioca da primeira fase prática da Olimpíada Brasileira de Robótica em 2011. Em 2014, foi vice-campeã sul-americana na Competição Brasileira de Robótica na categoria corrida de humanoides. Em 2015, participou da exposição Swiss Robotics Futurist in Brazil e sagrou-se campeã brasileira na final do TJR nas modalidades resgate no plano (nível 3), sumô e dança (nível 4). Vale observar que, em 2016 e 2017, os alunos não participaram de competições devido a greves no serviço público no Rio de Janeiro.

CONSIDERAÇÕES FINAIS

A cada ano aumenta o desejo dos alunos de participar de eventos, competindo com as melhores escolas do Rio de Janeiro, como comentou o aluno R.C.B.R. em uma entrevista para a *Folha do Interior*: "Tivemos que programar o robô para que ele entendesse a diferença entre o objeto, no caso a vítima, e o obstáculo. Usamos a criatividade, disputando com escolas particulares e com mais recursos do que nós".

A disciplina robótica na ETEFV, projeto de inovação tecnológica no âmbito da Faetec, motiva os alunos cada vez mais a procurar disciplinas e projetos na área de robótica na escola.

REFERÊNCIAS

ALMEIDA, F. J.; FONSECA JÚNIOR, F. M. *Projetos e ambientes inovadores*. Brasília, DF: MEC, 2000. (Educação a Distância).

ORD, J. John Dewey and experiential learning: developing the theory of youth work. *Youth & Policy*, n. 108, p. 55-72, 2012. Disponível em: https://www.youthandpolicy.org/wp-content/uploads/2017/06/yandp108.pdf. Acesso em: 20 maio 2019.

SOUZA, A. M. M.; DEPRESBITERIS, L.; MACHADO, O. T. M. *A mediação como princípio educacional*: bases teóricas das abordagens de Reuven Feuerstein. São Paulo: Senac, 2004.

O USO DA PROGRAMAÇÃO DE JOGOS DIGITAIS COMO FERRAMENTA EDUCACIONAL

Antoanne Pontes | José Vidal | Cristiane Sanches da Silva
Mônica Ferreira da Silva

O relato apresentado neste capítulo está diretamente ligado ao dia a dia do Colégio Estadual José Leite Lopes, mais conhecido como programa Núcleo Avançado em Educação (Nave), uma escola de ensino médio integrado, localizada no Rio de Janeiro, no Estado do Rio de Janeiro. Esse programa é o resultado de uma parceria público-privada entre a Secretaria de Estado de Educação com o Instituto Oi Futuro (RIO DE JANEIRO, 2012). Na escola, a partir do 2º ano, além de cursar as disciplinas que fazem parte da matriz curricular do ensino médio regular, os alunos podem optar por um dos três cursos técnicos oferecidos: roteiro para mídias digitais, multimídia e programação de jogos digitais. Este último é o foco deste capítulo.

Esses cursos servem de apoio ao ensino regular como facilitadores do aprendizado e, principalmente, como suporte no preparo do aluno para ingressar na universidade ou no mercado de trabalho, tendo em vista que grande parte do conhecimento apresentado é utilizada por inúmeras empresas desenvolvedoras de conteúdos digitais no País.

Assim, nosso objetivo geral com esse estudo foi analisar a receptividade do curso de programação de jogos digitais no ensino médio integrado. Como objetivos específicos, enumeramos: verificar, por meio de estudo de caso, o impacto das disciplinas do curso de programação de jogos no desempenho dos alunos nas disciplinas do currículo regular; relacionar o interesse dos alunos em conteúdos das disciplinas do currículo regular com as práticas implementadas no curso de programação de jogos; e relacionar o empenho dos alunos no curso de programação com a utilização de estruturas de ensino por meio da construção de jogos.

Atualmente, a educação pública no Brasil é foco de muitos debates em busca de novas soluções que a tornem mais eficiente. Sabe-se que tudo começa na formação. Para que haja maior engajamento, principalmente durante o ensino médio, é necessário que os professores estimulem constantemente seus alunos com novos desafios, fazendo uso de objetos de aprendizagem (CARNEIRO; SILVEIRA, 2012a, 2012b). Assim, podem tornar mais lúdico e estimulante o ensino nas escolas; porém, na visão dos autores, o uso de objetos de aprendizagem pelos alunos é foco de poucas pesquisas.

Em particular na área das ciências exatas, o principal problema está na falta de prática com exercícios de raciocínio lógico e na pouca dedicação aos estudos, que contribuem para a dificuldade apresentada por muitos alunos no aprendizado. Principalmente nas disciplinas de algoritmos e estruturas de dados das universidades, a falta de conhecimentos básicos sobre algoritmos é fator relevante (TABUTI; PUGA; MOURA NETO, 2014). Em contrapartida, já se sabe que de nada adianta introduzir novos e sofisticados *hardwares* e *softwares* quando o significado daquilo que se propõe a ser transmitido permanece sem sentido para o dia a dia do aluno (COUTINHO JUNIOR *et al.*, 2014).

É necessário trabalhar a interatividade e os conceitos colaborativos para estimular a nova geração a alcançar novos patamares no processo de aprendizagem (MARINS *et al.*, 2014).

METODOLOGIA E ORGANIZAÇÃO DA PESQUISA

Em nossa investigação, a fim de contemplar os objetivos apontados anteriormente, utilizamos uma abordagem qualitativa de pesquisa, com caráter exploratório e descritivo, como proposto por Dias e Silva (2010). O método empregado foi o do estudo de caso, seguindo proposta de Yin (1994). Os resultados obtidos contribuem para justificar a inclusão da programação no currículo do ensino médio, além de promover o melhor entendimento do currículo do curso técnico e sua relação com as disciplinas do currículo regular, justificando a aplicação da educação integral (ZUCCHETTI, 2013). Para contextualizar os leitores e aprimorar a troca de experiências, este estudo tem como base a estratégia de incorporação dos objetos de aprendizagem como foram relatados por Franco (2003).

Relatamos o caso com a intenção de compartilhar experiências de integração das disciplinas do curso regular com o curso de programação, fazendo reflexões sobre o quadro atual da escola e o desenvolvimento da capacitação profissional na atual sociedade e, por fim, sugerindo novos estudos sobre o tema.

AMBIENTE ESTUDADO

O Colégio Estadual José Leite Lopes oferece 160 vagas em cada ano do ensino médio. Os alunos são divididos em quatro turmas, duas das quais são dedicadas ao curso de multimídia – uma para roteiro e outra para programação, que foi o foco de nosso estudo.

O curso de programação de jogos digitais é formado por uma equipe multidisciplinar composta por dois professores de programação, um professor de *game design* e uma coordenadora pedagógica, que, juntos, buscam constantemente integrar o curso técnico com as disciplinas do curso regular. A **Figura 27.1** representa graficamente o mapa das disciplinas do curso de programação oferecidas em cada período letivo.

No 1º ano, os alunos ainda não escolheram os cursos que seguirão nos dois anos seguintes, por isso todos os que ingressam na escola são apresentados a conteúdos dos três cursos técnicos para que, ao fim do 1º ano, decidam o que vão seguir. Assim, nesse ano, o maior desafio encontrado pelos professores do curso de programação é ensinar os conceitos básicos da programação para alunos que, em teoria, ainda não tiveram contato com nada parecido e também para aqueles que não têm afinidade com essa disciplina técnica. Afinal, é necessário que eles tenham noção de como é criar um programa de computador para que possam entender o que virá depois no curso de programação. É importante também manter motivados aqueles que já desejam seguir no curso de programação nos próximos anos do ensino médio.

Como se pode perceber na **Figura 27.2**, o constante desinteresse pelo curso se agravou de 2010 a 2014. Entretanto, os trabalhos integrados realizados com as disciplinas do curso regular, as palestras e as oficinas apresentadas para os alunos do 1º ano foram fatores que fizeram o número de participantes subir novamente.

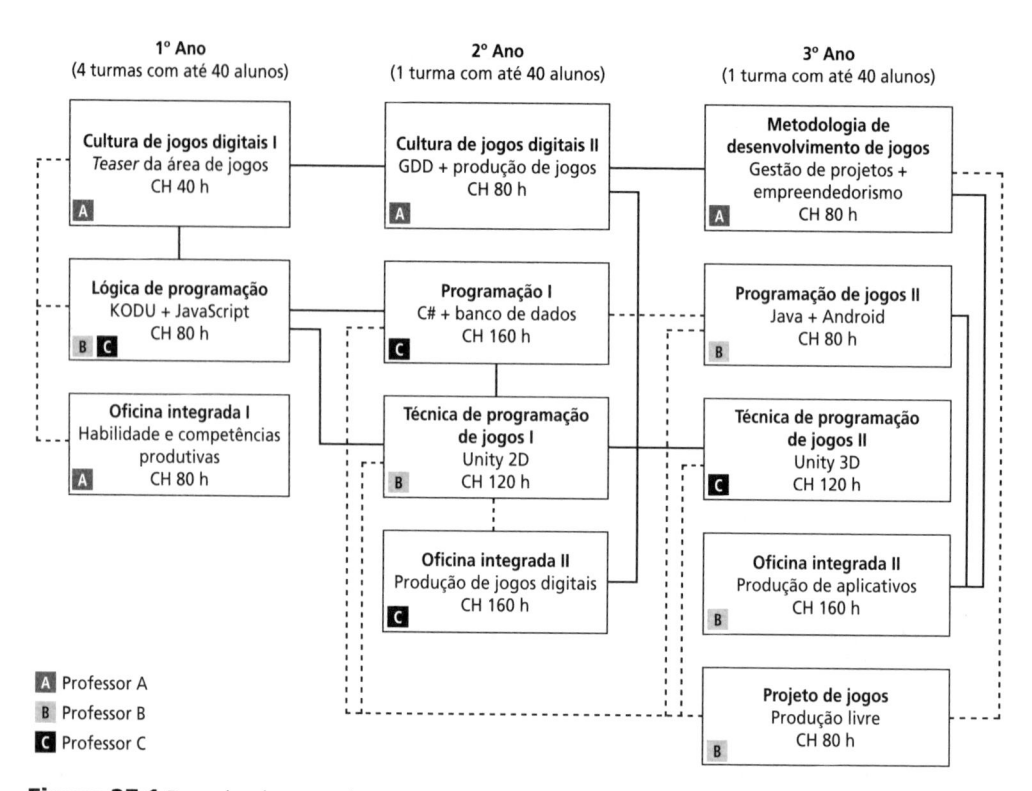

Figura 27.1 Desenho do curso de programação. A relação direta dos conteúdos é representada com linhas contínuas, enquanto a relação indireta é mostrada com linhas tracejada.
CH, carga horária.

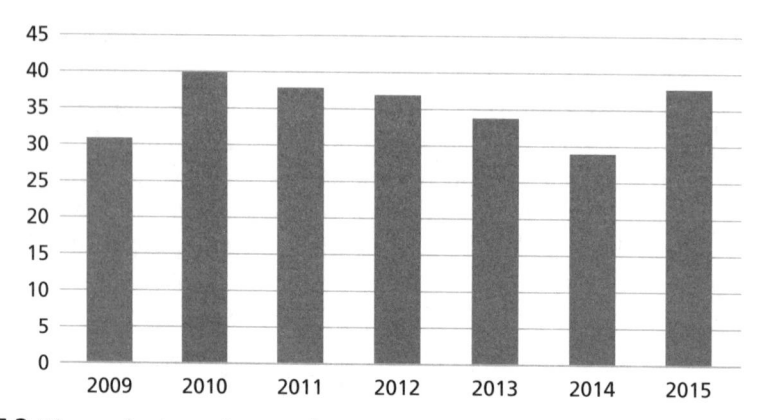

Figura 27.2 Número de alunos do curso de programação por ano.

Outro desafio é desenvolver o raciocínio lógico dos alunos de forma que eles cumpram as necessidades do curso técnico e também usem-no nas disciplinas do curso regular e nos problemas do dia a dia, tornando o curso de programação mais atrativo. Assim, quando os professores conseguem identificar os pontos fracos dos alunos em outras disciplinas do curso regular, podem fazer a lógica de programação facilitar o aprendizado nessas disciplinas.

No 1º ano, os alunos são apresentados às técnicas de programação em si, desde o conceito de variáveis até os conceitos básicos, porém mais complexos, de orientação a objeto (OO). São utilizados exemplos de códigos e são construídos exercícios que os remetem ao entendimento de lógica de programação com base no desenvolvimento de *games* simples, como os que apresentaremos com mais detalhes a seguir, na descrição do caso.

Para ensinar os conceitos básicos da lógica de programação, foi adotada a linguagem JavaScript, por se tratar de uma linguagem com estrutura menos complexa, na qual a configuração do ambiente de desenvolvimento também é simples e a visualização dos resultados é rápida e objetiva. O código pode ser executado diretamente por qualquer navegador, sem necessidade de compilação ou de geração de arquivo binário executável.

A motivação dos alunos é conquistada ensinando-se as principais estruturas de uma linguagem de programação (variáveis, estruturas de condição, repetição, etc.), sempre com vistas ao desenvolvimento de aplicações gráficas como resultado, usando, por exemplo, jogos no estilo dos encontrados na plataforma Atari 2600. A **Figura 27.3** mostra o *game* Snak3, criação dos alunos em conjunto com os professores de matemática e programação.

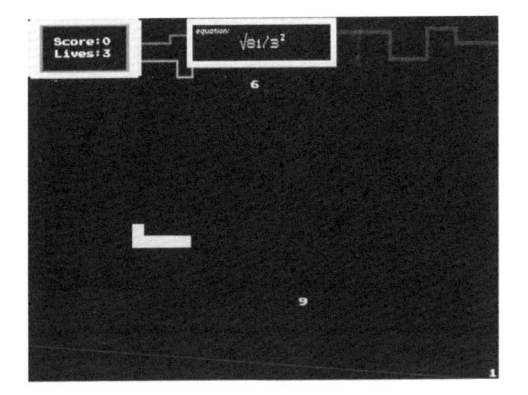

Figura 27.3 *Game* inspirado no clássico Snake, que busca integrar a mecânica do jogo com a matemática.

Inspirado no clássico Snake, o *game* teve sua mecânica integrada com o conteúdo de matemática. O jogador recebe uma equação e deve "comer" a resposta adequada. A cada resposta correta que a cobrinha come, ela aumenta em tamanho e velocidade, além de ganhar um ponto. O objetivo é somar o maior número possível de pontos. Segundo Theodoraki e Xinogalos (2014), códigos de *games* são usados atualmente em várias disciplinas para motivar os alunos e melhorar a sua experiência de aprendizagem.

Muitos exemplos de lógica utilizados são comparados com ações do cotidiano dos alunos, como atravessar uma avenida, comprar pão ou ir à praia, para que entendam que o dia a dia é rodeado de problemas, pequenos ou grandes, que precisam ser avaliados e resolvidos por eles. Com isso, por mais simples que seja o problema, os alunos são estimulados a raciocinar logicamente antes mesmo de resolvê-lo, com o intuito de sempre buscar a melhor solução possível.

Para os alunos do 2º ano, a lógica é mais aprofundada, são apresentados *games* mais elaborados, e o ensino e a cobrança são paralelizados com a intenção de mostrar como esses *games* são feitos, estimulando o desenvolvimento com mecânicas parecidas com as que conhecemos e estão disponíveis atualmente nas principais plataformas de jogos. O principal objetivo é ensinar técnicas de programação orientada a objetos e o uso de ferramentas facilitadoras, como *engines* e *frameworks* consolidados no mercado para o desenvolvimento de jogos. Manter a motivação dos alunos é o principal desafio. Eles chegam motivados pelos resultados obtidos no ano anterior e pela escolha de curso que fizeram, acreditando ser esse o caminho que trilharão no decorrer de suas vidas.

Para ensinar orientação a objetos, foi adotada a linguagem C#, que pode ser usada tanto na raiz de sua concepção em conjunto com a API gráfica Windows Forms quanto em conjunto com a *engine* Unity 3D, facilitando a absorção da linguagem. Ferramentas de desenvolvimento mais complexas e robustas são apresentadas aos alunos (Microsoft Visual Studio, Unity 3D), encadeando conceitos de criação e configuração de projetos, organização de arquivos e métodos de distribuição de seus jogos e tornando seus trabalhos mais organizados e profissionais.

Nesse momento, o foco está no uso da Unity com contexto 2D, mostrando aos alunos o quão mais simples é trabalhar em uma ferramenta voltada para o desenvolvimento de jogos e com compatibilidade para inúmeras plataformas (PC, *mobile*, *web*, etc.). Assim, inicialmente eles replicam o que fizeram no 1º ano com JavaScript e, em seguida, buscam títulos famosos, recriando suas mecânicas e jogabilidades para se aprofundar cada vez mais na ferramenta.

Ainda no 2º ano começam a ser oferecidos oficinas, palestras, passeios e outras atividades extracurriculares relacionadas à área de programação em geral, para auxiliar na manutenção da motivação dos alunos durante o ano.

No 3º ano, o desafio é outro. Esse é o momento em que o aluno é estimulado a usar sua criatividade para criar coisas novas e colocar em prática tudo que aprendeu nos últimos dois anos, criando *games* com mecânicas completamente inovadoras e diferentes das encontradas no mercado. O objetivo é ensinar a eles uma programação um pouco mais complexa, com foco em programação *mobile* nativa, algoritmos complexos, introdução à inteligência artificial, programação distribuída básica (*multiplayer*) e Unity 3D no contexto 3D. Apesar de serem conteúdos complexos, a cobrança nesse ano não é igual à do 2º ano, já que os alunos estão mais focados em provas de ingresso na graduação.

As linguagens escolhidas são C# na continuação dos trabalhos na Unity 3D e Java em conjunto com o Android SDK para o desenvolvimento *mobile*. Na Unity, os alunos começam a ter noções iniciais de ambientação 3D, explorando conteúdos com coordenadas, modelos, texturas e materiais. Além disso, nessa ferramenta são introduzidos assuntos como algoritmos de busca e ordenação, para facilitar a visualização de resultados. Em programação *mobile*, o foco é o desenvolvimento na plataforma nativa, para que os alunos entendam o funcionamento completo de uma aplicação *mobile*, como se comporta no dispositivo e todas as funcionalidades que o dispositivo oferece e que podem ser aproveitadas pelos desenvolvedores em seu aplicativo ou jogo (integração com redes sociais, notificações, serviços *web*, etc.).

Nesse ano, também são oferecidas palestras, oficinas e passeios com foco no mercado de jogos. Além disso, temos o evento chamado Dia do Profissional, no qual os alunos e seus projetos são apresentados a representantes de empresas com o intuito de, ao fim do ano letivo, terem a oportunidade de ser inseridos no mercado de trabalho, seja em estágios ou em empregos oferecidos pelas empresas visitantes.

PROJETOS REALIZADOS

Grande parte do sucesso do projeto entre os alunos deve-se à intercessão da lógica de programação com as outras disciplinas do curso regular. De acordo com Leite (2008), quando o aluno usa o que aprendeu em programação para pôr em prática o que está aprendendo em outras disciplinas, o conteúdo é assimilado com mais clareza, e seu aprendizado é potencializado. Em seguida, serão citados alguns exemplos de projetos realizados integrando conteúdos do ensino regular com conteúdos de programação.

Desafio com educação física e matemática

No segundo bimestre do 1º ano, como vimos na descrição do curso, o aluno é apresentado aos instrumentos básicos da lógica de programação, como a utilização das técnicas de desenho primitivo, ou seja, as funções do

JavaScript que permitem desenhar formas geométricas básicas, tendo com isso, entre outros recursos, a possibilidade de avançar na interatividade visual com o uso da programação.

Os alunos são desafiados a desenhar, usando apenas as técnicas primitivas apresentadas, um campo de futebol ou uma quadra de futebol de salão com as dimensões reais na proporção da tela do computador. Para isso, os alunos devem entender como usar adequadamente as técnicas de programação, verificar com os professores de educação física as medidas oficiais das áreas usadas pelos esportes e, consequentemente, buscar com os professores de matemática as funções de proporção para, então, aplicar o resultado nas dimensões do navegador ou tela do computador, como pode ser visto na **Figura 27.4**.

Um dos principais sinais do sucesso desse caso foi a matéria apresentada no programa *Como Será?*, exibido pela Rede Globo de Televisão em 2014. Na reportagem, os alunos relatam as experiências que estão tendo no Nave ao aprender lógica de programação e, ao mesmo tempo, fazem uma reflexão sobre de que maneira essa disciplina pode ajudar nas suas futuras carreiras.

Oficina integrada

Oficina integrada é um momento ímpar na escola, em que os alunos de programação trabalham em conjunto com os alunos dos outros dois cursos (roteiro e multimídia), simulando uma equipe de uma empresa desenvolvedora de jogos. Para cada um dos anos, os coordenadores dos cursos, juntamente com os professores, elaboram as regras para o desenvolvimento da disciplina. Isso reforça a afirmação de Marins *et al.* (2014) de que é necessário trabalhar a interatividade e os conceitos colaborativos para estimular a geração atual de alunos.

No 1º ano, como os alunos ainda não fizeram a opção pelo curso que irão seguir, o ano letivo é dividido em quatro etapas. O primeiro bimestre fica com o curso de roteiro, e os alunos são divididos em grupos de trabalho. O tema a ser seguido no projeto é apresentado, e o roteiro do projeto começa a ser desenvolvido. No segundo bimestre, os alunos ficam com o curso multimídia, no qual preparam um vídeo introdutório e os *assets* (elementos de arte) relacionados ao *game* que será desenvolvido. No terceiro bimestre, os alunos começam a programação e desenvolvem o *game* de fato. O quarto e último bimestre é o momento de unir tudo que foi feito em um produto final, acertar os últimos detalhes e apresentar para uma banca de professores.

No 2º ano, a experiência é ainda mais interessante, pois os alunos são desafiados a criar um *game* com uma temática específica. Em 2015, por exemplo, foram abordados os contos do escritor brasileiro Manoel de Barros, integrando em um único grupo alunos do

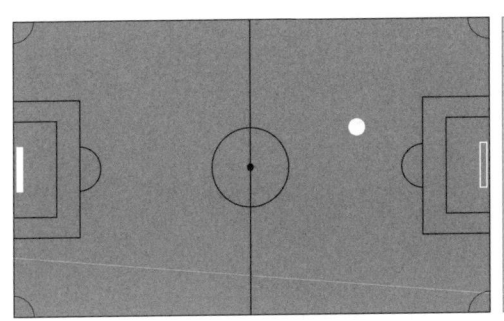

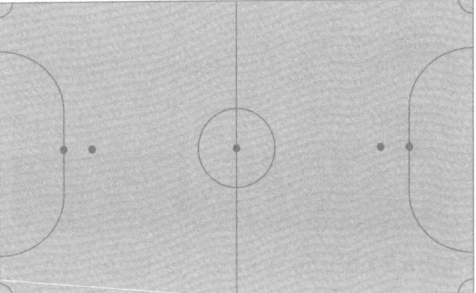

Figura 27.4 Campos de futebol e futebol de salão desenhados com formas primitivas na programação.

curso de roteiro, multimídia e programação. A **Figura 27.5** mostra a tela do jogo Sobre sucata, produzido pelos alunos nessa disciplina. Essa integração é um fator muito positivo para os alunos, uma vez que eles aprendem a compartilhar suas produções em prol de um único produto, entendendo que a qualidade de sua produção afeta diretamente a avaliação do grupo.

No 3º ano, os alunos de programação, na maioria dos casos com dois integrantes por grupo, trabalham com alunos do curso de roteiro e multimídia das outras turmas do 3º ano. O tema é livre, e eles têm total liberdade de desenvolver seus projetos na plataforma que acharem melhor, sendo estimulados a desenvolver projetos inovadores e exclusivos para tentar publicá-los.

Integração com a matemática

Na integração da matemática com o curso técnico, os alunos do 3º ano foram desafiados a desenvolver uma calculadora de matrizes. A plataforma de desenvolvimento ficava a critério deles, porém o desafio era que, propostas duas matrizes quadradas de ordem 2 × 3, respectivamente, fossem realizadas operações (soma, subtração, multiplicação, determinante, matriz oposta e transposta). A **Figura 27.6** mostra a interface de uma das calculadoras de matriz desenvolvidas pelos alunos.

O objetivo dessa integração é reforçar as operações com matrizes, reforçar o uso de linguagens de programação C# ou Java e o conceito de usabilidade.

ANÁLISE

O estudo realizado permitiu identificar vantagens e desvantagens da incorporação do ensino de programação no cotidiano do ensino médio integrado. Acreditamos ser importante compartilhar não só o resultado do trabalho realizado – o crescimento na procura pelo curso com a aplicação das metodologias apresentadas –, mas também as metodologias utilizadas nos processos de ensino e de aprendizagem, principalmente a introdução dos alunos de 1º ano na linguagem de programação.

Segundo Bopprê (2015): "[...] ensinar a programar é ensinar a pensar". A intensidade do contato com a tecnologia depende da idade e do objetivo da instituição que está oferecendo esse contato. Porém, os alunos da geração atual precisam não só saber como usar os dispositivos e *softwares* que são desenvolvidos, mas também saber como ou pelo menos ter uma ideia de como desenvolvê-los.

Sabemos que a carreira de desenvolvedor não é simples. Assim como em outras, existem muitos empreendedores que, por inexperiência, investem dinheiro e tempo em produtos que não dão certo e acabam mudando de área ou até mesmo desistindo de um sonho. Por isso, quanto mais cedo esses alunos tiverem contato com programação, mais chances de sucesso eles terão em suas carreiras e, quem sabe, poderão transformar esse conhecimento em uma oportunidade ou mesmo em um diferencial pessoal.

Figura 27.5 Jogo Sobre sucata, implementado na disciplina oficina integrada 2.

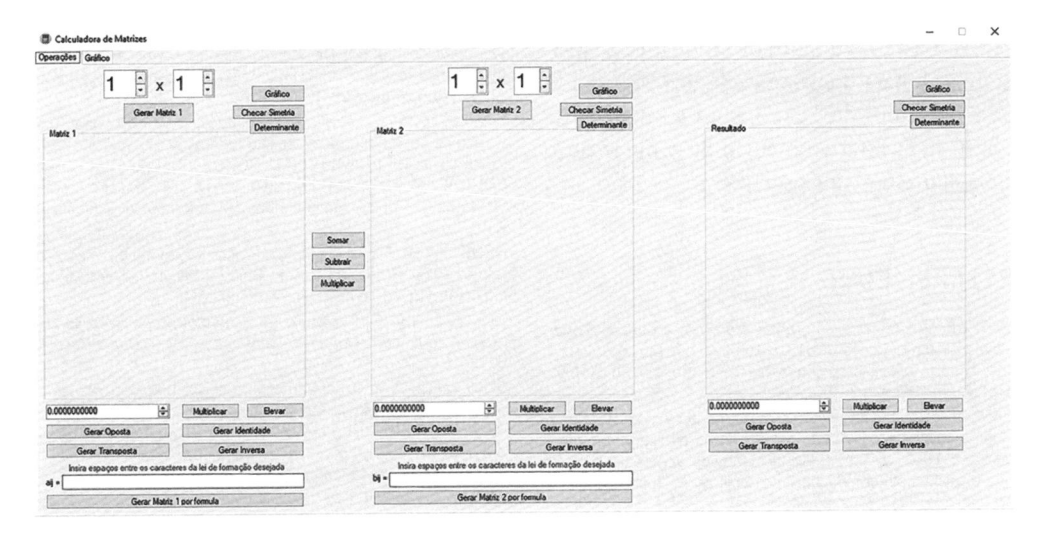

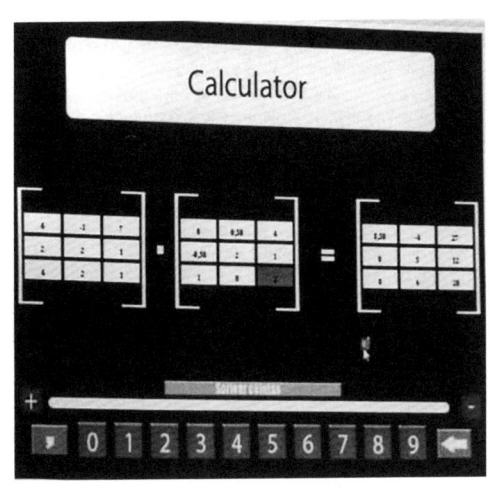

Figura 27.6 Calculadora de matriz produzida pelos alunos do 3º ano.

CONSIDERAÇÕES FINAIS

Neste capítulo, foram apresentados os resultados das novas integrações de trabalhos elaborados entre as disciplinas do curso de programação com as disciplinas do curso regular. As integrações entre disciplinas foram utilizadas como geradores de objetos de aprendizagem, que podem ser compartilhados e aplicados em outras escolas.

Durante o processo desse estudo, foi identificado que o formato aplicado na oficina integrada para os alunos do 1º ano é muito próximo ao aplicado para os alunos do 2º ano. Assim, uma das propostas de trabalho futuro é trazer novas metodologias para tornar a experiência vivida pelos alunos nas três disciplinas oficina integrada o mais abrangente e próxima do mercado de trabalho possível.

Foi identificado, de maneira quantitativa, o impacto dos trabalhos integrados diretamente no desempenho geral dos alunos nas avaliações.

Foram incluídas atividades ligadas ao ensino e ao estudo de robótica, usando, por exemplo, o projeto LabVad proposto por Souza *et al.* (2014), no quadro de atividades de programação para o ensino de lógica, sobretudo para os alunos do 1º ano, com a intenção de tornar mais atrativo o curso de programação e resultar em maior procura.

REFERÊNCIAS

BOPPRÊ, V. Ensinar a programar é ensinar a pensar. *Porvir*: Inovações em Educação. 2013. Disponível em: http://porvir.org/porpensar/ensinar-programar-e-ensinar-pensar/20130618. Acesso em: 17 maio 2019.

CARNEIRO, M. L. F.; SILVEIRA, M. S. Impactos do uso de uma metodologia na produção de objetos de aprendizagem. *Conferencias LACLO*, v. 3, n. 1, 2012a. Trabalho apresentado na 7º Conferencia Latinoamericana de Objetos Y Tecnologías de Aprendizaje, 2012, Guayaquil.

CARNEIRO, M. L. F.; SILVEIRA, M. S. Objetos de aprendizagem sob o ponto de vista dos alunos: um estudo de caso. *Renote*: Novas Tecnologias na Educação, v. 10, n. 3, p. 1-10, 2012b.

DIAS, D. S.; SILVA, M. F. *Como escrever uma monografia*: manual de elaboração com exemplos e exercícios. São Paulo: Atlas, 2010.

FRANCO, M. A.; CORDEIRO, L. M.; CASTILLO, R. A. F. O ambiente de aprendizagem e sua incorporação na Unicamp. Educação e Pesquisa, v. 29, n. 2, p. 341-353, 2003.

LEITE, L. S. Mídia e a perspectiva da tecnologia educacional no processo pedagógico contemporâneo. *In*: FREIRE, W. (org.). *Tecnologia e educação*: as mídias na prática docente. Rio de Janeiro: Wak, 2008. v. 1, p. 61-78.

COUTINHO JUNIOR, A. L. *et al*. Utilização de robótica livre com dispositivos móveis no ensino de lógica de programação para alunos do Ensino Fundamental. *In*: CONFERÊNCIA INTERNACIONAL SOBRE INFORMÁTICA NA EDUCAÇÃO, 19., 2014, Fortaleza. Anais [...] Santiago: TISE, 2014. p. 257-266. Nuevas Ideas en Informática Educativa, v. 10.

MARCONI, N. *Políticas integradas de recursos humanos para o setor público*. [2005?]. Disponível em: http://www.campinas.sp.gov.br/arquivos/recursos-humanos/txt_apoio_marconi_rh.pdf. Acesso em: 24 maio 2019.

MARINS, C. M. O. *et al*. EAD e capacitação profissional: um estudo de caso em uma instituição federal de ensino. *In*: CONFERÊNCIA INTERNACIONAL SOBRE INFORMÁTICA NA EDUCAÇÃO, 19., 2014, Fortaleza. Anais [...] Santiago: TISE, 2014. p. 651-655. Nuevas Ideas en Informática Educativa, v. 10.

REDE GLOBO DE TELEVISÃO. *Programação é a profissão do futuro*. 2014. Programa "Como Será?". Disponível em: http://glo.bo/1myECeg. Acesso em: 24 maio 2019.

RIO DE JANEIRO. *Secretaria de Estado de Educação. Secretário de educação colombiano conhece o projeto Dupla Escola*. 2012.

SOUZA, P. R. A. *et al*. LabVad: laboratório remoto para o desenvolvimento de atividades didáticas com robótica. *In*: CONFERÊNCIA INTERNACIONAL SOBRE INFORMÁTICA NA EDUCAÇÃO, 19., 2014, Fortaleza. Anais [...] Santiago: TISE, 2014. p. 690-694. Nuevas Ideas en Informática Educativa, v. 10.

TABUTI, L. M.; PUGA, S.; MOURA NETO, L. A. Construção do objeto de aprendizagem Paciência como recurso didático para o ensino da disciplina Estruturas de Dados. *In*: CONFERÊNCIA INTERNACIONAL SOBRE INFORMÁTICA NA EDUCAÇÃO, 19., 2014, Fortaleza. Anais [...] Santiago: TISE, 2014. p. 55-62. Nuevas Ideas en Informática Educativa, v. 10.

THEODORAKI, A.; XINOGALOS, S. Studying students' attitudes on using examples of game source code for learning programming. *Informatics in Education*, v. 13, n. 2, p. 265-277, 2014.

YIN, R. K. *Applications of case study research*. Newbury Park: Sage, 1994.

ZUCCHETTI, D. T. A educação integral no Brasil. *Educação & Realidade*, v. 38, n. 4, p. 1353-1360, 2013.

LEITURA RECOMENDADA

PORTAL TERRA. *Especialista defende ensino de programação nas escolas*. 2013. Terra Educação. Disponível em: http://goo.gl/EKohp6. Acesso em: 24 maio 2019.

LINGUAGEM DE PROGRAMAÇÃO NA EDUCAÇÃO BÁSICA:
possibilidades para o desenvolvimento de competências

Débora Valletta

Este capítulo apresenta o relato de uma oficina de iniciação à linguagem de programação para estudantes do ensino médio realizada em uma escola privada no Estado do Rio Grande do Sul. A programação foi associada à metodologia da sala de aula invertida a fim de possibilitar que os estudantes desenvolvessem as atividades de acordo com seu ritmo e suas competências quanto ao raciocínio lógico-matemático.

De acordo com Valente (2014, p. 85), a sala de aula invertida é uma metodologia de *e-learning* "[...] na qual o conteúdo e as instruções são estudados *on-line* antes de o estudante frequentar a sala de aula, [...] o estudante estuda antes da aula e a aula se torna o lugar de aprendizagem ativa, onde há perguntas, discussões e atividades práticas". Araújo *et al.* (2013, p. 31) afirmam que o ensino de programação no nível médio "[...] vem se mostrando uma iniciativa promissora, por se entender que esse conjunto de habilidades desenvolvidas pode ser empregado no cotidiano, não estando restrito apenas aos profissionais de computação". Por sua vez, Papert (2008) aponta o computador como um artefato que pode potencializar o ensino.

Nesse sentido, cabe discutir o tipo de avaliação que é exigido no Exame Nacional do Ensino Médio (Enem) e que também é uma questão de "lógica". O estudante tem que saber o conteúdo, no entanto, faz-se necessário compreender e desenvolver habilidades de forma a associar tal conteúdo ao que é proposto na prova. Os estudantes têm que pensar em uma determinada sequência lógica para atingir um determinado resultado – nível de proficiência nas diferentes áreas do conhecimento.

A ênfase deste capítulo é sobre a metodologia de ensino aplicada no desenvolvimento da sequência didática para a iniciação ao ensino de ciência da computação a estudantes do ensino médio. A sequência didática é entendida como um conjunto de atividades que propiciam o desenvolvimento de competências e habilidades durante a execução do projeto pedagógico. Para a organização das atividades, planejou-se uma sequência didática no ambiente virtual de aprendizagem (AVA) Moodle[1] a fim de diversificar a interação entre os estudantes e mediadores. Para tal, articulou-se a proposta com os diferentes tipos de ferramentas ofertadas pela plataforma Code.org e o nível de complexidade dos exercícios.

Coll e Monereo (2010, p. 192) são enfáticos ao afirmar que "A participação dos

---

[1] Moodle é uma plataforma para o gerenciamento de ensino e aprendizagem e permite a criação de cursos *on-line*. Atualmente a escola utiliza o ambiente Google Sala de Aula como ambiente virtual de ensino e aprendizagem.

alunos permite que o processo de elaboração do conhecimento avance do nível inicial para níveis mais completos e complexos". As ferramentas disponíveis na plataforma facilitaram o entendimento da proposta educativa entre o grupo de estudantes e o analista de tecnologias educacionais (TEs).[2]

PERCURSO METODOLÓGICO

O estudo realizado foi qualitativo e de cunho exploratório, e classifica-se como estudo de caso. Como instrumentos para coleta de dados foram utilizados a observação não participante, um formulário semiestruturado por meio da ferramenta Google Docs e o relatório da ferramenta disponível na plataforma Hora do Código, que apresenta o progresso individual de cada estudante em cada etapa do desafio do curso denominado Frozen. Os sujeitos da pesquisa foram 62 estudantes do 1º ano do ensino médio. Os dados foram analisados por meio da análise textual discursiva (MORAES; GALIAZZI, 2007).

Os analistas de TEs acompanharam todo o processo operacional e pedagógico durante a implementação da oficina. Os analistas de TEs foram responsáveis por organizar as atividades no AVA e articular as atividades com o professor. Além disso, ajudaram o professor e os estudantes no uso das ferramentas, no ambiente presencial e virtual. Os comentários feitos pelos estudantes durante a oficina foram registrados pelos analistas em um bloco de notas. Os dados foram analisados e comparados com as respostas obtidas no questionário *on-line*.

---

[2] O papel do analista de tecnologias educacionais na instituição é fomentar o uso dos ambientes virtuais e auxiliar os professores no desenvolvimento e na organização operacional das atividades educativas, além de multiplicar, de forma gradativa, as ferramentas tecnológicas ao corpo docente.

PLATAFORMA DIGITAL PARA INTRODUÇÃO À LINGUAGEM DE PROGRAMAÇÃO

Code.org é uma organização sem fins lucrativos que pretende levar o ensino de ciência da computação para os estudantes do mundo inteiro (CODE.ORG, c2019). No Brasil, a Fundação Lemann tem uma equipe que representa a Hora do Código. O objetivo é introduzir noções de programação de forma divertida para crianças, jovens, pais e professores.

A plataforma Hour of Code (Hora do Código) foi selecionada pela equipe de TEs obedecendo aos seguintes critérios:

- A ferramenta é gratuita e funciona em *notebook* e *iPad* (recursos disponíveis na instituição de ensino) – tecnologia HTML5 (multiplataforma).
- Os tutoriais disponibilizados para os usuários são autoexplicativos, o que permite ao estudante desenvolver as atividades no seu ritmo e de acordo com as suas habilidades. Além disso, não necessitam de uma equipe multidisciplinar (especialistas, *webdesigners*, jornalistas, entre outros) para produzir os materiais de apoio (imagem, som e vídeo) – o que propicia a aplicação sem custos adicionais, apenas as horas de trabalho do setor de TEs.
- Os recursos para implementação do projeto são: guia prático para professores, vídeos, pôsteres, *banners*, modelos de comunicados para a comunidade escolar, entre outros.
- A Hora do Código é um movimento global que visa a fomentação do ensino da computação no mundo. Isso reforça que os educadores de qualquer parte do mundo devem possibilitar e levar para a sala de aula noções de programação para que seus estudantes possam "programar" o jogo e não apenas "jogá-lo".

Há duas maneiras de acesso à plataforma: com cadastro e sem cadastro (visitante). Optou-se por realizar o cadastro na plataforma para que os analistas de TEs tivessem acesso a todos os conteúdos e recursos disponíveis. O cadastro é simples e intuitivo. Para usuários de Google+, Facebook e contas Microsoft, seleciona-se o campo de preenchimento e digitam-se os mesmos dados de *login* e senha utilizados para o acesso a essas contas. O analista de TEs vinculou o acesso da plataforma Code.org com a sua conta Microsoft para integrá-la a outras aplicações de uso frequente, como Skype.

Após a conclusão do cadastro, visualizam-se todos os conteúdos e as ferramentas que são disponibilizadas para o usuário na plataforma *on-line*. Nesse caso, o analista de TEs optou por cadastrar os estudantes da oficina no curso Frozen, cujo objetivo é aprender os conceitos básicos da programação, por ser esse o primeiro projeto educativo no colégio a envolver conceitos da ciência da computação.

Por meio da ferramenta Blockly, os estudantes podem arrastar e soltar blocos visuais para escrever programas. Por trás desses blocos, criam-se os códigos. Giraffa e Rosa (2011, p. 1) apontam que o sentido para o processo de aprendizagem está em "[...] verificar se o aluno está realmente aprendendo a programar ou se apenas decorou a solução de um conjunto de situações". Assim, observa-se o quanto se torna significativo para o professor/mediador utilizar uma plataforma que possa apresentar, de maneira simples e didática, o percurso de aprendizagem dos estudantes para fazer as devidas intervenções no processo educativo.

Nesse sentido, utilizou-se a ferramenta "Contas e progresso do estudante" para acompanhar em tempo real o desenvolvimento das etapas que os jovens concluíam durante os desafios propostos pelo curso. Para isso, foram criadas duas turmas fictícias, denominadas TE e TE2, a fim de testar a ferramenta de acordo com as orientações autoexplicativas disponibilizadas pelo *site* Code.org, e confirmar se a estratégia era viável e passível de ser implementada. Uma vez testadas a ferramenta e a dinâmica com os analistas de TEs, os estudantes das duas turmas do projeto-piloto foram cadastrados para gerar o *login* e a senha de cada um.

PLANEJAMENTO DA SEQUÊNCIA DIDÁTICA NO AMBIENTE VIRTUAL DE APRENDIZAGEM

A oficina ofertada pelo setor de TEs recebeu o apoio de um professor da área de ciências humanas e suas tecnologias para fomentar o ensino da computação com os estudantes. Tal parceria possibilitou que duas aulas fossem utilizadas para aplicar a sequência didática em parceria entre a TE e o auxiliar de laboratório de história e geografia. Em decorrência da duração das duas aulas, 50 minutos, a equipe multidisciplinar do setor de TEs criou um curso *on-line* no Moodle para organizar a sequência didática e dar continuidade nos desafios propostos por meio da metodologia da sala de aula invertida.

Schneider (2013) destaca que a sala de aula invertida é apresentada como possibilidade de "organização curricular diferenciada". O trabalho desenvolvido no AVA, aliado à metodologia da sala de aula invertida, propicia situações para a aprendizagem ubíqua. Para Santaella (2014), a aprendizagem ubíqua é aquela que acontece a qualquer dia e a qualquer hora do dia com apoio de um dispositivo móvel conectado à internet.

As ferramentas tecnológicas selecionadas para formatar o curso *on-line* foram utilizadas para determinar as necessidades de ensino e atender às expectativas de aprendizagem (o que se pretende que cada estudante construa no percurso das atividades). É importante salientar que o curso no Moodle foi projetado com base na matriz de *design* instrucional (DI). Filatro (2008, p. 44) ressalta que a matriz de DI permite ter uma "[...] visão panorâmica de cada unidade de aprendizagem, [...] podemos definir quais atividades são necessárias para atingir os objetivos, bem como elencar quais conteúdos e ferramentas serão precisos para a realização das atividades". Nesse sentido, percebe-se que o esboço da matriz construído pela equipe multidisciplinar de TEs norteou a escolha de ferramentas, a duração da atividade e os conteúdos abordados e permitiu verificar se os objetivos de aprendizagem propostos para a oficina eram claros e precisos, para que o analista de TEs pudesse desenvolvê-la em parceria com os auxiliares de laboratório com sentido e significado, explorando ferramentas para o pensar (VALLETTA, 2016). No **Quadro 28.1**, pode-se observar o nome das ferramentas e as respectivas funcionalidades de cada uma delas.

Segundo Coll e Monereo (2010), o Moodle é um ambiente virtual de ensino e aprendizagem do tipo LMS (do inglês *learning management systems*) que integra ferramentas de comunicação síncrona e assíncrona, sistemas de acompanhamento e avaliação do progresso dos estudantes, além de possibilidades para a gestão dos materiais de aprendizagem, o que potencializa e facilita a interação entre os usuários na plataforma.

RESULTADOS E DISCUSSÃO

Participaram da oficina 62 estudantes do 1º ano do ensino médio. Os estudantes desenvolveram as atividades do curso individualmente, em *notebooks* conectados à rede Wi-Fi do colégio, após terem recebido o *login* e a senha fornecidos pelo analista de TEs. O curso Frozen presencial foi mediado pelo analista de TEs e pela auxiliar do laboratório de história e geografia. As atividades desenvolvidas no ambiente virtual foram mediadas apenas pelo analista e gestor de TEs. Dos 62 estudantes que realizaram as atividades, 42 receberam o certificado por terem concluído as 20 etapas; portanto, conseguiram passar pelos diferentes níveis de complexidade e pelas fases das atividades propostas pela plataforma Hora do Código. Nesse sentido, considerou-se como resultados aqueles que se referem aos critérios e aos termos adotados pela plataforma Code. org: "concluídos, perfeito" e "concluídos, com muitos blocos". A **Figura 28.1** apresenta o relatório geral de progresso de cada estudante e a **Figura 28.2**, o *status* do nível.

Prosseguindo na análise, evidenciou-se outra constatação fundamental: durante o desenvolvimento das tarefas, dois estudantes "pularam" as fases. Buscou-se o relato desses dois estudantes, que informaram: "Pulei as fases para concluir rapidamente a atividade" e "Tenho dificuldades em matemática... na lógica do jogo".

Os estudantes engajaram-se nas atividades propostas durante a atividade presencial. Por sua vez, os analistas de TEs perceberam que, após 10 dias do término da oficina, alguns estudantes continuaram a acessar o ambiente virtual para terminar todas as etapas da atividade e, então, receber o certificado de conclusão do curso. Ao longo da análise dos dados e da pesquisa de campo, foram encontrados outros achados que não foram relatados devido ao foco do trabalho.

QUADRO 28.1 Objetivos das ferramentas do Moodle

Links: selecionar conteúdos em linguagem multimodal (imagem, som, texto, entre outros) para atender aos diferentes estilos de aprendizagem dos estudantes.
Fórum: fomentar debates sobre assuntos diversos, como *softwares* para o ensino de programação. Neste projeto, foi escolhido o fórum do tipo "tópicos" para organizar as ideias que se referem ao mesmo assunto.
Chat: discutir em tempo real um tema que tenha surgido nas publicações da ferramenta Fórum.
Pasta: criar subpastas para sugerir/indicar leituras complementares sobre o tema.

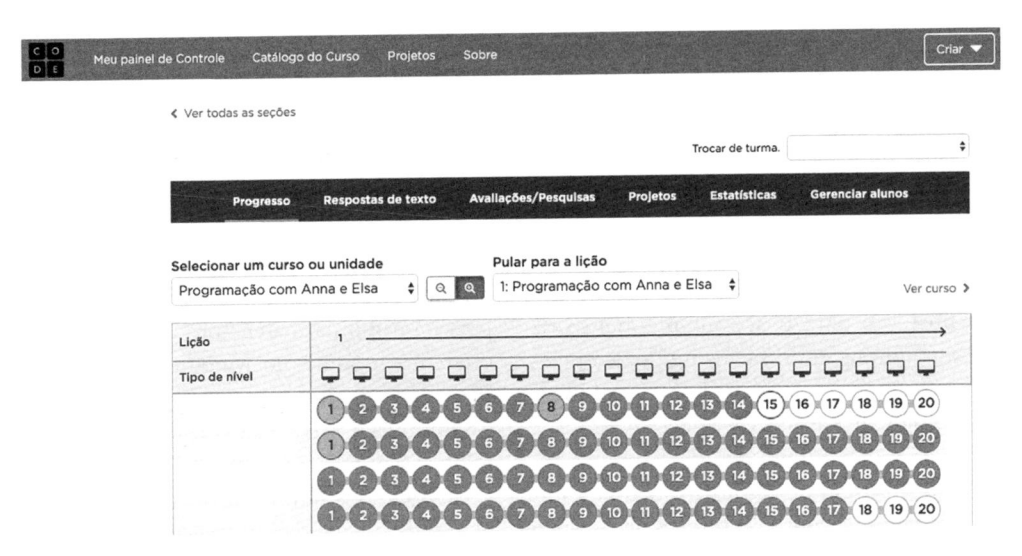

Figura 28.1 Relatório de progresso dos estudantes.

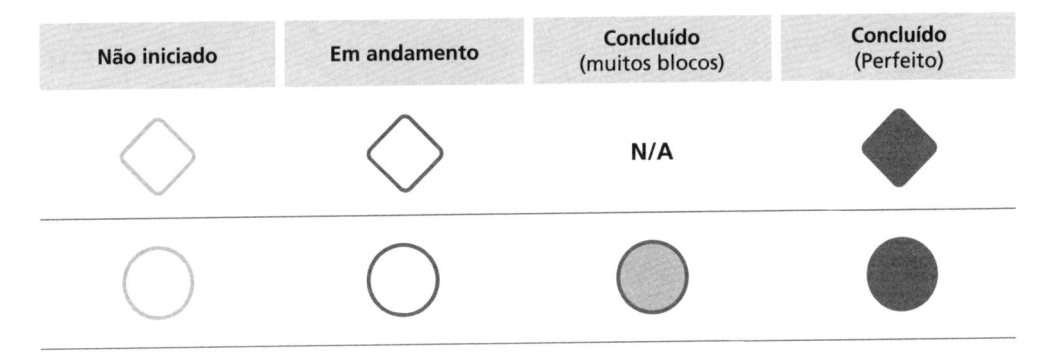

Figura 28.2 *Status* do nível.

CONSIDERAÇÕES FINAIS

O estudo aqui relatado demonstrou que a sequência didática disponibilizada no AVA favoreceu o processo de gamificação no contexto educativo. A gamificação é definida por Deterding *et al.* (2011 apud ANDRADE; CANESE, 2013, p. 17) como "[...] o uso de elementos de *design* de jogos em contextos extrajogos". Ao diversificar as atividades usando a matriz de *design* instrucional, pôde-se perceber que:

- O aumento de interatividade dos estudantes foi comprovado a partir dos relatórios obtidos (controle de acessos e conclusão da atividade após aplicação na oficina) na plataforma Moodle e na ferramenta "exibir progresso" na plataforma Code.org.
- O estímulo à colaboração foi destacado a partir de ações entre os estudantes (por meio da observação) que concluíram as etapas do curso ajudando os outros colegas com dificuldades em resolver os problemas das etapas "em progresso" e "não iniciado" e, assim, percebeu-se o espírito coletivo/de equipe para passar para o próximo nível de dificuldade.
- Houve indícios de que, ao utilizar a metodologia da sala de aula invertida nesse projeto, otimizaram-se a gestão do tempo de oficina,

o engajamento e a participação dos estudantes nas atividades disponibilizadas posteriormente no ambiente virtual. Os auxiliares do laboratório consideraram que o tempo para desenvolver todo o progresso da atividade Frozen (dois períodos) foi muito curto.
- Os resultados apontaram o *feedback* de ambas as plataformas como fator importante para o acompanhamento da aprendizagem do raciocínio lógico pelos estudantes, e que o melhor entendimento de lógica é consequência de estudo e exercício contínuo, de forma cumulativa. Nesse estudo de caso, percebeu-se a importância de ajustar o projeto pedagógico às necessidades dos estudantes, ou seja, selecionar aplicações e *softwares* que possam favorecer o processo educativo de ensino e aprendizagem de conceitos relativos à programação de forma lúdica e divertida.

É necessário implementar metodologias inovadoras e de acordo com o perfil dos estudantes do século XXI para despertar o interesse pelo estudo e o aprendizado dos conceitos de programação. Logo, a articulação entre professor, laboratório e setor de TEs propiciou a troca de ideias e experiências por meio de múltiplos olhares e favoreceu novas formas de disseminar o ensino de programação entre estudantes e professores. Além disso, a dinâmica da oficina proporcionou ao gestor de TEs outros diálogos com a coordenação do ensino médio e anos iniciais para o desenvolvimento de futuros projetos acerca do ensino de computação. Os coordenadores destacaram que as ferramentas da plataforma Code.org apresentam a evolução da aprendizagem dos estudantes de forma didática (com cores e legenda).

A partir da experiência de um dos professores, com o apoio dos analistas de TEs, uma professora do ensino fundamental motivou-se com os resultados e estendeu a oficina para todas as turmas do 5º ano. O diálogo e o alinhamento do projeto entre a coordenação de ensino dos anos iniciais e o gestor de TEs também motivaram parte dos professores do 5º ano a desenvolver um projeto-piloto. Os resultados preliminares demonstraram que alguns estudantes têm dificuldades em lógica; por isso, os professores realizaram algumas intervenções pedagógicas para atendê-los de forma personalizada, com novas estratégias para o ensino da matemática. Uma delas foi criar um módulo no Moodle denominado "Atividades complementares do 5º ano" para disponibilizar atividades e recursos a fim de reforçar algumas habilidades.

Em estudos futuros, pretende-se investigar os resultados da experiência dos analistas de TEs utilizando as ferramentas da linguagem de programação do *software* Alice, em parceria com os professores, para empregar objetos de conhecimento exigidos nas avaliações em larga escala com estudantes do ensino médio. Espera-se que, com essas ações, a escola possa contribuir na formação continuada de professores em serviço e equipes pedagógicas de apoio e compartilhar experiências, possibilidades e desafios de desenvolver atividades voltadas à lógica de programação, além de socializar, com outros educadores, práticas inovadoras que possam atender às demandas dos estudantes do século XXI.

Por fim, destaca-se que realizar apenas uma Hora do Código durante o ano letivo não é suficiente para mobilizar conhecimentos e conceitos fundamentais da linguagem de programação para o desenvolvimento das habilidades necessárias para a transformação de um ensino por competências. Por sua vez, entende-se que a sensibilização em torno desse movimento global possibilita aos educadores "[...] desmistificar a programação e mostrar que qualquer pessoa pode aprender os fundamentos básicos e ampliar a participação na área desta ciência" (CODE.ORG, c2019). Logo, torna-se essencial a reflexão sobre o currículo escolar, a formação de professores e o entendimento de que a linguagem de programação é algo em que se pensa sobre tudo o que se faz e aponta-se para onde se quer chegar com o uso do conhecimento para inventar e/ou inovar um artefato ou ferramenta - a tecnologia.

REFERÊNCIAS

ANDRADE, J.; CANESE, M. Elementar: aplicando gamificação ao processo de ensino-aprendizagem da lógica formal. *Conferências LACLO*, v. 4, n. 1, 2013. Trabalho apresentado na 8º Conferencia Latinoamericana de Objetos Y Tecnologías de Aprendizaje, 2013, Valdivia.

ARAÚJO, A. L. S. O. *et al*. Aplicação da taxonomia de Bloom no ensino de programação com Scratch. *In*: WORKSHOP DE INFORMÁTICA NA ESCOLA, 19.; CONGRESSO BRASILEIRO DE INFORMÁTICA NA EDUCAÇÃO, 2., 2013, Campinas. *Anais* [...] Porto Alegre: SBC, 2013. p. 31-40.

COLL, C.; MONEREO, C. Educação e aprendizagem no século XXI: novas ferramentas, novos cenários, novas finalidades. *In*: COLL, C.; MONEREO, C. *Psicologia da educação virtual*: aprender e ensinar com as tecnologias da informação e da comunicação. Porto Alegre: Artmed, 2010. c. 1.

CODE.ORG. *Hour of code*. c2019. Disponível em: http://hourofcode.com/br. Acesso em: 25 maio 2019.

FILATRO, A. *Design instrucional na prática*. São Paulo: Pearson Education do Brasil, 2008.

GIRAFFA, L.; ROSA, M. M. *O ensino de programação de computadores e EAD*: uma parceria possível. 2011. Disponível em: http://www.abed.org.br/congresso2011/cd/6.pdf. Acesso em: 24 maio 2019.

MORAES, R.; GALIAZZI, M. C. *Análise textual*: discursiva. Ijuí: Unijuí, 2007.

PAPERT, S. A. *A máquina das crianças*: repensando a escola na era da informática. Porto Alegre: Penso, 2008.

SANTAELLA, L. A aprendizagem ubíqua na educação aberta. *Revista Tempos e Espaços em Educação*, v. 7, n. 14, p. 15-22, 2014.

SCHNEIDER, E. I. *et al*. Sala de aula invertida em EAD: uma proposta de Blended Learning. Revista Intersaberes, v. 8, n. 16, p. 68-81, 2013.

VALENTE, J. A. Blended learning e as mudanças no ensino superior: a proposta da sala de aula invertida. *Educar em Revista*, n. 4, p. 79-97, 2014. Edição especial.

VALLETTA, D. Aplicativos para tablets: ferramentas para o pensar. *Renote*: Revista Novas Tecnologias na Educação, v. 14, n. 2, p. 1-10, 2016.

LEITURAS RECOMENDADAS

BUENO, C. J. S.; BIZELLI, J. L. A gamificação do processo educativo. *Revista GEMInIS*, ano 5, n. 2, p. 160-176, 2014.

MICHAELIS: moderno dicionário da língua portuguesa. São Paulo: Melhoramentos, 2009.

SABERES D'AVÓ:
programação introdutória com um viés multidisciplinar

Laíza Ribeiro Silva | Dárlinton Barbosa Feres Carvalho

Saberes D'Avó é uma abordagem de ensino proposta para inovar o ensino de programação introdutória para jovens, agregando um caráter mais emocional ao ensino técnico. Essa abordagem foi proposta inicialmente no trabalho de conclusão de curso de Laíza, aluna de Ciência da Computação da Universidade Federal de São João del-Rei, sob orientação do professor Dárlinton. Nela, explora-se uma ludificação do processo de aprendizagem por meio de uma construção colaborativa de jogos para *smartphones* Android, em que os alunos buscam saberes regionais com seus avós para recodificá-los na forma de jogos digitais de perguntas e respostas (*quiz*). Dessa forma, aproveita-se a oportunidade para reforçar laços entre gerações, empoderar jovens, aprimorar metodologias de ensino, além de disponibilizar jogos educativos que retratam a cultura regional.

Criado em 2015, a primeira execução do projeto Saberes D'Avó aconteceu na Escola Estadual "Dr. Viviano Caldas", de Prados, Estado de Minas Gerais, com a participação de 16 adolescentes. Desde então, vem sendo realizado em diversas escolas do ensino médio e também é disponibilizado eventualmente no formato de ensino a distância. Seus fundamentos são apresentados por Silva e Carvalho (2016a), e o desenvolvimento da versão *on-line* é relatado em Silva e Carvalho (2016b).

A relevância dessa abordagem justifica-se pela oportunidade de integrar três elementos conflituosos na educação básica: a tecnologia como recurso educacional; o aluno como protagonista do seu aprendizado; e a família como referência de identidade. Além disso, são promovidos espaços de discussão, inovação, interação e criação de jogos sobre temas instigantes envolvendo meio ambiente, plantas medicinais, comidas locais, folclore regional, música e esportes. A educação em seus aspectos formal e informal configura essa atividade como meio motivador para despertar o interesse dos sujeitos sobre novas formas de aprender, podendo até mesmo fazer surgir vocações ligadas à tecnologia e ao ensino.

Além do objetivo principal de introduzir programação, busca-se também estimular que os jovens se tornem produtores de tecnologia, utilizando as experiências de seus avós para desenvolver aplicativos para celular. Dessa maneira, fomenta-se um estreitamento de relações entre essas gerações e, ao mesmo tempo, o aprendizado de programação de computadores.

No minicurso proposto nessa abordagem, os jovens devem entrar em contato com seus avós, entrevistando-os a respeito de conhecimentos populares para formular dez perguntas de múltipla escolha. Vale ressaltar que os professores também podem direcionar os temas para serem discutidos pelos alunos de acordo com outras disciplinas curriculares. Com as perguntas formuladas, os jovens são instruídos sobre como construir o aplicativo durante as aulas do minicurso, planejado para cinco semanas, com uma aula semanal de três horas. Dessa forma, os alunos são direcionados a desenvolver um aplicativo de perguntas e respostas para *smartphones*, utilizando o ambiente MIT App Inventor.

Por fim, com o propósito de verificar a aprendizagem, utiliza-se a taxonomia de Bloom revisada (ANDERSON *et al.*, 2001) como fundamento na construção de um instrumento de avaliação. Trata-se da reformulação da taxonomia de Bloom (BLOOM, 1956), que tem como objetivo auxiliar no planejamento dos processos de ensino e de aprendizagem (FERRAZ; BELHOT, 2010). Ela é formada por seis categorias, que aumentam sua complexidade de forma crescente e auxiliam na definição de questões para instrumentos de avaliação. Nesse sentido, foi elaborada uma prova a partir dessa taxonomia como forma de verificar o aproveitamento do minicurso proposto.

A seguir, serão apresentados os fundamentos considerados na criação do Saberes D'Avó, bem como relatadas três experiências de sua aplicação.

O PROJETO

É notável o surgimento e o crescente uso de dispositivos tecnológicos portáteis, como os *smartphones*. Eles são responsáveis pela difusão ainda mais rápida de novas tecnologias. Jovens utilizam *smartphones* para realizar várias atividades, com destaque para o entretenimento. Logo, promover o ensino de programação focado no desenvolvimento de aplicativos para dispositivos móveis torna-se uma prática estimulante (MOURA, 2010; NICHELE; SCHLEMMER, 2014).

Mesmo se os alunos tiverem apenas conhecimento básico de programação de computadores, esse conhecimento pode ser utilizado para o aprimoramento do ensino em diversas outras disciplinas. Pesquisadores destacam a importância de apresentar o ensino de programação introdutória para todos os alunos, não o restringindo apenas a estudantes de ciência da computação (CERF, 2016). Adquirindo essa habilidade, os alunos melhoram a fluência no uso de tecnologias digitais, bem como na resolução de problemas, o que torna a aprendizagem de programação desde a idade escolar extremamente importante (SCAICO *et al.*, 2013).

Todavia, é necessário considerar novas abordagens desse tema, de modo que os professores desapeguem de metodologias tradicionais e compreendam a importância do conceito de entretenimento no ensino e na aprendizagem. A inserção e a integração de tecnologias na sala de aula tornam a aprendizagem mais dinâmica, além de permitir que os alunos descubram e desenvolvam novas habilidades (PEREIRA JÚNIOR *et al.*, 2005; THOMAS; BROWN, 2011).

Apesar de a programação de computadores ser vista como uma atividade bastante desafiadora, diversos ambientes para a criação de aplicativos com finalidade educativa já estão disponíveis atualmente. Em geral, por utilizarem programação visual baseada em blocos e serem direcionados sobretudo para quem nunca teve contato com essa atividade, esses ambientes facilitam o aprendizado e viabilizam rapidamente o desenvolvimento de novas aplicações. MIT App Inventor,[1] Scratch[2] e Alice[3] são alguns exemplos desses ambientes. Neles, os alunos podem exercitar a capacidade de raciocínio, a habilidade de resolver problemas e o pensamento analítico na geração de aplicativos para celular (GOMES; MELO, 2013; CARDOSO; ANTONELLO, 2015; QUEIROZ; SAMPAIO; SANTOS, 2016).

---

[1] Disponível em: http://appinventor.mit.edu/explore/
[2] Disponível em: https://scratch.mit.edu/
[3] Disponível em: http://www.alice.org/index.php

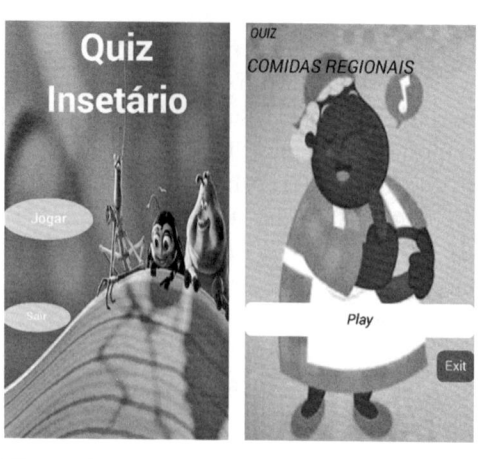

Figura 29.1 Telas dos aplicativos desenvolvidos na modalidade presencial.
Fonte: Elaborada pelos alunos.

Considerando esses ambientes para facilitar a criação de aplicativos, destacamos a iniciativa desenvolvida por pesquisadores do Instituto Federal do Paraná (IFPR), *campus* Irati, que criaram um projeto de extensão focado na resolução de problemas matemáticos utilizando a programação de computadores e o ambiente MIT App Inventor (DUDA et al., 2015). Em nosso trabalho, entretanto, buscamos explorar novas oportunidades, de modo a integrar o ensino de programação de uma perspectiva multidisciplinar, que considera um viés lúdico e cultural e o estreitamento do relacionamento com os avós.

O Saberes D'Avó foi aplicado em três modalidades em 2015 e 2016 – presencial, semipresencial e *on-line*. O minicurso na modalidade presencial aconteceu na Escola Estadual Dr. Viviano Caldas, na cidade de Prados, no Estado de Minas Gerais, e contou com a participação de 16 alunos. Vários alunos se inscreveram para participar, porém, pela limitação física do laboratório de informática, a direção da escola escolheu os participantes conforme o nível de conhecimento em informática básica, inglês e matemática. Os alunos selecionados tiveram aulas de programação introdutória durante cinco semanas, nas segundas-feiras (turno vespertino), cada aula com a duração de três horas. Foram divididos em grupos de quatro integrantes, e uma instrutora era responsável por transmitir o conhecimento sobre o desenvolvimento do aplicativo.

A **Figura 29.1** apresenta telas dos aplicativos produzidos pelos alunos a partir da experiência de seus avós, relacionada à ciência e à cultura regional. Na última aula, foi realizada uma prova presencial e foi solicitado o preenchimento de um formulário com algumas questões para que pudesse ser efetuada uma análise ao término de cada aplicação.

Por fim, foi organizada uma gincana com alunos do ensino fundamental para escolher o melhor aplicativo, na qual tiveram apoio dos pais e dos avós para responderem às questões. A realização da gincana foi possível devido ao prêmio concedido por The Awesome Foundation,[4] uma comunidade global dedicada a disseminar projetos "irados" pelo universo.

Após o término do minicurso na modalidade presencial, foi realizada na Escola Estadual Duque de Caxias, na cidade de Dores de Campos, também no Estado de Minas Gerais, a versão semipresencial. Participaram 22 alunos, porém apenas oito concluíram o minicur-

---

[4] Disponível em: http://www.awesomefoundation.org/pt/projects/50751-saberes-d-avo

so. A evasão foi causada principalmente por adversidades climáticas, pois ocorreram tempestades nos dias de várias aulas presenciais, que aconteceram nas sextas-feiras à noite. Essa modalidade se diferencia da primeira porque os alunos utilizaram tutoriais para realizar as atividades e contaram com um tutor presencial uma vez por semana para sanar as possíveis dúvidas. O desenvolvimento do aplicativo também foi realizado em grupo, e a prova foi aplicada *on-line*. Na **Figura 29.2**, são mostradas perguntas desenvolvidas a partir do tema plantas medicinais.

Com as experiências adquiridas nas duas modalidades, surgiu a ideia de uma terceira modalidade, dessa vez *on-line*. A ideia foi viabilizar o ensino de programação introdutória além das salas de aula e permitir que alunos de diferentes localizações geográficas pudessem participar dessa iniciativa. A modalidade *on-line* contou com 36 inscritos de três estados, mas apenas dez alunos concluíram o minicurso. É importante ressaltar que a alta taxa de evasão infelizmente é comum em cursos *on-line*. Nessa modalidade, os alunos utilizaram o ambiente virtual de aprendizagem (AVA) Moodle, disponibilizado pela Comunidade Acadêmica Virtual da Universidade Federal de São João del-Rei (UFSJ). Dessa forma, eles tinham acesso a tutoriais *on-line* e a fóruns de notícias e discussão. O trabalho foi realizado individualmente, e a prova teve duração de duas horas.

Havia três tutores responsáveis pelo atendimento a distância, dando o suporte necessário para os alunos. Nessa modalidade, foi lançado o desafio Tarefa Premiada, no qual os aplicativos foram avaliados pelos três tutores, e o melhor, apresentado na **Figura 29.3**, foi publicado no Google Play Store. Os critérios avaliados pelos tutores foram referentes à funcionalidade, à inovação e à criatividade.

Ao final, os alunos responderam a um questionário de 11 perguntas com o objetivo de verificar seu nível de conhecimento antes e depois do minicurso, e suas opiniões sobre a inserção da programação no currículo escolar. A maioria dos alunos de todas as modalidades declarou ter conhecimento básico da língua inglesa (62,8%), não saber programar (78,5%) e não conhecer o MIT App Inventor (91%). Todos gostariam da inclusão de uma disciplina de programação na base comum curricular do Ministério da Educação (MEC) e afirmaram que aprender a programar melhora a criatividade e o interesse nas disciplinas obrigatórias. Vale ainda destacar que os alunos mostraram interesse em utilizar o aprendizado de programação para resolver problemas de outras disciplinas, dando a ele um sentido multidisciplinar.

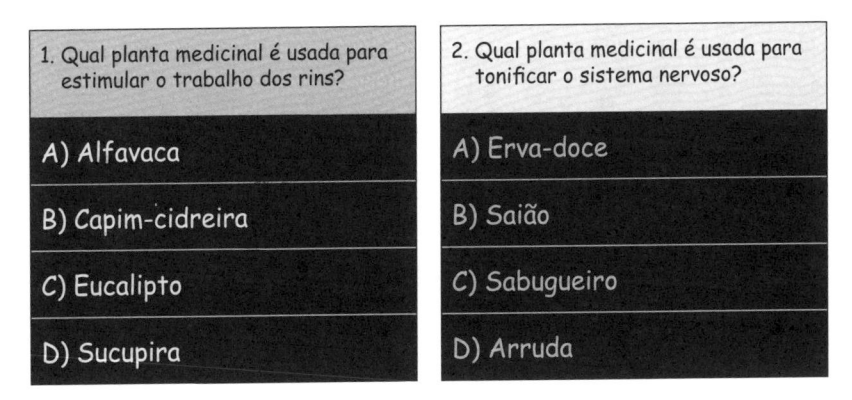

Figura 29.2 Telas dos aplicativos desenvolvidos na modalidade semipresencial.
Fonte: Elaborada pelos alunos.

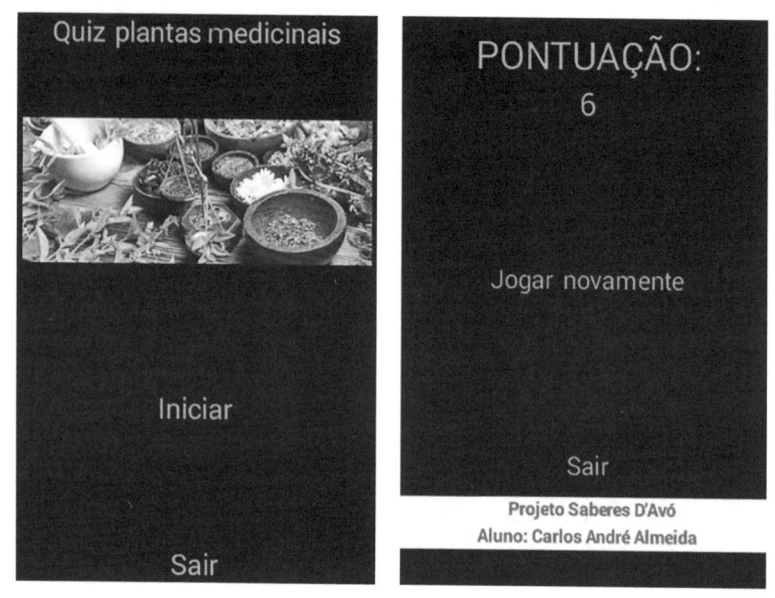

Figura 29.3 Aplicativo vencedor da Tarefa Premiada.
Fonte: Elaborada pelo aluno Carlos André Almeida.

A **Figura 29.4** mostra a consolidação dos resultados obtidos nas avaliações pelos alunos de cada modalidade agrupados pelas categorias definidas pela taxonomia. É notável que a modalidade semipresencial tenha superado a média de acertos de todas as categorias em relação às modalidades presencial e *on-line*. Em relação às modalidades presencial e *on-line*, nas quatro primeiras categorias da taxonomia há uma intercalação na média de acertos. Porém, nas duas últimas categorias da taxonomia, conhecidas também por serem mais complexas, há uma mé-

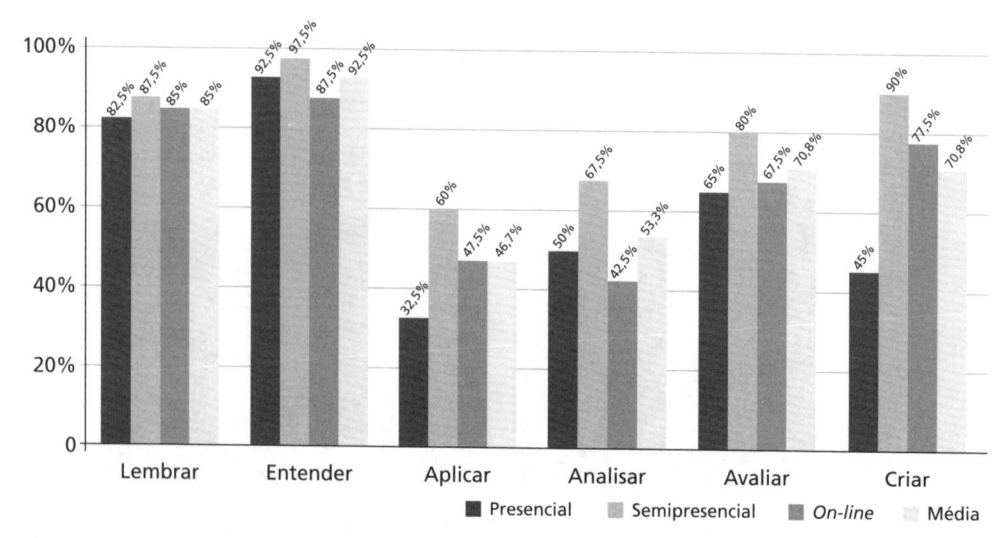

Figura 29.4 Comparativo da média de acertos em todas as modalidades.

dia mais alta de acertos na modalidade *on-line*. Nessa modalidade não há instrutor presencial, e as atividades não são realizadas em grupo, mas, assim como na modalidade semipresencial, há a utilização dos tutoriais para realizar as tarefas durante as aulas. Levando em consideração a dificuldade notória em aprender os conceitos abstratos de programação e que o minicurso foi de pequena duração, pode-se dizer que os resultados apresentados foram muito satisfatórios.

CONSIDERAÇÕES FINAIS

Após a participação no minicurso e no desenvolvimento do aplicativo, todos os alunos gostariam que a programação introdutória fosse uma disciplina regular do ensino médio, o que destaca o impacto positivo da realização do Saberes D'Avó. Além de desejarem aprender mais sobre programação, os participantes mostraram disposição para resolver problemas de disciplinas que estão cursando por meio da utilização do que foi ensinado, dando ao projeto um sentido multidisciplinar.

Ao levar o ensino de programação às escolas, é preciso considerar a heterogeneidade da infraestrutura e buscar explorar os recursos disponíveis, bem como as necessidades de cada instituição. Visitando escolas da nossa região (interior de Minas Gerais), foi possível perceber que mesmo tendo disponível uma sala com computadores, nem todos funcionavam. A conectividade com a internet era limitada, tornando difícil trabalhar com muitos dispositivos conectados à rede. Nesse sentido, trabalho em grupo pode ser uma boa solução. A experiência que tivemos foi bastante positiva dessa forma.

De acordo com a **Tabela 29.1**, destaca-se que a modalidade semipresencial teve suas particularidades. Ela foi uma junção de parte das modalidades presencial e *on-line*. O diferencial dessa modalidade foi a disponibilização de tutoriais, com a explicação detalhada das tarefas a serem realizadas em cada aula. Concomitantemente, a presença de um instrutor nos encontros semanais para tirar as dúvidas dos alunos e o trabalho em grupo foram importantes na aprendizagem. A modalidade semipresencial oferece liberdade ao aluno, pois ele realiza as tarefas no seu tempo, de acordo com sua disponibilidade. Logo, se ele não tem facilidade em aprender determinado conteúdo, tem a oportunidade de revisá-lo quantas vezes forem necessárias antes de concluir a atividade. O relacionamento entre os membros do grupo também é muito importante na aprendizagem, já que um pode ajudar o outro a superar suas dificuldades.

As apresentações utilizadas nas aulas estão disponíveis em https://perma.cc/Q9F6-BCV9; a prova, em https://perma.cc/687U-8UVL; e o questionário de avaliação do curso, em https://perma.cc/S4TY-64RW.

TABELA 29.1 Detalhamento das três modalidades

Modalidade	Aula	Tutor	Trabalho	Prova
Presencial	Instrutor	Presencial	Em grupo	Presencial
Semipresencial	Tutorial	Presencial/*on-line*	Em grupo	On-line
On-line	Tutorial	On-line	Individual	On-line

REFERÊNCIAS

ANDERSON, L. W. et al. *A taxonomy for learning, teaching, and assessing*: a revision of Bloom's taxonomy of educational objectives. London: Pearson, 2000.

BLOOM, B. S. (ed.). *Taxonomy of educational objectives*: the classification of education goals. New York: Longman, 1956. Handbook 1, cognitive domain.

CARDOSO, R.; ANTONELLO, S. Interdisciplinaridade, programação visual e robótica educacional: relato de experiência sobre o ensino inicial de programação. *In*: CONGRESSO BRASILEIRO DE INFORMÁTICA NA EDUCAÇÃO, 4., 2015, Maceió. *Anais* [...] Porto Alegre: SBC, 2015. p. 1255-1262.

CERF, V. G. Computer science in the curriculum. *Communications of the ACM*, v. 59, n. 3, p. 7, 2016.

DUDA, R. et al. Elaboração de aplicativos para Android com uso do App Inventor: uma experiência no Instituto Federal do Paraná–Câmpus Irati. *Revista Brasileira de Ensino de Ciência e Tecnologia*, v. 8, n. 2, p. 115-128, 2015.

FERRAZ, A. P.; BELHOT, R. V. Taxonomia de Bloom: revisão teórica e apresentação das adequações do instrumento para definição de objetivos instrucionais. *Gestão & Produção*, v. 17, n. 2, p. 421–431, 2010.

GOMES, T. C. S.; MELO, J. C. B. App inventor for Android: uma nova possibilidade para o ensino de lógica de programação. *In*: WORKSHOP DE INFORMÁTICA NA ESCOLA, 19.; CONGRESSO BRASILEIRO DE INFORMÁTICA NA EDUCAÇÃO, 2., 2013, Campinas. *Anais* [...] Porto Alegre: SBC, 2013. p. 620-629.

PEREIRA JÚNIOR, J. C. R. et al. Ensino de algoritmos e programação: uma experiência no nível médio. *In*: WORKSHOP SOBRE EDUCAÇÃO EM COMPUTAÇÃO, 13.; CONGRESSO DA SOCIEDADE BRASILEIRA DE COMPUTAÇÃO, 25., 2005, São Leopoldo. *Anais* [...] Porto Alegre: SBC, 2005.

MOURA, A. M. C. *Apropriação do telemóvel como ferramenta de mediação em mobile learning*: estudos de caso em contexto educativo. 2010. Tese (Doutorado em Ciências da Educação) - Instituto de Educação, Universidade do Minho, Braga, 2010

NICHELE, A. G.; SCHLEMMER, E. Aplicativos para o ensino e aprendizagem de Química. *Renote*: Novas Tecnologias na Educação, v. 12, n. 2, p. 1-9, 2014.

QUEIROZ, R. L.; SAMPAIO, F. F. S.; SANTOS, M. P. DuinoBlocks4Kids: ensinando conceitos básicos de programação a crianças do ensino fundamental i por meio da robótica educacional. *In*: WORKSHOP DE INFORMÁTICA NA ESCOLA, 22.; CONGRESSO BRASILEIRO DE INFORMÁTICA NA EDUCAÇÃO, 5., 2016, Uberlândia. *Anais* [...] Porto Alegre: SBC, 2016. p. 1169-1178.

SCAICO, P. D. et al. Ensino de programação no ensino médio: uma abordagem orientada ao design com a linguagem Scratch. *Revista Brasileira de Informática na Educação*, v. 21, n. 2, p. 92-103, 2013.

SILVA, L. R.; CARVALHO, D. B. F. Saberes D'Avó: uma abordagem para o ensino de programação no ensino médio. *In*: WORKSHOP DE INFORMÁTICA NA ESCOLA, 22.; CONGRESSO BRASILEIRO DE INFORMÁTICA NA EDUCAÇÃO, 5., 2016, Uberlândia. *Anais* [...] Porto Alegre: SBC, 2016a.

SILVA, L. R.; CARVALHO, D. B. F. Virtualização dos saberes D'avó: um minicurso de programação introdutória para jovens. *In*: CONGRESSO BRASILEIRO DE ENSINO SUPERIOR A DISTÂNCIA, 13.; CONGRESSO INTERNACIONAL DE ENSINO SUPERIOR A DISTÂNCIA, 2., 2016, São João del-Rei. *Anais* [...] São João del-Rei: UFSJ, 2016b.

THOMAS, D.; BROWN, J. S. *A new culture of learning*: cultivating the imagination for a world of constant change. California: CreateSpace, 2011.

LEITURAS RECOMENDADAS

COX, K. K. *Informática na educação escolar*. Campinas: Autores Associados, 2003.

CRUZ, A. K. B. S.; LIMA, L. C. M. Estudo e testes de usabilidade em sistemas de autoria de software: Scratch e Alice. *Blucher Design Proceedings*, v. 1, n. 4, p. 3673- 3685, 2014. Trabalho apresentado no 11º Congresso Brasileiro de Pesquisa e Desenvolvimento em Design, 2014, Gramado.

FULLER, U. et al. Developing a computer science-specific learning taxonomy. *ACM SIGCSE Bulletin*, v. 39, n. 4, p. 152-170, 2007.

KELLEHER, C.; PAUSCH, R. Lowering the barriers to programming: a taxonomy of programming environments and languages for novice programmers. *ACM Computing Surveys*, v. 37, n. 2, p. 83-137, 2005.

REPENNING, A. et al. Scalable game design: a strategy to bring systemic computer science education to schools through game design and simulation creation. *ACM Transactions on Computing Education*, v. 15, n. 2, p. 11, 2015.